Françoise Mirguet

•

An Early History of Compassion

Emotion and Imagination
in Hellenistic Judaism

Cambridge University Press

Cambridge, UK

2017

Франсуаза Мирге

•

Зарождение сострадания в иудаизме эллинистической эпохи

Academic Studies Press
Библиороссика
Бостон / Санкт-Петербург
2024

УДК 94(33+37+38)
ББК 63.3(0=411.16)32
М63

Перевод с английского Валерия Шубинского

Серийное оформление и оформление обложки Ивана Граве

Мирге, Франсуаза.
М63   Зарождение сострадания в иудаизме эллинистической эпохи / Франсуаза Мирге ; [пер. с англ. Валерия Шубинского]. — СПб.: Academic Studies Press / Библиороссика, 2024. — 390 с. — (Серия «Современная иудаика» = «Contemporary Judaica»).
  ISBN 979-8-887199-11-5 (Academic Studies Press)
  ISBN 978-5-907918-01-6 (Библиороссика)

В своей книге Франсуаза Мирге показывает, как грекоязычные еврейские общины поздней античности присваивали и переосмысливали концепцию сострадания. Представления о жалости и сострадании представляли смесь еврейских, греческих и римских конструкций; в зависимости от текста, они были спонтанным чувством, практикой, добродетелью или предписанием иудаизма. Требование сочувствовать страдающим поддерживало идентичность еврейского меньшинства, одновременно создавая преемственность с его традициями и подражая доминирующим греко-римским дискурсам.

УДК 94(33+37+38)
ББК 63.3(0=411.16)32

ISBN 979-8-887199-11-5
ISBN 978-5-907918-01-6

© Françoise Mirguet, text, 2017
© Cambridge University Press, 2017
© В. Шубинский, перевод с английского, 2024
© Academic Studies Press, 2024
© Оформление и макет.
ООО «Библиороссика», 2024

Благодарности

Я хочу поблагодарить несколько институций, которые способствовали исследованиям, нашедшим завершение в этой книге; я также благодарна многим коллегам и друзьям за поддержку и замечания. Моя работа, посвященная эмоциям в иудео-христианской литературе, началась с постдокторального сотрудничества (2007–2010) с Бельгийским исследовательским советом *Fonds de la Recherche Sciientifique* — FNRS. Идея книги получила развитие в ходе сотрудничества в Гарвардском университетском центре эллинистических исследований в Вашингтоне весной 2013 года. Я благодарна директору и коллегам за отклик на мои первые догадки и поощрение моих размышлений. Значительная часть работы выполнена в ходе сотрудничества с Центром углубленных иудаистических исследований Герберта Д. Каца при Университете Пенсильвании осенью 2015 года. Благодаря директору, персоналу и сотрудникам это время дало мне опыт истинно интеллектуального содружества. Рукопись пришла к завершению в ходе сотрудничества по программе Гарри Старра в Центре еврейских исследований в Гарварде в 2016/2017 академическом году, особое время вдохновения и обмена научными идеями. Грант Мемориального фонда еврейской культуры (весна 2015 года) дал мне время для исследований в ключевой момент работы. Я также благодарна Центру еврейских исследований, Центру Меликяна и Институту гуманитарных наук и отделению гуманитарных наук Университета штата Аризона, которые оказали мне существенную поддержку при подготовке русского перевода. И наконец, я хотела бы поблагодарить Школу интернациональных литератур и культур этого университета, и особенно Джо Каттера, за поддержку некоторых еще остававшихся исследований.

Я должна особо поблагодарить Дэвида Констана и Дж. Эдварда Райта за их долговременную поддержку. Дэвид Констан, Сара Дж. К. Пирс, Дональд Лантпейнер, Джоэль Жеребов, Дон Бенжамин, Джед Вырик, Ари Мермельштейн, Джереми Горли, Дэвид Ламберт, Галит Хасан-Рокем, Ишай Розен-Цви и Джордж В. Э. Никельсбург читали отдельные части рукописи (или всю ее) в ранней или окончательной версии; все они обеспечили ценную обратную связь. Я особенно благодарна Джоэлю Жеребову, который прочитал всю рукопись и у которого я неизменно находила понимание, поддержку и удивительное чувство коллегиальности и обмена идеями. Спасибо вам, члены Группы истории эмоций Аризонского центра исследований Средних веков и Ренессанса, и моим коллегам из Университета штата Аризона — сотрудникам Школы интернациональных литератур и культур, специалистам по иудаике и вообще всем гуманитариям. Глубокая благодарность Лауре Моррис и Беатрис Рель, редакторам Кембриджского университетского издательства. Удовольствием было работать со всей командой издательства и с выпускающим редактором моей книги Пэджином Александером. Хочу сказать сердечное спасибо Эве Исаксон за то, что она разрешила мне использовать ее произведение для обложки моей книги. Моя благодарность, в частности, обращена к Джону Вудворту, который отредактировал рукопись с огромной заботой и чье поддерживающее присутствие ощущается в этой работе, Мишелю Мирге за проверку греческих цитат и Гуру Гиршбергу за помощь в пересмотре рукописи. И наконец, я более всего благодарна всем, кто так или иначе причастен к моей попытке разобраться в эмоциональных откликах на чужую боль.

Введение

В «Завете Завулона» помянутый патриарх на смертном одре призывает своих детей соблюдать божественные заповеди; особо он отмечает «жалость» и «сострадание ко всем» — как будто бы этим исчерпывается весь закон Моисея (Завет Завулона. 5:1). Это позднеантичное повествование, основанное на библейской традиции, выражает нравственную идею, которая часто встречается в литературе, вышедшей из-под пера грекоязычных (иначе говоря, эллинистических) евреев позднеэллинистического и раннеимперского периодов, относящихся ко времени между 300 годом до н. э. и 200 годом н. э.[1] Многие тексты в этом многообразном корпусе обращены к эмоциям, которые некто ощущает — или должен бы ощущать, — сталкиваясь с чужими страданиями. Иудео-эллинистические авторы используют эти чувства, чтобы уйти от собственного амбивалентного статуса — элиты

---

[1] С. Мейсон в [Mason 2007] призывает переводить термин Ἰουδαῖο скорее как «иудеи», чем как «евреи». Его главный аргумент в том, что этот термин отсылает к этнической группе в ее отношении к географическому региону, с последующими составляющими, включая культурные и политические, а не к религии в современном смысле, который в Античности отсутствовал. Однако предлагаемый им перевод «иудеи» оказывается проблематичным, поскольку, возможно, не учитывает всех аспектов идентичности, охватываемых Ἰουδαῖο; тем не менее возможен аккуратный перевод, при котором Ἰουδαῖο относится строго к географической идентификации. Другой аспект этой дискуссии представлен в [Law, Halton 2014]. См. также [Schwartz D. 2014]. Более того, я осознаю проблему, которая связана с термином «эллинистический иудаизм»; весь иудаизм поздней Античности, включая раввинистический, отмечен влиянием эллинистической культуры и может быть назван «эллинистическим». Используя этот термин, я имею в виду еврейские общины, создававшие литературу на греческом языке. См. [Boccaccini 2008].

в своем собственном сообществе, но меньшинства в более широком средиземноморском мире[2]. Эта книга представляет собой литературное исследование того, как иудео-эллинистические авторы описывали, предписывали другим и представляли себе эмоциональный отклик на чужую боль; я также пытаюсь разобраться в том, каким потенциалом это чувство обладало для переосмысления собственной идентичности и социальных взаимоотношений.

Как может эмоциональный отклик на боль других повлиять на групповое представление о своей идентичности? Давайте начнем с того, как два недавних президента Соединенных Штатов апеллировали к этой эмоции в своих выступлениях. «Америка нуждается в гражданах, чтобы распространить сострадание нашей страны на все части мира», — заявил президент Буш в обращении к народу Соединенных Штатов в 2002 году[3]. В стране, потрясенной атакой 11 сентября, Буш чувствовал острую необходимость восстановить позитивное чувство идентичности. Он также искал поддержки, от собственного народа и от союзников, в начинающейся «войне против террора». Сострадание оказалось полезным для обеих целей. Воспринимающееся как наследственное достояние американского народа, сострадание возродило ощущение морального превосходства. Президент с благодарностью отметил «храбрость и сострадание», с которыми американцы отреагировали на террористические атаки. Этому состраданию он противопоставил, в рамках простенькой дихотомии, «зло», проявившее себя 11 сентября, которое, по его словам, является частью «оси зла». Разговоры об «американском сострадании» стратегически уравновешивают воинственный тон обращения. Это выражение является упреждающей реакцией на критику в адрес гегемонист-

---

[2] Еврейские общины возникли в Северной Африке, прежде всего в Египте (в Александрии и ее окрестностях), но также в Карфагене и Киренаике; в римской провинции Малая Азия, скажем в Антиохии; в материковой Греции и на островах; в Риме; также в Испании, Галлии и Германии (хотя от них осталось мало следов). О еврейском присутствии в Средиземноморском мире см., в частности, [Rajak 2009: 92–124; Gruen 2002; Barclay 1996].

[3] Bush G. W. State of the Union Address to Congress and the Nation. 2002. Jan. 29.

ских претензий Соединенных Штатов. Буш не игнорирует эти возражения; он, разумеется, вступает с ними в спор, подчеркивая, что «мы не собираемся навязывать нашу культуру». Распространение американского сострадания позволяет переосмыслять интервенционизм как миссию по защите жертв терроризма по всему миру и возмездию за их страдания, выставляя Соединенные Штаты защитником (как это понимает Буш) мира во всем мире. Сострадание преобразует чувство жертвенности, превращая его в заботу о благосостоянии всего человечества, таким образом обосновывая империалистические амбиции президента.

Терминология «сострадания» распространяется и на внутреннюю политику Буша. Он характеризует свою социальную программу как «сострадательный консерватизм» и апеллирует к тому, что он называет «армией сострадания», под которой он имеет в виду благотворительные, основанные на религии организации и негосударственные структуры[4]. Эта программа включает ряд мероприятий, призванных ограничить роль правительства в борьбе с бедностью; таким образом, она передоверяет ответственность за бедных и меньшинства на частных лиц и местные ассоциации[5]. Для Лорен Берлант и других критиков этой программы «сострадание» тут противостоит общенациональным попыткам уменьшить имущественный разрыв. Использование этого термина скорее институализирует практику усиления социальных привилегий[6]. Марта Нуссембаум, комментируя роль сострадания в гражданском воображении, делает упор на его «очевидной склонности к себялюбивой узости» [Nussbaum 2003: 12]. Риторика Буша, как во внешней, так и во внутренней политике, — пример стратегического использования понятия «сострадания». Сострадание превращает интервенционистскую политику в подобие цивилизаторской миссии; оно также подсла-

---

[4] См., например: Bush G. W. Remarks on Compassionate Conservatism in San Jose, California. 2002. Apr. 30; а также радиообращения президента от 31 августа 2002 года и 30 ноября 2003 года.

[5] См. [Holtzman 2010].

[6] См. [Berlant 2004b; Garber 2004; Woodward 2004; Kaus 1999].

щает социальные привилегии, позволяя видеть в них моральные добродетели.

Эмоциональный отклик на чужую боль играл важную роль и в риторике Барака Обамы, однако совершенно иным образом. Хотя и не отвергая «сострадания», к которому взывал его предшественник, Обама предпочитал эмпатию, которую он понимал как «способность почувствовать себя на месте другого; посмотреть на вещи глазами того, кто отличается от нас»[7]. Он не раз говорил об этой способности применительно к своей матери и ее родителям, рассматривая ее не как национальное, а как семейное наследие[8]. До и после своего избрания он жаловался на «дефицит эмпатии» в Соединенных Штатах Америки, выражая сожаление о том, что «мы живем в культуре, которая гасит эмпатию», «в мире сегодня недостаточно эмпатии»[9]. Апеллируя к эмпатии, он обосновывает иммиграционную реформу — например, в следующем заявлении 2011 года:

> И потому да, иммиграционная реформа — это моральный императив, и хотелось бы, чтобы наша вера помогла нам глубже понять это. Как сказано во Второзаконии, «люби́те и вы пришельца, ибо сами были пришельцами в земле Египетской». Для меня этот стих демонстрирует эмпатию к нашим братьям и сестрам, стремление увидеть себя в друго́м[10].

---

[7] Obama B. Commencement Address to the Northwestern Univercity. 2006. 16 Jun. Большое значение, которое Обама придает эмпатии, также отмечено в [Waal 2009: IX].

[8] См., например: Commencement Address at the University of Notre Dame in South Bend, Indiana. 2009. May 17; Remarks Honoring the 2011 National and State Teachers of the Year. 2011. May 3. Идея эмпатии, кажется, стала успешно ассоциироваться с президентством Обамы с тех пор, как в 2012 году Митту Ромни, его оппоненту, стали, напротив, приписывать недостаток эмпатии. См. [Sides 2012].

[9] Obama B. Commencement Address to the Northwestern Univercity. Последняя фраза — из ответного письма Обамы Карине Энкарнасьон, восьмилетней девочке из Миссури, которая написала президенту. Эта фраза цитируется в [Bloom 2013b].

[10] Obama B. Remarks at the National Hispanic Prayer Breakfast. 2011. 12 May.

Здесь Обама задним числом приписывает эмпатию закону Моисея, ища легитимации не только для добродетели, но и для собственных политических проектов. Он интерпретирует требование любви, содержащееся во Второзаконии, как призыв к эмпатии, таким образом наполняя библейскую заповедь новым содержанием. Эмпатия, в понимании Обамы, превращает иммигранта в родственника; она создает близость с чужаком, выстраивает мост любви. В то время как Буш хочет, чтобы американское сострадание охватило весь мир, Обама уповает на способность эмпатии превратить нацию в расширяющуюся семью. В обоих случаях эмоциональный отклик на боль других людей оформляется в ходе соприкосновения с ними и является также инструментом осознания национальной идентичности.

Как и в случаях обоих недавних президентов, иудео-эллинистические тексты раскрывают эмоции, связанные с болью, которую ощущает другой. Нарративы в этих текстах постоянно рисуют нам образы людей, воспринявших страдание другого и тронутых им. Философские и моральные сочинения рекомендуют своим читателям проявлять сочувствие к чужим страданиям. С самого возникновения текстов на греческом языке некоторые выражения в них дополняют в этом отношении тексты на древнееврейском, поскольку содержат дополнительные предписания касательно сочувствия страдающим. Эта забота настолько всеобъемлюща, что историк Иосиф Флавий, пересказывая библейскую историю по греческому переводу, усиливает описания боли, которую ощущали предки-евреи при виде несчастий других людей. Для александрийского философа Филона жалость есть «необходимейшая» эмоция, которая потенциально, если ее верно направить, становится добродетелью. Один из наиболее интригующих текстов — «Завет Завулона», с которого я начала свой рассказ. Вымышленный предсмертный текст, приписанный Завулону, сыну Иакова, предписывает испытывать это чувство ко всем людям и даже к животным.

В какой мере этот упор на жалость и сострадание был новшеством? Тексты на древнееврейском языке постоянно уделяют внимание страданию; отклик на этот зов, однако, редко формулируется как эмоция, жестко отличающаяся от других аспектов опыта[11]. В сравнении с современной им греческой и латинской литературой еврейские тексты кажутся одновременно типичными и уникальными. Исторические и иные повествования постоянно рисуют людей, испытывающих жалость — чувство, которое в целом характеризуется позитивно. Эта жалость, однако, никогда не предписывалась как заповедь и не возводилась в добродетель; в то же время эти тексты никогда не требовали, чтобы жалость распространялась на все человеческие существа. В сущности, жалость строго критиковалась стоиками, чьи идеи в иных отношениях влияли на еврейских философов. Очевидно, еврейские авторы это чувство не изобрели; описывая его в разных вариациях, они скорее использовали собственные аффективные ресурсы для выражения своей уникальной идентичности.

В сравнении с современным использованием идеи сострадания у иудео-эллинистических текстов есть и отличия, и параллели. С одной стороны, исторические исследования показывают нам, что многое из того, что кажется нам заложенным в самой человеческой природе — скажем, эмоции, чувства, ощущения, — в разных контекстах попросту выглядит совершенно по-разному. Слова, дискурсы, эмоции — и даже тела, испытывающие их, — исторически сконструированы. Они представляют собой культурный продукт, зависящий от конкретного контекста и социальных причин, они захвачены силовым потоком подвижных и взаимоперекрывающихся историй. Ни сострадание Буша, ни эмпатия Обамы — имеем мы в виду слова, концепции или опыт — не универсальны; если на то пошло, этих слов во Второзаконии не найти. Точно так же приписывание эмоции некоей коллективной традиции представляет собой политический жест, как и навязывание ее другим. Буш, например, утверждая, что американское сострадание следует распространить на весь мир, подразумевает, что облагодетельствует всех остальных; он также обобщает то,

---

[11] Я избегаю термина «Библия» (как и «Септуагинта»). Вероятно, в рассматриваемый здесь период библейский корпус не был окончательно зафиксирован и мог также включать тексты разной степени авторитетности.

что изначально объявил собственным национальным наследием. Эмоции не универсальны, но их универсализируют.

С другой стороны, точно так же, как Обама процитировал заповедь Второзакония, чтобы возбудить симпатию к иммигрантам, позднеантичные евреи интерпретируют эту же заповедь как эмоциональный отклик на боль другого. Как и Обама, они приписывают жалости и состраданию возможность перерасти в универсальное чувство родства. Историческое исследование добавляет тут глубинные уровни. Создавая контекст, оно усложняет наш взгляд на благие, на первый взгляд, устремления. Афины V века до н. э., например, приписывали себе моральное достоинство жалости к иноземным просителям; римляне высказывали аналогичные претензии, прославляя милосердие своих вождей; что же до эллинистических евреев, то они сделали эту эмоцию обрамлением своей собственной традиции. Каждая из таких апроприаций, однако, имеет собственные обоснования и связана со специфическим беспокойством. Грекоязычные евреи за два тысячелетия до Джорджа Буша универсализировали сострадание, воспринимавшееся ими как их собственное наследственное достояние. Однако, в отличие от американского президента, они едва ли обладали властью, политической или военной; как меньшинство они скорее воспроизводили универсализирующую риторику Римской империи, пытаясь сопротивляться ее гегемонии. Одинаковая претензия на универсализацию, таким образом, может преследовать противоположные цели у тех, кто находится по разные стороны разделительной черты, — у обладающих властью и лишенных ее.

Эмоциональный отклик на чужую боль в иудео-эллинистических текстах выражается группой греческих терминов. Я перевожу эти слова общепринятым образом, хотя древние и современные коннотации не идентичны. Более детальный анализ греческого словаря дан в главе первой. Ключевые термины тут — ἔλεος и οἶκτος, и оба слова я перевожу как «жалость», следуя общепринятой традиции филологов-классиков. Ни одно из этих слов не несет сгущенного смысла современной «жалости», которая порождает эмоциональную дистанцию между жалеющим и страдающим, воспринимающимся как «иной», «чужой»[12]. Напротив, выражения ἔλεος и οἶκτος в древнегреческой литературе (включая еврейские тексты) отсылают к боли, которую личность чувствует, сталкиваясь со страданиями других. Слово συμπαθεία, «симпатия» или «сочувствие», встречается реже; первоначально научный термин, призванный обозначать склонность к гармонии между объектами или сущностями, это слово обретает в эллинистический период дополнительное значение. Если сейчас слово «сочувствие» скорее используют для обозначения целительного отклика на относительно ограниченную боль, в древности оно обозначало интенсивное чувство, часто подразумевавшее определенную близость (в частности, родство) с другим. Слова συλλυπέομαι и συναλγέω буквально означают «страдать с». Они являются антонимами συγχαίρω — «радоваться с» и подразумевают добровольное желание разделить ситуацию другого человека.

Два дополнительных термина типичны для иудео-эллинистической литературы. Первый, ἐλεημοσύνη, «акт жалости», относится к помощи (иногда — конкретно финансовой), часто с эмоциональной составляющей (слово происходит от ἔλεος, «жалость»). Второй термин — εὐσπλαγχνία, и он происходит от σπλάγχνα, «внутренние органы». Это понятие отсылает к телесному, «нутряному» отклику, и я перевожу его как «сострадание». В современном английском языке сострадание обычно определяется как болезненная эмоция при виде страданий другого человека, часто мыслимая как нечто отличное от собственных эмоций страдающего. Как пишет Ричард С. Лазарус, «в сострадании эмоция прочувствована и оформлена в личном чувствовании не тем, что, по нашему мнению, должен чувствовать другой, а чувством личного дискомфорта из-за страданий другого и желанием облегчить их» [Lazarus 1991: 289][13]. Многие определения сострадания, так же как в выше-

---

[12] См. [Ben-Ze'ev 2000: 327–330]. В связи с многочисленными коннотациями, которые имеет современное слово «жалость», некоторые филологи-классики, например Мата Нуссбаум, предпочитают использовать для перевода обоих терминов слово «сострадание».

[13] Это определение часто используется социальными науками, особенно психологией. См., например, [Goetz et al. 2010].

приведенной цитате из Лазаруса, включают стремление к облегчению чужих страданий — например, определение, которое дает Оксфордский словарь английского языка[14]. Иудео-эллинистическое сострадание также часто связано со страстным желанием помочь (хотя помощь не всегда возможна). Наконец, стоит заметить, что то, что мы сейчас относим к эмпатии, в древних текстах не концептуализируется. Английское слово представляет собой перевод слова из немецкого языка XIX века *Einfühlung*, первоначально обозначавшего эстетический отклик на произведение искусства. Сейчас под эмпатией имеют в виду попытку реконструировать то, что чувствуют другие[15]. В четвертой главе этой книги я сравниваю древнее описание жалости с современной эмпатией с учетом того, что им обоим предшествует акт воображения.

Вышеприведенные термины часто встречаются в комбинации друг с другом. Такое употребление приводит к тому, что их значения смешиваются, хотя часто с особыми нюансами. Они в общих чертах относятся к тому опыту, который мы зовем эмоцией, но не с полностью одинаковыми контурами. Частью из-за влияния библейского иврита, который (я настаиваю на этом) не изолирует остроэмоциональные области человеческого опыта, иудео-эллинистический словарь обладал обильным количеством определений для эмоций, охватывающих человека аффектов, тонких ощущений и вытекающих из них практик. При этом словари, как древние, так и современные, меняются быстро. Например, сегодня английское слово «compassion» все больше понимается как готовность помочь, не обязательно страдающим; в этом смысле оно часто перерастает в поддержку чуждых мейнстриму практик[16]. Значение древних текстов к тому же подвижно, зависит от частного контекста; пусть даже слова те же самые, они функционируют как носители различных смыслов.

---

[14] По мнению Бен-Зеева [Ben-Ze'ev 2000: 330–331], это побуждение к действию отличает сочувствие от жалости.
[15] Про эмпатию см., например, [Clohesy 2013, esp. 11–25]. См. также [Wispé 1987]. О различиях между эмпатией и сочувствием см. [Bloom 2013a, esp. 33–57].
[16] См. [Garber 2004].

Апроприация чужого эмоционального опыта принимает различные формы. Жалость предстает как обычный человеческий импульс, но также как добродетель, которую стоит культивировать. Подобно бушевскому «состраданию», ее пытаются представить как национальное достояние; подобно обамовской эмпатии, она вызывает чувство родства с чужими. Добродетельные герои чувствуют жалость, но ее чувствуют и бессердечные персонажи. В описании Иосифа Флавия римские чиновники на определенном этапе своей карьеры вынуждены выказывать жалость к своим врагам, невзирая на пролитую теми кровь. Смущение, связанное с этой эмоцией, тоже очевидно. Филон и Иосиф выражают опасение, что их эмоции могут поставить под удар их мужественность. Не только забота о других — женское дело, но сами по себе эмоции характерны для женской природы. Таким образом, есть риск, что мужчина, тронутый болью других, может потерять свою мужественность. Два библейских повествования, Книга Товит и Книга Иова, эксплицитно касаются опасности эмоций и связанных с ними действий. В обеих историях герой-мужчина, гордящийся заботой, которую он уделяет другим, сам становится жертвой напасти, которую он пытается облегчить, и эта инверсия ролей выдает беспокойство, присущее ему в связи с вышеописанным дискурсом. В двух других текстах, в Четвертой книге Маккавейской и в истории Марии в «Иудейской войне» Иосифа Флавия, мужественность приписывается бессильному персонажу — женщине, которой подавление симпатии к собственным детям позволяет противостоять угнетению; здесь сопротивление эмоции возвращает человеку и свободу действий, и символическую мужественность.

Моя цель в этой книге — рассказать об этом дискурсе. Хотя данный проект содержит исторический компонент, это во многих отношениях скорее рассказ, чем история. Хотя человеческий опыт и его репрезентация меняются со временем, моя забота состоит не просто в том, чтобы вычислить, как дискурс обретает свои очертания и под какими влияниями это происходит; такой чисто хронологический подход может быть усложнен трудностями в датировке многих текстов, которые нередко органически развивались. Нет здесь и некоей эволюции, которую можно отследить, пусть даже эмоциональные отклики на чужую боль медленно смешиваются друг с другом, пока совершенно оркестрованная конвергенция традиций не создаст в конечном итоге «наше» современное сострадание[17]. Мне было скорее интересно, как эмоциональный отклик на чужую боль, описанный и предписанный, работает или не работает в историческом и социальном контексте. Я обращаю внимание на беспокойства и конфликты, которые эти чувства обнажают, так же как и на те ресурсы воображения, которые они мобилизуют, и сдвиги сознания, которые они вызывают. Я сосредотачиваюсь на том, что эмоции и сопутствующие им дискурсы открывают нам об иудео-эллинистических общинах, начиная со способа, которым они выказывают свое сложное и колеблющееся чувство принадлежности, и вплоть до того, с какой ловкостью они вновь обретают преемственность с частично переосмысленным прошлым. Этот рассказ, таким образом, выявляет источники возможной дестабилизации и амбивалентности. Он раскрывает нам то, как культура меньшинства, через эмоции, подчеркивает свое отличие от доминирующих групп и их дискурсов, но тем не менее впитывает их интеллектуальную продукцию, подчиняясь господствующим стандартам. Это также рассказ об изгибах и поворотах эмоций, которые из-за ассоциации с «не тем» гендером (скажем точнее — с ужасающим потенциалом демаскулинизации, «оскопления») начинали восприниматься не как добродетель, а как слабость — преодоление чего требовало подлинного героизма. Наконец, разговор о жалости и сострадании — это разговор о противоречивых устремлениях, вызванных страданиями других: о желании бежать и страхе перед контактом, но также о стремлении помочь и утишить боль. Короче говоря, это рассказ об отношениях с инаковостью —

---

[17] Эллинистический иудаизм иногда изучают в телеологической и апологетической перспективе, с двойственной целью: во-первых, проследить преемственность между еврейскими текстами и христианством (в соответствии с так называемой теологией замещения); во-вторых, утвердить превосходство христианства благодаря интеграции им греческих и латинских философских категорий. Примеры таких работ и полемики с ними [Rajak 2009; Barr 1961].

о том, что происходит с человеком, когда он сталкивается с (подразумеваемой) уязвимостью других.

Эта история может быть изложена множеством путей. Одни рассматривают греко-эллинистические тексты в соответствии с их жанровой спецификой и сравнивают их с перекликающейся современной им греческой и латинской литературой — например, сопоставляя Филона с Сенекой, а Иосифа Флавия с Плутархом. Другой метод — рассматривать иудео-эллинистический эксперимент с жалостью и состраданием как социальный акт, проникающий в разные аспекты жизни и, в связи с этим, подразумевающий целый ряд литературных жанров — в том числе философские размышления, моральные трактаты, исторические труды и популярные повествования. Какие бы возможности для чисто литературных и риторических исследований ни открывал первый путь, для моего проекта кажется более подходящим второй, который сосредоточен на специфике общин и на ресурсах, которые они находят в эмоциях, чтобы переосмыслить свое чувство идентичности. В этой книге я беру на себя риск читать тексты подряд, как выражение коллективного воображения, невзирая на их различные литературные жанры. Это не значит, однако, что я не обращаю внимания на жанровую специфику — в особенности в главе пятой, где я сравниваю еврейские тексты с современными им историческими сочинениями, новеллами и философскими трактатами.

Мои методологические рамки — это история эмоций. Эта дисциплина предусматривает социально-конструктивистский метод, основанный, в данном случае, на убеждении в том, что эмоции — социальные конструкты. Человеческие группы создают свои эмоциональные нормы; они предписывают, какие эмоции люди должны испытывать (и каких избегать), кто в каких обстоятельствах и с какой интенсивностью. При этом эмоции выполняют разные социальные функции для различных социальных групп. Среди прочего эмоции размечают гендерные роли, создают ощущение солидарности и усиливают эффект ритуалов[18].

---

[18] См. пионерские работы в этой области [Lutz, Abu-Lughod 1990; Lutz 1988; Abu-Lughod 1986; Harré 1986]. Об эмоциях в религии см. [Corrigan 2004].

Историки эмоций добавляют, что сами по себе эмоции — то есть термины, дискурсы, которые поощряют или подавляют соответствующие чувства, и, как все чаще утверждается, сам опыт переживания этих чувств — с течением времени подвержены переменам: они возникают, трансформируются, полностью исчезают[19]. На эту книгу особенно повлияла работа Дэвида Констана, который с опорой на документы показывает, что во множестве отношений греческие эмоции отличаются от того современного опыта, который мы с ними идентифицируем. В частности, Констан отслеживает трансформацию жалости и сострадания во времени — одна из глав данной книги посвящена истории этой трансформации [Konstan 2006b; Konstan 2001][20].

Однако является ли история эмоций в самом деле историей *эмоций*? Или же это скорее история дискурсов, конструкций или норм? Являются ли эмоции сами по себе социальными конструктами? Некоторые ученые явно предпочитают эту минималистскую модель, утверждая, что только проявления эмоций оформляются культурой[21]. Однако Моника Шир склонна оценивать роль историков выше [Scheer 2012: 205][22]. Шир бросает вызов тем, кто разделяет дискурс и эмоцию, потому что это ведет к восстановлению дихотомии между выражением эмоции (представленным языком и сознанием, оформленным как «культура») и опытом (эмоциями и чувствами, обычно понимаемыми как «природ-

---

[19] В качестве общего введения в историческое изучение эмоций см. [Boddice 2014; Matt, Stearns 2014; Плампер 2018; Frevert 2011; Matt 2011; Rosenwein 2010, Rosenwein 2002; Gross 2006; Stearns, Stearns 1988; Stearns, Stearns 1985]. См. также книги, цитируемые далее, и библиографию, составленную Центром передового опыта Австралийского исследовательского совета по истории эмоций (Australian Research Council Centre of Excellence for the History of Emotions). URL: www.historyofemotions.org.au/publications-resources (в настоящее время недоступно).

[20] См. в главе первой дополнительные ссылки на изучение жалости филологами-классиками.

[21] См., например, [Chaniotis 2012b; Chaniotis 2012c].

[22] См. другие труды, в которых проблематизируется разделение между дискурсом и опытом [Wetherell 2012; Wilce 2009; Reddy 2001].

ные») — оппозиции, которую большинство современных исследователей стремится отвернуть и развенчать. Она рассматривает эмоции как «эмоциональные практики» и «телесные склонности» — как частный аспект того, что Пьер Бурдье называл «габитус», как систему привитых человеку структур сознания и склонностей, организующих мысли, предпочтения и действия. Эмоции имеют историю, говорит Шир, не только потому, что меняются выражения и нормы, но также «потому, что практики, в которых они существуют, воплощены в телах, а тела сами по себе подвержены трансформации» [Ibid.: 220]. Тела не безразличны ко времени и не универсальны; они воспитаны или приобрели определенные привычки в результате опыта, которым они обязаны ощущениям, эмоциям и тому, что называется аффектами[23]. Тела сами по себе несут печать истории. Тексты, описывающие и предписывающие эмоции, — часть этих заданных условий: они отражают и кодируют то, как тела предположительно будут реагировать в данных обстоятельствах. Как агенты социальных норм тексты также способствуют тренировке тел для специальной аффективной практики. Поэтому мы не можем противопоставлять спонтанные эмоции продиктованным: ни личности, ни тела не существуют в нетронутом, природном виде; и те и другие определены в своей первооснове временем и пространством. Эмоции и их дискурсы, таким образом, слишком глубоко связаны, чтобы разделять их. Как пишет Шир, «концепция габитуса предполагает, что есть взаимодействие между дискурсивными кодами и социально подготовленными телами» [Ibid.: 213]. Эмоции имеют место в результате чрезвычайно глубокого взаимопроникновения между дискурсами и телами; они есть физическое проявление социальных норм, выраженных в дискурсах. В этой книге я пытаюсь понять эмоции и дискурсы в их сложной взаимосвязи.

---

[23] Используя слово «аффект», я отсылаю читателей к теории фокуса аффекта, относящейся к самому моменту чувства прежде его выражения в языке и даже осознания опыта, — и в этом смысле чувство предшествует субъекту как таковому. См., например, [Figlerowicz 2012; Seigworth, Gregg 2010]. По поводу истории эмоций см. [Trigg 2014].

Следовательно, эмоции работают: они влияют на тела, приводят их в движение, как индивидуально, так и коллективно. Как пишет Сара Ахмед, эмоции циркулируют между телами; они связывают их и удерживают на расстоянии; они иногда неотрывно связаны с ними [Ahmed 2004, esp. 1–19]. Ненависть создает расстояние между телами или даже побуждает к насилию; брезгливость отталкивает от чужого тела как от «отвратительного». Например, применительно к древним афинянам Александр Рубель убедительно показывает, как сказывается коллективная тревога, особенно касательно богов и их отношений с людьми. Страх пронизывает политическую жизнь, даже решения судов, что мы видим в деле Сократа [Rubel 2014]. «Эмоции творят историю»: они провоцируют трансформации, и это начинается с самих тел, которые их испытывают[24]. Эмоции также оформляют социальные взаимодействия: в частности, они делают видимыми границы между группами. Ученые давно согласились с тем, что группы формируются вокруг эмоции — это замечание формулируется как «эмоциональный режим» [Reddy 2001], «эмоциональное сообщество» [Rosenwein 2006] или «эмоциональный стиль» [Stearns 1994][25]. Я особенно хотела бы обратить внимание на новые исследования, освещающие со-утверждение отношений между эмоцией и идентичностью [Gammerl 2012; Braunmühl 2012]. Группы не предшествуют эмоциям; скорее эмоции, вместе с порожденными ими письменными текстами и дискурсами, делают группы видимыми и существенными, особенно когда они сложны и находятся в процессе распада или движения. Эмоции обречены создавать — или разрушать — человеческие группы.

К этому теоретическому обрамлению я добавляю кое-что еще, делая упор на воображаемых эмоциях. Такие эмоции тоже одновременно определяются социальными условиями и являются продуктом общественной жизни. С одной стороны, они используют специфический культурный мотив; как и другие аспекты габитуса, они несут на себе печать социальных нарративов и от-

---

[24] См. также [Vincent-Buffault 2012].
[25] См. также [Middleton 1989].

ражают структуру данного общества. С другой стороны, воображаемые эмоции очень показательны. Поль Рикёр в своей работе подчеркивает «семантическую новизну», которую представляет воображение, проявляется ли оно в метафорах, повествовательных нарративах или, шире, в дискурсах и действиях[26]. Воображение есть «свободная игра возможностей», где «я испытываю свою способность действовать» и где «я измеряю, что в моих силах» [Ricœur 1986: 220, 225; Ricœur 1991: 174, 178]. Такая игра, настаивает Рикёр, имеет эвристическую функцию: отметая необходимую отсылку к тому, что принимается за реальность, воображение открывает новые сферы возможностей. Применительно к социальной жизни такая деятельность порождает «социальное воображение» (*imaginaire social*): личности и группы относятся к своим социальным условиям не только в связи с фактическим пребыванием в них, но также через различные формы связанной с воображением медитации. Другой — это не только «другой» для тебя; «другой» — это первое и главное, чем человеческая личность себя воображает. Точно так же взаимодействие между собой и «другим» играет важную роль в области воображения — что иллюстрирует иудео-эллинистическая литература.

Подобно Рикёру и многим другим, я использую понятие «воображаемое» (*l'imaginaire*), которое я определяю как исторически и культурно обусловленное собрание образов, текстов и тропов и как деятельность воображения, которая это собрание поддерживает и инспирирует. Воображаемое как кристаллизация устремлений общественного воображения тесно связано с историческим опытом. Оно уникальным образом преобразует этот опыт, творчески пересоздает его и открывает новые возможности для взаимодействия с миром[27]. Я также следую за Жаком Ле

---

[26] В частности, см. [Ricœur 1986: 213–236]; по-английски см. [Ricœur 1991: 168–187].

[27] Я использую здесь тройной мимезис, с помощью которого Рикёр концептуализирует эту работу по представлению и демонстрации мира как оформление, переоформление и перепереоформление реальности; см. [Ricœur 1983; Рикёр 2000].

Гоффом, у которого воображаемое «измерение истории» связано с волей к представлению и демонстрации, не воспроизводящей реальность, но скорее творящей ее [Le Goff 1985; Ле Гофф 2001]. Воображаемое — одновременно продукт истории, специфичный для данного периода и зависящий от предыдущих конструктов, и то, что историю творит, воплощая дискурсы и участвуя в их трансформации.

Конкретнее: воображение играет центральную роль в генерации эмоций. Воображение, разумеется — неотъемлемый компонент эмоции: ощущая сострадание, я представляю себе боль, которую может чувствовать другой. Беспокойство, которое я в итоге испытываю, в основе своей есть результат акта воображения[28]. Аарон Бен-Зеев выделяет две главные функции воображения, особенно когда оно создает альтернативную реальность [Ben-Ze'ev 2000: 191–219]. У воображения есть когнитивная функция: оно позволяет лучше понять окружающую обстановку и найти лучшие способы действовать в этой обстановке. Воображение несет также аффективную функцию, делая сложную ситуацию более выносимой. Эти функции воображения осуществляются более эффективно, когда в дело вовлечены эмоции; другими словами, эмоции воображаемые столь же показательны, как и переживаемые. Литература для эмоций — что-что вроде тренировочной площадки. Литературные тексты экспериментируют с эмоциями, используя их многообразные потенциальные возможности. Тексты вырабатывают воображаемое читающих их сообществ, другими словами — дают отстояться эмоциональным нормам, устным и письменным; таким образом тексты служат интернализации, внутреннему приятию эмоциональных правил. Нарративы могут акцентуализировать парадоксы эмоций через двусмысленность аффективной жизни, тексты фактически могут отражать амбивалентный статус и конфликтный опыт породивших их сообществ. Как мы увидим в иудейско-эллинистической литературе, нарратив также может разрушать эмоциональные ожидания. Литература отвечает на требования своей

---

[28] Это хорошо описано в [Orwin 1980: 324–325].

аудитории, особенно в случае, когда потенциальные читатели стремятся лучше понять свои социальные миры — а такое понимание достижимо только через медитацию, оперирующую эмоциями и воображением[29].

В чем заключается специфическая работа эмоционального отклика на боль другого? Что создают и что разрушают жалость, симпатия и сострадание? Чувствовать боль другого — это, в сущности, оксюморон: как я могу чувствовать не свою боль? Как говорит Ахмед: «Я не могу чувствовать боль другого» [Ahmed 2004: 30][30]. Это противоречие указывает на разбалансированные отношения, в которых укоренен эмоциональный отклик на чужую боль: они имеют место между страдающей личностью и свидетелем, который не испытывает аналогичной боли сам. Жалость и сострадание возникают в их непропорциональных отношениях, в которых сам сострадающий находится по «безопасную сторону» разделительной черты. Критический взгляд на сострадание связан именно с этим неизбежным неравенством. Кэндис Кларк, исследуя сострадание в Северной Америке, замечает, что симпатия может расширять социальный разрыв [Clark 1997]. Элизабет В. Спелман указывает на парадоксы апроприации. В то время как попытка выстроить определенное отношение к переживаниям другого — легитимный шаг к действию, идентификация с их болью приводит к присвоению чужого опыта; она тривиализирует чужие переживания, закрепляет или даже оживляет структуры подавления [Spelman 1997, esp. 113–132]. Как пишет Спелман, «представляя человека в роли разделяющего страдания, мы закрываем глаза на то, что он, возможно, является одним из виновников бедствий» [Ibid.: 127]. На визуальном уровне, как предполагает Сьюзен Сонтаг, военные фотографии могут вызывать чувство невинности и бессилия. «Поскольку мы сочувствуем, мы не считаем себя соучастниками того, что причиняет страдания» [Сонтаг 2014: 77]. В посвященном состраданию коллективном сборнике, вышедшем под редакцией Лорен

---

[29] Это также отмечено в [Vincent-Buffault 2012].
[30] О передаваемости боли см. особенно [Scarry 1985].

Берлант, подчеркивается сложность этой эмоции, поскольку она может укрепить существующие привилегии [Berlant 2004a].

Сострадание имеет и другую сторону. Этическая философия подчеркивает его роль как первичной социальной эмоции. Марта Нуссбаум, в частности, рассмотрела основные критические доводы против сострадания в разные исторические эпохи, детально проанализировав каждый из них. Для нее сострадание играет ключевую роль в том, чтобы заставить человека обратить внимание на что-то находящееся вне его ближнего круга; сострадание делает объектом заботы отдаленного чужого. Сострадание противостоит жестокости; оно ставит союзнические отношения выше мести. Оно, кроме того, подталкивает сопротивляться угнетению и кривде[31]. Предупреждение Ахмет о том, что не следует присваивать чужую боль, не обязательно ведет к безразличию. «Невозможность чувствовать боль других не значит, что это только их боль или что мне нет дела до их боли». Боль, пишет она, социальна: она связана с общественной жизнью. Как и Нуссбаум, Ахмет выражает требование внести боль — болящие тела — в политику. Но как этика объединяет невозможность испытать чужую боль с необходимостью действовать? Тут могут сыграть роль собственные чувства человека, такие как гнев и неверие. Ахмед пишет: «Этика ответа на боль предполагает, что человек открыт воздействию того, что сам не может знать или чувствовать» [Ahmed 2004: 30]. Другими словами: то, что человек подвергается такому воздействию, дает ему возможность испытывать участие к другим людям, пусть он даже не может познать и прочувствовать их боль.

Цель этой книги — исследовать, как работает эмоциональный отклик на чужую боль в представлении и воображении авторов иудео-эллинистических текстов. В позднеантичных текстах жалость и сострадание также связаны с неравенством. Авторы экспериментируют с этими эмоциями, предсказывая их возможные последствия: усиливают они неравенство, примиряют с ним, сглаживают его или устраняют. В иудео-эллинистических текстах

---

[31] См. [Nussbaum 2001; Nussbaum 1996]. См. также [Carr 1999].

эта диспропорция окрашена силовой динамикой и иерархиями своего времени, возникающими, скажем, между мужчинами и женщинами, между физически сильными и бессильными, могущественными и бесправными. Всем этим динамическим процессам присуще ощущение собственной нестабильности: в любой момент страница может перевернуться. Чувство сострадания, таким образом, часто выдает страх самому оказаться страдающим «другим». Тексты, исследуемые в этой книге, также несут отпечаток более всеобъемлющей, менее дробной структуры власти, исходящей от политических сил, которым прямо или косвенно были подчинены еврейские общины. Эти источники относятся к периоду, когда сами еврейские общины, в Иудее или в диаспоре, власти имели мало — или не имели вовсе. За доминированием монархий Птолемеев и Селевкидов последовал период относительной независимости при династии Хасмонеев (140–163 годы до н. э.). Однако и тогда эллинистическая и растущая римская гегемония оказывала на Иудею значительное влияние. После завоевания Иерусалима Помпеем в 63 году до н. э. Иудея была инкорпорирована в римскую республику и постепенно потеряла автономию; кульминацией этого процесса стало падение храма и разрушение Иерусалима в 70 году н. э.[32] Рассматриваемые тексты так или иначе касаются этого политического подчинения, либо открыто признавая его, либо подразумевая. Эмоциональный отклик на боль другого приобретает в таком контексте дополнительное измерение. Мое прочтение этих текстов предполагает, что жалость и сострадание могут отражать сознание того, что сам ты находишься на уязвимой стороне, — и выворачивать это сознание наизнанку. Аналогично, восстановление неравенства между благополучным «собой» и его «внутренним» другим (женщиной, бедняком, калекой) может в действительности выдавать и вытеснять чувство бессилия при встрече с «внешним» другим (имперской властью), со всеми чувствами и фактическими обстоятельствами, которые при этом

---

[32] Об истории еврейских общин в их отношении к имперской власти см., например, [Schwartz S. 2014; Schwartz S. 2001]. Дополнительные библиографические ссылки см. в главе 5.

подразумеваются. В жалости и сострадании уровни силовой динамики смешиваются друг с другом и иногда меняются местами.

Одна из моих задач в этой книге — исследовать роль эмоций применительно к политическому подчинению. Здесь в дело вступают иные теоретические рамки. Отношения между культурами меньшинства и большинства долго описывались в терминах «ассимиляции» и «сопротивления»; однако уже очевидно, что эта модель чрезмерно ограничивает проблему. Она явно подразумевает эссенциалистский взгляд на рассматриваемые культуры, упуская из виду их сложную структуру и взаимопересекающийся характер; кроме того, она предполагает, что доминирующая культура всегда навязывается силой. В недавних работах исследователи начинают подыскивать термины для описания столкновения еврейских общин с эллинистической и римской властями[33]. Как и некоторые из них, я предпочитаю термин «гибридизация», что подразумевает вклад культур меньшинства в создание глобального культурного окружения и в то же время проблематизирует их зафиксированную и исключительную идентичность[34]. Мой вклад касается участия конкретных эмоций, в данном случае жалости и сострадания, в преодолении диспропорции власти. Жалость — это буквально эмоция доминирующего греческого «другого». Многие из этих конструкций заимствованы из культуры большинства, даже из пропаганды Римской империи, которая представляла себя заботящейся обо всем человечестве, покровительствующей ему. Однако еврейские жалость и сочувствие — далеко не рабская имитация. Еврейские авторы присваивают универсальные претензии доминирующей культуры, но превращают их в эмоцию: сострадание ко всем. Они конструируют его и как естественный импульс, свойственный всем, и как ключевое предписание еврейского закона. Через сострадание универсальная претензия большинства переходит таким образом

---

[33] См., в частности, [Honigman 2013]; также работы Грюна, такие как [Gruen 2002]; и Баркли, такие как [Barclay 2002b]. Дополнительные ссылки см. в главе 5.

[34] См., например, [Burke 2009; Kraidy 2005; Bhabha 1994].

в собственность меньшинства, которое описывает себя как альтернативу имперской культуре. Сострадание ко всем вытесняет чувство политической беспомощности, поскольку человек воображает себя сочувствующим чужой боли. Тут *чувство* выворачивает политические роли; оно дает меньшинству возможность «перевернуть стол» и вернуть себе свободу действий — пусть только в мире воображаемых чувств.

Эта книга продолжает другие исследования, в которых отслеживаются различные фрагменты истории сострадания. Дэвид Констан и многие другие изучали жалость в Древней Греции и как мотив в различных литературных жанрах, и как практику[35]. Пол Блоуэрс наметил первый контур жалости в раннем христианстве, где жалость (милосердие) становится всеобъемлющей добродетелью, дающей уникальную возможность вступить в общение с воплотившимся Христом [Blowers 2010]. Сьюзен Вессель в своем углубленном исследовании раннехристианского сострадания сосредоточила внимание на аффективном измерении этой добродетели и на той технике, с помощью которой древние авторы побуждают свою аудиторию вырабатывать соответствующую реакцию на страдания других [Wessel 2016][36]. Что до Средневековья, то Ульрих Бартон изучил устремление к состраданию в пьесах о Страстях Христовых, сопоставив их с греческой трагедией и с той жалостью, которую она стремилась пробудить [Barton U. 2016]. Сара Макнеймер изучает конструкцию сострадания в средневековых медитациях, посвященных Страстям Христовым. Она показывает развитие мотивации, заставлявшей изменять брачные соглашения; она, кроме того, исследует, как эмоции ассоциировались с женским полом и к чему это приводило [McNamer 2010]. Марта Нуссбаум, Карл Фредерик Моррисон, Кэте Хамбургер, Клиффорд Орвин, Поль Оди и некоторые другие изучили ключевые моменты истории западного сострадания

---

[35] В частности, см. [Konstan 2001; Sternberg 2006]; см. также дополнительные библиографические ссылки в главе 1.

[36] Эта книга попала в сферу моего внимания слишком поздно, чтобы я в полной мере могла обсудить ее на этих страницах.

(и симпатии), особенно его философскую структуру[37]. Однако сострадание в древней еврейской литературе, особенно написанной на греческом языке, почти вовсе упущено из виду. Частично это связано с тем, что внимание ученых вообще сравнительно недавно обратилось к эмоциям в Библии[38], рукописях Мертвого моря[39] и в эллинистическом иудаизме[40]. Кроме того, если сострадание и изучается в этих текстах, то в связи с этической и богословской проблематикой, а социальная и политическая роль эмоций остается неосвещенной [Koffler 2001; Orelli 1912].

Исследование иудео-эллинистической литературы, стоит заметить, — это не просто распространение изучения жалости и милосердия на новый корпус текстов, которым прежде пренебрегали. В сущности, при работе над этим проектом мы избегаем искушения обнажить «источник» сострадания и связать его именно с данным сообществом (апроприация, которую демонстрирует, к примеру, тот же Джордж Буш, когда он направо и налево славит «сострадание нашей страны»). Это, конечно, проблематично — воспринимать эмоциональное (или этическое) новшество как разновидность интуитивной находки, богословской или иной, возникающей независимо от культурных процессов — таких как перевод, реинтерпретация, гибридизация. Как я уже отметила,

---

[37] См. [Schliesser 2015; Audi 2011; Nussbaum 2001; Orwin 2000; Orwin 1980; Morrison 1988; Hamburger 1985].

[38] Об эмоциях в еврейской Библии см. следующий (не исчерпывающий) список литературы [Thomas A. 2014; Kazen 2011; Schlimm 2011; Wagner 2006; Stiebert 2002; Anderson 1991]. В качестве представительного собрания статей (помимо работ вышеперечисленных авторов) можно рекомендовать два недавних издания [Mirguet, Kurek-Chomycz 2016; Koosed, Moore 2014]. См. также [Lambert 2016; Mermelstein 2015; Lemos 2015; James 2013; Basson 2009; Bechtel 1991]; см. также различные работы Пола Крюгера, такие как [Kruger 2005a; Kruger 2004].

[39] Об эмоциях в рукописях Мертвого моря см. [Mermelstein 2016; Mermelstein 2013; Harkins 2011; Weitzman 2009; Stiebert 2007].

[40] Об эмоциях в эллинистическом иудаизме см. [Reif, Egger-Wenzel 2015; Mirguet 2014; Chan 2013; Egger-Wenzel, Corley 2012]; см. [Gemünden 2009] и статьи этого же автора. Более широкий подход см. в [Ross et al. 2013]; а также [Gereboff 2008].

вопрос не в «изобретении» эмоций или добродетелей, как если бы они могли быть собственностью какой-нибудь отдельно взятой традиции. Моя цель в данном случае не раскопать дохристианскую историю сострадания (помимо прочего, процесс разделения между еврейскими и христианскими общинами в I веке н. э. еще едва начался). Я скорее интересуюсь тем, как (многоликая) община строила свое эмоциональное воображаемое, используя существующий разнообразный репертуар, и к чему вело переосмысление ею своих эмоций. Эллинистические евреи — как греческие трагедиографы, римские пропагандисты и, позднее, христиане, — оперировали идеями жалости и сострадания: они переформатировали эмоциональный отклик на боль других, чтобы упорядочить собственное чувство идентичности.

Каждая из пяти глав этой книги задает отдельную перспективу. В первой главе я закладываю основание. Начиная с греческой терминологии для передачи эмоционального отклика на чужую боль, я показываю динамические отношения между властью и уязвимостью, которые лежат в ее корне. Я сравниваю, как трактуются эти эмоции в двух весьма различных текстах: пересказе Писания в «Иудейских древностях» историка Иосифа Флавия (ч. 1–11) и «Завете Завулона», части псевдоэпиграфического цикла «Заветы двенадцати патриархов». Иосиф описывает персонажей, которые не просто помогают другим, но тронуты их болью; эмоциональный отклик на боль другого часто сводится к демонстрации морального превосходства и привилегий. В «Завете Завулона», напротив, жалость и сострадание скорее определяются опытом уязвимости. Проецируя эмоциональный отклик на чужую боль на предков-израильтян, оба текста, хотя и по-разному, способствуют конструированию идеальной идентичности — подчеркивая тот потенциал, который у нее имеется и для укрепления собственного «я», и для приятия человеческой хрупкости. Дополню это сравнение, указав на Филона, чье двойственное отношение к жалости, понимаемой как эмоция и как добродетель, отражает аналогичное напряжение между силой и уязвимостью. Эта глава закладывает основу для дальнейшего изучения того потенциала для социальной реконфигурации, которым эти эмоции обладают.

В главе второй предлагается исторический обзор. Он начинается со следующего наблюдения: в еврейской Библии, хотя она постоянно уверяет, что страдание следует воспринимать всерьез, и призывает насколько возможно избегать его, нет примеров прямо высказанного эмоционального отклика на боль. В греческом тексте перевод открывает возможности высказать определенные формы опыта, включая отклик на чужую боль, как нечто отчетливо эмоциональное. Термины «жалость» и «милосердие» (ἔλεος и οἶκτος), важные для греческой литературы, прокладывают себе дорогу в греческом Писании, где ими переводится ряд еврейских терминов, будь то божественные атрибуты или человеческие реакции. Приписывание милосердия как божеству, так и человеку готовит нас к его последующей ассоциации с властью и превосходством. Греческое Писание показывает, что милосердие, жалость и другие эмоциональные реакции на чужую боль, хотя они и рассматриваются в последующих текстах как древнее еврейское наследие, фактически были апроприированы в процессе перевода и переосмысления Библии; их *сделали* еврейскими.

В главе третьей исследуется то, как эмоциональный отклик на чужую боль функционирует в различных социальных группах. Жалость и ее проявления не только укоренены в имущественном неравенстве; они также принимают этот дисбаланс как должное, что хорошо видно в Книге премудрости Иисуса, сына Сирахова. Возможности для жалости, однако, основаны на благосостоянии и здоровье, двух изменчивых величинах. Что случается, когда личность оказывается неспособной выказать жалость, которая считается признаком достойного существования, как между людьми, так и перед божеством? Книги Товита и Иова выражают это беспокойство. Изображая неожиданные последствия жалости, они демонстрируют ее непрочность; восстанавливая в итоге благосостояние своих оказавшихся в смертельной опасности героев, они оправдывают нормы, требующие жалости и ее проявлений. Гендер, сложным образом вовлеченный в жалость и сострадание, в дальнейшем демонстрирует их амбивалентность, когда они колеблются между властью и уязвимостью. Обе роли в отношениях жалости могут, естественно, вести к феминизации:

с одной стороны, быть объектом жалости со стороны другого «немужественно»; с другой стороны, выказывать жалость и заботу (что обычно ассоциировалось с женскими чертами характера) — это тоже несет риск феминизации. Опасность эта особенно тяготела над мужской частью иудео-эллинистической элиты под властью Рима, чья риторика зачастую феминизировала конкурирующие нации[41]. Четвертая книга Маккавейская и история Марии в шестой книге «Иудейской войны» Иосифа Флавия реагирует на эту опасность, выворачивая эмоциональный дискурс наизнанку: образы женщин маскулинизируются, так как они в силах сдерживать симпатию к собственным детям. Эмоциональное воображение здесь демонстрирует гибкость: требование эмоционально реагировать на боль других отменяется.

В главе четвертой рассматривается потенциал жалости и сострадания для создания и дестабилизации связей. В иудео-эллинистических (и других относящихся к тому времени) текстах жалость и сострадание делаются возможными благодаря ощущению связи с тем, кто испытывает боль. Такое понимание делает эмоцию полезной не только для визуализации связей, но и для обоснования новых представлений о своей идентичности. Книга Товит одновременно представляет жалость (и ее проявления) как типичную семейную норму и как требование, обращенное ко всей этнической группе в изгнании, и таким образом диаспора «изобретается» как расширенная семья. Филон использует жалость (милосердие) как входной билет в еврейскую общину, ибо в ней воплощаются многие требования Моисеева закона, и в человечество, поскольку она представляет собой общечеловеческую возможность. Чувствовать жалость — это значит в то же время чувствовать свою принадлежность к еврейскому народу и к человечеству. Притча о самарянине и «Завет Завулона» демонстрируют способность жалости/милосердия переопределять границы, и эта эмоция оказывается способной распространить заповедь любви на все человечество.

Это ведет нас к главе пятой, в которой исследуется то, как иудео-эллинистическое требование проявлять жалость и состра-

---

[41] См. [Reeder 2015].

дание ко всем человеческим существам перекликается с культурным окружением еврейских общин. Я начинаю с эллинистических исторических трудов и романов, двух жанров, богатых эмоциями. То, как в них используются идеи жалости и симпатии, демонстрирует, до какой степени еврейские тексты укоренены в современной им литературе (частью которой они в полной мере являлись). Затем я обращаюсь к римским источникам — стоическим и родственным им, — которые призывают заботиться обо всех людях; такое отношение к людям достигается через акт воображения, превращающего человечество в одну большую семью (та же техника лежит в основе еврейского требования распространить сострадание на всех людей). Эти тексты имеют политическое измерение, так как они являются составной частью римского гегемонистского дискурса. Тексты и изображения, само собой, описывают империю как семью под отеческой властью императора; они прославляют римскую благодетельную и охранительную заботу о каждом человеческом существе. Параллели между иудео-эллинистическими текстами (особенно близкими к началу новой эры) и римскими источниками показывают нам этические нормы, в центре которых сам человек, его «я»; другой приближается — и таким образом становится воображаемым подобием этого «я». Сближения подчеркивают резкое различие: в то время как в иудео-эллинистических текстах демонстрируется распространение чувства на все человеческие существа посредством жалости, стоические авторы очерняют эту эмоцию — как недостойную и даже оскорбительную для страдающего. Эмоциональный сдвиг, совершенный еврейскими авторами, подчеркивает их творческий подход. В ряде отношений они конкурируют с доминирующим дискурсом — включая гегемонистские представления Рима, — но через жалость они обретают уникальные способы выразить и испытать то, что они считают своей особенностью.

Глава 1
Между властью и уязвимостью

> Власть являет себя как иное лицо боли.
> *Ангелики Цанету*
> [Tzanetou 2005: 99]

> В боли и страхе мы познаем нашу уязвимость перед обстоятельствами жизни.
> *Марта С. Нуссбаум*
> [Nussbaum 1994: 9]

Эмоциональный отклик на чужую боль имеет два контрастирующих друг с другом аспекта. С одной стороны, сострадание подчеркивает различие: сострадание — это созерцание страдания, в котором мы не участвуем. Сострадающий сам не страдает в эту минуту — по крайней мере он не испытывает боль того же характера и степени. Сострадание обозначает расстояние; часто оно даже увеличивает это расстояние. Эта эмоция может свидетельствовать о том, что сам сочувствующий находится с «безопасной» стороны, может быть, испытывая облегчение оттого, что страдание его не задело. Как пишет Лорен Берлант, «сострадание — термин, свидетельствующий о привилегии: страдающий находится *где-то там*. Ты, сострадающий, обладаешь ресурсом, который мог бы облегчить чье-то страдание» [Berlant 2004b: 3]. Сострадая, некто владеет тем, чего страдающий лишен; он претендует на статус, недоступный для испытывающего боль. С другой стороны, эта эмоция также подтверждает страдание.

Здесь сострадание играет роль моста и ставит человека перед реальностью боли. Коснуться чужой боли — это познать страдание и все, что оно делает с человеком. По словам Сары Ахмед, быть с человеком в боли — это «нести свидетельство» [Ahmed 2004: 29, 31]. Чужая боль может напомнить о собственной уязвимости человека. Сострадание также может быть толчком к действиям. В этом смысле Марта Нуссбаум называет сочувствие «базовой социальной эмоцией» [Nussbaum 1996]. Две грани, однако, тесно связаны друг с другом. Человек может — мгновенно — обрести способность к осознанию своей уязвимости перед болью, лишь отступив на комфортное расстояние от страдающего. На деле такие движения «туда и обратно» — может быть, наибольшее, что возможно для человека.

Иудео-эллинистическая литература демонстрирует определенное напряжение, передавая эмоциональный ответ на чужую боль. Я начну с беглого примера из «Авраамова завета», где описываются последние дни помянутого патриарха. Авраам, пытаясь отсрочить предстоящую смерть, просит позволения увидеть весь обитаемый мир. Во время этого путешествия он ужасается грешникам, совершающим преступления; для каждого грешника он требует наказания, в каждом случае смертельного. Божество, однако, отвергает безапелляционное правосудие Авраама: «Видя живущих во грехе, он разрушит творение; но зри сие: Авраам не грешит, поелику он не имеет жалости [οὐκ ἐλεᾷ] к грешникам» (Авраамов завет (развернутая редакция). 10:13). Даже если оставить в стороне тот факт, что жалость здесь понимается как отношение к злодеям, а не к страдальцам (и таким образом представляет собой разновидность милосердия), сама мотивировка ставит в тупик: должен ли человек сам совершать дурные поступки, чтобы продемонстрировать снисходительность? Чтобы быть тронутым судьбой других, утверждает, как кажется, этот текст, человеческое существо должно испытать собственный опыт падения. Жалость требует определенного опыта уязвимости. Есть, однако, другая версия этой истории. В этой версии божество тоже беспокоится, что Авраам может разрушить все творение, но объясняет черствость патриарха иначе: «Он не имеет сострадания [οὐ σπλαγχνίζεται] к ним [грешникам], ибо не он их сотворил» (Авраамов завет (короткая редакция). 12:12)[1]. Напротив, божество, будучи создателем, обладает состраданием к грешникам. Идея заключается в том, что снисходительность зависит от отношения осуждающего к тому, кого он осуждает, и в особенности от его власти над осуждаемым. Эта история, в двух своих версиях, показывает два противоположных, но родственных аспекта эмоционального отклика, который я раскрою в этой главе: чтобы быть тронутым чужим несчастьем, необходимо ощущать собственную уязвимость; и в то же время это чувство часто зависит от привилегий сострадающего, от его власти над объектом сострадания (и способствует возникновению этой привилегии).

Иудео-эллинистические авторы развивают это напряжение частью в конфликтных, частью основанных на параллелизмах конструкциях. В этой главе я сосредоточусь на двух текстах: пересказе Писания историком Иосифом Флавием в первых одиннадцати книгах «Иудейских древностей» (с учетом и остальной части этого труда) и «Завете Завулона» из «Заветов двенадцати патриархов». Эти тексты легко сопоставлять между собой, поскольку оба они укоренены в большом нарративе еврейского Писания. Иосиф пересказывает Писание[2], тогда как «Завет Завулона» дополняет его, развивая характеры и их моральные атрибуты. Близкая связь с Писанием облегчает в обоих случаях критическое сопоставление с традицией и дает основу для переосмысления сущности текста. Оба текста передают боль, связанную с чужим страданием, но с противоположных концов спектра, простирающегося между привилегией и уязвимостью. Для Иосифа эмоционально отзываться на чужую боль — это выбор. Жалость признает чужое страдание, но одновременно подчеркивает привилегию и благополучие жалеющего; она также свидетельствует о его высоких моральных качествах, что дает жалеющему чувство превосходства. В «Завете Завулона» сострадание есть прежде всего телесный опыт. Человеческая самость физиче-

---

[1] Пояснительные фразы в ряде манускриптов опущены. См. [Schmidt 1986].

[2] О том, что значит «пересказывать Писание», см. [Zahn 2012].

ски страдает из-за чужой боли. Интенсивная эмоция компенсирует невозможность оказать конкретную помощь. Сострадание укоренено в осознании собственной уязвимости. Помянутые два текста дают нам понять, что эмоциональный отклик на чужую боль может вызывать или чувство превосходства, или чувство уязвимости; таким образом, он обладает уникальной способностью перечеркивать социальный статус. Это напряжение, как будет показано в нашей книге, — исток той многообразной роли, которую жалость и сочувствие играют в иудео-эллинистических текстах.

Глава начинается с раскрытия того словаря, которым пользуются древнегреческие источники для характеристики эмоционального отклика на чужую боль. Основная часть состоит из обсуждения труда Иосифа и «Завета Завулона». Взгляд на отношение к жалости Филона — у которого она оборачивается то придающей силы добродетелью, то слабостью, делающей мужчину подобным женщине, — подтверждает, что привилегия и уязвимость суть два взаимосвязанных аспекта напряжения, присущего эмоциональному отклику на чужую боль, по крайней мере в древнегреческом контексте. В заключение я касаюсь общепринятой функции этого дискурса — отметая все прочие конструкции: жалость и сострадание дают личности возможность позиционировать себя по отношению к другим, поскольку эти другие видятся уязвимыми и менее угрожающими. Потому эмоциональная реакция на чужую боль в некоторых отношениях удобна для строительства и переосмысления собственной идентичности[3].

1.1. «Чувствовать чужую боль» по-гречески

В греческом языке есть несколько разных терминов для обозначения эмоционального отклика на чужую боль. Мы разберем здесь три главных понятия: «жалость» (передаваемая терминами οἶκτος и ἔλεος), «симпатия» (συμπάθεια) и «сострадание» (пере-

---

[3] См. раннюю версию этой главы [Mirguet 2014].

дающееся терминами, восходящими к σπλάγχνα, «внутренние органы»). Этот краткий план отсылает нас к обильной литературе по данной теме, к которой я рекомендую читателю обратиться для более детального знакомства с вопросом[4]. Детальное сравнение еврейских источников с позднеэллинистической, раннеримской литературой будет проведено в главе пятой.

а) Жалость

В древнегреческих текстах отношение к этой эмоции достаточно напряженное и колеблется от признания ее естественно присущей человеческому обществу до предупреждений о ее ненадежности и, наконец, вплоть до презрения к ней как к пороку. Два термина, ἔλεος и οἶκτος, в классический период используются почти как синонимы[5]. Согласно Лючии Праушелло, ἔλεος есть эпоним οἶκτος; второе означает эмоцию или чувство, первое — также волю к действию [Prauscello 2010][6]. Однако для Дэвида Констана οἶκτος и родственные ему слова носят скорее поэтический характер, часто связанный с произнесенными вслух жалобами [Konstan 2001: 53–54]. В числе других примеров Констан цитирует «Троянок» Еврипида, где хор восклицает: «Я слышу жалобы [οἴκτους], каковыми ты жалуешься [οἰκτίζῃ]» (155)[7].

---

[4] См. особенно [Barton U. 2016; Visvardi 2015; Punter 2014: 12–23; Munteanu 2012; Visvardi 2011; Sandridge 2008; Visvardi 2007; Konstan 2006b: 201–218; Sternberg 2006; Sternberg 2005b; Halliwell 2002: 207–233; Nussbaum 2001: 297–454; Konstan 2001; Sternberg 1998; Levene 1997; Nussbaum 1994: 86–96; Pucci 1980].

[5] См. Стернберг, которая замечает, что «между этими двумя словами должно быть смысловое различие, но для нас оно остается очень смутным» [Sternberg 2005a: 24]. См. также [Lateiner 2005: 68–69].

[6] Небольшая смысловая разница может иногда использоваться для достижения особого эффекта. Например, Праушелло показывает, что в «Филоктете» Софокла Филактет постоянно просит о жалости, употребляя оба слова, но особенно ἔλεος (501, 967) — однако получает лишь οἶκτος (507, 965).

[7] Если не указано иное, перевод автора.

Аналогичное значение в греческой Библии: «Ибо голос плача [φωνὴ οἴκτου] слышен с Сиона» (Иер. 9:19). Термин οἶκτος также имеет параллели θρῆνος, «жалоба», и ordάκρυ, «слезы», обе относящиеся ко внешним проявлениям горя[8]. В разных литературных жанрах предпочитают слова с разным корнем; например, ораторы и философы обычно используют ἔλεος, тогда как историки и авторы трагедий предпочитают οἶκτος[9]. По большей части, однако, термины, основанные на ἐλεέω и οἰκτίρω, употребляются как синонимы.

Тему жалости в «Илиаде» подробно изучила Чиньё Ким [Kim 2000]. Она замечает, что жалость часто появляется в контексте смерти; жалость ощущают к собрату-воину, когда он ранен или мертв. Жалость распространяется и на тех, кто потерял на войне членов семьи или друзей. Жалость ощущают к «своим», будь то родственники или товарищи по оружию. Старики у Гомера и в греческой традиции тоже часто становятся объектами жалости, «ибо старость, — замечает Ким, — или сам феномен старения в целом — напоминание о человеческой морали» [Ibid.: 67]. Жалость пробуждается чужой болью, но относится прежде всего к себе самому: под влиянием чужой боли человек осознает непрочность и конечность собственного существования. Жалость не касается богов — их, как предполагается, страдания не затрагивают. Наоборот, боги иногда жалеют людей, или их молят о жалости — которая здесь, видимо, не столько эмоция, сколько действие, избавляющее человека от смерти[10]. В этом смысле жалость ассоциируется, подчеркивает Ким, с различными действиями, соответствующими контексту, такими как месть, спасение, утешение, исцеление больного или похороны умершего. Однако жалость может иметь сильный аффективный компо-

---

[8] См., например: Иер. 9:19; 3 Макк. 1:4, 6:22.

[9] См. [Sternberg 1998: 14].

[10] См., например, жалость Геры к ахеянам (1.57, 8.350), Посейдона к ахеянам (13.15, 15.44), жалость Зевса (15.12, к Гектору; 17.441, 19.340, в обоих случаях к хоронящим Патрокла; 24.332, к Приаму) или жалость богов (24.23, к Гектору).

нент. Кевин Кротти описывает жалость в «Илиаде» как интенсивное и идущее изнутри чувство, связанное со страхом и гневом. Для него жалость, ярость и ненависть Ахилла исходят из одного источника, ибо они коренятся в опыте боли [Crotty 1994, esp. 3–23, 42–69][11].

Греческая трагедия вся о жалости. Трагедии показывают человеческое страдание в его самых экстремальных формах и демонстрируют разные степени отклика на него. В целом трагедия высоко ценит жалость[12]. Пьесы дают зрителям и читателям силы смотреть в лицо страданию и развивают их собственный эмоциональный отклик. Как писал Брайан Викерс, «присутствие или отсутствие сочувствия у персонажа, причиняющего страдание или служащего его причиной, повсеместно воспринимается как признак наличия или отсутствия человечности» [Vickers 1973: 70]. Нуссбаум также подчеркивает, что авторы трагедий стремятся вызвать у зрителя жалость: они подталкивают к тому, чтобы ощутить чужое страдание и незаслуженную участь, и, более фундаментально, «стремятся заставить заботиться о ком-то, кроме себя» [Nussbaum 2001: 352]. У Софокла в трагедии «Филоктет», в частности, содержится сложная рефлексия на тему жалости. Хор моряков и затем Неоптолем все больше охвачены скорбью по их собрату Филоктету, раненому, брошенному греческими войсками на необитаемом острове. Однако жалость — и особенно действия, к которым эта эмоция подталкивает, — вступает в конфликт с социальными обязательствами (которые воплощает в данном случае послушание Одиссею), военными нуждами (необходимостью завевать Трою) и даже словами, исходящими от богов (оракул предсказал, что только Филоктет, со своим луком, сможет победить Трою). В итоге жалость исчезает, когда Неоптолем и его люди задаются вопросом о собственной ответственности Филоктета за его злосчастье, ибо он упорно отказывается плыть в Трою, где может получить исцеление от своей раны. Пьеса позитивно оценивает жалость, хотя она также

---

[11] См. также [Most 2003].
[12] См. [Johnson, Clapp 2005; Falkner 2005].

вызывает сомнения в релевантности этой эмоции, когда страдающий несет долю вины за свое страдание. В связи с этим Неоптолем признается: «[Одиссей] скажет, что я полон жалости [οἴκτου πλέως]» (1074–1075), — подразумевая, что Одиссей эту эмоцию не одобрит[13].

Если опыт жалости вступает в конфликт с социальными установками, он тоже может вызвать боль. В «Электре» Еврипида Орест призывает свою сестру Электру рассказать ему про злосчастья, постигшие их семью в его отсутствие. Он так комментирует это:

> Злосчастие, даже происходящее за дверью, кусает смертного (290–291).
> Жалость [οἴκτος] свидетельствует не о невежестве, но о мудрости. И конечно, это имеет свою цену [или: несет потерю (οὐδ᾽ ἀζήμιον)] то, что мудрецы обладают особенной мудростью (294–295).
>
> Увы, увы! Что говоришь, жена?
> Терзают нас и вчуже злые муки.
> Но если тяжек будет твой рассказ,
> Все ж передать его я должен брату.
> И если жалость не дана в удел
> Сердцам невежд, а только мудрым сердцем,
> То диво ли, что мы платить должны
> Страданием за чуткость состраданья...
>
> (пер. И. Анненского)

Согласно этому пассажу, жалость идет рука об руку со знанием и мудростью; заметим, что Аристотель в «Риторике» отзывается, как мы увидим, на эту мысль, делая упор на когнитивный аспект жалости[14]. Поскольку мудрость влечет за собой жалость,

---

[13] Об этой пьесе см., например, [Visvardi 2007: 163–197; Halliwell 2002: 208–216; Konstan 2001: 51–53; Blundell 1989: 184–225].

[14] См. другие примеры ассоциации жалости с мудростью и знанием в [Johnson, Clapp 2005: 133–134].

она также имеет «цену» и ведет к «потерям» — чужое страдание «кусает смертного». Эмоциональный отклик на чужую боль заставляет смертного самого ощущать боль.

Боль в греческой трагедии играет и политическую роль. Ангелики Цанету показывает, что мотив жалости помогает справиться с двойным статусом Афин как демократии и как империи [Tzanetou 2012; Tzanetou 2005]. В афинских пьесах, в которых действуют просящие помощи чужестранцы, Афины проявляют к ним жалость и привечают чужестранцев, угнетенных собственными тиранами. Эдип, например, славит Афины за то, что «они имеют власть принять гонимого странника и, лишь они одни, могут защитить его» (Эдип в Колоне. 261:262)[15]. В «Умоляющих» Еврипида Адраст, царь Аргоса, ищет жалости Тезея, царя Афин, и просит его о поддержке: «Лишь ваш город может совершить подобное дело, ибо он удостаивает взора достойных жалости [οἰκτρά]...» (Умоляющие. 189–190)[16]. В обоих случаях трагедия описывает город как того, кто «лишь один» способен проявить жалость к боли просителей и защитить их права. Жалость конструируется как прерогатива Афин; то, что благодарность за нее исходит от иноземных просителей, подчеркивает объективность претензии. Цанету предполагает, что эта идеология возобладала около середины V века до н. э., когда Афины заняли лидирующее положение в Делосском союзе, альянсе греческих городов-государств, направленном против персов, и вскоре стали тиранить своих союзников. Пьесы про просителей используют жалость для легитимизации растущего превосходства Афин и оправдания диспропорции в силе между полисом и его союзниками: «Идеологический компромисс... предлагает альтернативу грубому доминированию, отдавая переговорам предпочтение над грубой силой и описывая лидерство Афин в моральных терминах» [Tzanetou 2012: 29].

---

[15] Пер. Ф. Зелинского: «...лишь в них гонимый странник найдет надежный, ласковый приют».

[16] Пер. И. Анненского: «Все города другие слабы. Ваш / Один бы с делом справился. Афины / Сочувствуют несчастью...»

Сходную функцию имеет жалость в афинском ораторском искусстве. И Лисий, и Исократ претендуют на то, что афиняне «самые милосердные» из эллинов[17]. Зачастую ораторы описывают, как афиняне проявляют жалость и милосердие к иноземным просителям и вступают в войны с их угнетателями. Парадигматическая формула найдена Демосфеном, который описывает характер города как склонность «быть милосердным» [ἐλεεῖν] к слабым и не дозволять сильным высокомерия (Демосфен. 24.170–171). Цанету поясняет: «Жалость... открыто или скрыто утверждает превосходство Афин над теми, кому они помогают или противостоят» [Tzanetou 2005: 103]. Поэтому, продолжает она, «идеология жалости, которую Афины постоянно проявляют, служит тому, чтобы скрыть тот факт, что город стал имперской силой, и замаскировать, пусть и тонко, его гегемонистскую тактику» [Ibid.: 117]. Во втором столетии нашей эры Павсаний упоминает о традиции, по которой на рыночной площади Афин воздвигался «алтарь Милосердия» (Ἐλέου βωμός); это заставляет предположить, что подобный идеализированный образ афинян сохранялся веками (Описание Эллады. 1.17.1)[18]. Несмотря на это прославление собственной жалостливости, аттические ораторы хорошо понимали, что человеческая жалость подвержена манипуляциям; вызвать у публики жалость, как и другие чувства, — предмет τέχνη, ораторского искусства. Жалость должна быть подчинена справедливости и иногда подавлена[19].

Платон, со своей стороны, признает, что трагедия вызывает жалость, но рассматривает эту эмоцию как проявление слабости. В конце «Государства» Платон устами Сократа ставит под сомнение народное одобрение поэтов и традиографов. Сократ сравнивает реакцию на страдания героя в пьесе и на его страдания в реальной жизни. В случае пьесы мы

---

[17] Лисий. Речь о том, что не дают пенсии инвалиду. 24.7; Исократ. Антидосис. 15.20. См. также [Sternberg 2006: 175].

[18] См. также [Sternberg 2006: 3].

[19] См. [Sternberg 1998: 97–103].

> ...испытываем... удовольствие и, поддаваясь этому впечатлению, следим за переживаниями героя, страдая с ним вместе и принимая все это всерьез. Мы хвалим и считаем хорошим того поэта, который настроит нас по возможности именно так (Государство. 10.605 d).

Когда же нечто подобное случается с нами, нам подобает принять это и не позволять этим событиям влиять на нас, «мы горды... способностью сохранять спокойствие и не терять самообладание» (10.605d). Мы хвалим поэтов за то, что они позволяют нам ощутить чужую боль — с точки зрения Сократа, это удовольствие. Проблема в том, что мы склонны реагировать сходным образом, когда речь идет о нашей собственной жизни: «Я думаю, мало кто отдает себе отчет в том, что чужие переживания для нас заразительны: если к ним разовьется сильная жалость [τὸ ἐλεινόν], нелегко удержаться от нее и при собственных своих страданиях» (10.606b). Для Платона поэзия и трагедия способствуют снисходительному отношению к боли и побуждают нас оплакивать чью-либо боль — в том числе когда это касается нас самих. И напротив, Сократ демонстрирует «мужское» и храброе поведение перед лицом своей судьбы. Глядя в глаза смерти, он не дает воли страху, ибо «с человеком хорошим не бывает ничего дурного ни при жизни, ни после смерти» (Апология Сократа. 41d, 34c). Поэтому Сократ отказывается просить судей о жалости[20].

Аристотель заслуживает доверия в том, что касается определения жалости [ἔλεος]. Насколько это возможно для столь зыбкого понятия, он дает жалости определение, учитывающее использование этого слова во всем разнообразии литературных жанров — как это демонстрирует Дэвид Констан[21]. Аристотель пишет:

---

[20] Более детальный анализ платоновской критики жалости см. в [Barton U. 2016: 61–64; Johnson, Clapp 2005: 141–154; Nussbaum 1992].

[21] См. [Konstan 2001]. Что до формальных определений, то, возможно, не все их составляющие применимы во всех случаях. Штенберг замечает: «Таким образом, может показаться, что Аристотель верно определяет два главных мотива греческого сострадания — его заслуженность и отстраненность — но, возможно, преувеличивает их значение» [Sternberg 2005a: 22].

Пусть будет сострадание [ἔλεος], некоторого рода печаль [λύπη] при виде бедствия, которое может повлечь за собой гибель или вред и которое постигает человека, этого не заслуживающего [ἀναξίου], [бедствия,] которое могло бы постигнуть или нас самих, или одного из наших, и притом когда оно кажется близким (Риторика. 2.8.2, 1385b).
Потому-то люди, совершенно погибшие, не испытывают сострадания: они полагают, что не могут больше ничего потерпеть, ибо [все уже] претерпели; также и люди, которые считают себя счастливыми, не испытывают сострадания, но держат себя надменно (2.8.3, 1385b).
К числу же тех, которые считают для себя возможным потерпеть, принадлежат люди, уже пострадавшие и избежавшие гибели, и люди более зрелые, и вследствие размышления, и вследствие опыта, люди слабые и еще более люди очень трусливые, также люди образованные, ибо [такие люди] правильно рассуждают (2.8.4, 1385b).
Мы чувствуем сострадание к людям знакомым, если они не очень близки нам; к очень же близким относимся так, как если бы нам самим предстояло несчастье (2.8.12, 1386a).
Вообще и здесь следует заключить, что мы испытываем сострадание к людям, когда с ними происходит то, чего мы боимся для самих себя (2.8.13. 1386a).

Аристотелевское определение ἔλεος составляют три элемента. Чтобы испытать жалость или сострадание, мы должны воспринимать состояние, в котором находится другой, как страдание; боль должна быть незаслуженной (пусть даже Аристотель признает, что иногда жалости достойны даже те, чья участь заслужена)[22]; наконец, должны существовать некоторые возможности, либо для нас, либо для наших близких, испытать сходную участь. Жалость (сострадание) как типичная греческая эмоция имеет сильный когнитивный компонент, поскольку она обусловлена справедливостью: она зависит от того, заслужено ли страдание и может ли оно постигнуть нас.

---

[22] См. [Barton U. 2016: 58–59; Konstan 2001: 43–48; Konstan 2006b: 205]. О случаях из классической литературы, где подобного ограничения нет, см. [Sandridge 2008; Sternberg 2005a: 21–22].

Сострадание, по Аристотелю, характеризуется напряжением между властью и уязвимостью. С одной стороны, эта эмоция создает дисбаланс, ибо жалеющий (сострадающий) находится в позиции превосходства над тем, кто становится объектом жалости. Тот, кто тронут чужим страданием, не может испытывать страдания аналогичного: «...люди, совершенно погибшие, не испытывают сострадания». Дана Лакурс Мунтяну формулирует это условие как «временную отстраненность» [Munteanu 2012: 77]. Как указывает Констан, «Отсюда следует, что мы не сострадаем тем, кто страдает от того же, от чего и мы» [Konstan 2001: 50]. Определение Аристотеля также задает известную дистанцию: мы не сострадаем нашим близким родственникам, если их беды непосредственно нас задевают; скорее мы ощущаем печаль[23]. И аналогично, сострадание или жалость предполагают определенный набор проекций, таких как желание или решение его проявлять — что предусматривает определенную волю к действию. Наконец, наше решение о том, что боль другого человека незаслуженна, ставит нас в доминирующую позицию: выражая жалость, я принимаю на себя роль судьи в чужом страдании[24].

С другой стороны, Аристотель верит, что сострадание или жалость — это не просто душевное переживание, а «боль» (λύπη), воздействующая на человека, при условии, что тот представляет себя (или кого-то из своих близких) потенциальной жертвой. Сострадая, я осознаю, что я уязвим для страданий, как тот, кто страдает сейчас. Я не застрахован от боли и представляю себя

---

[23] См. [Barton U. 2016: 54–55; Konstan 2001: 50–51; Konstan 1999]; в более широком контексте [Ben-Ze'ev 1990]. Дополнительные детали см. в [Munteanu 2015]. Мунтяну приводит примеры жалости к близким родственникам в греческом эпосе и трагедии (Илиада. VI.407–408, 431, 484; Софокл. Аякс. 510, 652–653); однако в обоих случаях герой отказывается поддаваться жалости на деле.

[24] И наоборот, мольба о жалости, даже если она предполагает невиновность, делает просящего уязвимым и означает добровольное унижение. Воины редко ищут жалости; обычно ее удостаиваются уязвимые люди, скажем, женщины, дети, старики, больные, истощенные и побежденные. См. [Konstan 2001: 79; Sternberg 1998: 30–36].

в ситуации, переживаемой другим[25]. Чтобы испытать жалость, необходимо базовое понимание собственной уязвимости. Поэтому жалость скорее испытает «слабый», «тот, кто страдал». В «Эдипе в Колоне» Софокла, например, царь Тезей объясняет свою жалость к Эдипу своим собственным опытом жизни на чужбине (Эдип в Колоне. 551–568)[26]. Аристотель в этом отношении связывает сострадание со страхом: то, за что я жалею другого, есть то, чего я боюсь для самого себя[27]. Когда я жалею своего ближнего, попавшего в беду, я на самом деле сталкиваюсь с возможностью моей собственной боли.

Парадоксальные выпады греков против жалости основаны именно на том, что это — эмоция, обычно оцениваемая положительно, но не заслуживающая доверия. С одной стороны, способность к жалости, заложенная в человеческой природе, часто рассматривается как высокое моральное качество, в то время как безжалостность имеет тенденцию приравниваться к жестокости. Действия, продиктованные жалостью, обычно оцениваются положительно; иногда они даже рассматриваются как моральный долг, как на гражданском, так и на личном уровне[28]. Этот моральный подход к жалости развивается, как я покажу далее, в иудео-эллинистических текстах. С другой стороны, жалость, по мнению многих греческих авторов, ненадежна и ограничена слишком тесным кругом, поскольку она зависит от способности человека быть тронутым и вообразить себе боль другого. Как пишет Нуссбаум, «жалость принимает в расчет только то, что человек смог увидеть или представить» [Nussbaum 2001: 361]. Хотя афи-

---

[25] Нуссбаум подчеркивает, что уязвимость этих эмоций влечет за собой для Аристотеля: это подразумевает, что вне меня есть важные элементы, которые я не вполне контролирую и перед которыми могу оказаться уязвим, если дам им волю [Nussbaum 1994]. См. также [Nussbaum 2001: 315–321]. Констан отмечает, что аристотелевское определение жалости подразумевает «принцип ранимости» — возможность самому стать жертвой подобного страдания [Konstan 2001, esp. 49–50].

[26] См. также [Johnson, Clapp 2005: 137–139].

[27] Сопоставление аристотелевских определений сострадания и страха см. в [Barton U. 2016: 55–56].

[28] См. [Sternberg 2006; Sternberg 1998: 106–110, 187–191].

няне признают необходимость жалости, они также предостерегают от нее. По словам Стернберг: «Если не подчиняться соображениям справедливости и благочестия, жалость может привести к нежелательным последствиям». Таким образом, афинская жалость «была не добродетелью, которую следует развивать, а импульсом, которым нужно было управлять, поскольку он мог оказаться опасным» [Sternberg 2005a: 42–43].

Как будет подробнее описано в главе пятой, неприятие жалости стоиками основано на той же предпосылке. Кроме прочего, жалость отвергалась, так как она подчеркивает силу и значимость страдания. Чувствовать сострадание — это значит признавать, что страдание оказывает на человека разрушительное воздействие. Однако, с точки зрения стоиков, само предположение, что внешние блага и их отсутствие угрожают человеческому благополучию, ошибочно. Опять же, процитируем Нуссбаума: «Сострадание оскорбляет достоинство страдающего, так как предполагает, что он в самом деле нуждается в вещах этого мира, между тем ни один добродетельный человек не имеет таких потребностей» [Nussbaum 2001: 357][29]. Подобная позиция не означает, что страдания не надо облегчать, когда это возможно; философы-стоики рекомендуют мудрецам помогать нуждающимся, но не из жалости, которая оскорбительна. Эпиктет, философ-стоик, родившийся рабом, рассказывает интересный анекдот. Человек, потерявший все, попросил философа написать письмо в Рим; Эпиктет исполнил просьбу и написал сопроводительное письмо. Прежде чем послать его, он показал письмо несчастному. Прочитав его, этот человек воскликнул: «Я хотел от тебя какой-то помощи, вовсе не жалости. А зла в положении моем никакого нет» (Эпиктет. Беседы. I.9.28). В III веке н. э. Плотин утверждает: «[Мудрец] не будет достоин сожаления даже в своих болях». Боль не влияет на благополучие мудреца; поэтому бессмысленно переживать из-за него. Плотин идет еще дальше и считает жалость, наряду с завистью и ревностью, недостатком или пороком (κακία) (Плотин. Эннеады. I.1 (53) 10.13–14; I.4 (46), 8.3).

---

[29] Шире см. [Nussbaum 2001: 354–400].

б) Симпатия, или сочувствие

Существительное συμπάθεια имеет три разных, но связанных между собой значения: связь между существами или объектами, позволяющая им взаимодействовать, реагировать друг на друга; родственная привязанность; и начиная со II века до н. э. — боль из-за чужого страдания[30]. Кратко описывая каждое из этих значений, мы видим эволюцию семантического диапазона корня. Два первых значения, кроме того, проясняют конкретные нюансы συμπάθεια как реакции на боль других, поскольку данное понятие часто предполагает, что с этими другими у нас уже есть некая связь. Первоначально συμπάθεια — физический термин, обозначавший родство между объектами или существами, родство, позволяющее им взаимодействовать[31]. Например, седьмая книга «Проблем», приписываемая Аристотелю (но в действительности написанная позднейшими последователями), называется «Проблемы, порожденные симпатией [ἐκ συμπαθείας]» (название предположительно дано по содержанию). Книга эта посвящена «передающимся» физическим проявлениям, таким как зевота или заразные болезни (Проблемы. 886a.23)[32]. В письме Эпикура к Геродоту, приведенном у Диогена Лаэртского, этот термин используется для описания «сродства» или «контактов» (делающих возможным чувственное восприятие) между «я» и внешними объектами, а также между душой и телом (Письмо к Геродоту. 48.10, 50.2, 52.7, 53.1, 64.10). Понятие συμπάθεια широко употребляется и в стоической мысли; оно встречается, например, во фрагментах, приписываемых Хрисиппу. Среди других значений συμπάθεια — особая тесная связь тел, порожденная тем, что они созданы из одной материи и окружены одним и тем же боже-

---

[30] Этот корень включает существительное συμπάθεια, глагол συμπαθέω и прилагательное συμπαθής.

[31] Исторический очерк употребления термина συμπάθεια см. в [Brouwer 2015; Emilsson 2015].

[32] См. [Delaurenti 2016: 23–27] о «Проблемах» Аристотеля и остальную часть книги о средневековых интерпретациях Аристотеля.

ственным телом. Этот термин может также обозначать взаимосвязь между частями единого тела, будь то человеческое тело или даже космос, который пострадает в целом, если будет побеспокоена лишь одна из его частей (Логические и физические фрагменты. 458, 1020)[33]. Филон использует понятие συμπάθεια, в частности, для обозначения космической связи планет и звезд с Землей, вызывающей времена года, приливы и другие природные явления[34].

Идея «симпатии» как родственной привязанности, по-видимому, развилась из первоначального технического значения слова; συμπάθεια здесь означает особую близость или привязанность между членами одной семьи. Например, Дионисий Галикарнасский задается вопросом, является ли право отца продать своего сына «жестоким и более суровым, чем сообразно природе» (Римские древности. 2.27.1). В оригинале употреблено выражение «естественная симпатия» [κατὰ τὴν φυσικὴν συμπάθειαν]. В тексте, приписываемом Плутарху, описывается, как Демосфен приносит публичное жертвоприношение сразу после смерти своей единственной дочери, тем самым «ставя любовь к своей стране выше сочувствия [συμπαθείας] к своим родственникам» (Утешение к Аполлонию. 119c.9)[35]. Аналогичное использование термина мы видим у Иосифа Флавия, который описывает чувство царя Давида к своему сыну Авессалому — архетип отцовской любви в Писании — в терминах «симпатии»: «Давид вообще отличался большой привязанностью к своим родным, а особенной симпатией [συμπαθῶς] его всегда пользовался Авессалом» (Иудейские древности. 7.252). Аналогичный термин используется в Четвертой книге Маккавейской, где корень συμπαθ означает связь между семерыми братьями-мучениками и привязанность матери к сыновьям (4 Макк. 13:23–24, 14:20). Матери «гораздо сострадатель-

---

[33] О συμπάθεια в связи с человеческим телом см., например, [Holmes 2015].

[34] См.: Филон. О сотворении мира. 113, 117; Аллегории священных законов. 1.8; О снах. 1.53; Об Аврааме. 69; Об особенных законах. 1.16; О переселении Авраама. 178, 180.

[35] См. также: Гелиодор. Эфиопика. 9.24.8; 10.16.2.

нее [συμπαθεστέρας] отцов» (4 Макк. 15:4–5)³⁶, а любовь к детям тем больше, чем больше у нее было беременностей. Связь с техническим использованием корня ощутима, ибо способность чувствовать в унисон чужим эмоциям считается наиболее сильной, когда присутствует физическая связь с этим другим человеком.

Третье значение συμπάθεια относится к эмоциональной реакции на чужую боль. Примеры такого употребления начинают встречаться в историографических трудах II века до н. э. Полибий несколько раз употребляет прилагательное συμπαθής, в том числе один раз в параллель с «жалостью»: критикуя манеру письма Филарха, Полибий отмечает, что этот историк, живописуя человеческие жалобы и слезы, стремится «разжалобить читателей [вызвать жалость, ἔλεον] и тронуть их [пробудить сочувствие, συμπαθεῖς] своим рассказом» (Всеобщая история. 2.56.7). Говоря о хвалебных надгробных речах, произносимых сыновьями умерших выдающихся людей, Полибий описывает, как «слушатели проникаются сочувствием (буквально — "становятся сочувствующими" [συμπαθεῖς]) к покойнику до такой степени, что личная скорбь родственников обращается во всенародную печаль» (6.53.3)³⁷. Чужие люди уподобляются самим скорбящим; они переживают свое горе так, как если бы утрата постигла непосредственно их. В отличие от жалости, такое сочувствие предполагает преодоление дистанции³⁸. Технически сочувствие-симпатия предполагает, что я чувствую боль других, как если бы они были тесно связаны со мной и происходящее с ними непосредственно касалось меня. Диодор Сицилийский и Дионисий Галикарнасский, однако, чаще через запятую используют этот корень и термины,

---

³⁶ Об ассоциации сочувствия с женщиной см. также: Иосиф Флавий. Иудейская война. 6.21. О сочувствии как о естественной эмоции см.: Филон. Об особенных законах. 01.250. См. также главу третью настоящей книги.

³⁷ Другие примеры употребления этого прилагательного (Всеобщая история. 10.14.11) или глагола (15.25.18) у Полибия отсылают нас к конвергенции этих чувств, но меньше говорят об их природе (например, 27.9.5, где имеется в виду поддержка более общего характера).

³⁸ См. также [Barton U. 2016: 48–49].

означающие «жалость», — οἶκτος и ἔλεος[39]. Сочувствие здесь, кажется, соответствует тем же условиям, что и жалость; например, Диодор отмечает: в то время как преступники заслуживают ненависти (μισοπονηρία), невинные жертвы заслуживают «симпатии» («сочувствия») (Историческая библиотека. 17.69.2). Использование συμπάθεια, таким образом, связано с жалостью. «Симпатия» может заставить существующие термины зазвучать по-новому; точнее сказать, она может намекать на опыт, который косвенно воздействует на воспринимающего его человека.

Иосиф Флавий в своих произведениях, написанных по-гречески, выводит персонажей, испытывающих сочувствие («симпатию») к страдающим родственникам, скажем, к матери или брату[40]. Сочувствие также появляется в военном контексте, когда его испытывают к собратьям-воинам, попавшим в беду (Иудейская война. 2.579). Здесь корень также часто подразумевает существующую связь, хотя, как я покажу далее, συμπάθεια может относиться и к совершенно незнакомым людям. Как и вообще в греческой литературе, συμπάθεια в некоторой степени сливается с жалостью; в этом смысле в некоторых отрывках это понятие явно касается только незаслуженных страданий. Например, Иосиф Флавий, сообщая, что Ирод, убив собственных сыновей, убил и некоторых из своих лучших друзей, прибавляет, что это наказание, поскольку оно было справедливым, «вызвало меньше сочувствия [συμπαθεῖσθαι] к погибшим» (Иудейские древности. 14.404). Заслужившие свою участь вызывают меньше симпатии/сочувствия, чем невинные люди, такие как сыновья Ирода. У Филона Сочувствие тоже иногда связано с убеждением в невиновности жертв (О Моисее. 2.228). Сочувствие также конструируется как моральное качество человека. Иосиф Флавий в своем изображении Аг-

---

[39] См., соответственно: Диодор Сицилийский. Историческая библиотека. 3.40.8; Дионисий Галикарнасский. Римские древности. 8.42.1, 10.6.4 (с οἶκτος); Диодор Сицилийский. Историческая библиотека. 12.24.5, 17.36.1; Дионисий Галикарнасский. Римские древности. 8.42.1, 11.35.4 (с ἔλεος).

[40] См. Иудейские древности. 13.233; Иудейская война. 1.580. Этот корень отсутствует в тех книгах греческой Библии, которые имеют еврейский источник.

риппы связывает сочувствие с добротой (Иудейские древности. 19.330 (χρηστός)). У Филона συμπάθεια связана с εὔνοια, «доброй волей», и с ἀνθρώπινος, «человечностью» (Об особенных законах. 1.250, 4.202)[41]. Такие ассоциации возникают вследствие того, что сочувствие — компонент хорошего нравственного характера. Эту конструкцию иллюстрирует, например, следующая проповедь в Новом Завете: «Наконец будьте все единомысленны, сострадательны [συμπαθεῖς], братолюбивы, милосерды, дружелюбны, смиренномудры» (1 Пет. 3:8). В этом контексте сочувствие может уделяться и людям, которые, как считается, заслужили свои страдания, например узникам (Евр. 10:3). Таким образом, сочувствие становится не столько эмоцией, сколько добродетелью.

в) Интуитивное сострадание

Для обозначения эмоциональных реакций на боль других иудео-эллинистические источники также используют термины, основанные на множественном числе существительного σπλάγχνα, которое в классической литературе первоначально обозначало внутренние части жертвенной жертвы, а затем было перенесено на внутренние органы человека, включая матку. Слово σπλάγχνα также употребляют, когда говорят о внутренних органах как о вместилище страстей, например гнева, тревоги и любви[42]. В греческом Писании корень σπλαγχν- используется

---

[41] Сходное значение использует Дионисий Галикарнасский, который привязывает слово συμπάθεια к εὔνοια, причем первое соответствует последнему для людей в горе. Ветура, например, просит своего сына Марция проявить жалость к римским женщинам, которые «проявили полное благожелательство [εὔνοια], когда мы были счастливы, и глубокое сочувствие [συμπάθειαν], когда мы попали в беду» (Римские древности. 8.46.3); см. также 4.40.6.

[42] Понимание σπλάγχνα как утробы см., например, у Пиндара, который описывает рождение сына Зевса, «внезапно явившегося из материнских внутренностей» [σπλάγχνων] (Немейские оды. 1.35); см. также: Плутарх. О любви к потомству. 496d. О σπλάγχνα в связи с проявлением гнева см., например: Аристофан. Лягушки. 844; в связи с беспокойством см.: Эсхил. Агамемнон. 995; как вместилище любви см.: Феокрит. Идиллии. 7.99. Также σπλάγχνα рассматривается как вместилище боли у Эсхила: Хоэфоры. 413, и у Софокла: Аякс. 995.

дважды в сочетании с ἔλεος, как бы для того, чтобы вызвать некие физически ощутимые коннотации к жалости (Притч. 12:10; 17:5)[43]. В иудео-эллинистической литературе σπλάγχνα также обозначает внутренние органы и, кроме того, вместилища различных страстей[44]. Кроме того, этот термин обозначает вместилище жалости и сочувствия — такое употребление характерно только для еврейской (а затем христианской) литературы (Завет Завулона. 7:3; Завет Симеона. 2:4). Точно так же глагол σπλαγχνίζομαι, первоначально означающий «принимать участие в жертвоприношении» (2 Макк. 6:8), в конце концов стал использоваться исключительно для выражения реакции на боль других людей, которую я условно перевожу как «сострадание»[45]. Существительное εὐσπλαγχνία и прилагательное εὔσπλαγχνος прошли такую же эволюцию: при точном значении «(иметь) хорошие внутренние органы» они используются для выражения телесных и аффективных аспектов сострадания. Как будет показано в данной главе, этот корень часто используется в моральных увещеваниях.

Существуют разные способы объяснить связь σπλάγχνα с состраданием. С одной стороны, фрагмент из Хрисиппа связывает с состраданием корень σπλαγχν-: в этом фрагменте, сохраненном Галеном, философ-стоик задается вопросом, следует ли определять ἄσπλαγχνος как «не иметь никакого сострадания [συναλγοῦν] внутри себя»[46]. Доказательств этому мало, но можно предположить, что корень σπλαγχν- уже ассоциировался с состраданием в элли-

---

[43] См. следующую главу.

[44] Есть множество упоминаний о внутренних органах у Филона, см., например: Об Аврааме. 241, а также: 4 Макк. 5:30. О вместилище страстей иных, нежели сострадание, см.: Авраамов завет. 3:9 (длинная редакция); Иосиф и Асенет. 6:1 (короткая редакция).

[45] Глагол σπλαγχνίζομαι может относиться как к человеку (Завет Завулона. 4:2; с частицей ἐπί Септуагинта, Притч. 17:5) и к духовному субъекту (Жизнь Адама и Евы. 9:3, 27:2; Апокалипсис Седраха. 13:3).

[46] Фрагмент 904 у Хрисиппа, Œuvre philosophique (пересекается с фрагментом 902 в [Arnim 1903–1924: 249]). Прилагательное ἄσπλαγχνο до нашей эры употребляется редко, но у Софокла означает недостаток храбрости (Аякс. 472).

нистическом мире и что еврейские писатели расширили его существующее использование. С другой стороны, понятие σπλάγχνα как сострадание также могло являться гебраизмом. Существительное σπλάγχνα имеет ряд общих черт с еврейским רחמים, это также относится к его множественному числу. Единственное число רחם обозначает чрево (матку), а множественное число греческого существительного относится к родительской любви — это два возможных значения σπλάγχνα, как я покажу далее. В более общем смысле רחמים обозначает прочные узы привязанности, в основном описывая отношения божества с людьми (см. главу вторую). Однако следует отметить, что еврейский корень רחם в греческом Писании обычно переводится как ἐλε- или οἰκτ-; лишь один раз он переводится через σπλάγχνα (Притч. 12:10)⁴⁷. Следовательно, если термин σπλάγχνα действительно стал ассоциироваться с понятием «сострадание» под влиянием еврейского רחמים, то, вероятно, такая связь сложилась ближе к концу того процесса, в ходе которого еврейская Библия была переведена на греческий язык, если не после его завершения⁴⁸.

Слово σπλάγχνα также относится к вместилищу материнской или отцовской привязанности к ребенку. Привязанность матери к своему ребенку зарождается в ее σπλάγχνα — возможно, утробе (4 Макк. 14:13; 15:23, 29). Греческий текст Книги премудрости Иисуса, сына Сирахова, так описывает заботу отца о сыне: «Поблажающий сыну будет перевязывать раны его, и при всяком крике его будет тревожиться сердце его» (Сир. 30:7). В оригинале не сердце, а σπλάγχνα — «внутренности». В Завете Вениамина

---

⁴⁷ Корень σπλαγχν- встречается в 2 Макк. 6:7, 8, 21; 7:42; 9:5, 6; в 4 Макк. 5:30; 10:8; 11:19; 14:13; 15:23, 29; в «Одах Соломона». 9:78, 12:7; в Притч. 12:10, 17:5, 26:22; в Прем. 10:5, 12:5; в Сир. 30:7, 33:5; в «Псалмах Соломона». 2:14; Иер. 28:13; в Евангелии от Варнавы, 2:17. Только четыре из этих текстов имеют еврейские источники: Иер. 28:13 (где σπλάγχνα переводит неродственное по смыслу еврейское слово, עצב, «твоя неправая выгода»); Притч. 17:5 (фрагмент, где встречается σπλάγχνα, не имеет, как оказывается, никакого соответствия в еврейском тексте); Притч. 26:2 (σπλάγχνα переводит בטן, «утроба»); Притч. 12:10 (см. ранее).

⁴⁸ См. [Mirguet 2013].

Иаков так соглашается на просьбу Иосифа помолиться за других его сыновей: «О дитя милое! ты поборол внутренности [σπλάγχνα] Иакова, отца твоего» (Завет Вениамина. 3:7)[49]. Следовательно, корень σπλαγχν- используется, как и корень συμπαθ-, для выражения как эмоционального ответа на чужую боль, так и родительской привязанности. Связь обоих корней с родительской привязанностью отличает выражаемые ими чувства от жалости, которая обычно предполагает некоторую дистанцию; как уточняет Аристотель: «Мы чувствуем сострадание к людям знакомым, если они не очень близки нам» (Риторика. Кн. 1. 2.8.12, 1386a). Напротив, корень сочувствия-симпатии и сострадания — в близости родства; таким образом, в глазах носителей греческого языка эти чувства были чем-то вроде природного инстинкта.

Эта существующая в древнегреческом языке лингвистическая связь между реакцией на боль других и привязанностью к уязвимому потомству напоминает современную психологию. Дарвин рассматривал сострадание как инстинкт, отмечая, например, что львы и тигры испытывают сочувствие к боли, причиняемой их детенышам[50]. Современные эволюционные психологи вообще считают, что сострадание и сочувствие у животных и людей возникает прежде всего в инстинктивной заботе об уязвимом потомстве. Кроме того, сострадательная реакция на чужую боль настолько заложена в человеческой природе, что ее проявляют даже малые дети[51]. Сообщества с большим количеством сострадательных особей живут лучше, поскольку все больше потомков достигают взрослого возраста и, таким образом, становятся благоприятным объектом для эволюции. В свою очередь, сострадательные люди выше ценятся как товарищи и партнеры; сострадание воспринимается как безусловно желательная черта, сигнализирующая о способности воспитывать потомство, пока оно не достигнет зрелости, и конструктивно взаимодействовать с другими людьми. Лорен Виспе осторожнее других ученых; в книге

---

[49] См. также: Завет Завулона. 2:2.
[50] См. [Дарвин 1953, особенно 222].
[51] См. [Goetz et al. 2010; Bloom 2013a: 33–57].

«Психология симпатии» она пишет: «На основании имеющихся данных было бы вполне разумно предположить, что способность к сочувствию является врожденной» [Wispé 1991: 92]. В своем обзоре западной философии она также отмечает, что основные теоретики сочувствия — Дэвид Юм, Адам Смит и Артур Шопенгауэр — также склонны были считать сочувствие врожденным и инстинктивным качеством [Ibid.: 1–30].

Таким образом, существует интересное совпадение между семантическим развитием древнегреческого языка и наблюдениями более поздних философов и эволюционных психологов — совпадение, которое можно интерпретировать по-разному. С одной стороны, объяснению этой параллели помогает, по всей вероятности, обычный человеческий опыт. Древние греки (и древнегреческие писатели), вероятно, осознавали инстинктивную природу эмоциональной реакции на боль других, особенно собственных чад. Четвертая книга Маккавейская, например, утверждает: «Даже бессловесные животные, как и люди, имеют сострадательность и нежность [συμπάθειαν καὶ στοργήν] к порождениям своим» (4 Макк. 14:14)[52]. С другой стороны, наше восприятие подобной склонности живых существ приобретает особый статус, поскольку оно вписано в язык, который кодирует не только этот импульс, но и связь между родством и эмоциональными реакциями на боль других. Использование одних и тех же слов для обозначения этих двух чувств (сочувствия или сострадания и привязанности к собственным детям) отражает убежденность в том, что люди с большей готовностью отзываются на боль «своих». Здесь язык сам выполняет социальную задачу, давая нам понять, что люди более чувствительны к боли тех, кто с ними связан, — и наоборот, что родственники и представители одной и той же этнической группы будут наиболее чувствительны к боли друг друга. Таким образом, язык может возвысить инстинкт до социальной обязанности, если не предпочтения: люди не только сострадательны по своей природе, но

---

[52] Пер. еп. Порфирия (Успенского); см. также в главе третьей образцы из классической литературы.

и должны быть сострадательными, и в первую очередь к «своим». Язык санкционирует инстинктивную склонность человека быть затронутым болью других, особенно родни.

1.2. Иосиф Флавий: жалость и сочувствие как привилегия

Иосиф Флавий часто стремится ярче описать эмоциональную жизнь своих героев. При характеристике персонажей акцент делается на том, как они справляются с эмоциями, а их действия объясняются их эмоциональными склонностями[53]. Иногда Иосиф прерывает повествование, чтобы порассуждать о человеческих эмоциях; даже во фрагментах, посвященных правовым вопросам, эмоции берутся в расчет[54]. Иногда Иосиф еще и подсказывает читателю, какие эмоции должно вызывать то или иное событие[55]. Этот упор на эмоции типичен для его современников: историки эллинистической эпохи, как правило, склонны рассказывать об эмоциях своих персонажей[56]. В частности, Ангелос Ханиотис описывает эллинистические исторические сочинения с точки зрения их театральности и перформативности, прочем эмоциональная демонстрация служит в них способом общения[57]. Джон Маринкола также рассматривает использование эмоций как одну из риторических техник, применяемых историками. Эмоции убеждают читателей и приводят их к соответствующей интерпретации описанных событий; эмоции также дают читателям «замещающий опыт того, каково было находиться "там" — ощу-

---

[53] О действиях, объясняемых через эмоции, см., например: Иудейские древности. 1.259, 6.59; об эмоциях в характеристиках персонажей см.: 4.328–329, 6.63.

[54] Касательно разрывов повествования см.: Иудейские древности. 6.153, 262–267; примеры эмоций в юридических фрагментах см.: 4.219, 236, 244.

[55] См., например: Иудейские древности. 4.53.

[56] Иосиф признается, что иногда выражает свои собственные эмоции. Например, при описании падения Иерусалима (Иудейская война. 1.9–11). Можно предположить, что он считал такую эмоциональную вовлеченность приемлемой для своих спонсоров и аудитории. Этот фрагмент обсуждается в [Landau 2006: 10–12; Marincola 1997: 168; Mason 1991: 65–69].

[57] См. [Chaniotis 2015; Chaniotis 2013b; Chaniotis 2013a].

щение реальности прошлого» [Marincola 2003: 315][58]. Труды Иосифа Флавия следует понимать в этом литературном и историческом контексте. Насколько мне известно, в корпусе исследований, посвященных Иосифу Флавию, нет ни одного труда, касающегося эмоций как таковых. Ученые, однако, отмечали ту литературную роль, которую эмоции играют в его творчестве, особенно в обрисовке библейских персонажей[59]. В общем и целом присущее Иосифу стремление приписать предкам израильтян позитивно окрашенные эмоции рассматривается как способ изобразить их моральным образцом, соответствующим современным историку нормам, в частности стоическим[60]. Иногда это также можно рассматривать как политическую тактику, как попытку ответить на антиеврейскую полемику и создать более привлекательный образ евреев[61]. Столкновение со страданиями других — один из повествовательных узлов, в которых Иосиф Флавий склонен расширять Библию, добавляя эмоциональные реакции. Жалость — чаще всего встречающаяся в этой ситуации эмоция, выражаемая либо как οἶκτος, либо как ἔλεος, а также производными от обоих корней. Иосиф Флавий использует жалость (сострадание) в значении в целом близком к определению, данному Аристотелем, хотя при этом он шире определяет условия, при которых испытывается эта эмоция. В скрытых отсылках на апелляцию к жалости в риторике и ораторском искусстве нет

---

[58] См. также [Marincola 2013; Marincola 2010].

[59] О том, как Иосиф Флавий подчеркивает роль мобилизации эмоций в военной стратегии, см. [Weitzman 2009, esp. 224–225, 230–231, 234–238]. Более подробно об эмоциях в личных характеристиках см. [Feldman 1998a: 185–186; Feldman 1998b: 565]. Об эмоциях в личных характеристиках см., например, [Avioz 2012], с дискуссией о гомосексуальной любви; [Feldman 1998b: 110–136], с упором на ненависть; [Feldman 1993], с разделом о зависти; [Feldman 1992: 28–32].

[60] Например, Фельдман отмечает, что Моисей «ведет себя как стоический мудрец», тогда как фараон из-за своей невоздержанности оказывается «противоположностью стоического мудреца» [Feldman 1992: 28–29]. См. также о других библейских героях [Feldman 1998b: 546–551].

[61] См. [Feldman 2000: 75] о жалости Авраама к жителям Содома, и шире [Feldman 1998b: 557–560]. Подробнее см. [Barclay 2002a].

ничего неожиданного. Как пишет Маринкола: «История как жанр, тесно связанный с ораторским искусством, прочно стоит на почве риторики, а риторика на протяжении всей Античности использовала возбуждение эмоций как важный элемент убеждения» [Ibid.: 290]. Для Иосифа Флавия описание эмоций, особенно поскольку они задействованы в риторике, возможно, закрепляет связь его работы с традициями греческой историографии. Я рассматриваю здесь два различных употребления у Иосифа идеи жалости: во-первых, в изображении предков израильтян, в пересказе им Священного Писания (в первых 11 книгах «Иудейских древностей»); во-вторых, в его описаниях политических лидеров (в остальной части его сочинения).

а) Жалость как источник нравственного превосходства

Иосиф Флавий иногда использует термин «жалость» («сострадание») в привычном для греков понимании, то есть применительно лишь к незаслуженным страданиям, как это определил Аристотель. Развернутый пример — в пересказе Иосифом Книги Бытия, где Иуда просит Иосифа пощадить их брата Вениамина (Иудейские древности. 2.140–158). В библейской версии Иуда пытается убедить Иосифа посмотреть на происходящее с точки зрения братьев; в частности, Иуда упоминает чувство вины, которое он испытал бы, если бы их отец Иаков умер из-за потери Вениамина (Быт. 44:18–34). В пересказе Иосифа Флавия Иуда, взывая к жалости (ἔλεος) и милосердию (χάρις), скорее пытается убедить Иосифа посмотреть на происходящее глазами их отца и таким образом почувствовать боль Иакова, если бы что-то случилось с его сыном Вениамином. Невиновность Иакова и, следовательно, незаслуженный характер его потенциальной боли играют в этом споре центральную роль.

Иуда начинает с того, что ясно дает понять, что он не просит у Иосифа жалости к братьям, которые «заслуживают наказания»: мы, «не столько жалея самих себя» [οὐ γὰρ ὑτοὺς ἐλεοῦντες] (Иудейские древности. 2.140, 148), «сколько памятуя об отце и оплакивая [οἰκτείροντες] его старость», старость «человека порядочного и не заслуживающего таких испытаний» (2.148–149), просим: «...пусть сострадание [ἔλεος] к нему превозможет наше злодеяние» (2.151). В жалости нет места для заслуженного несчастья: братья, как признает Иуда, вели себя нечестиво и недостойны жалости Иосифа. Иосифу следует жалеть скорее престарелого отца. Невиновный отец уже страдает от потери одного из сыновей; теперь ему грозит потеря еще одного ребенка. Таким образом, в основе жалости — признание того, что жертва несправедливо пострадала от страданий[62]. Иуда завершает свою речь утверждением, что за человеколюбие Иосифа «сохранит Господь Бог, отец всех людей, имя которого ты сможешь прославить своим человеколюбием, если только почувствуешь сострадание [οἶκτον] к отцу нашему...» (2.152). В оригинале сказано: твое имя будет упомянуто вкупе, «в союзе» с именем Господа [κατὰ κοινωνίαν]. За свое милосердие, утверждает Иуда, Иосиф будет в особом союзе или товариществе с божеством. Помимо своей власти над жизнью и смертью братьев, продолжает Иуда, Иосиф обладает способностью «ни в чем не отличаться по милосердию от Него» (2.153). Жалость и доброта представлены как форма подражания божеству. Проявляя жалость и доброту, утверждает Иуда, Иосиф укрепит свою власть и поднимет ее до уровня «союза» с божеством.

Иуда также умоляет Иосифа избавить Вениамина и других братьев от наказания. В то время как жалость (сострадание) предназначена для незаслуженных страданий, в милости (χάρις) нуждаются, напротив, виновные. Здесь милость означает милосердие, снисходительное отношение правителя или судьи к преступникам — и, следовательно, не эмоцию как таковую (2.143, 153)[63]. Для Иуды милосердие соответствовало бы высокому положению Иосифа:

---

[62] См. также: Иудейские древности. 2.26, где Рувим пытается убедить своих братьев сохранить жизнь Иосифу, «который не провинился ни в чем относительно их и который по юности своей скорее нуждается в нашей защите, милосердии и попечении».

[63] Определение отношений милосердия и сострадания см. в [Konstan 2010: 92–94; Nussbaum 2001: 397–398; Ben-Ze'ev 2000: 331–336]. Конкретно про этот фрагмент см. [Pearce 2014; Lateiner 2014].

> Если великим делом является такой поступок по отношению к впавшим в нужду, то еще более достойно правителя [ἡγεμονικώτερον] миловать тех, кто вследствие своего преступления по отношению к тебе достоин смерти. Если уж освобождение провинившихся от малых наказаний приносит похвальную славу прощающим, то незлобивое отношение к тем, которые подлежали бы за преступления свои смертной казни, приближает человека к естеству Господа Бога (2.146).

Милосердное отношение к виновным «достойно правителя», поскольку правитель имеет право прощать и отменять наказание. Как пишет Латейнер: «Тот, кто может проявить милосердие, может сделать и другой выбор» [Lateiner 2005: 77]. Иуда определяет такое милосердие как «свободу от гнева» — способность контролировать свои эмоции, типичную для стоической философии. В речи Иуды эта свобода от гнева по отношению к тем, кто заслужил смертной казни, представлена как атрибут божества. Проявив милосердие к братьям, возражает Иуда, Иосиф будет действовать в союзе с божеством и тем самым продемонстрирует «рвение к добродетели» (2.145). В речи Иуды четко разделяются жалость и милосердие; жалость ограничивается незаслуженными страданиями, тогда как милосердие касается злодеев. Однако они устроены одинаково, поскольку оба рассматриваются как отличительные атрибуты правителя и как способы, с помощью которых человек может подражать божеству. Проявляя жалость и милосердие, личность поступает по отношению к другим так же, как правитель ведет себя по отношению к своим подданным, и так же, как божество обращается с людьми. Таким образом, жалость и милосердие — формы проявления власти.

Как отмечалось ранее, жалость часто предполагает, что и с жалеющим может случиться подобное несчастье. Этот аспект иллюстрирует та интерпретация, которую Иосиф дает библейской заповеди не притеснять чужеземцев: «Пришельца не обижай: вы знаете душу пришельца, потому что сами были пришельцами в земле Египетской» (Исх. 23:9, Греч.). Из общего опыта проживания в чужой стране следует запрет на притеснение проживающих в стране иностранцев. В изложении Иосифом Флавием еврейской «конституции», как он ее называет, сходство опыта подразумевает нечто большее, чем просто запрет, — оно оборачивается призывом оказывать иностранцам заботу и жалость:

> Так как вы сами испытывали в Египте и в пустыне много бедствий, то вам подобает заботливо относиться к людям, находящимся в подобных же условиях, и, пользуясь теперь благодаря милосердию и заботливости Господа Бога благополучием, в одинаковой степени уделять от него всем нуждающимся (Иудейские древности. 4.239).

Призыв к жалости (состраданию) основан на опыте подобных страданий и благодеяний: именно потому, что израильтяне в прошлом пережили страдания и были облагодетельствованы божественным состраданием, теперь им следует жалеть других, а именно живущих здесь пришельцев. Жалость — это эмоция (πάθος), которая позволяет помогать другим, чтобы даровать им то, что было получено от божества. Израильтяне способны поступать по отношению к другим так же, как божество действовало по отношению к ним; что божество «чувствовало» по отношению к ним, то же и они теперь чувствуют по отношению к другим. Как и в речи Иуды, человеческие существа, испытывая жалость, способны подражать божеству. Подобный дискурс вырастает из того, что ἔλεος в греческом тексте Писания приписывается как божеству, так и людям (об этом подробнее в главе второй). Жалость превращает былую уязвимость в привилегию и обязанность. Жалость дает евреям право называть себя «благодетелями», причем это касается как эмоций, так и действий. Через свою жалость они разделяют некую эмоцию со своим божеством и поступают по отношению к другим так, как их божество действовало по отношению к ним. Таким образом, «хорошо» или «уместно» [καλῶς] для еврейского народа испытывать жалость; тем самым они напоминают о своих прошлых страданиях и об искуплении Израиля, причем берут свое божество за образец. Отклик на боль других здесь явно интегрирован в дискурс идентичности.

В сущности, Иосиф Флавий идет еще дальше: он часто представляет своим читателям израильских предков, чье сострадание выходит за обычные границы (связанные с тем, что страдание незаслуженно и что оно может постигнуть самого сострадающего)[64]. Авраам, прежде чем обратиться к Богу с мольбой в связи с намеченным разрушением Содома, «стал скорбеть [ἤλγησεν] об участи содомитян» (1.199). Это развитие Иосифом идеи сострадания может быть связано с его желанием сгладить предполагаемую враждебность евреев по отношению к неевреям[65]. Оно также поразительно расширяет условия, при которых надлежит разделить чужие страдания: содомитяне никоим образом не заслуживают сожалений Авраама. Это правда, что, по версии Иосифа Флавия, у Авраама была давняя дружба с жителями Содома, но Иосиф только что сам же сообщил об их наглости, нечестии и ненависти к чужакам (1.176, 194). Кроме того, корень ἀλγ-, когда он используется для обозначения реакции на чужую боль, подразумевает, по всей видимости, интенсивность и непосредственность, поскольку в классическом греческом языке он часто изображает боль, испытываемую от страданий родственников[66]. В другом месте своей работы Иосиф Флавий указывает, что жалости к врагам ожидать не приходится[67]. Чувствуя боль за содомитян, враждебный народ, Авраам демонстрирует свое превосходство в добродетели.

Комментарий Иосифа Флавия к трагическому концу Корея и его последователей еще раз иллюстрирует, как далеко еврейский историк отходит от аристотелевского понимания жалости. Иосиф представляет себе, что, когда земля поглотила Корея и его приверженцев в наказание за поднятый ими мятеж, их родственники не только не скорбели, но и радовались, выказывая то, что мы бы сегодня назвали немецким словом *Schadenfreude* — «злорадство»[68]. Иосиф говорит:

---

[64] См. [Konstan 2001: 27–48].

[65] См. [Feldman 2000: 75].

[66] См. [Konstan 2006b: 244–258].

[67] См.: Иудейская война. 4.173; Иудейские древности. 14.354; см. также: 3 Макк. 4:4.

[68] Про злорадство см. [Portmann 2000: 54–56; Ben-Ze'ev 2000: 354–362]. О греческой традиции см. [Blundell 1989: 26–59].

> ...гибель их была достойна сожалений не только вследствие чрезмерности постигшего их бедствия, которое само по себе вызывало грусть [οἴκτου], но и потому, что родственники их были довольны постигшим тех заслуженным возмездием. <...> ...они не могли не одобрить такого Божьего суда и не печалились [οὐδ' ἐλυποῦντο], потому что считали, что с приверженцами Дафамна погибли самые преступные элементы народа (4.53).

Этот отрывок — хороший пример того, что Дэвид Левин называет «аналитическими эмоциями», когда историк пытается вызвать у читателей эмоциональный отклик, отличный от того, что чувствуют персонажи, и основанный скорее на критической оценке изложенных событий[69]. Это различие дает Иосифу Флавию повод расширить условия, в которых допустима жалость. С одной стороны, родственники Корея олицетворяют традиционный взгляд на жалость: они не скорбят, поскольку жертвы заслужили свое наказание. С другой стороны, Иосиф утверждает собственную эмоциональную норму, или эмоциональную норму своего времени, и предлагает своим читателям принять ее: любые бедствия, заслуженные или нет, достойны жалости. Когда другие радуются страданиям человека, он особенно достоин жалости. Какова функция этого дополнения к библейскому повествованию, в котором нет ни упоминания о радости родственников, ни приглашения к скорби? Злорадство подчеркивает ужасную судьбу людей Корея; для Иосифа Флавия, эмоционально реагирующего на боль других людей, даже уже умерших, оно в самом деле влияет на эту боль — делает ее еще хуже! Таким образом, этот отрывок подчеркивает не только эмоциональный сдвиг, но и убежденность в том, что эмоциональная реакция на чужую боль реально влияет если не на сам опыт, то по крайней мере на социальное восприятие этой боли.

Встреча Аэндорской волшебницы и царя Саула, как в библейском повествовании (1 Цар. 28), так и в пересказе Иосифа Флавия (Иудейские древности. 6.329–342), — предвестие скорой гибели

---

[69] См. [Marincola 2003, esp. 294; Levene 1997].

царя; однако у Иосифа эта встреча — повод преподать читателям урок сочувствия. Царь Саул близок к падению, он уступает власть Давиду. В то же время Саулу и его царству угрожают внешние враги — филистимляне. Понимая, что он утратил и божественную помощь, Саул обращается за помощью к волшебнице, чтобы получить совет покойного пророка Самуила. Через волшебницу Самуил подтверждает, что Бог действительно оставил Саула, что Давид будет царем и что Саул вот-вот потеряет и власть, и жизнь — и в самом деле, на следующий день он погибнет в бою. Саул «онемел от горя», «упал в обморок» (6.337). Волшебница упрашивает его «поесть немного». Иосиф заканчивает эту историю совершенно неожиданно. Он подчеркивает, что теленка, которого женщина приготовила для Саула, она «вскормила в своем доме» и он был ее единственным достоянием (6.339). Таким образом, волшебница отказывается от своего главного источника существования, обрекая себя, возможно, на голод. Иосиф Флавий особо отмечает «доброту и человеколюбие» волшебницы, тем более достойные похвалы, подчеркивает он, ибо она «не рассчитывала ни на какое за то вознаграждение и не старалась снискать благоволение царя», а была совершенно бескорыстна[70].

Кроме того, дополняя библейский рассказ, Иосиф Флавий описывает эмоциональную реакцию волшебницы на горе царя: женщина «почувствовала сострадание [συνεπάθησέ] к нему и старалась утешить его в постигшем его чрезмерном горе» (6.341). Используемый здесь корень редко встречается в «Древностях». В изложении Иосифом Флавием Библии он встречается еще лишь один раз, а именно в описании плача Давида по своему сыну Авессалому, и эта параллель подчеркивает эмоциональный заряд сочувствия (7.252)[71]. Сочувствие волшебницы иного порядка, чем жалость. Несходство ее положения с положением Саула таково, что она вряд ли когда-либо столкнется с подобной ситуацией. Кроме того, Саул не заслуживает ее сочувствия; Са-

---

[70] См. [Feldman 2000: 193]. См. также [Brown 1992: 200–203].
[71] См. также: Иудейские древности. 13.233; 16.102, 329, 404; 19.330; Иудейская война. 1.442, 580; 2.579; 6.211.

муил, чье пророчество она только что передала, ясно заявил, что Бог покинул царя из-за его непослушания во время битвы с амаликитянами (6.335–336). Ее сочувствие также не похоже на горе; она никогда не видела царя прежде (6.340) и никак с ним не связана — напротив, Саул объявил то ремесло, которым она зарабатывала на жизнь, незаконным. Ее ответ, кажется, подчеркнуто ничем не обоснован; скорее, эмоция действует как чисто аффективный импульс, побуждающий ее накормить царя.

У царя Саула, как его описывает Иосиф Флавий, сложная история эмоциональных реакций на боль других. Раньше во время своего правления он нарушил божественное повеление не проявлять жалости к амаликитянам; вместо этого он дал «обуять себя чувству жалости» (ἀκαίρως... οἴκτῳ) к Агагу из восхищения его прекрасным телом (6.137). Напротив, позже он убивает всю священническую семью города Нава, на этот раз не щадя (μήτ'... λαβὼν οἴκτον) даже малых детей (6.262). В интерпретации Иосифа Флавия Саул неправильно употребляет жалость: он испытывает неуместное сострадание к Агагу, но когда жалость должна сдерживать его, его сердце ничто не трогает. За день до своей смерти он неожиданно удостаивается непропорционального сочувствия волшебницы. Таким образом, эта женщина служит противовесом Саулу: она олицетворяет чувствительность и заботу, которые царь с такими трагическими последствиями употребляет не по назначению. Сочувствие волшебницы корректирует неспособность самого царя правильно относиться к боли других. Иосиф Флавий завершает свой панегирик так: «...поступок этой женщины заслуживает полного сочувствия, и хорошо, если, по ее примеру, мы станем оказывать поддержку всем, кто впал в стесненное, бедственное положение» (6.342). Сочувствие возведено в ранг добродетели; примером для подражания здесь является не царь, а женщина, поставленная вне закона царским указом.

В этих разных фрагментах «Иудейских древностей» (книги 1–11) «другие», страдающие и удостаивающиеся жалости, часто представляют потенциальную угрозу (за исключением убеленного сединами отца из первого примера). Местные чужаки, содомитяне, царь Саул и Корей представляют различные аспекты опасности для человека: чужестранцы у него дома, чужестранцы на границе, политическая власть и внутренние беспорядки. Определенным образом выстроить свои отношения к другим, когда они находятся в ситуации страдания, — это безопасный способ изменить свое положение по отношению к ним, пусть даже только в воображении. Жалость — это привилегия, дающая право не только помогать, но также обозначать и одобрять страдание. Разрушение тех ограничений, которые обычно накладываются на жалость, делает эту позицию еще сильнее. Этот семантический сдвиг характерен не только для Иосифа Флавия; в разной степени он заметен в эллинистической литературе[72]. Однако Иосиф Флавий использует эту переосмысленную жалость для определенных целей. В «Древностях» (книги 1–11) жалость становится отличительной чертой морального характера и определяющим компонентом идеальной еврейской идентичности. Горе Авраама по содомитянам и сочувствие Аэндорской волшебницы Саулу вносят свой вклад в их моральные портреты. Конструируя жалость и сочувствие как добродетели и используя их в изображении праотцев еврейского народа, Иосиф Флавий развивает дискурс идентичности, основанный на моральном превосходстве.

б) Жалость как добродетель правителя

Иосиф Флавий трактует жалость не только как показатель морального превосходства, но и как атрибут политической власти. Давида, преемника Саула, он хвалит за его отношение к страждущим. Женщина, нанятая Иоавом, его главнокомандующим, молит его принять обратно изгнанного им сына Авессалома, Давид соглашается на ее (вымышленную) просьбу; тогда она говорит: «Благодарю тебя за милость, с которой ты сжалился над моей старостью» (7.184). Завершая рассказ о Давиде хвалебной речью ему, Иосиф не упоминает о жалости, но отмечает, что он отличался «отзывчивостью (χρηστός) на нужды несчастных», вероятно, имея в виду ми-

---

[72] См. главу пятую. См. также [Pelling 2005; Konstan 2001: 88–94].

лосердное отношение Давида к врагам (7.391)⁷³. Подобным же образом более поздние цари Израиля косвенно описываются как «человеколюбивые и полные жалости» [φιλανθρώπους καὶ ἐλεήμονας]: речь идет о том, что три царя-союзника, включая царя Израильского Иорама и царя Иерусалимского Иосафата, после того как царь моавитян вывел своего сына на всесожжение, «сжалились над его отчаянием и в порыве сострадания прекратили осаду» (8.385, 9.43)⁷⁴.

Другие сочинения Иосифа (а также иудео-эллинистические тексты вообще) подкрепляют эту конструкцию: жалость — проявление власти, и она часто упоминается в описании правителей. Среди иудейских правителей Агриппа отличается жалостью к своему народу; он также просит своих подданных пожалеть Иерусалим и храм и, ради них, отказаться от войны с римлянами (Иудейская война. 2.337, 400). Ирод, напротив, не желает проявлять жалость, даже к своему собственному сыну Антипатру, которому все остальные сочувствуют. Другие, однако, жалеют Ирода, и эта перемена ролей — свидетельство хрупкости его правления, а также недостатка у него власти над собой (Иудейские древности. 14.354, 381; 16.265; Иудейская война. 1.636; см., однако, 1.556)⁷⁵.

Именно при характеристике римских правителей Иосиф Флавий чаще всего использует мотив жалости. Например, Антоний жалеет Ирода в связи с переменой его положения; Петроний, римский наместник в Сирии, жалеет иудеев, предпочитающих смерть возведению в храме статуи Гая; Тиберий Александр, префект Египта, жалеет евреев Александрии (которых он же сам приказал перерезать); Веспасиан жалеет жителей Иерусалима⁷⁶. Жалость часто возникает после смертельного удара, который она доводит до

---

⁷³ Речь идет, например, о 7.266.

⁷⁴ В обоих случаях Иосиф прославляет еврейскую жалость даже к врагам. См. [Begg, Spilsbury 2005: 133; Feldman 1998b: 326].

⁷⁵ О том, как конструируется рассказ об Ироде в «Иудейской войне», см. [Landau 2006] (о том, что образ Ирода не может вызвать у читателей жалости).

⁷⁶ Об Антонии см.: Иудейские древности. 14.381; Иудейская война. 1.282; о Петронии: Иудейская война. 2.198; о Тиберии Александре: Иудейская война. 2.497; о Веспасиане: Иудейская война. 4.412. См. также: Иудейская война. 5.572; 6.112, 406.

конца, действуя, так сказать, как его заключительная фаза. Плохие правители, напротив, лишены жалости. Среди прочих Гессий Флор, римский прокуратор в Иерусалиме, который жаждет наживы, даже незаконной; он не проявляет умеренности в наказаниях и не выказывает жалости (Иудейские древности. 20.254–255)[77].

Безусловно, Тит — это персонаж, которому Иосиф Флавий приписывает жалость чаще всего; она является центральным элементом его образа, что само по себе, вероятно, отражает непростые отношения Иосифа с династией Флавиев[78]. Первое упоминание об этом свойстве Тита — это жалость, проявленная Титом к самому Иосифу после его капитуляции:

> Тит в особенности, по благородству своему, проникся сочувствием к его долготерпению в несчастье и сожалением к его возрасту. Воспоминание о недавних геройских подвигах Иосифа и вид его в руках неприятеля навели его на размышления о силе судьбы, о быстрой переменчивости счастья на войне и непостоянстве всего, что наполняет жизнь человеческую. Это настроение и сострадание к Иосифу сообщилось от него большинству присутствовавших. Тит также больше всех хлопотал перед своим отцом о спасении Иосифа (Иудейская война. 3.396–397).

Зачастую у Иосифа и его современников (а также в греческих трагедиях и историографии в целом) жалость исходит из осознания того, что страдалец прежде находился в куда более благоприятном положении. Изменения статуса приписываются судьбе; посему они незаслуженны и вызывают жалость[79]. Тит еще не

---

[77] Страдания и ресентимент также могут препятствовать жалости; см., например: Иудейская война 3.329.

[78] О том, как Иосиф изображает Тита, см. [Hollander 2014: 188–199; Gruen 2011; McLaren 2005]. Изображение Тита у Иосифа не может быть вполне хвалебным, так как не до конца соответствует римским стандартам. См. также шире [Barclay 2005; Paul 1993; Rajak 1983: 205–213]. О милосердии Тита и его переосмыслении в опере Моцарта «Милосердие Тита» см. [Nussbaum 2016].

[79] См., например: Иудейские древности. 14.381, 18.200; Иудейская война. 3.396. Ссылки на классическую греческую литературу см. в [Dover 1974: 197]; об изменении статуса и судьбе см. главу пятую настоящей книги.

император; решение о том, спасти ли Иосифа, находится, таким образом, в руках его отца, Веспасиана. Способность молодого человека подтолкнуть к жалости других людей подчеркивает его растущую власть. Этот отрывок описывает события с точки зрения Тита; таким образом, проявленное им сострадание определенным образом характеризует его как будущего императора. Примечательно, что, по его собственным словам, Иосифу удалось выжить благодаря проявленной к нему жалости. То, что жалость присутствует на соприкосновении жизней полководца и историка, подчеркивает центральную роль этой эмоции для Иосифа.

Помимо Иосифа у Тита находится жалость и для жителей Тарихеи — после того как он убил многих из них; для жителей Гисхалы, «будучи сам насыщен уже резней»; для жителей Иерусалима; для своих людей, погибших в огне; для военнопленных; и для руин Иерусалима[80]. Подобно другим римским правителям, Тит склонен проявлять сострадание только после массовых убийств. Здесь жалость становится не столько эмоцией, сколько выработанным умственным настроением. Жалость функционирует как одно из проявлений власти; она завершает силовой акт. Размышляя о жалости Тита, Тесса Раджак отмечает: «Сделав сострадание (умеряемое твердостью) одним из главных качеств Тита, Иосиф приписал ему то, что считалось преимущественно добродетелью монарха. <...> Таким образом, Иосиф Флавий изображает Тита именно так, как следует изображать молодого императора» [Rajak 1983: 212][81].

Жалость у Иосифа Флавия — топос описания могущественного правителя. Неудивительно, что Иосиф не забывает об этом качестве, описывая себя самого; он не забывает упомянуть, что, будучи полководцем, он постоянно проявлял жалость к подвластному ему населению[82]. Себя он описывает, следуя той же модели,

---

[80] О жителях Тарихеи см.: Иудейская война. 3.501; о жителях Гисхалы: 4.92; о жителях Иерусалима: 5.522; о людях самого Тита: 6.182; о военнопленных: 6.345; о руинах Иерусалима: 7.112.

[81] См. также упоминания в [Pearce 2014: 860].

[82] См., например: Иудейская война. 3.203; Жизнь. 212.

которую он использует для изображения римских вождей; проявленная им жалость подчеркивает его превосходство, как моральное, так и политическое. Исследование Эндрю Эрскина, посвященное описанию гнева римлян в произведениях Полибия, позволяет еще лучше понять роль жалости в изображении Иосифом римских лидеров [Erskine 2015][83]. Полибий неоднократно сообщает о гневе римлян, когда они начинают превосходить греков (то есть во второй половине «Истории»). Гнев, как предполагает Эрскин, означает для Полибия признание господства римлян со стороны побежденных греков. Точно так же жалость римлян в трудах Иосифа Флавия подчеркивает превосходство Рима, особенно когда она касается еврейского народа. Как показывают предыдущие примеры, жалость правителя косвенно свидетельствует о том, что его слово — закон для тех, кто находится под его властью; оно означает превосходство в силе, причем в той мере, в какой это превосходство ощущается побежденными. Здесь эмоции правителя (жалость у Иосифа Флавия; гнев у Полибия) на самом деле могут выдавать чувства побежденного народа, какими их показывает нам историк.

Как отмечалось ранее, жалость или сострадание военачальника не означают миролюбивой политики. Напротив, за кровопролитием часто следует презрение, и именно таким образом полагается конец насилиям и наказаниям. В этом отношении показателен краткий отрывок из «Письма Аристея». Действие этого произведения происходит в III веке до н. э., а письмо, вероятно, было написано в I веке до н. э.[84] Один из еврейских мудрецов, приглашенный в Александрию для перевода Библии, отвечает на вопрос, заданный царем Птолемеем II:

> Царь… спросил… как ему быть другом людей [φιλάνθρωπος]. И тот [один из переводчиков] ответил: «Наблюдая то, что человеческий род возрастает и рождается во многом смятении и великом страдании. Посему ты не должен легко-

---

[83] О Полибии и Иосифе Флавии см. также [Gruen 2011].

[84] О «Письме Аристея» в целом см., например, [Honigman 2003: 1–12]; также о датировке [Ibid.: 119–143].

мысленно наказывать или подвергать их пыткам, поскольку ты знаешь, что человеческая жизнь состоит из боли и наказаний. Ибо если ты поймешь всё, ты преисполнишься жалости, [ἔλεον], ибо Бог также преисполнен жалости» [ἐλεήμων] (Письмо Аристея. 208).

Как сама цитата, так и ее контекст ясно показывают, что совет адресован царю: жалость влияет на специфически царское дело — назначение наказания. Жалость не отменяет наказаний и пыток; она скорее предотвращает эксцессы, поскольку истинный правитель должен с умом употреблять свою власть. В данном случае жалость оправдывается не заботой о подвергающихся пыткам[85]. Она, скорее, способствует утверждению царской власти, ибо истинный монарх проявляет умеренность в наказаниях. В последней строке отрывка божество указывается как образец. То, что жалость объявляется и царским качеством, и божественным атрибутом, усиливает эту конструкцию как выражающую власть[86].

Политическое использование жалости подтверждает ее связь с властью; оно также обеспечивает контекстуализацию этического требования жалости, обращенного к другим, и коллективной идентичности, основанной на способности к жалости. Жалость в основном описывается с точки зрения того, кто ее дарует, а не

---

[85] См. также: Притч. 17:34, где сказано, что Мессия отнесется с жалостью (ἔλεος) к враждебным народам; несмотря на эту жалость, народы будут предстоять перед ним «в страхе». Жалость — атрибут победоносного вождя, а не обещание мира. Моя благодарность Джорджу В. Э. Никельсбургу за указание на этот стих.

[86] Третья книга Маккавейская дает совершенно иное изображение эллинистического царя (идентифицируемого как Птолемей IV), но исходит из аналогичных предположений. Униженный в Иерусалимском храме, Птолемей задумал отомстить за себя, искоренив еврейскую общину Александрии. Однако позднее царь раскаивается: «И гнев царя превратился в жалость [οἶκτον] и в слезный плач о том, что было предпринято» (3 Макк. 5:47; 6:22). Жалость, в противоположность гневу, дает нам знак, что Птолемей изменился и отказался от тирании (3 Мак. 3:8, 5:20, 42; 6:24). О тирании в иудео-эллинистических текстах и греческих параллелях, в частности конкретно об этом отрывке, см. [Rajak 2007: 123–124]; см. также [Alexander, Loveday Alexander 2007].

тех, кто ее получает. Она никогда не бывает взаимной и невозможна между равными партнерами. Проявляя жалость, лидер демонстрирует не только свою власть, но и качества, необходимые для ее осуществления. И точно так же жалость, когда на нее ссылаются при характеристике добродетельных персонажей, подчеркивает их авторитет, как социальный, так и моральный. Когда человек проявляет жалость, это сигнал о том, что он не страдает от боли, затрагивающей другого; он отражает социально приемлемую реакцию, характерную для обладателя более высокого статуса. Жалость также подчеркивает моральное превосходство, иногда определяемое как союз с божеством. Эмоциональный отклик на чужие страдания, таким образом, инкапсулирует, а иногда и перестраивает динамику власти.

1.3. «Завет Завулона»: сострадание как уязвимость

Теперь в поисках еще одной конструкции эмоций, которые человек испытывает из-за боли других, я обращаюсь к «Завету Завулона». В то время как в произведениях Иосифа Флавия эмоции функционируют как выражение привилегий и власти, в «Завете Завулона» они предстают как признание общей уязвимости, присущей как страдающему, так и наблюдателю. «Завет Завулона» представляет собой один из разделов «Заветов двенадцати патриархов», собрания псевдоэпиграфических текстов, приписываемых двенадцати сыновьям Иакова и якобы произнесенных ими на смертном одре. «Заветы» сочетают в себе несколько литературных жанров: повествовательный, паренетический (увещевательный) и апокалиптический[87]. Патриархи дают своим потомкам моральные рекомендации, во многом основанные на событиях из их собственной жизни, как они описаны в Книге Бытия. Каждый завет касается одной (или двух) добродетелей или эмоций; тема «Завета Завулона» — эмоциональная реакция на чужую боль.

---

[87] Определение паренетического жанра («передача этических норм») см. в [Thomas J. 2004; Perdue, Gammie 1990].

Продолжаются споры о происхождении и датировке «Заветов двенадцати патриархов». Хотя большинство ученых сходятся во мнении, что это произведение имеет еврейскую первооснову и затем было дополнено христианами, они расходятся во мнениях относительно того, как оценивать нынешний текст. Одно из научных направлений утверждает, что текст по существу еврейский, за исключением наиболее очевидных христианских дополнений (которые обычно не затрагивают основное содержание), и датируется периодом до I века н. э.[88] По мнению других, и особенно Маринуса де Йонге, текст в его нынешнем виде — главным образом результат христианского редактирования; его следует датировать примерно вторым или началом III века н. э., и у нас нет доступа к дохристианскому варианту текста[89]. Третий взгляд — что текст исходит из общей «еврейско-христианской» среды, состоящей из христиан еврейского происхождения, по-прежнему соблюдающих еврейские законы во всей их полноте[90]. Хотя я склоняюсь к первой гипотезе, справедливо также и то, что «Заветы» свидетельствуют о значительной степени общности между христианскими и еврейскими общинами в первые столетия нашей эры.

Что касается паренетического материала «Заветов», некоторые ученые отстаивают влияние стоиков [Kee 1978], в то время как другие подчеркивают преемственность с израильской традицией [Slingerland 1986][91]. Исследование Кателла Бертло, посвященное призывам к любви в «Заветах», убедительно предполагает еврейское происхождение этого материала, восходящего к израильской литературе мудрости[92]. Йоханнес Томас, исследуя структуру и стиль паренетического материала «Заветов», также доказывает

---

[88] Из современных работ см. [Ulrichsen 1991; Kee 1978].

[89] Это школа, связанная с Лейденским университетом, и особенно Магнус де Йонге. Среди его главных публикаций на эту тему см. [Jonge 2003], особенно главу "Defining the Major Issues in the Study of the Testaments of the Twelve Patriarchs" [Ibid.: 71–83] (с полной библиографией); [Hollander, Jonge 1985]. См. также [Kugler 2012; Kugler 2001: 31–39].

[90] См. [Marcus 2010].

[91] См. также [Konradt 1997].

[92] См. [Berthelot 2003a].

их зависимость от еврейской литературы мудрости [Thomas J. 2004]. Однако, по мнению де Йонге, никогда нельзя исключать влияние христианских редакторов; «Заветы» скорее свидетельствуют о преемственности между иудео-эллинистическими и христианскими паренетическими дискурсами [Jonge 1989]. Я включаю «Заветы» в это исследование, поскольку они являются важным свидетельством развития иудео-эллинистических (а значит, и христианских) дискурсов жалости и сострадания.

«Завет Завулона» в некоторых рукописях имеет подзаголовок «Περὶ εὐσπλαγχνίας καὶ ἐλέους», «О сострадании и жалости» — это две эмоции, лежащие в основе текста[93]. Завет дает сложную трактовку идее сострадания, которая характеризуется несколькими сдвигами. Мотив сострадания основан на библейской сцене, где Иосифа продают в рабство. Завулон, псевдоэпиграфический, вымышленный оратор, начинает свою речь на смертном одре со слов:

> Я же не знал, чтобы я согрешил во дни мои, кроме помышления. Не помню, чтобы я беззаконие совершил, кроме (греха) неведения [ἄγνοιαν], который я совершил по отношению к Иосифу, так как дал слово братьям моим не говорить отцу моему о случившемся. Но я плакал втайне многие дни об Иосифе, ибо боялся братьев моих... (Завет Завулона. 1:4–6).

Завулону приходится признаться лишь в одном грехе: из страха он промолчал о продаже своего младшего брата Иосифа.

---

[93] Заголовок есть в mss *blef*; в ms *g* — περὶ ἐλεημοσύνης; в mss *dm* — περὶ εὐσπλαγχνίας καὶ ἐλεημοσύνης. См. [Jonge 1978]. Текст имеет две редакции: пространную (mss *bdglm*) и краткую (mss *acefhij*), которая представлена в армянской и славянской версиях. В краткой редакции отсутствует фрагмент, содержащий 6:4–8:3, за исключением 6:7а и 6:8. Таким образом, большинство мест, посвященных человеческому состраданию, в краткой редакции отсутствует. Однако в некоторых рукописях краткой редакции (*eandf*) заголовок сохраняется, что позволяет де Йонге рассматривать короткий текст как сокращение более длинного и, таким образом, принимать пространную редакцию как оригинальную. Краткая редакция представляет собой «попытку избежать некоторых наиболее экстравагантных примеров сострадания Завулона»; см. [Hollander, Jonge 1985: 254]. См. также [Jonge 1975], особенно главу "Textual Criticism and the Analysis of the Composition of the Testament of Zebulun" [Ibid.: 144–160].

«Завет», однако, не сосредотачивается на этой ошибке, а фокусируется на том, что делает Завулон вопреки ей, или, скорее, на том, что он чувствует. Сострадание возникает уже в следующей главе. Сыновья Иакова собираются убить Иосифа, который просит у них жалости. Завулон описывает свою реакцию:

> Когда же он говорил, рыдая, слова эти, я, не вынося воплей [οἶκτον], начал плакать; и печени мои излились, и весь состав внутренностей [σπλάγχνων] моих расслабел. Плакал же я с Иосифом, и трепетало сердце мое, и суставы тела моего дрожали, и я не мог стоять. Видя же Иосиф меня, соболезнующего ему, и их, подходящих убить его, забежал за меня, прося защиты за него (Завет Завулона. 2:4–6).

Этот короткий, наполненный пафосом отрывок наглядно передает то, как жалость или сострадание ощущается σπλάγχνα, внутренними органами. Физические реакции, о которых идет речь: внутреннее смятение, слабость, учащенное сердцебиение — заставляют предположить, что Завулон испытывает те же симптомы ужаса, что и его брат Иосиф, как если бы он сам находился под угрозой. Сострадание здесь заключается в физическом переживании эмоций другого человека. Боль страдальца отражается в теле смотрящего, в своего рода миметическом опыте[94]. Такое воспроизведение эмоций страдающего контрастирует с трактовкой жалости в классических греческих источниках, где жалость по определению отличается от непосредственных чувств страдающего; оно скорее напоминает позднюю эллинистическую повествовательную литературу[95].

---

[94] Я использую это понятие, имея в виду: Ахилл Татий. Левкиппа и Клифотонт. 6.7.4 («Его глаза не остаются безучастными — они подражают [ἐμιμήσατο] глазам возлюбленной»). Я обсуждаю это в пятой главе настоящей книги. См. также Григория Нисского, который описывает жалость (ἔλεος) как «пропитанное любовью самоотождествление [ἀγαπητικὴ συνδιάθεσις] с теми, кто огорчен печальными событиями» в «Беседах о блаженствах», 126,24 (1252.38). Благодарю Дэвида Констана за указание на этот фрагмент.

[95] О жалости как о чувстве, отличном от эмоции самого страдающего, см. [Konstan 2001: 73]. О позднеэллинистической литературе см. пятую главу настоящей книги.

Страдающий другой — это Иосиф, младший брат Завулона. Он беззащитен, ему угрожают братья, среди которых и сам Завулон. Таким образом, отношения между тем, кто испытывает боль, и тем, кто сострадает, отличаются от примеров, которые мы рассмотрели у Иосифа Флавия: там те, кому даруются жалость или сочувствие, часто сами потенциально опасны. Также Завулон не в силах защитить Иосифа, который прячется за ним. Напротив, Завулон, уже «боящийся братьев» (1:6), «не может стоять» (2:5); он не спасает Иосифа (это делает другой брат, Рувим, в 2:7–8), не кормит его, когда тот голодает (4:4), и не препятствует его продаже. Сострадание скорее парализует, чем побуждает к действию; кажется, что его аффективная интенсивность лишает способности действовать и эффективно защищать другого.

Другой отрывок текста «Завета Завулона» вносит в эти наблюдения дополнительные нюансы. Здесь Завулон описывает сострадание, которое он проявляет, занимаясь для пропитания рыболовством. «Сожалея» (σπλαγχνιζόμενος), он делится своей добычей с каждым незнакомцем (6:4); «сочувствуя» (συμπάσχων), он готовит рыбу для всякого чужеземца, больного или престарелого человека (6:5). В этом случае два глагола, σπλαγχνίζομαι и συμπάσχω, объединяются без того четкого описания физических потрясений, которое мы видим в предыдущем отрывке. Меньшая эмоциональная вовлеченность, похоже, оставляет больше возможностей для действия, и это раскрывает прагматичный образ сострадания, в данном случае в форме обмена едой.

В следующей главе Завулон рассказывает о двух своих проявлениях сострадания, каждый раз подчеркивая собственное бессилие. Первый касается украденной одежды, переданной нуждающемуся: «...я увидел страдающего от наготы зимою, и сострадая [σπλαγχνισθείς] ему, украв [κλέψας] одежду [ἱμάτιον] из дома [отца] моего[96], тайно [κρυφαίως] дал страдающему» (Завет Завулона. 7:1). Почему Завулон крадет одежду и почему он действует тайно? Этот анекдот можно понять в том смысле, что требование сострадания отменяет запрет на воровство, но такое объяснение

---

[96] ...mss *ldm* добавляет τοῦ πατρός.

едва ли нас удовлетворит. Кража и окружающая ее тайна, кажется, делают сострадательного человека еще беспомощнее; у него не остается ничего, кроме нуждающегося в помощи, и он вынужден воровать, чтобы эту помощь оказать[97]. Этот второй акт сострадания Завулона подчеркивает бессилие сострадательного человека в еще более крайней форме:

> Если же не имеете (что) дать нуждающемуся, сострадайте ему милосердным сердцем. Я знаю, что рука моя не нашла дать (что-нибудь) нуждающемуся, и я, около семи стадий идя с ним, плакал, и внутренности мои обращались к нему с состраданием (7:3–4).
>
> Εἰ δὲ μὴ ἔχετε πρὸς καιρὸν δοῦναι τῷ χρῄζοντι, συμπάσχετε ἐν σπλάγχνοις ἐλέους. Οἶδα ὅτι ἡ χείρ μου οὐχ εὑρεπρὸς τὸ παρὸν ἐπιδοῦναι τῷ χρῄζοντι, καὶἔτι ἑπτὰ σταδίους συμπορευόμενος αὐτῷἔκλαιον. Καὶ τὰ σπλάγχνα μου ἐστρέφετο ἐπ' αὐτῷ εἰς συμπάθειαν.

Три глагола с приставкой συν- намекают на суть анекдота. Сострадание в этом отрывке заключается не в оказании помощи, а в том, чтобы разделить состояние нуждающегося. Сострадающему нечего предложить. Сильные эмоции Завулона каким-то образом заменяют действия, которые он не может совершить; место богатого благодетеля занимает плачущий герой. Невозможность действия компенсируется напряженной эмоциональной вовлеченностью. Быть сострадательным в данном случае означает разделить со страдающим как его уязвимость, так и его эмоции.

В восьмой главе «Завета» патриарх дает своим потомкам заключительные рекомендации, в которых основное внимание уделяется состраданию:

---

[97] Сострадание Завулона может быть также опосредованно адресовано Иосифу. Когда братья собираются продать Иосифа, они берут хитон Иосифа и заменяют его на «одежду [ἱμάτιον] рабскую» (Завет Завулона. 4:10). Что до темы тайны, она отсылает нас к признанию Завулона о том, что «плакал втайне» (ἐνκρυφῇ) (1:6). Завулон дает незнакомцу одежду, которую он не смог дать своему брату, и это, возможно, возмещение его «единственного греха» (1:4–5).

> И так и вы, дети мои, имейте сострадание ко всякому человеку с милостию, чтобы и Господь, сострадая к вам, помиловал вас. Ибо и в последние дни Бог пошлет благоутробие Свое на землю и где обретет благоутробие милосердия, в том и вселится. Ибо насколько человек сострадает ближнему своему, настолько и Господь ему (8:1–3).

> Καὶ ὑμεῖϲο ὖν, τέκνα μου, ἔχετε εὐσπλαγχνίαν κατὰ παντὸς ἀνθρώπου ἐν ἐλέει, ἵνα καὶ ὁ κύριος εἰς ὑμᾶς σπλαγχνισθεὶς ἐλεήσῃ ὑ μᾶς, ὅτι καίγε ἐπ᾽ ἐσχάτων ἡμερῶν ὁ θεὸς ἀποστέλλει τὸ σπλάγχνον αὐτοῦ ἐπὶ τῆς γῆς, καὶ ὅπου εὕρῃ σπλάγχνα ἐλέους, ἐνα ὑτῷ κατοικεῖ. Ὅσον γὰρ ἄνθρωπος σπλαγχνίζεται εἰςτ ὸν πλησίον, τοσοῦτον κύριος εἰςα ὑτόν.

Сострадание, которое в начале текста он испытывал к брату, находящемуся в опасности, теперь Завулон призывает проявлять по отношению ко всем человеческим существам — универсальное расширение, встречающееся, как будет показано далее, и в других иудео-эллинистических текстах (глава четвертая). Сострадание также обращено к людям в их отношениях с божеством, поскольку божественное сострадание и жалость даруются в ответ на человеческое сострадание и жалость. В этом отрывке изображено идеальное quid pro quo между божеством и людьми; сострадательные люди вознаграждаются божественным состраданием в той мере, в какой [ὅσον] они проявили его по отношению к своим ближним. Эта идея уже встречается в греческом тексте Писания (Притч. 17:5), где человеческое сострадание рассматривается как средство получения божественной жалости. Завулон, так сказать, переворачивает стол, поскольку его рассуждение описывает полный круг: проявляющий сострадание теперь становится его объектом. В подтексте — вера в то, что люди нуждаются в божественном сострадании и должны вести себя со своими собратьями так, чтобы завоевать божественное расположение. Человеческое существо рассматривается как нечто фундаментально уязвимое перед лицом божества, и эта уязвимость может быть смягчена этичным поведением. Таким образом, невинная жертва или отчаявшийся ближний из предыдущих примеров идентифицируются с самим жалеющим, не в своих человеческих взаимодействиях, а в своем отношении к божественному.

Следующий стих неожиданным образом переосмысливает сострадание, превращая его в отказ от мести. В то время как предыдущий стих касался божественного сострадания, этот фрагмент возвращает нас к повествованию, разворачивающемуся в первых главах — особенно в описании характера Иосифа:

> Когда же мы пришли в Египет, Иосиф не памятовал зла на нас. Увидев меня, он сжалился. Ему внимая, и вы, дети мои, любите друг друга. <…> Ибо тот, кто помнит зло, сотворенное ему, не имеет жалости (8:4, 5a, 6b).

> Ὅτε γὰρ κατήλθομεν εἰς Αἴγυπτον, Ἰωσὴφ οὐκ ἐμνησικάκησεν εἰς ἡμᾶς, ἐμὲ δὲ ἰδὼν ἐσπλαγχνίσθη. Εἰς ὃν ἐμβλέποντες καὶ ὑμεῖς ἀμνησίκακοι γίνεσθε, τέκνα μου. <…> Ὁ γὰρ μνησίκακος σπλάγχνα ἐλέους οὐκ ἔχει.

Сострадание приравнивается к способности «не помнить обид» (μνησικακέω), согласно буквальному значению глагола. По сути, сострадание здесь соответствует отказу от мести. Это представляет собой значительный отход от классических греческих источников, в которых жалость подразумевает, что страдающий невинен. В архитектуре «Завета» именно в этой точке происходит значительный сдвиг: объектом сострадания являются не невинные жертвы или обездоленные соседи, а, скорее, в случае братьев Иосифа, злодеи. Сострадание означает не только помощь нуждающимся или даже готовность разделить их горе, но и отказ от мести обидчикам. Сострадание здесь направлено не на страдание само по себе, а, скорее, на человеческую духовную немощь. Что касается сострадательного субъекта, то он не столько свидетель, сколько сам жертва: зло причинено самому сострадающему, который из сострадания отказывается от мести. Бессилие сострадания тут подчеркивается двояко: во-первых, сострадающий — сам жертва злодейства; во-вторых, проявляя сострадание, он отказывается от права на ответный удар. Сострадание, построенное как переживание бессилия, включает в себя состояние жертвы; это подразумевает уязвимость, но также и преднамеренную пассивность.

Этот семантический сдвиг можно объяснить изменением личности сострадательного персонажа, каковым в предыдущем стихе был первоначально Завулон, затем Иосиф и, наконец, божество[98]. Здесь Иосиф потенциально функционирует как символ божества. Призыв «не помнить зла» в таком случае был бы основан на божественной способности прощать человеческие проступки; этот стих, в свою очередь, представлял бы собой приглашение подражать божеству. Можно задаться вопросом: когда сострадание приписывается как божеству, так и людям — не ведет ли это к тому, что мы все больше распространяем его на то, что считается заслуженным страданием, если не виной? Этот вопрос мы рассмотрим дальше. Потребность людей в божественном сострадании, очевидно, рассматривается как результат их слабости. Сострадательное отношение к ближним — будь то жертвы, обездоленные соседи или былые обидчики — это способ обрести уверенность в том, или по крайней мере надежду на то, что и нам достанется божественная благодать и в конечном итоге мы уподобимся божеству.

Следующая глава рисует несколько более мрачную картину, поскольку умирающий Завулон предсказывает раскол среди своих потомков, а также плен и скорбь. Он продолжает: «И после сего вы вспомните о Господе и покаетесь, и Он обратит вас, ибо Он милостив [ἐλεήμων] и благоутробен [εὔσπλαγχνος] и не мыслит зла сынам человеческим...» (9:7). Этот стих подтверждает то, что до сих пор подразумевалось: жалость и сострадание божества по сути своей близки к милосердию — божество «не мыслит зла сынам человеческим». Сострадание, как божественное, так и человеческое, теперь определяется не только как эмоция, направленная на уязвимых и страдающих других, но и как милосердие к грешникам. В то же время «Завет Завулона» выстраивает желаемое отношение человека к ближним как идеальное зеркало воображаемого изображения божества.

---

[98] Кроме этого отрывка Иосиф также рассматривается как пример сострадания в «Иосифе и Асенете», 8:9, и в «Завете Иосифа», 17:7.

Последняя глава «Завета» в конечном итоге меняет характеристику Завулона. В то время как в предыдущих главах был изображен юный мальчик, охваченный состраданием, в заключительном фрагменте мы видим влиятельного патриарха, который стремится направлять свое племя и после своей смерти. Текст возвращается к вымышленному псевдоэпиграфическому обрамлению; праотец на смертном одре произносит свои последние наставления: «И ныне, дети мои, не печальтесь [μὴ λυπεῖσθε], что я умираю, и не унывайте, что скончаюсь. Ибо я восстану опять среди вас, как вождь [ἡγούμενος] среди сынов своих, и возрадуюсь среди колена моего...» (10:1–2). Старец Завулон умоляет своих сыновей не горевать о его смерти. Он отказывается быть причиной страданий, потому что, возможно, воскреснув, он вновь обретет положение «вождя» в семье и племени. Поэтому при изображении сострадательного предка текст не сохраняет до конца ощущение его уязвимости. Молодой герой, опустошенный судьбой своего брата и способный предложить обездоленным только свои слезы, в конечном итоге переосмысливается как лидер, чье влияние будет продолжаться и после его смерти.

«Завет Завулона» (за исключением его финала) противоречит любому стремлению получить власть над чужим страданием. Сострадание — не властная позиция, как у Иосифа Флавия; здесь оно — выражение базовой человеческой потребности, вытекающей из признания собственной уязвимости. Человеческие существа должны испытывать сострадание к своим нуждающимся соседям и даже к былым обидчикам не для того, чтобы продемонстрировать свое превосходство, а потому, что они сами столь же бессильны и обездолены. В определенном смысле бедняки, сосед и былой обидчик — это метафоры состояния каждого человека. Возможно, это не случайность, что в Библии Завулон — второстепенный персонаж; в «Завете» он не должен быть особенным героем, а скорее он выступает от имени всех людей, с их хрупкостью и ограниченностью свободы действий. Понимание сострадания как физического и эмоционального опыта соответствует представленному в тексте взгляду на человеческую природу: не как на высоконравственных героев, полностью владеющих своими эмоциями и импульсами, как у Иосифа Флавия, а как на уязвимых человеческих существ из плоти и крови. Наблюдение за страданиями других приводит к изменению самопозиционирования — не с точки зрения расширения возможностей, как у Иосифа Флавия, а с точки зрения признания уязвимости. Эта уязвимость усиливается верой в то, что все люди нуждаются в божественной жалости. Однако в финале мы видим патриарха, который, пусть и находясь в конце своей жизни, не боится смерти, но предвидит свой непреходящий авторитет. В конечном итоге сострадание переходит в силу.

1.4. Жалость у Филона: между эмоцией и добродетелью

То, как рассматривает жалость Филон, позволяет взглянуть в определенной перспективе на Иосифа Флавия и на «Завет Завулона». У Филона жалость — это эмоция, но имеющая потенциал стать добродетелью; иногда она ограничивается незаслуженными страданиями, но порою направлена и на злодеев. Внимание, уделяемое Филоном жалости, обычно интерпретируется как еврейский извод стоической теории страстей[99]. Мы рассмотрим взаимоотношения Филона (и других еврейских авторов) со стоической мыслью в главе пятой; на данный момент наша цель — посмотреть, как динамические отношения между силой и уязвимостью, характерные для реакции на боль других, проявляются у Филона, когда он пишет о жалости.

Филон несколько раз называет жалость (которую он выражает терминами ἔλεος и οἶκτος) «эмоцией» (πάθος)[100]. Как любая человеческая эмоция, жалость может быть испытана каждым, независимо от его моральных качеств. Например, Калигула, отнюдь не образец добродетели, жалеет еврейский народ, поскольку понимает: «Эти люди кажутся мне не злыми, а несчастными»

---

[99] Об отношении Филона к страстям см. [Kerns 2013; Lévy 2009: 154–164; Wilson 2008; Winston 2008; Lévy 2006].

[100] См., например: Об особенных законах. 116; О добродетелях. 144; О Моисее. 1.25.

(О посольстве к Гаю. 367). Как и в данном случае, жалость иногда явно ограничивается незаслуженными страданиями. Например, обращаясь к Иосифу с просьбой освободить Вениамина, Иуда (в пересказе Филона) умоляет Иосифа проявить жалость (ἔλεος) к старости и добродетельному образу жизни их отца (как и в версии Иосифа Флавия) (Об Иосифе. 230). Обсуждая греческий перевод Книги Исход, 23:3 («и бедному не потворствуй в тяжбе его»), Филон отмечает, что в целом закон содействует «обогащению нуждающихся»; однако продолжает: «Только на суде непозволительно жалеть [нуждающегося], ибо жалость [ἔλεος] — к несчастьям, а тот, кто поступает нечестиво с умыслом, не несчастен, а неправеден» (Об особенных законах. 4.76)[101]. Как бы ни была важна жалость к бедным, Филон также настаивает на том, что эта жалость должна ограничиваться незаслуженными страданиями; бедняк, совершивший неправедные поступки, подлежит осуждению.

Однако в других местах у Филона утверждается, что следует проявлять жалость и к неправедным людям, которые, по выражению Аристотеля, «заслуживают» своих страданий, — например, к тем, кто заблуждается, к тем, кто «изгнан из рая добродетелей», к тем, кто «находится в бесплодии добродетели и великом изобилии пороков», или «к тем, кто не вкусил на пиру добродетели»[102]. Здесь жалость представлена как добродетель, примером которой служит, в частности, Моисей, являющий для Филона совершенную мудрость[103]. Следующий отрывок характеризует жалость «мудреца»: «…всякий мудрец есть выкуп за негодного, который не прожил бы и мгновения, если бы мудрый не промыслил его сохранность своим состраданием [ἐλέῳ] и благоразумной предусмотрительностью [προμηθείᾳ]» (О жертвах Авеля и Каина. 121). Эти две добродетели, жалость и предусмотрительность,

---

[101] См. также: О потомстве Каина. 9; О посольстве к Гаю. 244, 367; О Моисее. 1.95; 2.227, 228; О десяти заповедях. 69; Об опьянении. 121.

[102] См., соответственно: Об опьянении. 38; О сельском хозяйстве. 46; О смешении языков. 167; Об особенных законах. 1.304.

[103] См.: О сельском хозяйстве. 46; Об опьянении. 38.

в других местах используются Филоном для характеристики божества; отсюда следует, что «мудрец» является своего рода посредником, через которого божество являет себя, — идея, присутствующая также у Иосифа Флавия (О бегстве и обретении. 162)[104]. Благодаря жалости и предусмотрительности мудрец «искупает» злодея, избавляя его от преждевременной смерти. В другом трактате Филон проводит тройное сравнение: он сопоставляет власть божества над людьми, царей над своими государствами и родителей над своими детьми (О Провидении. 2.2–5). В каждом из этих случаев жалость есть выражение заботы, которую те, кто обладает властью, оказывают тем, кто находится под их ответственностью. Родители, в частности, «не пренебрегают своими распутными сыновьями», а «жалеют [οἶκτον] их за их несчастья» и дают им даже больше, чем своим благовоспитанным детям. Распространение жалости на «заслуженные» страдания связано с авторитетом дарителя. Действительно, правителю дана привилегия свободно располагать своей жалостью и даровать ее тем, кто, может быть, ее и недостоин — так же, как это делает божество. Пример родителей показывает, что жалость не обязательно отделена от ее аффективной составляющей.

Как показывают предыдущие примеры, отношение Филона к человеческой жалости в целом позитивно. Вот самый явный пример такого одобрения: осуждая того, кто варит животное в молоке его собственной матери, в нарушение заповеди Моисея (Исх. 23:19, 34:26; Втор. 14:21), Филон комментирует это так: «Такой человек выказывает ужасную неловкость манер, оторванную[105] от чувства, необходимейшего и теснее всего связанного с разумной душой: жалости [τὸν ἔλεον]» (О добродетелях. 144). Эта исключительная близость жалости и разума не означает, что они равны; напротив, разум сохраняет свое превосходство. Подчеркивая, что никто не должен приговариваться к смертной казни за чужие прегрешения, но что люди должны наказываться за свои собствен-

---

[104] См. также: Иосиф Флавий. Иудейские древности. 2.152, 4.239.

[105] Английский перевод [Wilson 2011: 72] (комментарий на с. 315–316). Об этом фрагменте см. [Konstan 2006c: 67].

ные дела, Филон рассматривает и случай, когда люди сами вызываются умереть вместо тех, кого они любят. По мнению Филона, такие люди «искажают имя благотворительности» и «совершают двойную несправедливость». И в заключение он говорит:

> Разве не недостойны звания мужа те, чей разум поддается жалости? (Об особенных законах. 3:156).

ἢ οὐκ ἄνανδροι τὰς φύσεις, παρ᾽ οἷςο ἴκτου λογισμὸς ἡττᾶται.

Жалость всегда должна контролироваться разумом, чтобы избежать доминирования эмоций над разумом, — это та инверсия силы, которую, по мнению Филона, олицетворяют женщины (мы вернемся к этой ассоциации в главе третьей). Выйдя из-под контроля разума, жалость вызывает несправедливость и порождает слабость. Говоря о законах, регулирующих священнические обязанности, Филон отмечает, что первосвященник воздерживается от траура даже в случае смерти родственника: «Став выше жалости [οἴκτου], он [первосвященник] будет неизменно свободен от боли навеки» (Об особенных законах. 1:115). Первосвященнику надлежит преодолеть свою жалость (под которой понимается здесь горе о родственниках, в значении, близком к συμπάθεια), а также все другие эмоции, чтобы выполнять свои ритуальные обязанности. Этот самоконтроль, в типично стоическом духе, освобождает его от боли.

Таким образом, трактовка Филоном жалости отмечена напряжением: с одной стороны, жалость, основанная на разуме, является выражением морального превосходства; с другой стороны, самодовлеющая жалость приводит к феминизирующей слабости. Один отрывок особенно хорошо резюмирует речь Филона. Здесь Филон объясняет обещание божества Иакову пойти с ним в Египет (Быт. 46:4). Бог не движется в пространстве; однако Он приспосабливается к людям и сопровождает их, поскольку заполняет каждое место. Как мы можем представить себе это божественное руководство? Филон приписывает божеству следующие слова: «И делаю Я это, конечно, из жалости к разумной природе [διὰ φύσεως οἴκτον λογικῆς], чтобы она была выведена из подземного мира страстей [παθῶν] к горнему краю добродетели [ἀρετῆς], шаг за шагом следуя за Мной, проложившим ведущую в небо дорогу...» (О потомстве Каина. 31). Напряжение между властью и уязвимостью выражается как конфликт между определением жалости как «добродетели» и «эмоции». Как добродетель жалость исходит из разума, освобождает от боли и ведет к божеству. Такая жалость доступна тем, чей разум управляет их страстями и кто именно по этой причине имеет право управлять другими. Как эмоция, и особенно когда она выходит из-под контроля разума, жалость подавляет личность, ослабляет и выводит из строя — она делает личность «недостойной имени мужа».

1.5. Когда уязвимость и власть переплетаются

Дискурсы, развивающиеся в трудах Иосифа Флавия и в «Завете Завулона», не просто сосуществуют бок о бок — они развивают две возможности одной и той же эмоциональной динамики; в этом смысле они пересекаются и перекрываются. Иосиф Флавий временами признает уязвимость, которую может вызвать жалость, в то время как автор «Завета Завулона», хоть и делает упор на беспомощности сострадательного человека, в последних главах не избегает определенного дискурса силы. Что касается Филона, то он также противопоставляет друг другу разные способы испытывать жалость, которые он рассматривает, соответственно, как проявление власти и как недостойную мужа слабость. В этих текстах переживание уязвимости другого человека и эмоциональная реакция на нее являются конститутивным событием: нечто происходит с самим сострадающим и меняет его способ взаимодействия с другими.

И «Иудейские древности» Иосифа Флавия (1–11), и «Завет Завулона» основаны на Священном Писании: они либо пересказывают (как Иосиф), либо дополняют (как «Завет Завулона») библейские повествования. Оба этих текста настойчивы в своем внимании к эмоциональной реакции на чужую боль. Они изображают персонажей, эмоционально затронутых страданиями других, хотя в соответствующих библейских источниках эти реакции отсутствуют. Оба текста используют эмоциональную реакцию на чужую боль, чтобы представить различные модальности отношения личности к другим людям, между полюсами силы и уязвимости. Этот общий акцент предполагает важность эмоциональных реакций на боль в более широком историческом контексте. Этот мотив, кажется, проник в различные дискурсы, которые расширяли его по-своему и под специфическими влияниями — это развитие будет отражено в следующих главах.

Иосиф Флавий использует лексику из классической греческой литературы (ἔλεος, οἶκτος, ἀλγέω ἐπί) и/или слова, употреблявшиеся современными ему историками (συμπαθέω). Реакция на чужие страдания — это эмоция, но не обязательно та же эмоция, которую испытывает сам страдающий. Эмоциональная реакция на чужую боль характерна для обладателей высоких моральных качеств, особенно если эти эмоции испытываются по отношению к врагам. У Иосифа Флавия жалость иногда ограничивается незаслуженными страданиями, которые могут коснуться и самого жалеющего — как это обычно бывает в греческой литературе (и как это показано в определении Аристотеля). Он также распространяет жалость на боль, которая вызвана каким-то проступком самого страдающего, поэтому с меньшей вероятностью может коснуться человека, испытывающего жалость. Что касается «Завета Завулона», то здесь также используются различные классические греческие термины, но предпочтение отдается корню σπλαγχν-, эмоциональное использование которого типично для иудео-эллинистической литературы. Этот корень указывает на физический характер эмоции и часто используется в ярких описаниях. Сострадательный человек перенимает эмоции того, кто испытывает боль; зеркало сострадания отражает боль, испытываемую другим. Большинство примеров, приведенных в «Завете», касаются незаслуженных страданий. Тем не менее сострадание также связано со способностью «не помнить обид»; здесь эмоции испытывают злодеи, при этом сострадающий — их жертва, а не просто наблюдатель.

Мы рассмотрели эмоциональную реакцию на боль других в одном аспекте: как личность позиционирует себя по отношению к страданиям других. Соприкосновение с болью других создает для личности привилегированную ситуацию, позволяющую размышлять, воображать и разыгрывать свои отношения с другими людьми. Для личности их уязвимость — это возможность переопределить свою позицию, либо продемонстрировав свое превосходство и авторитет, либо признав собственную уязвимость.

У Иосифа Флавия эмоции внешнего свидетеля сводятся к признанию и подтверждению страдания. Своей жалостью или сочувствием наблюдатель дистанцируется от пострадавших, особенно когда те воспринимаются как потенциально опасные. Сострадательные персонажи утверждают свое благополучие и демонстрируют свое моральное превосходство. Отказываясь от обычных ограничений для жалости (то есть страдание должно быть как незаслуженным, так и потенциально угрожающим самому сострадающему), Иосиф Флавий подчеркивает, что жалость есть акт силы. С одной стороны, неготовность испытать боль, подобную боли самого страдающего, лишает человека возможности осознать свою уязвимость. С другой стороны, распространение жалости на боль, которая воспринимается как результат какого-то проступка, способствует тому, что жалость становится не болезненной эмоцией, а скорее актом милосердия, который сам по себе предполагает власть над страдающим. Сочинения Филона подтверждают, что власть позволяет распространить жалость на заслуженные страдания — примером служит жалость к родителям, царям и божеству. Жалость и другие реакции на чужую боль, придавая человеку новые силы, переопределяют его позицию в обществе. Во всех этих аспектах в построении эмоций доминирует сила.

В «Завете Завулона» дискурс, напротив, основан на сострадании, испытываемом Завулоном, которому приписан текст, к своему младшему брату Иосифу. Страдающий другой в этой начальной сцене не несет никакой угрозы; более того, он беззащитен. Напротив, Завулон — источник опасности, поскольку изначально он находится среди тех, кто планирует убийство Иосифа. Дисбаланс власти решается путем лишения прав: Завулон не действует — его молчание, как он признается, всего лишь ошибка, — но сознательно становится таким же уязвимым, как и его младший брат. Таким образом братское сострадание распространяется на всех людей. Сострадание может сопровождаться проявлениями заботы, но неспособность оказать помощь явно берется в расчет, а повышенная эмоциональная вовлеченность компенсирует бездействие. Границы между тем, кто оказывает сострадание, и получателем сострадания размыты, поскольку последний функционирует как образ первого в его отношении к божественному. Чужая уязвимость заставляет человека оглянуться на себя самого — и это сформулировано в «Завете» как необходимое условие для божественного сострадания. Встреча с чужой болью позволяет человеку соприкоснуться со своей собственной — прошлой, настоящей или будущей. Сострадание также может привести к пересмотру положения человеческой личности в мире, но на этот раз в сторону разделяемой с другими уязвимости.

Эти два дискурса не следует разделять; напротив, они, похоже, представляют собой две стороны уникальной динамики, которые никогда не существуют полностью независимо друг от друга. С одной стороны, «Древности», 1–11, на которых я сосредоточила внимание ранее, представляют собой часть сочинения Иосифа Флавия, где он наиболее заметно выстраивает идеальную еврейскую идентичность, представляя черты характера библейских предков, включая жалость и другие эмоциональные реакции на боль других. Вполне ожидаемо, что жалость будет истолкована как высшая моральная добродетель. Тем не менее сочувствие (особенно действие, которое оно побуждает) в эпизоде визита Саула к волшебнице подвергает женщину опасности. С другой стороны, «Завет Завулона», несмотря на то что в нем сострадание рассматривается как уязвимость, временами по сути приближается к рассуждениям Иосифа Флавия. Во-первых, жалость и сострадание представлены не только как человеческие эмоции, но и как божественные качества. Быть сострадательным означает подражать своему божеству, и вести себя по отношению к своим собратьям богоподобно — идея, также встречающаяся у Иосифа Флавия и Филона. Во-вторых, окончательная характеристика Завулона как влиятельного правителя, возглавляющего свое колено даже после смерти, также предполагает, что жалость и сострадание в конечном счете являются частями дискурса власти.

В заключение отметим, что каждый дискурс интегрирует что-то из своей противоположности, в зависимости от литературного контекста или риторической функции, которой необходимо достичь. Утверждение в силе и уязвимость — не два варианта, один из которых можно выбрать, исключая другой; они — модальности уникальной динамики, и каждая в определенной степени содержит другую. Столкновение с болью других — это момент принятия решения для себя. В этой книге основное внимание мы уделяем «сочувственным» реакциям, оставляя в стороне антипатические реакции, такие как злорадство. Тем не менее сочувственные реакции на боль других — решающие моменты для личности, влияющие и на то, как она справляется с собственной уязвимостью, и на ее отношения с другими людьми. В то же время они — очаг напряжения. Эмоциональная реакция может увести личность от собственной уязвимости, если находящийся под ударом другой воспринимается как фон для личности, тем самым подчеркивая ее благополучие; в то же время эта эмоция, даже если мы от нее уклоняемся, может обнажить общую человеческую слабость. Внутри испытываемых чувств и перед лицом любого этического выбора столкновение с чужой болью ставит под вопрос личность в ее отношениях с другими и побуждает ее изменить свое положение в мире.

Глава 2
Обретенное в переводе

> ...все в мире — перевод,
> В котором суждено нам потеряться
> (Или найтись...)
>
> *Джеймс Меррилл*
> [Меррилл 2004][1]

Давайте рассмотрим три нарративные ситуации — в еврейской Библии и в еврейских текстах, написанных на греческом языке. Во всех этих текстах задействован персонаж, который сталкивается со страданием другого человека, будь то чужак или кто-то любимый. В каждом из текстов этот персонаж в ответ на боль, свидетелем которой он стал, предпринимает некие действия; иногда это собственно действия, иногда — высказывание или поза. В еврейских текстах персонаж просто действует или говорит. Однако в повествованиях, написанных на греческом языке, действиям или словам персонажа предшествуют эмоции: персонаж что-то чувствует, сталкиваясь с чужой болью. Соприкосновение с болью других людей здесь построено как эмоциональный опыт.

В Книге Бытия (18) Авраам слышит, что божество планирует снизойти в города Содом и Гоморру, чтобы определить, действительно ли их жители погрязли в грехах. Реакция Авраама передается как его физическим положением — «Авраам же еще стоял... и подошел Авраам...» — так и его словами — «Неужели Ты погубишь праведного с нечестивым?» (Быт. 18:22–33). Столкнувшись с потенциальными страданиями по большей части чуждых ему

---
[1] Цит. в [Geertz 1983: 50].

людей, не связанных между собой, но также и некоторых членов семьи (Лот, племянник Авраама, недавно поселился в Содоме), Авраам немедленно вмешивается. Однако в этой сцене нет явных эмоций. Читателю не сообщают о каком-либо эмоциональном состоянии, которое могло бы объяснить упрямство Авраама. И вот «Иудейские древности» Иосифа Флавия, как мы упоминали в предыдущей главе, меняют ситуацию, вводя эмоции Авраама: «Услышав это, Аврам стал скорбеть об участи содомитян и, поднявшись, начал умолять Бога...» (Antiqu. 1:199). Хотя Иосиф Флавий дает краткое резюме эпизода и сжимает весь разговор Авраама с божественным персонажем в два предложения, он тем не менее добавляет эмоциональную реакцию Авраама на судьбу, ожидающую содомитян.

Второй пример касается чудес; Евангелия часто описывают чудеса Иисуса в стиле, восходящем к описаниям чудес Илии и Елисея в еврейской Библии. В частности, исцеление Иисусом единственного сына наинской вдовы напоминает исцеление Илией сына другой вдовы, женщины из Сарепты (Лк. 7:11–17; 3 Цар. 17:17–24). В Третьей книге Царств реакция пророка не включает каких-либо явных эмоций. О них свидетельствует его молитва: «...воззвал к Господу и сказал: Господи Боже мой! неужели Ты и вдове, у которой я пребываю, сделаешь зло, умертвив сына ее?» (3 Цар. 1:20). На иврите слова «и вдове» находятся в начале предложения, и это указывает на эмоциональную напряженность молитвы Илии. За его обвинением божества в том, что оно стало причиной смерти ребенка, возможно, скрываются гнев или негодование. Помимо этого, еврейское повествование не связывает действия Илии по отношению к мальчику, приведшие к чуду, ни с какими другими эмоциями. Однако в повествовании Луки Иисус, увидев мать умершего ребенка, «сжалился над ней». Кажется, существует повествовательная необходимость объяснить жест, который вызовет чудо, эмоцией, которую испытывает чудотворец.

Давайте теперь сравним еврейские и греческие тексты, изображающие персонажей, посещающих больного друга. Например, в начале Книги Иова, в ее еврейском варианте:

> И услышали трое друзей Иова о всех этих несчастьях, постигших его, и пошли каждый из своего места: Елифаз Феманитянин, Вилдад Савхеянин и Софар Наамитянин, и сошлись, чтобы идти вместе сетовать с ним и утешать его. И, подняв глаза свои издали, они не узнали его; и возвысили голос свой и зарыдали; и разодрал каждый верхнюю одежду свою, и бросали пыль над головами своими к небу. И сидели с ним на земле семь дней и семь ночей; и никто не говорил ему ни слова, ибо видели, что страдание его весьма велико (Иов 2:11–13. Синодальный перевод).

Конечно, эта сцена вызывает эмоции. Трое друзей сходятся к Иову с намерением утешить его. За этим горизонтальным движением следуют вертикально направленные действия — друзья поднимают глаза, повышают голос, сидят на земле с Иовом; предполагается намерение друзей разделить скорбь Иова. По крайней мере, на этом этапе повествования друзья, похоже, понимают его горе: они «видели, что страдание его весьма велико». Однако ни одно слово не передает их явный эмоциональный отклик на боль Иова. Подобная же сцена, изображающая персонажей, которые навещают страдающего друга, встречается в некоторых вариантах Книги Товит. Товит рассказывает, как он ослеп после того, как воробьи «испустили» ему в глаза экскременты. Затем он упоминает: «И все мои братья скорбели обо мне» (Тов. 2:10, Sinaiticus). По крайней мере один греческий переводчик (за которым последовали некоторые латинские версии) почувствовал себя обязанным включить в этот момент повествования эмоцию.

Это краткое сравнение, конечно, не носит систематического характера, поскольку иудео-эллинистические тексты не обязательно дополняют повествование упоминанием о какой-либо эмоциональной реакции, когда персонаж сталкивается со страданиями другого человека. Точно так же касательно нашего предварительного наблюдения о том, что повествователи в еврейской Библии не рассматривают столкновение со страданиями других как эмоциональный опыт, стоит сделать оговорки. Однако со всеми оговорками мы действительно видим разницу в выражении аффективных реакций на страдание между еврейскими и грекоязычными текстами. Вспомним эссе Эриха Ауэрбаха «Рубец на ноге Одиссея», где он сравнивает, как гомеровский эпос (стиль которого, как он отмечает, остается доминирующим в греческой литературе до поздней Античности) и еврейская Библия представляют реальность [Ауэрбах 1976: 23–44]. В первом случае чувства полностью выражены на переднем плане повествования, тогда как во втором они имеют тенденцию к неявному, сложному и многоуровневому существованию. Влияет ли эта стилистическая разница на то, как описывается реакция на чужую боль? Помимо литературных условностей, состоят ли «эмоции», описанные на библейском иврите и древнегреческом, из совершенно одинаковых переживаний?

В этой главе прослеживается сдвиг в античной еврейской литературе, который формирует репрезентацию реакций на чужие страдания, особенно в их аффективном измерении. Мы начнем с исследования того, как именно определяется некая эмоция на библейском иврите и что это означает применительно к реакциям на чужую боль, которые редко выражаются в строго эмоциональных терминах. Затем я обращаюсь к греческому тексту Писания, чтобы рассмотреть эффект перевода, а именно — способность греческого языка выражать реакции на боль других людей как собственно эмоции (πάθη). В последнем разделе прослеживается появление словаря жалости (ἔλεος и οἶκτος) в греческих писаниях — особенно посредством перевода еврейских божественных атрибутов.

2.1. Сострадание на библейском иврите?

Я утверждаю, что библейский иврит не организует человеческий опыт, изолируя строго определенную эмоциональную сферу. Еврейские термины, которые при переводе на современные языки передаются словами, обозначающими эмоции, на самом деле часто подразумевают действия, ритуальные практики, движения и физические ощущения без очерченных границ между ними. Из этого следует, что реакции на чужую боль редко выражаются терминами, относящимися к эмоциям в чистом виде; эти реакции скорее включают в себя различные аспекты опыта[2]. Сначала мы рассмо-

---

[2] См. сравнение с тибетским буддизмом в [Dreyfus 2002].

трим отражение в библейском иврите человеческого опыта, особенно в его аффективном измерении. Затем обратимся к корню חם ר, который часто переводится как «сострадание», но в более общем смысле выражает, по моему мнению, прочную связь или привязанность. Наконец, мы рассмотрим некоторые группы откликов на боль других, каждая из которых включает в себя ряд реакций, всегда глубоко укорененных в их социальном контексте.

а) «Чувствовать» на библейском иврите

Языки и культуры организуют человеческий опыт различными способами. По словам Анны Вежбицкой: «Даже языки, культурно (а также генетически) тесно связанные с английским, дают нам свидетельства различных способов концептуализации и категоризации человеческого опыта» [Wierzbicka 1999: 3]. Это языковое и культурное разнообразие заметно влияет на эмоции — но это расплывчатое утверждение, нуждающееся в уточнении[3]. В современном английском языке эмоцию часто понимают как опыт, сочетающий в себе телесное ощущение, когнитивную оценку ситуации, аффективный момент как таковой и, во многих определениях, побуждение к действию[4]. Как отмечает Вежбицка, «английское слово "эмоция" объединяет в своем значении отсылку к "чувству", к "мышлению" и к телу человека» [Ibid.: 2]. Во многих языках нет строгого эквивалента английскому термину «эмоция» примени-

---

[3] «То, что единого и окончательного набора критериев принадлежности к категории "эмоции" не существует, — важная особенность исследуемых явлений, а не что-то, что можно устранить путем переопределения явлений и ремоделирования категорий, к которым они принадлежат. <...> Важно, что понятие "эмоции" не может быть эссенциализировано; ответ заключается в том, чтобы не переопределять его до тех пор, пока это не станет возможным» [Cairns, Fulkerson 2015: 7–8].

[4] Существуют вариации в разъяснении компонентов определения. Например, Бен-Зеев в [Ben-Ze'ev 2000: 49–78] говорит о четырех основных компонентах эмоций: познании, оценке, мотивации и чувстве. Он обсуждает физиологические изменения, хотя в центре его внимания — эмоции как психические состояния. Напротив, Принц в [Prinz 2004] рассматривает эмоции прежде всего как телесные изменения.

тельно к сочетанию чувств, мыслей и телесных событий. В немецком языке, например, термин *Gefühl* имеет более широкое значение, включая эмоции и физические ощущения. Во французском помимо *émotion* есть слово *sentiment*, которое используется как в когнитивном контексте (*un sentiment d'échec*, «чувство неудачи»), так и в эмоциональном (*un sentiment de honte*, «чувство стыда»), но не для физических ощущений. Очевидно, что, хотя человеческий опыт и включает в себя аффективный компонент, это измерение разнообразно выражено и по-разному сочетается с другими; таким образом, можно с уверенностью утверждать, по словам Вежбицкой, что «концепция "эмоции" связана с культурой» [Ibid.: 4].

Языки и культуры, во всех их исторических вариациях, также демонстрируют различия в способах группировки или категоризации опыта. Здесь особенно поучительны перечни, поскольку они указывают на то, что включенные в них объекты имеют для сообщества, из которого они исходят, некоторые общие характеристики. Например, Аристотель, обсуждая πάθη, использует термины, которые переводятся словами, обозначающими уже знакомые нам эмоции (такими как гнев, жалость и страх); однако его перечень также включает менее ожидаемые термины, такие как θάρρος, «уверенность» или «мужество»[5]. В перечнях также могут быть опущены элементы, которые мы считаем важными. Аристотель, например, не включил в свой список основных страстей горе [Konstan 2006b: 16, 244–258]. Поэтому было бы нелепо предполагать, что опыт, который современные языки идентифицируют как сострадание, обязательно ставится в библейском иврите в один ряд с эмоциональными переживаниями.

Андреас Вагнер отмечает, что в еврейской Библии отсутствуют общие термины, обозначающие понятие «эмоции». Отталкиваясь от современных категорий чувства (*Gefühl*), эмоции (*Emotion*) и аффекта (*Affekt*), он отмечает, что в библейском иврите нет таких «метаописаний» (*Metabezeichnungen*), хотя в нем имеется несколько слов для обозначения конкретных эмоций (любви, ненависти, гнева и т. д.) [Wagner 2006, esp. 14]. Это наблюдение можно только

---

[5] См.: Аристотель. Риторика. 2.5.16 (1383a), а также [Konstan 2006b: 15–16].

подтвердить. Еврейское Священное Писание иногда имеет дело с современными эмоциями, но общего обозначения этой сферы опыта ему не хватает. Точно так же отсутствуют в нем и перечни эмоций. В некоторых стихах представлена некая последовательность эмоциональных терминов («И любовь их и ненависть их и ревность их уже исчезли...») или сочетаются разные эмоциональные переживания («Не бойся, ибо не будешь постыжена; не смущайся, ибо не будешь в поругании: ты забудешь посрамление юности твоей и не будешь более вспоминать о бесславии вдовства твоего»); кажется, что «любовь», «ненависть» и «ревность» имеют что-то общее, но это нечто не названо (Еккл. 9:6; Ис. 54:4). Последовательности также сочетают термины, относящиеся к эмоциям, со словами, выражающими другие виды переживаний. Например, радость связывается со словами, выражающими звуки или действия («с пением и плясками, с торжественными тимпанами и с кимвалами»), или с производством звуков и визуальным восприятием («...радостным именем, похвалою и честью») (1 Цар. 18:6; Иер. 33:9). Такие отрывки указывают на объединение переживаний, которые современные языки предпочитают различать. Наконец, налицо недостаток глаголов, описывающих само переживание эмоции, таких как *to feel* в английском языке. На библейском иврите трудно сказать «чувствовать себя счастливым» или «чувствовать страх»[6]. Нет уникального глагола, который использовался бы как метавыражение для эмоциональных переживаний.

Однако в библейском иврите есть термины, которые обычно переводятся как обозначения эмоций, таких как любовь, ненависть и страх. Они ясно демонстрируют «семейное сходство» с современными эмоциями, особенно если мы не предполагаем наличие какого-либо фактора (или нескольких факторов), который квалифицировал бы их как эмоции (в соответствии с подходом, который недавно выдвинули Дуглас Кэрнс и Лорел Фулкерсон) [Cairns, Fulkerson 2015]. Эти термины пересекаются с тем,

---

[6] Такие существительные, как אַהֲבָה, «любовь», שִׂנְאָה, «ненависть», и פַּחַד, «ужас», чаще всего используются вместе с глаголами того же корня (2 Цар. 13:15; Втор. 28:67).

что мы сегодня считаем «эмоциями» — некоторые более прототипически, чем другие, — но их значение не столь обширно. Какой же опыт еврейские эмоциональные термины описывают?

Уже несколько десятилетий ученые отмечают, что семантическое поле многих из этих терминов включает в себя гораздо больше, чем просто наши эмоции или чувства[7]. В другой работе я исследую наиболее часто употребляющиеся из этих терминов и прихожу к выводу, что они могут включать, без строгого разграничения, то, что современные языки различают как действия, движения, ритуальные практики и физические ощущения [Mirguet 2016][8]. «Любовь» (אהב), например, имеет прагматическое, политическое, физическое и аффективное применение; это слово может означать почтение к вышестоящему, конкретную помощь, половой акт и наслаждение. Что касается «ненависти» (שנא), то ее значения варьируются от того, что мы называем эмоцией, до телесного отвращения и действия, например физического дистанцирования; смыслы иногда сливаются. Термины, обычно передаваемые словом «страх» (ירא), включают порой подобие благоговения (характеристика иерархических отношений) и действия (жесты почтения), а также физические ощущения (дрожь, жар во внутренних органах, потеря контроля). Радость (שמח) подразумевает специфичные действия, начиная от полового акта и заканчивая ритуальными практиками. Что касается горя, то нарративам, описывающим переживания, которые современные языки идентифицируют как таковое, часто не хватает, как мы увидим далее, «эмоциональных» терминов; вместо этого они включают в себя описания физических реакций (таких как дрожь или плач), движений, ритуальных жестов, и слова, произнесенные персонажами. Таким образом, аффективный словарный запас библейского иврита простирается шире, чем эмоциональная сфера современного английского языка.

---

[7] См. несколько характерных примеров в [Thomas A. 2014; Botta 2013; Thomas A. 2013; Arnold 2011; Wolde 2008; Nutkowicz 2007; Lapsley 2003; Ackerman 2002; Kruger 2001; Brenner 1997; Muffs 1992; Anderson 1991; Gruber 1990; Sakenfeld 1978; Moran 1963].

[8] Используется с разрешения издателей.

б) Рахамим: привязанность в утробе матери

В переводах еврейской Библии (например, kjv, nrsv, jps) словом «сострадание» иногда передается корень ר חם. Следует ли рассматривать этот термин как выражение эмоциональной реакции на чужую боль? В моем понимании, этот корень выражает продолжительную, врожденную привязанность; она не обязательно направлена на человека, страдающего от боли, хотя часто предполагает диспропорцию силы. Я исследую основное использование этого корня сначала в отношении к людям, затем к божеству, и, наконец, рассматриваю его возможную семантическую эволюцию.

Существительное единственного числа ר חם обозначает утробу. Множественное число ר חמים, когда оно употребляется в отношении людей, относится к физическому органу (или органам), которым (или которыми) ощущается привязанность и сердечное влечение, особенно в семейном контексте:

И поспешил Иосиф, потому что внутренности его [ר חמיו] горели по брату своему [Вениамину] (Быт. 43:30).

(*Синодальный перевод*: «И поспешно удалился Иосиф, потому что воскипела любовь к брату его...»)

И отвечала та женщина, которой сын был живой, царю [Соломону], ибо взволновалась вся внутренность ее [ר חמיה] от жалости к сыну своему: о, господин мой! отдайте ей этого ребенка живого и не умерщвляйте его (3 Цар. 3:26)⁹.

Здесь ר חמים обозначает место в теле, где ощущается семейная привязанность; это слово напоминает об утробе матери и бесконечной любви матери к своим детям. Этот термин не предполагает страдания другого человека; только в последней цитате ребенок находится в опасности. Слезы Иосифа и просьба матери объясняются, скорее, их пылкой любовью, описанной как физическое ощущение и как эмоция. Подобным же образом связанный с этим существительным глагол ר חם (форма *piel*) относится

---

⁹ Предположительно аналогичное использование см.: Амос. 1:11; Притч. 12:10.

к родительской привязанности, не ограничивающейся ситуациями боли, а, скорее, воспринимаемой в своем постоянстве:

> Как отец милует [רחכ] сынов, так милует [חםר] Господь боящихся Его (Пс. 102:13).

> Забудет ли женщина грудное дитя свое, чтобы не пожалеть [מ רחם] сына чрева своего? (Ис. 49:15).

В арамейском языке глагол רחם также является основным термином, обозначающим любовь[10]. Когда он употребляется относительно к Богу (что встречается чаще всего), этот корень никогда не подразумевает, что божество, испытывая רחמים, будет огорчено из-за человеческих страданий. Божественная רחמים, скорее, означает прочную связь божества с людьми; это особенно ясно, когда термин употребляется в связи с понятием завета: «Горы сдвинутся, и холмы поколеблются, — а милость Моя не отступит от тебя, и завет мира Моего не поколеблется, говорит милующий тебя Господь» (Ис. 54:10)[11]. Эта «привязанность» божества к людям описывается как нечто более устойчивое, чем горы и холмы. Корень רחם может также означать действия, вытекающие из этой связи: «А дом Иудин помилую [ארחם] и спасу их» (Ос. 1:7), «и спасу дом Иосифов, и возвращу их, потому что Я умилосердился [רחמתים] над ними» (Зах. 10:6), «по великому милосердию [כרחמיך] Твоему, избавлял их многократно» (Неем. 9:28). Здесь активируется божественная связь с людьми и следуют конкретные действия. Для бенефициаров этой помощи обычно характерна уязвимость — находятся ли они в бедственном положении, в нищете, являются сиротами или изгнанниками[12]. Такая уязвимость побуждает многих переводчиков передавать этот корень как «милость» или «сострадание»; в строгом смысле, однако, божественная помощь, как кажется, мотивирована сохра-

---

[10] В таргумах, например, глаголом רחם обычно передается ивритское אהב, «любить».

[11] См. также: Ис. 49:15; Иер. 31:20; Пс. 103:13.

[12] См., например, соответственно: 2 Цар. 24:14; Ос. 14:4; Ис. 54:7.

нением связи между божеством и его народом, а не эмоциями. Корень רחם также используется в просьбах или утверждениях о том, что божество не будет действовать соответственно человеческим проступкам, а, скорее, забудет или сотрет их.

> Помилуй меня, Боже, по великой милости Твоей, и по множеству щедрот [или: жалости] Твоих изгладь беззакония мои (Пс. 50:3).

> Да оставит нечестивый путь свой и беззаконник — помыслы свои, и да обратится к Господу, и Он помилует его [или: проявит жалость], и к Богу нашему, ибо Он многомилостив (Ис. 55:7).

Поскольку в еврейской Библии для человека совершать ошибки — по сути, естественное состояние, уязвимость обычно включает в себя и чувство вины. Божественная привязанность к человеку, таким образом, подразумевает готовность Бога продолжать отношения, несмотря на проступки партнера-человека. Она предусматривает прощение этих проступков и, таким образом, представляет собой своего рода милосердие[13]. Эта способность поддерживать любовную связь с людьми является атрибутом божества, выраженным либо причастием מרחם, либо прилагательным רחום; она представляет собой постоянное качество (которое может иметь эмоциональный аспект), а не конкретное эмоциональное переживание, которое отвечало бы конкретному триггеру.

Кроме того, корень רחם также может быть отнесен к человеку — и это является плодом божественного вмешательства: божество заставляет библейских персонажей проявлять милость к тому, кто находится под их властью[14]. Например, божество

---

[13] О развитии божественного милосердия, утверждение которого со временем включило в себя призыв к изменению поведения, см. [Lambert 2015: 88; Dozeman 1989].

[14] Божественное вмешательство может привести к тому, что у притеснителя появится רחמים; см.: Быт. 43:14; 3 Цар. 8:50; Иер. 42:12; Пс. 105:46; Дан. 1:9; Неем. 1:11; 2 Пар. 30:9. В случае с человеческим объектом глагол רחם может также указывать на божественное вмешательство; см.: 3 Цар. 8:50; Ис. 13:18;

увещевает Иеремию и его народ не бояться царя Вавилонского: «И явлю к вам милость [רחמים], и он умилостивится [רחם] к вам и возвратит вас в землю вашу» (Иер. 42:12). Вавилонский царь подобен пешке божества: его милость интерпретируется как результат божественного вмешательства, основанный на непреходящей любви божества к человечеству.

В еврейской Библии корень רחם никогда не означает повеление, за исключением одного отрывка в Книге Захарии, датируемой эллинистическим периодом: «Так говорил тогда Господь Саваоф: производи́те суд справедливый и оказывайте милость [וחסד] и сострадание (или милосердие?) [ורחמים] каждый брату своему» (Зах. 7:9). Здесь трудно определить точное значение רחמים из-за отсутствия контекста, но этот термин явно означает нечто большее, чем просто спонтанную любовь или непреходящую привязанность. На самом деле значение корня могло измениться с течением времени[15]. В свитках Мертвого моря в нескольких отрывках רחמים означает позитивное отношение к другим, которое должен развивать в себе мудрый человек. Например, «Правило общины» включает «изобилие רחמים» в список желательных качеств; в свитке Аввакума упоминаются «приверженцы רחמים»; фрагмент «Юбилеев» призывает: «Да возлюбит каждый человек брата своего в רחמים и праведности»[16]. Изначально означавший родительскую любовь и непреходящую привязанность, корень רחם, похоже, со временем стал означать своего рода позитивное мышление, которое включает в себя аффективное измерение, но также должно проявляться в действиях. Хотя в этих текстах прямо не говорится, что объект такого отношения переживает

Иер. 6:23, 21:7, 42:12, 50:42. Такое использование термина подчеркивает диспропорцию власти между тем, кто дарует רחמים, и тем, кто его получает. В данном случае רחמים есть отношение правителя к тем, кто находится под его властью, — употребление, характерное и для греческой «жалости», как уже было отмечено в первой главе. Спасибо Джорджу Никельсбургу за то, что он подчеркнул эту конвергенцию.

[15] Корень חסד демонстрирует сходную эволюцию; см. [Joosten 2004].
[16] 1QS4:3; 1QHa6:14; 4Q223–224 f.2ii:49 (Юбилеи 36:8). См. также: CD13:19; 4Q418 f.81:8; 4Q424 f.3:9.

бедствие или уязвим, цитируемые отрывки напоминают греческое слово ἐλεημοσύνη, которое мы рассмотрим далее. Они могут также дать повод для предположения, что сдвиг, который мы отслеживаем в этой главе, — хотя в первую очередь он связан с языковыми различиями и лингвистическими ограничениями — может также проявляться в иврите. Другими словами, языки проницаемы; они могут влиять друг на друга и впитывать разнородные модели, чтобы передать опыт.

И наконец: термины на основе корня רחם — относятся ли они к людям или божеству — выражают скорее постоянную привязанность и связь, чем острое эмоциональное возбуждение («прикосновение» чужой боли). Они могут относиться к ситуации уязвимости, но данный элемент не является существенным для определения этих терминов. Может быть и так, однако, что значение корня со временем изменилось и он стал обозначать положительное отношение к другим людям — и, возможно, прежде всего когда они уязвимы. Как мы увидим позже, רחמים и родственные ему термины весьма далеки от «эмоциональной реакции на боль других», которую можно найти в греческой литературе.

в) Кластеры реакций на чужую боль

Исследователи эмоций, особенно те, кто изучает древние культуры, рекомендуют подходить к эмоциям (или к тому, что соответствует этой современной категории) как к сценариям, а не как к ярлыкам. Дуглас Кэрнс, сторонник этого направления, определяет сценарий как «мини-повествование, которое обычно охватывает (по крайней мере) условия, в которых возникает эмоция X, восприятия и оценки этих условий, и наконец, возникающие в результате реакции (симптоматические, экспрессивные или прагматические)» [Cairns 2008: 46][17]. Я предпочитаю не искать сострадание в одном, строго эмоциональном термине, а исследую здесь кластеры реакций на боль других, включая опыт разной интенсивности. Я систематизирую их в соответствии с доминирующей

---

[17] См. также [Kaster 2005, esp. 8].

реакцией: негодование, защита, траур и плач; все они продуцируют социальные взаимоотношения и связаны с динамикой власти.

Тревога из-за чужих страданий может сначала включать в себя негодование из-за того, что уязвимый другой испытал какое-то оскорбление. Столкнувшись с попыткой своего отца убить его друга Давида, Ионафан одновременно гневается («встал из-за стола в великом гневе») и страдает («скорбел [נעצב] [о Давиде]») (1 Цар. 20:33–34). Будучи царским сыном, Ионафан находится в относительно привилегированном положении; однако он не смог предотвратить унижение, нанесенное его другу. Реакция братьев Дины на изнасилование сестры вполне похожа: «...огорчились мужи те и воспылали гневом, потому что бесчестие сделал он [Сихем] Израилю, переспав с дочерью Иакова, а так не надлежало делать» (Быт. 34:7). Глагол עצב снова сопровождается гневом, что объясняется как ответ на возмущение. В оставшейся части главы рассказывается о негодовании братьев и желании отомстить. Я полагаю, что их боль выдает их неспособность защитить не только уязвимого человека, но и родственницу, защита которой была их долгом. В этих двух отрывках боль предполагает заместительное страдание сочувствующего; она также влечет за собой осознание крушения собственной власти, если не личного оскорбления[18].

Другая группа реакций на чужие страдания сосредоточена на активном стремлении защитить страдающего. Яркий пример — обнаружение ребенка Моисея дочерью фараона на берегу Нила: «Открыла и увидела младенца; и вот, дитя плачет [в корзинке]; и сжалилась над ним...» (Исх. 2:6). В оригинале есть слова «и сохранила его». Эта сцена не содержит строго эмоционального термина, хотя глагол «сохранить» (חמל) может иметь аффективное измерение[19]. Опыт дочери фараона скорее передан изменением перспек-

---

[18] О параллелях в «Илиаде», где жалость и гнев выстраиваются как две стороны единого эмоционального опыта, см. [Most 2003].

[19] Глагол «сохранять» (חמל), как и его синоним חוס, используется для обозначения действия (Быт. 45:20; 1 Цар. 15:9, 15; 2 Цар. 12:4, 21:7), хотя временами нельзя исключать и более аффективное значение (Втор. 19:21; Мал. 3:17; 2 Цар. 12:6; Ис. 13:18).

тивы. Слово «вот» (והנה) представляет определенную точку зрения; здесь оно представляет сцену таким образом, как если бы она была увидена глазами девушки[20]. Моисей, которого прежде называют «дитя» (הילד) в связи с родившей (ילד) его женщиной, в этот момент именуется «мальчиком» (נער) без артикля, «неким мальчиком», то есть это взгляд дочери фараона. За описанием того, что она видит, — «мальчик плачет» — сразу же следует ее решение спасти его, позволяющее предположить, что она осознает уязвимость мальчика. Отсутствие строго эмоционального термина не мешает библейскому ивриту показать момент, когда человека затрагивает страдание другого человека. Чувствительность дочери фараона к плачущему младенцу заставляет ее нарушить приказ ее отца убить всех еврейских младенцев мужского пола. Таким образом, интенсивность встречи с уязвимостью другого приводит к фактическому бунту.

Аналогичная группа реакций характеризует отношение Давида к Саулу в одной из двух параллельных сцен, где Давид щадит царя (1 Цар. 24:1–7)[21]. Царь входит в пещеру, чтобы справить нужду; так случилось, что Давид и его люди прячутся в глубине пещеры. Давид подходит и отрезает край плаща Саула, но внезапно «больно стало сердцу Давида, что он отрезал край от одежды Саула» (1 Цар. 24:7). Затем Давид не дает своим людям напасть на царя. Разрыв повествовательного потока (который обозначается глаголом ויהי) сигнализирует об изменении внутри Давида, которое объясняется следующим: он осознал, что отрезал что-то, принадлежащее Саулу. Давид предпочитает не пользоваться уязвимостью царя. Эта сцена подчеркивает самообладание Давида — не в пример неспособности Саула совладать с эмоциями. Таким образом, этот отрывок предвещает переход царской власти от Саула к Давиду. Как и в предыдущей сцене, чувствительность к уязвимости другого показана без разделения на эмоции и действия; это также способствует изменению иерархии власти.

Встреча со смертью другого человека также вызывает ряд реакций, часто через траур. Как упоминалось ранее, нарративы,

---

[20] Об использовании הנה и его функции смещения точек зрения см., например, [Berlin 1983: 43–82].

[21] См. также: 1 Цар. 26:6–12 (содержит только прямую речь).

описывающие опыт, который современные языки определяют как «горе», в значительной степени характеризуются отсутствием «эмоциональных» терминов. Боль Давида из-за смерти Авессалома представляет собой одно из самых сильных выражений скорби в еврейской Библии:

> И смутился царь, и пошел в горницу над воротами, и плакал, и когда шел, говорил так: сын мой Авессалом! сын мой, сын мой Авессалом! о, кто дал бы мне умереть вместо тебя, Авессалом, сын мой, сын мой!
> И сказали Иоаву: вот, царь плачет и рыдает об Авессаломе. И обратилась победа того дня в плач для всего народа; ибо народ услышал в тот день и говорил, что царь скорбит [נעצב] о своем сыне. И входил тогда народ в город украдкою, как крадутся люди стыдящиеся, которые во время сражения обратились в бегство. А царь закрыл лице свое и громко взывал: сын мой Авессалом! Авессалом, сын мой, сын мой!
> (2 Цар. 18:33, 19:1–3).

Описание боли Давида включает в себя физические реакции — дрожь (в оригинале) и плач, — а также движение к изоляции (он уходит в «горницу над воротами»). Сильные страдания Давида также выражены в его словах; повторения, ритм стаккато и синтаксическая неоднородность передают интенсивность его эмоций. И только в конце, в описании того, что «говорит народ», появляется «скорбь», в оригинале скорее «боль» (עצב) — слово, которое может относиться как к физической, так и к психической боли, часто неразличимым между собой[22].

Иногда описания интенсивного страдания могут вовсе обходиться без «эмоциональных» терминов, например описание реакции Иакова, когда ему сообщили об исчезновении Иосифа:

> Он узнал ее и сказал: это одежда сына моего; хищный зверь съел его; верно, растерзан Иосиф. И разодрал Иаков одежды свои, и возложил вретище на чресла свои, и оплакивал

---

[22] Боль чисто физическая, см.: Быт. 3:16 и 1 Пар. 4:9 (оба отрывка относятся к деторождению); Быт. 6:6 и Притч. 15:13 помещают «боль» в сердце (לב).

сына своего многие дни. И собрались все сыновья его и все дочери его, чтобы утешить его; но он не хотел утешиться и сказал: с печалью сойду к сыну моему в преисподнюю. Так оплакивал его отец его (Быт. 37:33–35).

Боль Иакова выражается через его слова (посредством синтаксического разрыва и абсолютного инфинитива), а также через характерные для траура жесты, а об интенсивности его страданий свидетельствует необычная продолжительность его траура[23]. Страдание можно выразить еще короче, причем с такой же интенсивностью: Иов, узнав о потере своего скота, слуг, сыновей и дочерей, «встал и разодрал верхнюю одежду свою, остриг голову свою и пал на землю и поклонился» (Иов 1:20). Сдержанная реакция Иова резко контрастирует с чудовищностью его потери. Двух противоположных вертикальных движений, представляющих собой ритуальные действия, достаточно, чтобы передать боль.

Траурные практики несут в себе социальный смысл. В оплакивании Давидом своего сына Авессалома, о котором говорилось ранее, царь идет вразрез с общественными традициями, не радуясь победе своей армии, а вместо этого скорбя о потере своего сына, который притом его враг. Этим он, как напоминает ему Иоав, ставит под угрозу свою царскую власть (2 Цар. 19:6–7)[24]. Напротив, предписывая траур по Авениру, Давид снимает с себя всякую ответственность за его убийство: «И узнал весь народ и весь Израиль в тот день, что не от царя произошло умерщвление Авенира, сына Нирова» (2 Цар. 3:37). Через траур Давид вновь подтверждает свою власть. Траур, таким образом, дает уникальную возможность выразить свою солидарность и обозначить свою истинную принадлежность, а это может, в свою очередь, повлиять на социальное положение персонажа[25].

---

[23] О погребальных практиках в ивритской Библии см. особенно [Olyan 2004]; см. также [Harkins 2015; Kruger 2005b; Pham 1999].

[24] См. [Olyan 2004: 51–59; Weitzman 1995].

[25] См. также: 2 Цар. 10:2–3.

Жанр плача — одновременно выражение страдания и ответ на него. Жалоба Давида после смерти Саула и Ионафана (2 Цар. 1) и Плач Иеремии — два ярких примера этого жанра. Сугубо эмоциональные термины в обоих случаях встречаются редко. Надгробный плач Давида включает в себя единственный эмоциональный момент, являющийся кульминацией текста, и в переводах он звучит так: «Скорблю о тебе, брат мой Ионафан» (2 Цар. 1:26. Синодальный перевод).

Однако на иврите фраза передает телесное ощущение: «Я привязан [צר [к нему]». В Плаче Иеремии тоже нечасто упоминаются эмоции; он скорее наполнен физическими симптомами боли: слезы, утомляющие глаза; внутренние органы кипят или пенятся, желчь изливается на землю[26]. Телесные реакции в Плаче Иеремии сконцентрированы в отрывках, произносимых от женского лица[27]. Действительно, плач на границе жизни и смерти, — как подчеркивают Галит Хасан-Рокем и Николь Лоро, и в еврейской, и в греческой традиции традиционно удел женщины[28]. Посредством плача женщины сопротивляются утрате и разрушают иерархию. В Плаче Иеремии поэтический голос не только описывает страдания; он также призывает и дальше искать выражения боли: «Сердце их вопиет к Господу: стена дщери Сиона! лей ручьем слезы день и ночь, не давай себе покоя, не спускай зениц очей твоих» (Плач 2:18–19). Такие увещевания иллюстрируют озабоченность авторов еврейской Библии страданиями: человеческая боль требует ответа, будь то действия, молитвы, траур или физические ощущения. Эти реакции носят глубоко аффективный характер; однако они редко выражаются в строго эмоциональных терминах — и это, возможно, создает даже более сильный эффект, по крайней мере для современного читателя.

В заключение отметим, что в библейском иврите нет термина, который непосредственно обозначал бы эмоциональную боль,

---

[26] О физических симптомах см. особенно: Плач. 1:2, 4, 8 13–17, 20–22; 2:10–11.

[27] См. [Hasan-Rokem 2014].

[28] См. [Ibid.; Loraux 1990b]. Об ассоциации женщин с надгробным плачем в еврейской Библии см., например: Иер. 9:17–20, 31:15. О надгробном плаче в Древнем мире вообще см. [Suter 2008].

испытываемую из-за чужой боли; это отсутствие вписывается в общий принцип: иврит не изолирует сугубо эмоциональную сферу[29]. За исключением, пожалуй, Зах. (7:9), в еврейской Библии нет заповеди или повеления чувствовать жалость или сострадание к испытывающему боль. Это отсутствие ни в коем случае не предполагает безразличие; напротив, еврейское Писание в различных литературных жанрах проявляет устойчивое внимание к тому, как люди реагируют на чужую боль и как на нее следует реагировать. Такие реакции включают кластеры, сочетающие в себе (без строгого разделения) помощь, защиту и месть, также ритуальные практики и молитвы, и наконец, телесные ощущения и эмоции. Различные повествовательные приемы передают момент, когда личность «тронута» страданиями другого; интенсивность переживаний порой подчеркивается взрывающим традицию поведением, которое вызывает эта встреча. Поэтому все эти ситуации встроены в социальные взаимодействия и, что еще важнее, в динамику власти. В обществе, где иерархия в основном неизменна и определяется, например, полом и политическим статусом, страдания создают дисбаланс. Реакция на боль влияет на властные отношения, укрепляя или расстраивая их. Эта реакция имеет решающее значение для определения того, как оценивается переживание боли — как жестокий удар, незаслуженное страдание или справедливое возмездие. Реакция на чужую боль не только необходима, но и играет решающую роль в оформлении социального воздействия конкретного случая боли.

2.2. Греческий текст Писания: лингвистическое пространство для эмоций

Трансформация реакции на чужую боль начинает быть заметной в греческом тексте Библии. Следующий текст из Притчей Соломоновых (17:5) это ясно иллюстрирует; переведем сначала еврейский текст, а затем его греческую версию:

---

[29] О том, насколько следует быть осторожным, утверждая, что в языке нет слова для обозначения той или иной (современной) эмоции, см. [Cairns 2008].

Синодальный перевод:
Кто ругается над нищим, тот хулит Творца его;
кто радуется несчастью, тот не останется ненаказанным [а милосердый помилован будет].

Точный перевод еврейского текста:
Тот, кто насмехается над бедным, оскорбляет своего Создателя;
Тот, кто радуется беде, не останется безнаказанным (Притч. 17:5, МТ).

Точный перевод греческого текста:
Тот, кто смеется над бедным, раздражает того, кто его создал;
Тот, кто радуется губимому, не останется безнаказанным;
Имеющий сострадание [ἐπισπλαγχνιζόμενος] удостоится жалости [ἐλεηθήσεται] (Притч. 17:5, ГК).

Первые две строки греческого стиха представляют собой буквальный перевод текста на иврите; третья строка, напротив, оригинальна. В то время как еврейский стих полностью негативен, строка, добавленная в греческую версию, описывает адекватную реакцию на чужую боль. Таким образом, греческий текст противопоставляет две противоположные реакции на страдание, а также соответствующие последствия. Злорадство злит божество и заслуживает наказания, а сострадательные удостоятся жалости, вероятно от божества. Как и в еврейском тексте Писания, наблюдение за чужой болью рассматривается как критический момент взаимодействия с другими людьми. В зависимости от реакции личность наказывается или вознаграждается — что интересно, вознаграждается через собственный опыт уязвимости. Однако в отличие от их трактовки в еврейской Библии, реакции на боль здесь рассматриваются, со всей необходимой осторожностью, как *эмоциональные*.

Как поясняет Уте Фреверт в книге «Эмоции в истории — потерянные и обретенные», название ее книги предполагает, что существуют «законы сохранения эмоций», сравнимые с теми, которые описывает физика, и они регулируют эмоции на протяжении всей истории [Frevert 2011]. Некоторые эмоции теряются со временем, по мере того как их значимость уменьшается (например, стыд за запятнанную честь в современной культуре), а их названия постепенно забываются (например, «уныние» в средневековом смысле). И наоборот, другие приходят по мере того, как наступает их время, и оформляются в соответствии с конкретными потребностями общества. Фреверт удачно приводит пример сострадания, которое вновь проявляется в Европе XVIII века и становится незаменимым компонентом этического и политического дискурсов. В следующих двух разделах мы рассмотрим такой процесс поиска новых эмоций — появление в греческом Писании терминов, относящихся к эмоциональной реакции на чужую боль.

Греческие тексты Писания — одновременно свидетели встречи эллинизма и еврейской традиции и участники этой встречи. Начиная с III века до н. э. Тору начинают переводить на греческий язык койне — новый постклассический греческий язык, на котором говорили и писали в эллинистическом мире. Другие книги также постепенно переводятся, иногда в нескольких версиях, и этот процесс продолжается по крайней мере на протяжении всего II века. Процесс перевода, вероятно, начался в Александрии, но скорее всего продолжался в других средиземноморских греческих городах тоже. Некоторые книги (например, Книга Судей, Псалтирь и Екклезиаст) переведены буквалистски; содержание других (например, Исайя, Иов и Притчи) передано более свободно. Некоторые переводы расширяют еврейский источник либо в минимальной степени, посредством добавления нескольких строк (как в Притчах), или более существенно (как в книгах Есфири и Даниила, где вставлены целые эпизоды)[30]. Я предпочитаю термин «греческое Писание», чтобы отличить эти тексты от Септуагинты. Последняя представляет собой свод, составленный ранними христианами и содержащий переведенные книги Священного Писания наряду с другими текстами, изначально написанными на греческом языке, — так она выглядит в спис-

---

[30] Для знакомства с греческими писаниями см. в [Law 2013; Rajak 2009; Dines 2004; Fernández Marcos 2000].

ках IV и V веков. Несмотря на некоторую условность разделения между «переведенными книгами Писания» и «новыми сочинениями», мы сосредоточимся здесь на переведенных текстах, для которых хоть в какой-то мере доступен оригинал на иврите[31].

Моя гипотеза состоит в том, что эмоциональность реакции на чужую боль является по своей сути трансляционным процессом. Реакции на боль становятся эмоциями из-за изменения языка и ограничений перевода, в контексте более широкого межкультурного взаимодействия. Переход на греческий язык подразумевает реконфигурацию человеческого опыта, поскольку теперь возникает лингвистическое пространство, специально посвященное эмоциям. После некоторых методических соображений по поводу перевода мы перейдем к самой категории «эмоции» (πάθος) в греческом языке. Затем мы рассмотрим, как влияет перевод на человеческие реакции на чужую боль, поскольку греческий язык дает возможность выразить такие отклики непосредственно как эмоции.

а) Язык как точка гибридизации

В изучении языка греческого Священного Писания сосуществуют две теоретические позиции. Одна из них предполагает, что многие греческие слова отражают значение еврейских терминов, переводом которых являются; другая предполагает, что словарь греческих писаний следует понимать скорее в контексте тогдашнего греческого языка. Эта дискуссия напрямую влияет на нижеследующие изыскания. Является ли термин ἔλεος, «жалость», в греческом языке Писания простой оболочкой, которая, как символ, отражает несколько еврейских терминов, переводом

---

[31] Иногда бывает трудно определить «оригинальный» язык текста (см., например, в Книге Юдифь или 1 Маккавейской), поскольку переводы Писания породили литературную традицию, склонную подражать их лингвистическим и литературным особенностям. См. [Corley 2008]. Само понятие «оригинального» языка может вводить в заблуждение; тексты предположительно были написаны представителями двуязычной (или даже трехъязычной) элиты, язык которой был отмечен гибридизацией.

которых служит это слово? Или нам следует считать, что этот термин функционирует в греческом Писании точно так же, как и в более широком контексте греческой и эллинистической литературы?

Согласно первой точке зрения, многие термины греческого Писания принимают значение еврейских терминов, которые ими переводятся, особенно в случае «лексических совпадений по умолчанию» или «стандартной замены», когда греческое слово по предварительной договоренности заменяет определенный еврейский термин. Этот термин используется постоянно, с различной последовательностью, для передачи одного и того же еврейского корня[32]. Кэмерон Бойд-Тейлор, оспаривающий эту точку зрения, резюмировал ее следующим образом:

> Есть искушение предположить, что в процессе еврейско-греческого перевода *концепты*, выраженные на исходном языке, каким-то образом перескочили в *лексические значения* целевого языка [Boyd-Taylor 2010: 42].
>
> В исследованиях Септуагинты уже давно существует тенденция рассматривать эквиваленты еврейско-греческого перевода как проводники однозначного значения, и это, конечно, ошибочно [Boyd-Taylor 2011: 24][33].

Согласно этой концепции, греческий язык каким-то образом становится сосудом для семантики иврита, сохраняя значение понятий иврита. Бойд Тейлор приводит пример слова ἐλπίς/ἐλπίζω, «надежда» в греческой Псалтири, где эти термины последовательно передают еврейский корень בטח «доверять». Некоторые ученые интерпретировали ἐλπίς/ἐλπίζω как в Септуагинте, так и в Новом Завете как эквивалент еврейского בטח, тем самым

---

[32] Эти разные выражения использовались соответственно в [Boyd-Taylor 2010, Aejmelaeus 1993].

[33] Более широкую дискуссию о том, как понимать Септуагинту (в ее отношении к ивритскому тексту и в контексте греческого языка), см. [Boyd-Taylor 2011: 11–31]. Критическую оценку этой тенденции см. [Rajak 2009: 162–172; Aejmelaeus 1993].

выходя за пределы греческого значения этого термина[34]. Греческий язык, таким образом, — чистой воды посредник, сохраняющий в неизменном виде еврейское значение. Язык, согласно этой концепции, — всего лишь сосуд; смысл, в свою очередь, имеет относительную независимость от своего языкового носителя.

Чтение греческими словами еврейского «значения», в Септуагинте или в Новом Завете, на самом деле может быть вызвано богословскими соображениями. Его использовали для облегчения дискурса, ставящего христианство в прямую преемственность с еврейским Писанием, несмотря на изменение языка. Книга Герхарда Киттеля "Theologisches Wörterbuch zum Neuen Testament" («Богословский словарь Нового Завета») дает пример такого спорного толкования. Киттель, как отмечает Тесса Раджак, часто подходит к истории текста как к «прогрессу на пути к цели». Греческие тексты Писания рассматриваются как средство, позволяющее достичь этого прогресса, апогеем которого является Новый Завет [Rajak 2009: 164][35]. По сути, неразрывная преемственность между еврейской Библией и христианством — фундаментальный принцип, утверждаемый в суперсессионистском дискурсе, претендующем на то, что христианство есть истинный наследник Древнего Израиля и библейского пророчества. Однако лингвистический сдвиг при переводе с иврита на греческий не может не означать разрыва непрерывности — как для движения Иисуса и раннего христианства, так и для других направлений иудаизма.

Настоящее исследование построено на идее, что не существует смысла отдельно от конкретного языка, который его выражает. Языки сами по себе встроены в определенные культуры; они зависят от определенных структур человеческого опыта, которые формируют слова, метафоры и другие литературные конструкции. Что касается перевода, то подразумевается, что он существует в рамках языка, на который перевод осуществляется; слова переводимого текста имеют смысл в этих рамках. В то же время

---

[34] Бойд-Тейлор приводит пример статьи «ἐλπίζω» в [Spicq 1994].
[35] См. также [Boyd-Taylor 2011: 24–25].

они также окрашены собственным литературным контекстом, который, по крайней мере частично, формируется исходным текстом. Например, Эмануэль Тов утверждает, что словарный запас греческого Писания необходимо изучать в контексте греческого языка того времени, но также с учетом возможного влияния иврита [Tov 1999]. Гебраизмы особенно часто встречаются в стереотипных оборотах; они позволяют передать типично еврейское выражение способом, чуждым греческому. Один из наиболее часто цитируемых примеров — использование εἰρήνη во фразе (буквально): «Давид спросил о мире войны» (2 Цар. 11:7). Очевидно, что εἰρήνη читается как перевод еврейского слова שׁלוֹם, которое может означать «благополучие» или «благосостояние». Таким образом, переводной характер греческого Писания следует принимать во внимание при обсуждении его словарного запаса. Слова могут использоваться способами, напоминающими исходный текст[36].

Теоретическая основа гибридизации, которую мы обсудим в главе пятой, может быть полезна для выражения переводческой природы словаря греческого Писания. Их слова несут в себе свидетельство происходящей гибридизации[37]. Они полностью принадлежат греческому лексикону, хотя само их употребление в новом литературном контексте, интертекстуальном по своей природе, заставляет говорить о довольно неоднозначном присвоении доминирующего языка. Лингва франка греческий койне — это уже результат принятия греческого языка носителями разных языков; таким образом, перед нами уже результат гибри-

---

[36] Существуют интересные дебаты, касающиеся самой сути греческого Писания как самостоятельного текста или как подспорья для понимания ивритского оригинала. Группа ученых, начиная с Альберта Питерсмы, недавно отстаивала последнюю теорию. Их главный аргумент основан на подстрочном характере перевода — отсюда и название «подстрочная парадигма». См. [Pietersma 2002; Wright III 2003]. Мне ближе те ученые, у которых эта теория вызывает сомнения, особенно из-за отсутствия позитивных доказательств. Среди прочего см. [Joosten 2012].

[37] Раджак в [Rajak 2009] использует иногда термин «гибридизация». См., например, [Ibid.: 7].

дизации. Словарный запас греческого Писания в этом смысле создан путем гибридизации; однако он и сам производит гибридизацию, поскольку способствует обогащению лингва франка и выстраиванию гибридного культурного наследия. Греческий язык фактически сохраняет библейскую традицию доступной и открытой для новых интерпретаций. Таким образом, словарный запас греческого Писания вполне «транснационален», поскольку оно не просто передает в греческой одежде значение еврейского источника. Нет, слова укоренены в языковом и культурном контексте эллинистического мира; в то же время они несут «дополнительный смысл», поскольку они создают гибридное хранилище мотивов и тропов для эллинистической еврейской общины.

б) Pathē в классическом и эллинистическом греческом языке

В отличие от библейского иврита, греческий — в данном случае эллинистический греческий — имеет «метакатегорию» [πάθη], соответствующую, с учетом различий, тому, что современные языки обозначают как эмоции, даже если совпадение предполагается не полное[38]. Определения, философские рассуждения и конкретные перечни подтверждают существование такой категории[39]. Слово πάθος буквально происходит от глагола πάσχω, означающего, согласно греко-английскому словарю Лиддела и Скотта, «получать впечатление извне» (или «переживать опыт»), «быть затронутым», и, в негативном контексте, «страдать». Аристотель дает одно из самых подробных определений πάθος; однако это понимание, возможно, было лишь его собственным, и, похоже, его не разделяли его современники и последователи, как это показал Дэвид Констан [Konstan 2006a]. Аристотель обращается к эмоциям («страстям») в нескольких трудах; следующие отрывки взяты из «Риторики» и «О душе» соответственно:

---

[38] См., например, [Cairns, Fulkerson 2015; Cairns 2008]. См. также [Konstan 2006a].

[39] См., например: Аристотель. Риторика. 2.1.8 (1387a); Никомахова этика. 1105b; О душе. 403a; Дионисий Галикарнасский. О Демосфене. 22, 1.322.

Страсти [πάθη] — все то, под влиянием чего люди изменяют свои решения, с чем сопряжено чувство удовольствия [ἡδονή], или неудовольствия [λύπη], как например, гнев, сострадание, страх и все этим подобные и противоположные им [чувства] (Риторика. 2.1.1378a).

По-видимому, все состояния души [πάθη] связаны с телом: негодование, кротость, страх, сострадание, отвага, а также радость, любовь и отвращение; вместе с этими состояниями души испытывает нечто и тело [πάσχει τι τὸ σῶμα] (О душе. 1.1.403).

В этих двух текстах описываются три различных аспекта эмоций, мало чем отличающиеся от когнитивного, аффективного и физического компонентов, которые перечисляются во многих современных определениях, в том числе у Анны Вежбицкой. Для Аристотеля эмоции в первую очередь заставляют людей меняться и менять свои суждения. Именно в силу этого когнитивное воздействие эмоций обсуждается в «Риторике», поскольку ораторы в зале суда упирают на эмоции, чтобы убедить присяжных[40].

Вторая часть определения Аристотеля касается аффективного аспекта — «на что похожа» эмоция, влечет она за собой удовольствие и/или неудовольствие. Согласно его определению, «большинство страстей (*pathē*) имеют смешанную природу, потому что они содержат смесь удовольствия и боли» [Frede 1996: 258][41]. Гнев, например, определяется как «жажда боли [μετὰ λύπης] в качестве предполагаемой мести после предполагаемого оскорбления»; однако «с гневом всегда бывает связано некоторое удовольствие [ἡδονήν], вследствие надежды наказать» (Риторика. 2.1, 1378a–b). Эмоция в этом смысле сопровождается ощущением (αἴσθησις) — оно позволяет «чувствовать» себя хорошо или плохо, приятно или неприятно. Событие, происходящее в настоящем, может вызвать не только непосредственное ощущение, но также и вос-

---

[40] По поводу мотивации Аристотеля в изучении эмоций см. [Frede 1996: 264–265]; см. также [Striker 1996].

[41] См. также [Konstan 2006a: 33–34, 276, n. 48].

поминание или предвкушение события⁴². Например, в случае гнева воспоминание о пережитом унижении может вызвать боль, тогда как ожидание мести — удовольствие.

Третий аспект состоит в том, что эмоции ощущаются телом, как объясняет нам цитата из трактата «О душе». Дальше Аристотель говорит, что физик, в отличие от диалектика, определил бы гнев как «кипение крови или жара около сердца» (De an. 1.1, 403a.31–403b.1). Этот физический аспект эмоций не описан подробно в «Риторике», поскольку Аристотеля там больше всего интересует роль эмоций в контексте ораторского искусства. Тот факт, что один аспект эмоций может быть подчеркнут в относительной независимости от других, существенно отличает аристотелевский взгляд от представлений, лежащих в основе библейского иврита, согласно которым различные измерения человеческого опыта составляют единое целое и, следовательно, неразделимы.

Эмоции, по Аристотелю, также тесно связаны с социальными ролями; в этом смысле они нагружены социальными функциями, поскольку служат проводниками коммуникации между действующими лицами внутри общества. Эту точку зрения отстаивает Дэвид Констан в книге «Эмоции древних греков», в которой не только обсуждается трактат Аристотеля, но также исследуется, как его понимание эмоций отражено в ряде классических текстов. Обсуждая гнев, Констан, например, подчеркивает, что пренебрежение приводит к гневу только тогда, когда оно исходит от людей, которые не имеют права относиться к другим свысока, то есть от социально низших. Для Аристотеля и его современников было уместно, если вышестоящий напоминал нижестоящему о разнице в их положении; никакой гнев в данном случае не оправдан. Рабы, в частности, не имеют права злиться, если их хозяева унижают их. Таким образом, переживание и проявление эмоций является социальным и публичным актом; оно подчеркивает роли и ранги [Konstan 2006b]⁴³.

---

[42] См. [Ibid.: 42].

[43] Полнее об этом см. [Gross 2006: 39–50].

Сдвиг в социальной роли эмоций, по-видимому, произошел в эпоху эллинизма. Изменение заметно как на визуальном, так и на литературном материале. Эллинистические скульптуры становятся гораздо более реалистичными, поскольку при изображении человеческих фигур стала передаваться мимика лица, иногда соответствующая телесным движениям[44]. Эллинистическая историография охотно описывает проявление эмоций и театральное поведение, направленное на возбуждение эмоций у аудитории[45]. В эллинистических романах, корпус которых включает по меньшей мере пять повествований, изображающих приключения влюбленных юных героев, эмоции изображены обильно, с подробным описанием их внешних физических проявлений[46]. Надписи эллинистического периода, как правило, выражают больше эмоций, чем в предыдущие периоды, и вызывают более эмоциональную реакцию читателей[47]. Аналогичным образом, в папирусах разных литературных жанров, например в письмах и юридических документах, используется эмоционально насыщенный язык, что особенно заметно начиная с I века до н. э.[48]

Эмоции также находятся в центре внимания эллинистических философов. Эпикурейская и стоическая школы утверждают, что, исправляя ложные убеждения, лежащие в корне эмоций, мудрец способен изменить эти свои эмоции и в конечном итоге достичь состояния апатии или отсутствия эмоций. Стоики подчеркивают когнитивное измерение эмоций, часто приравнивающее эмоции и суждения. Поскольку суждения могут быть истинными или ложными, эмоции могут основываться на истинных или ложных суждениях — чаще на последних. Обычно в эмоции нейтральный объект, ни хороший, ни плохой, наделен (ложным) восприятием того, что для него это хорошо или плохо. Поскольку цель мудрецов — верить в то, что является правдой, их задача — устранить

---

[44] См., например, [Bobou 2013], с библиографией.
[45] См., например, [Chaniotis 2013b].
[46] См., например, [Alexander 2008; Fusillo 1999].
[47] См. [Chaniotis 2012a; Kuhn 2012].
[48] См. [Kotsifou 2012].

ложные убеждения, а также основанные на них эмоциональные состояния. Однако стоическая система не полностью искореняет аффективность из человеческой жизни. Во-первых, некоторые философы-стоики, такие как Эпиктет и Сенека, добавляют, что контроль над эмоциями даже у мудреца не искореняет первоначальных и непроизвольных реакций, таких как головокружение на высоте или дрожь от холода. Такие реакции, не зависящие от суждений, иногда называют «предэмоциями» (προπάθειαι)[49]. Во-вторых, мудрецы испытывают особый вид эмоций — «хорошие» эмоции (εὐπάθειαι), которые правильно распознают добро в добродетелях и зло в пороках. Мудрец, например, чувствует радость от обладания добродетелью. Эти «хорошие» эмоции могут быть весьма разнообразными по своему диапазону[50]. Поэтому, как пишет Маргарет Р. Грейвер, целью стоиков было «не устранение чувств как таковых из человеческой жизни, а стремление понять, какие аффективные реакции остаются у человека, свободного от ложных убеждений» [Graver 2007: 2][51].

Философы-стоики также адаптируют классическую стратификацию эмоций. В то время как для Аристотеля определенная эмоция не обязательно должна сводиться либо к удовольствию, либо к боли, стоики разрабатывают более сложную систему, в которой обычные эмоции подразделяются на четыре рода по двум параметрам: является ли эмоция болью или удовольствием, и является ли ее объект наличным или воображаемым[52]. Эмоции, таким образом, строго определяются как либо боль, либо удовольствие.

в) Гибридизация эмоционального языка в греческом Писании

Начнем с простого примера из «Песни моря». Еврейский текст гласит:

---

[49] См. [Konstan 2017; Graver 2007: 87–108].

[50] См. [Gill 2016].

[51] См. по контрасту [Sorabji 2000, esp. 29–54, 181–193]; сопоставление двух моделей см. в [Sorabji 2009].

[52] См. [Graver 2007: 53–59]. Об эмоциях в стоицизме см. также [Brennan 2003].

Народы услышали, они трепетали [ירגזון];
Скорбь охватила жителей Филистии (Исх. 15:14, МТ).

(*Синодальный перевод*:
Услышали народы и трепещут: ужас объял жителей Филистимских.)

Еврейский текст описывает воздействие случившегося на народы как физическую *ответную* реакцию (трепет), что, как отмечалось ранее, не исключает других аспектов опыта, в том числе аффективных. Греческие списки различаются между собой; народы либо «рассердились» (ὠργίσθησαν), либо «убоялись» (ἐφοβήθησαν)[53]. В обеих греческих версиях упоминаются эмоции народа, которые интерпретируются либо как гнев, либо как страх. Многозначность еврейского стиха таким образом сокращается, поскольку переводы отдают предпочтение конкретному эмоциональному опыту.

Этот же феномен влияет на выражение боли. Притом что боль на иврите часто передаётся словом אבל — «траур», обычно этому понятию соответствует в греческом πένθος, с аналогичным значением. Однако этот перевод ни в коей мере не единственный; אבל также часто переводится более эмоциональным образом — скажем, в следующем стихе:

Моя лира — для траура [לאבל];
И моя флейта для голоса плачущих (Иов 30:31, МТ).

Моя лира вышла из страдания [πάθος];
Моя мелодия для моего плача (Иов 30:31, ГК).

Греческие переводчики передают אבל греческим термином с большим семантическим диапазоном: πάθος означает не только «эмоции» или «страсть», но и «опыт», хороший и плохой, и, следовательно, включающий «страдание» — я перевожу здесь его именно так, учитывая параллель с «плачем». Аналогично, еврей-

---

[53] Первый вариант в Vaticanus; второй в Alexandrinus.

ский текст Книги Эсфирь описывает Амана «в трауре [אבל] [и с покрытой головой]» (Эсф. 6:12, МТ). Греческая версия и тут представляет собой более эмоциональный текст, где Аман «скорбит» (λυπούμενος). В обоих примерах опыт, который на иврите выражается главным образом ритуальной практикой, передается в греческом языке аффективным термином, который обозначает то, что чувствуется, а не, как в иврите, то, что делается. На литературном уровне меняется перспектива: текст на иврите имеет тенденцию отражать то, что может увидеть внешний наблюдатель; автор греческого текста, напротив, принимает внутреннюю перспективу удрученного персонажа[54]. Лингвистический переход с иврита на греческий, пусть и неуловимо, влияет на то, как представлен и организован человеческий опыт.

Это касается не только боли как таковой, но и реакций на чужую боль. Как отмечает Рэйчел Стернберг, греческий язык, выражая реакцию на чужие страдания, обычно четко разделяет чувства и действия[55]. Вернемся к спасению младенца Моисея: как мы уже отмечали, еврейский текст состоит в основном из действий; однако он передает некоторый аффективный компонент за счет изменения перспективы через многозначный глагол «щадить/жалеть» (חמל) (Исх. 2:6). Такое смысловое расширение отсутствует в греческом словаре. Поэтому переводчики выбирают особый термин: «она пощадила его» (ἐφείσατο), глагол, часто используемый в военном контексте. Таким образом, стих лишен всякого эмоционального содержания. Противоположный выбор сделан в мрачном пророчестве Исайи 9:19 (9:18 в МТ); здесь глагол חמל переводится через ἐλεέω, что явно подразумевает эмоциональную реакцию: «Человек не пожалеет брата своего» (в Синодальном переводе: «...не пощадит человек брата своего»).

---

[54] Я обязана этим наблюдением одному анонимному читателю, которого благодарю.

[55] См. [Sternberg 1998: 36–40]; хотя она ограничивается V и IV веками до н. э., ее наблюдение можно распространить и на греков эллинистического периода — возможно, даже в большей степени, поскольку именно александрийцы настаивали на том, что эмоции — особая область человеческого опыта.

Перевод также влияет на описание траура. На иврите ритуальные жесты легко объединяют различные компоненты опыта; на греческом языке они передаются разными терминами, выражающими либо физические движения, либо практики траура, либо эмоции[56]. Например:

> Упрек разбил мне сердце, и я отчаялся;
> Я ждал покачивания головой [или: стенания (לנוד)], и не было;
> И утешителей [ולמנחמים] и не нашёл (Пс. 69:21, МТ).

> Я пережил как оскорбления, так и страдания;
> И я ждал, что кто-нибудь посочувствует [συλλυπούμενον], и тут никто;
> И утешителей [παρακαλοῦντας], и не нашел (Пс. 68:21, Греч.).

> (*Синодальный перевод*:
> Поношение сокрушило сердце мое,
> и я изнемог, ждал сострадания, но нет его, —
> утешителей, но не нахожу.)

Этот стих переведен буквально[57]. Греческие переводчики, возможно, не решались передать ритуальный жест «покачивания головой» аналогичной траурной практикой: ведь человек, чьи бедствия следует оплакать, еще жив. Они предпочитают передать его глаголом συλλυπέομαι, состоящим из предлога σύν, «с», и глагола λυπέομαι, «страдать или огорчаться»; этот составной глагол буквально означает «разделить боль» или «сочувствовать»[58]. Этот

---

[56] Например, корень נוד, основное значение которого — «сотрясать(ся)», передается разными терминами, указывающими либо на волнение (σαλεύω или σείω), либо на траурные практики (πενθέω или ὀδύρομαι), либо на эмоции (см. основной текст).

[57] Глагол ואנוש («я отчаялся»), вероятно, был прочитан переводчиками как существительное («страдание»), что объясняет разночтение между еврейским и греческим текстами в конце первой строки.

[58] В философском контексте этот термин обозначает способность, которой обладают люди по причине общей принадлежности к роду человеческому — участвовать в чужом страдании (или, наоборот, радости); технически это

термин здесь выражает то, что ощущается, а не то, что делается (как в еврейском тексте); при таком переводе греческий псалом уже очевидно говорит об эмоциональном отклике[59].

Подобное включение в текст эмоционального отклика можно найти в книге Премудрости Иисуса, сына Сирахова, в отрывке, сохранившемся в двух еврейских рукописях из Каирской генизы. Перечислив людей, у которых не следует спрашивать совета, автор затем говорит, к какому типу людей следует обращаться:

> Человек, который всегда боится [Бога], который, как тебе известно, соблюдает заповеди,
> То, что в его сердце, похоже на твое сердце,
> Если ты оступишься, он протянет тебе руку [ךי אלי גיע].
> [На полях: он приходит к тебе][60] (Сир. 37:12, Ms. B, VII verso, строки 5–6).
>
> (*Синодальный перевод*:
> ...но обращайся всегда только с мужем благочестивым,
> о котором узна́ешь, что он соблюдает заповеди Господни,
> который своею душою — по душе тебе и, в случае падения твоего, поскорбит вместе с тобою (Сир. 37:15–16).)

Как обычно, еврейский текст формулирует реакцию на боль других как действие: хороший друг «протягивает руку помощи»

обозначает скорее аффективную установку, чем эмоцию. Глагол συλλυπέομαι, а также его синоним συναλγέω, употребляется, в частности, у Плотина; обсуждение терминов в этом (позднем) контексте см. в [Emilsson 2015; Ferwerda 1984].

[59] См. тот же феномен в Ис. 51:19, где ритуальный жест (נוד, покачивание головой) переведен как эмоциональная реакция (συλλυπέομαι, «страдать»). Подобным же образом в Иов 24:21 и 27:15 действие и ритуальный жест (соответственно בל ייטיב א, «он не сделал добра», и תבכינה א, «они не будут плакать») переводятся как эмоция (ἐλεέω, «жалеть») — таким образом, прагматическая или ритуальная реакция трансформируется в эмоциональную.

[60] Вариант «он приходит к тебе» (ךי ב עבר) — это текст, найденный в другом ивритском фрагменте, Ms. D, II verso, строка 2, согласно тексту, установленному в [Beentjes 1997]. Однако Бен-Айййм в [Ben-Ḥayyim 1973: 37] читает примечание в Ms. B как ך י ב עכר, «он беспокоит тебя», и в то же время Ms. D как אם כש ו ל עב די ב די ך — «если он и оступается, он служит тебе».

или, в альтернативной рукописи, «приходит к тебе». Однако греческая версия превращает этот практический ответ в аффективный:

> Но будь терпелив с благочестивым человеком, который, как ты знаешь, соблюдает заповеди;
> Кто в душе своей подобен твоей душе,
> Если ты оступишься, он испытает страдание вместе с тобой [συναλγήσει σοι] (Сир. 37:12, Греч.).

В греческой версии друг «испытывает страдание» вместе с тем, кто оступился. Глагол συναλγέω по значению аналогичен только что рассмотренному συλλυπέομαι. Тот же предлог σύν здесь сочетается с глаголом ἀλγέω, который обозначает боль, ощущаемую физически или морально. Сочувствие может показаться несоразмерной реакцией, если человек всего лишь оступился; однако то, что он оступился, может указывать на более экзистенциальный разрыв гармонии [Minissale 2008]. Настоящий друг в греческой версии не только поможет (как в еврейском тексте), но и почувствует твою боль и примет участие в аффективном опыте.

Эти примеры иллюстрируют, как переводчики меняют описание реакции на чужую боль в зависимости от языка, на который они переводят текст, и от его структуры. Широта эмоциональной области библейского иврита, без строгого разделения на прагматическую, ритуальную и физическую сферы, не имеет аналогов в греческом языке.

В некоторых отрывках переводчики, в соответствии со структурой языка, на который перевод осуществляется, пытаются перевести физическое ощущение (например, «испытать дрожь»), ритуальную практику (например, «покачать головой») или практическое действие (например, «протянуть руку помощи») через аффективную реакцию. Это не значит, что греческий язык в целом или даже библейский греческий более «эмоционален», чем библейский иврит; скорее, разница в концепции, в соответствии с которой представлен человеческий опыт. Эти индивидуальные варианты перевода имеют последствия, выходящие за рамки соответствующих текстов. Они иллюстрируют процесс гибридизации в греческом Писании; эти «аффективные» переводы показывают новые возможности, которые языковой сдвиг и более широкое межкультурное взаимодействие создают в рамках библейской традиции.

2.3. Жалость: перипетии и повороты

Теперь обратимся к греческой эмоции, испытываемой при столкновении с чужой болью: жалости, которая именуется терминами, уже рассмотренными в главе первой (ἔλεος, οἶκτος и производные). Здесь наша цель — изучить, как этот лексикон вводится в библейскую традицию. Разделение между действиями и эмоциями, обусловленное греческим языком, постепенно ведет и к разделению двух дискурсов: один связан с эмоциональной реакцией на боль других, другой — с прагматичным ответом на нее. Это знаменует собой зарождение двух ключевых западных дискурсов, милосердия и сострадания — двух дискурсов, которые какое-то время были выражены теми же греческими терминами. Другая особенность греческого Писания — в изображении жалости как божественного атрибута, но в то же время и человеческого качества: двойная ассоциация, оказывающая глубокое влияние на западную традицию.

а) Жалость как реакция на чужую боль

Мотив жалости чрезвычайно часто встречается в греческом Писании[61]. Греческие корни ἐλε- и οἰκτ- обычно передают группу еврейских корней: חן, «милость» или «благосклонность»; רחם, «привязанность»; и חסד, «доброжелательность»; плюс несколько других — в зависимости от контекста[62]. В Притчах эти два грече-

---

[61] В Септуагинте (включая переведенные части Писания и тексты, не имеющие известного еврейского источника) насчитывается не менее 588 случаев употребления корня ἐλε- и 93 — корня οἰκτ-. Это включает, в случае корня ἐλε-, существительные ἔλεος и ἐλεημοσύνη; глагол ἐλεέω (с его вариантом ἐλεάω); прилагательные ἐλεήμων, ἀνελεήμων, φιλελεήμων и πολυέλεος. В случае корня οἰκτ- включаются существительные οἶκτος, οἰκτιρμός и οἰκτίρημα; глаголы οἰκτίρω и κάκτιρος; прилагательные ἄνοικτος и οἰκτίρμων.

[62] Словом ἐλεημοσύνη часто переводится צדקה, вероятно, чтобы передать особое значение этого термина, «милостыня» (см. далее).

ских корня также встречаются в дюжине дополнений к еврейскому источнику[63]. Что означает «жалость» в греческих писаниях? По словам Яна Йостена, «факты не оставляют и тени сомнения в том, что греческий термин ἔλεος имеет в Пятикнижии то же значение, что и в греческой литературе» [Joosten 2004: 32]. Хотя я в основном согласна с Йостеном, тем не менее отмечу некоторые нюансы. Остановлюсь на основных особенностях библейской жалости, когда ее приписывают людям. Обратим внимание прежде всего на ситуации, реакцией на которые эта жалость является, в частности на то, связана ли она с болью и считаем ли мы эту боль заслуженной или незаслуженной (если такое различие проводится).

Библейская жалость явно является реакцией на ситуации страдания. В Пятикнижии существительные ἔλεος и ἐλεημοσύνη, а также глагол ἐλεέω в контексте человеческой жизни всегда используются по отношению к человеку, попавшему в беду: к человеку на грани гибели, к пленнику, умирающему, бедняку, побежденному врагу, к детям завоеванной нации[64]. В других книгах греческой Библии для описания реакции на страдания в основном используются термины ἔλεος и οἶκτος. Эта общая тенденция не мешает ἔλεος иногда выпадать из контекста, особенно когда его использование является результатом использования лексических

---

[63] Примеры дополнений к ивритскому тексту см.: Притч. 3:16; 12:13; 13:9, 11; 14:22; 15:27; 17:5; 31:28; примеры адаптации ивритского текста см.: Притч. 12:10; 19:11; 21:10, 26; 22:9; 28:22. См. [Giese 1993]. Некоторые ученые допускают использование еврейского источника, не дошедшего до нас и отличного от масоретского текста. См. [Clifford 1999: 28]. Обычно, однако, эта гипотеза рассматривается как излишняя; наличие в греческом тексте Книги Притчей Соломоновых более чем ста пятидесяти гапаксов, использование греческих литературных приемов и ссылки на греческие пословицы и мифы предполагают работу переводчика с обширными знаниями греческой литературы. См. особенно [d'Hamonville 2000; Cook 1997; Gerleman 1956]. См. также [Tov 1990].

[64] По порядку цитирования: Быт. 19:19, 40:14, 47:29; Исх. 23:3 (запрет); Втор. 7:2 (запрет), 28:50. Йостен в [Joosten 2004: 32] отмечает, что в Быт. 19:19 ἔλεος передает חן — слово, которое обычно в Пятикнижии переводится как χάρις, «благодать». Лот не сделал ничего особенного, чтобы заслужить «благосклонность» людей; скорее ἔλεος подчеркивает его отчаянное положение (в Синодальном переводе «обрел благоволение»).

стереотипов. Достаточно одного характерного примера. Когда Вооз обнаруживает Руфь, которая по велению свекрови спряталась в его постели у его ног, он говорит ей:

> ...благословенна ты от Господа [Бога], дочь моя! это последнее твое доброе дело сделала ты еще лучше прежнего, что ты не пошла искать молодых людей, ни бедных, ни богатых (Руфь, 3:10).

В греческом переводе:

> Да будешь благословенна ты от Господа Бога, дщерь, потому что последнюю жалость твою [τὸ ἔλεός σου] ты сделала лучше первой, тем, что не пошла за молодыми людьми, ни бедными, ни богатыми.

Читая греческий текст изолированно, можно задаться вопросом: что же имеет в виду Вооз, когда упоминает жалость Руфи? Нужно ли жалеть Вооза? Греческий текст скрупулезно следует еврейскому источнику, в котором используется слово חסד («доброта») — имея в виду преданность Руфи своей свекрови. Здесь ἔλεος используется как калька с иврита. Тем не менее ἔλεος не совсем неуместно, если его объектом является свекровь Руфи; Руфь действительно жалеет Ноеминь, поскольку та страдает от смерти своих сыновей и отсутствия потомства мужского пола.

В текстах, которые, скорее всего, были переведены позже, значения ἔλεος и родственных слов в большей степени соответствуют современной им греческой литературе. Например, в греческой версии Книги Иова ἔλεος дополняет или уточняет еврейский текст; возьмем, например, упреки в адрес друзей Иова:

> И братья мои отвернулись от меня;
> Они узнавали незнакомцев больше, чем меня;
> Мои друзья стали безжалостны [ἀνελεήμονες] (Иов 19:13, Греч.).

> (*Синодальный перевод*:
> Братьев моих Он удалил от меня, и знающие меня чуждаются меня. Покинули меня близкие мои, и знакомые мои забыли меня.)

Греческий текст переосмысляет еврейский, в котором Иов обвиняет Бога в том, что тот отдалил его братьев. Скорее переводчики трансформируют обвинение в адрес божества (которое выражено в греческом тексте иначе и достаточно ясно) в критику, обращенную к родственникам и друзьям Иова. Добавленная строка еще усиливает эту трансформацию, осуждая друзей Иова за отсутствие жалости. Мотив жалости повторяется в конце «Послания Иова» — им передается призыв к «милости» (חנן):

> Пожалейте [ἐλεήσατέ] меня, пожалейте [ἐλεήσατέ] меня,
> о друзья... (Иов 19:21).
>
> (*Синодальный перевод*:
> Помилуйте меня, помилуйте меня вы, друзья мои...)

В еврейском тексте Иов призывает своих друзей присоединиться к нему в споре с божеством. Однако в греческом переводе Иов, взывая к жалости, умоляет друзей принять участие в его страданиях; может быть, он также намекает на свою невиновность. Этот мотив создает рамку, обозначающую начало и конец тирады Иова, направленной против оставившей его семьи.

Как отмечалось в главе первой, Аристотель определяет ἔλεος как боль, испытываемую за страдающего человека, «который этого не заслуживает» (Риторика. 2.8.2, 1385b). Библейская жалость в целом подразумевает это условие. Например, в тираде Иова против родственников подразумевается, что он, с его точки зрения, страдает неоправданно. Подобное понимание жалости можно увидеть и в следующем высказывании:

> Душа нечестивого не найдет жалости [οὐκ ἐλεηθήσεται]
> среди людей (Притч. 21:10, Греч.).
>
> (*Синодальный перевод*:
> Душа нечестивого желает зла: не найдет милости в глазах
> его и друг его.)

К нечестивцам нельзя испытывать жалости, поскольку они заслуживают своих страданий.

Самый ясный отрывок о том, что жалость должна быть ограничена незаслуженными страданиями, — в Книге Премудрости Иисуса, сына Сирахова:

> Кто пожалеет [ἐλεήσει] об ужаленном заклинателе змей
> и обо всех, приближающихся к диким зверям?
> Так и о сближающемся с грешником
> и приобщающемся грехам его (Сир. 12:13–14, Греч. Синодальный перевод).

Греческий текст здесь строго следует за еврейским[65]. Сама суть этого стиха в том, что никто не пожалеет пошедшего на неоправданный риск и получившего «то, чего просил»[66]. Жалость здесь зависит, как и в определении Аристотеля, от того, заслуживают ли страдальцы своей боли. Однако другой отрывок из той же книги прослеживает связь между ἔλεος и проступком:

> Прости ближнему твоему обиду, и тогда по молитве твоей отпустятся грехи твои. Человек питает гнев к человеку, а у Господа просит прощения; к подобному себе человеку не имеет милосердия [ἔλεος], и молится о грехах своих... (Сир. 28:2–4, Греч. Синодальный перевод).

В этом отрывке, еврейский источник которого не сохранился, речь идет об ответной реакции на высказывания и проступки других людей[67]. Милость к ближнему позволит получить милость от божества. И напротив, тот, кто проявляет гнев или безжалостность, не может получить прощение. Параллель между гневом и жалостью предполагает, что жалость, как и гнев, связана с каким-то злом, совершенным другим человеком. В последнем стихе риторический вопрос подчеркивает противоречие: молиться за себя, в то же время не жалея других; и вновь эта ассоциация предполагает, что под жалостью понимается снисходительное отноше-

---

[65] В еврейском тексте допускается игра слов, которую греческий язык не может передать, поскольку одно слово חובר может относиться как к «заклинателю», так и к «тому, кто общается» с грешником.

[66] См. также: Сир. 2:4–7.

[67] О древнем отношении к грешникам и его отличии от современного понимания «прощения» см. [Konstan 2010].

ние к чужим ошибкам. Этот отрывок предвещает появление мотива жалости в «Завете Завулона», где эта эмоция подразумевает в том числе способность «не помнить зла» (Завет Завулона. 8:4–6)[68].

Таким образом, можно проследить эволюцию. В целом ἔλεος в греческом Писании означает отклик на страдания; в частности же в текстах, переведенных позже, таких как Книга Иова и Книга Премудрости Иисуса, сына Сирахова (по крайней мере в большей части их текста), есть ясные указания на то, что страдающих жалеют, потому что они ничем не заслужили свое затруднительное положение. Таким образом, как заметил Йостен, использование этого термина соответствует его более широкому греческому смыслу. Последний рассмотренный отрывок (Сир. 28:2–4) представляет собой исключение; здесь действительно приравниваются друг к другу жалость и милосердие; тем самым предполагается, что неправильно адресована жалость, а не боль. Эти наблюдения заставляют по-новому взглянуть на два текста, уже рассмотренных нами в первой главе, — пересказ Священного Писания в «Иудейских древностях», 1–11 и «Завет Завулона». То, как Иосиф Флавий расширяет условия жалости, и ассоциация жалости с милосердием в «Завете Завулона» — не просто заимствования из Священного Писания; скорее это более поздние интерпретации (хотя Сир. 28:2–4 может предвещать такие будущие конструкции).

б) *Сострадание и милосердие: дискурс «двух сестер»*

Установив, что библейская жалость представляет собой реакцию на ситуацию страдания и часто предполагает невинность, зададим себе главный вопрос: что такое жалость? Как отмечалось ранее, греческое Писание, в отличие от своих еврейских источников, свидетельствует о строго ограниченном эмоциональном пространстве, отличном от других измерений существования. Подразумевает ли жалость в греческом Писании чувство боли за чужие страдания? Или это выходит за рамки чистых эмоций? Заметны две тенденции. Первая предполагает, что жалость в Писании сохраняет тот эмоциональный характер, который она имеет в грече-

---

[68] См. главу первую.

ской литературе; вторая же рассматривает жалость как набор конкретных действий. Более поздние иудео-эллинистические тексты показывают, что с течением времени утвердилась первая тенденция: ἔλεος и его производные постепенно ограничивают свое значение болью, испытываемой из-за чужих страданий; иногда они даже подкреплены глаголом σπλαγχνίζομαι, выражающим телесное ощущение боли. Однако другая тенденция, когда жалость понимается как набор действий, ни в коем случае не отступает. Она лежит в основе другого важного дискурса — милостыни или благотворительности; эти понятия обозначает слово, произошедшее от ἐλεημοσύνη и родственное слову ἔλεος. Таким образом, двусмысленность греческого Писания относительно природы ἔλεος отчасти связана с одновременным существованием (в течение короткого времени) в этом уникальном термине двух зарождающихся смежных дискурсов: сострадания и милосердия.

Лучшая иллюстрация эмоционального характера жалости в греческом языке Священного Писания — ее противопоставление злорадству. Эта конструкция была отмечена ранее в греческом тексте Притч. 17:5; отрывок из Книги пророка Захарии тоже описывает жалость в явно аффективных терминах:

> И изолью на дом Давида и на жителей Иерусалима дух благодати и жалости [πνεῦμα χάριτος καὶ οἰκτιρμοῦ], и они будут смотреть на меня ради [или: из-за] тех, при чьем падении плясали, и будут оплакивать его, как возлюбленного, и страдать о нем [ὀδυνηθήσονται ὀδύνην], как о первенце (Зах. 12:10, Греч.).
>
> (*Синодальный перевод*:
> А на дом Давида и на жителей Иерусалима изолью дух благодати и умиления, и они воззрят на Него, Которого пронзили, и будут рыдать о Нем, как рыдают об единородном сыне, и скорбеть, как скорбят о первенце.)

Греческий текст не лишен проблем, но его основной смысл ясен[69]. Дом Давида и жители Иерусалима плясали, радуясь пора-

---

[69] Проблемы включают переход от множественного числа («те [ὧν], при чьем падении плясали») к единственному («его» [αὐτόν]), а также перевод союза ἀντί («ради/из-за»); см. [Casevitz et al. 2007: 156–161].

жению своих врагов (κατωρχήσαντο)⁷⁰. Божество, однако, провозглашает «дух благодати и жалости», который трансформирует радость в траур и боль. Боль выражается термином ὀδύνη, который относится как к физической, так и к душевной боли и, таким образом, не оставляет сомнений в том, что жалость тут рассматривается как аффективный опыт. Кроме того, «траур» и «боль» — это именно «траур как по возлюбленному» и «боль по [умершему] первенцу». Боль иерусалимцев — не абстрактное беспокойство, но непосредственно ощутимое страдание⁷¹.

Термины, обозначающие жалость, в греческом Писании также могут иметь более прагматичный смысл. Так обстоит дело в 18-й главе Книги пророка Иезекииля, где развивается доктрина индивидуального возмездия. Автор выступает против идеи о том, что сын должен умереть за грехи отца; он утверждает, что, напротив, люди будут наказаны только за собственные грехи. О сыне грешника сказано, что он «не умрет за беззаконие отца своего», потому что он «был справедлив и жалостлив [ἔλεος]» (Иез. 18:19, 21, Греч.). Фактически даже беззаконник, который «поступает справедливо и жалостлив» (Синодальный перевод: «...будет... поступать справедливо и праведно»), будет жить. В первой части главы описывается, что эта «справедливость и жалость» означает. Помимо обычных заповедей (таких как отказ от идолопоклонства и прелюбодеяния), в тексте упоминается несколько предписаний, специально касающихся уязвимых людей: восстановить залог

---

⁷⁰ Глагол καταρχέομαι, состоящий из приставки κατά, «вниз», и глагола ὀρχέομαι, «танцевать», перекликается с καταγελάω, «смеяться» (Притч. 17:5), и καταχαίρω, «отзываться» (Притч. 1:26), — оба они часто использовались для описания злорадства.

⁷¹ Греческий перевод отличается от еврейского текста в нескольких отношениях. Во-первых, «духу благодати и жалости» в еврейском стихе соответствует «дух благодати и мольбы [תחנונים]». Термин תחנונים обычно переводится как δέησις, «мольба»; перевод οἰκτιρμός уникален. Во-вторых, в ивритском тексте не идет речь о злорадстве; о враге говорят как о «том, кого они ударили ножом». В-третьих, «скорбь» и «страдание» выражаются на иврите соответственно словами «плач» (ספד) и «горечь» (מרר) — типичный для библейского иврита способ выразить боль посредством ритуального выражения и передачи физического ощущения. Недавнее обсуждение текста на иврите см., в частности, в [Redditt 2012: 108–111].

должника, отдать хлеб голодному, одеть нагого, давать взаймы без процентов, а также уважать бедняка и поденщика (18:7–8, 12, 16). Слово ἔλεος в этой главе, вероятно, относится к этим конкретным действиям в пользу нуждающихся.

В греческом Писании есть слово, которое собственно относится к жалости как к действию: ἐλεημοσύνη. Суффикс -σύνη, как это ни парадоксально, часто указывает на психическое состояние[72]. Этот термин используется почти исключительно в еврейской и христианской литературе. Однако первое его упоминание в дошедших до нас текстах встречается в гимне Каллимаха «К острову Делосу», где он прямо обозначает страдание, испытываемое по поводу кого-то другого:

Спасайся, спасайся; не терпи никакого зла ради меня;
Будет награда за твою жалость [ἐλεημοσύνης] и доброту [χάριτος]
(строка 152).

Слов покуда таких Лето не вещала: «Спасайся
Во благовременье, отче! Спасайся, да зла не претерпишь
Ты за ласку твою, которой вовек не забуду!»

(Перевод С. Аверинцева)

В библейской традиции ἐλεημοσύνη встречается трижды в Пятикнижии, но чаще всего используется в книгах, переведенных позже, особенно в Притчах Соломоновых, Книге Премудрости Иисуса, сына Сирахова, и Книге Товит. Ученые склонны считать, что английское слово *almsgiving* («милостыня») происходит от ἐλεημοσύνη через латинское *eleemosyna*. Однако данные свидетельствуют о том, что это лишь одно из значений данного греческого термина; во многих случаях он обозначает помощь уязвимым людям в более широком смысле[73]. Здесь будут рассмотрены два особенно красноречивых отрывка.

---

[72] Как и в δικαιοσύνη, «праведность», εὐφροσύνη, «веселье», и σωφροσύνη, «умеренность». Слово связано с прилагательным ἐλεήμων.

[73] См. также [Heiligenthal 1983].

Фрагмент Книги Премудрости Иисуса, сына Сирахова, 3:30–4:10, явно посвящен ἐλεημοσύνη. Как обычно в этой книге, этот отрывок тщательно структурирован. Он начинается с общего утверждения:

> Вода погасит пылающий огонь;
> Проявление жалости [ἐλεημοσύνη] искупит грехи (Сир. 3:30, Греч.).
>
> (*Синодальный перевод*:
> Вода угасит пламень огня, и милостыня очистит грехи.)

Жалость представлена не просто как противоположность греху, но и как настоящее противоядие ему. Дальше разъясняется, что влечет за собой ἐλεημοσύνη: сначала через перечисление нечестий, за которые полагается от божества наказание, а затем через перечисление добрых поступков, за которые обещается награда[74]. Как повеления, так и запреты раскрывают то, что включает в себя жалость (ἐλεημοσύνη): быть щедрым к бедным, кормить голодных, уважать знатных людей, избавлять обиженных от гонений, заботиться о сиротах и вдовах. Понятие «милостыни» кажется слишком узким, чтобы охватить все эти заповеди, которые в целом касаются заботы об уязвимых людях, а также уважения к социальной иерархии.

Термин ἐλεημοσύνη также является ключевым мотивом в Книге Товита, особенно в характеристике главного героя[75]. Этот термин занимает видное место как во введении к книге (глава 1), так и в беседе на смертном одре (глава 14). Эти два отрывка связаны общими ссылками на (проявленные на деле) жалость, справедливость и правдивость (Тов. 1:3, 14:7, 9)[76]. Товит, например, представляется: «Я совершил много дел жалости [ἐλεημοσύνας] к моим

---

[74] Соответственно: Сир. 4:1–6 и 4:7–10. См. также [Gregory 2010: 261] (с другими ссылками).

[75] Мы вернемся к Книге Товита в главах третьей и четвертой.

[76] См. [Fitzmyer 2003: 103].

братьям и народу...» (Синодальный перевод: «...делал много благодеяний братьям моим и народу моему») (Тов. 1:3)[77]; чуть позже Товит подробно описывает эти действия: «алчущим давал хлеб мой, нагим одежды мои и, если кого из племени моего видел умершим и выброшенным за стену Ниневии, погребал его» (Тов. 1:17. Синодальный перевод).

Термин ἐλεημοσύνη, используемый во множественном числе, относится к серии действий по отношению к уязвимым людям — голодным, нагим и непогребенным мертвецам. «Дело жалости» Товита, которое раскрывается подробно, — это захоронение трупов собратьев-израильтян; и это, опять же, определенно больше, чем просто раздача милостыни. Хотя далее в книге тот же термин принимает более узкий смысл финансовой помощи (см. далее), это более конкретное значение все еще остается включено в более широкий комплекс действий в отношении уязвимых групп населения:

> От хлеба твоего отдавай голодному и от одежды твоей нагим. Все, что может у тебя остаться, раздавай как милостыню [или: в качестве акта жалости] (ἐλεημοσύνην)... (Тов. 4:16, Vaticanus).
>
> (*Синодальный перевод:*
> Давай алчущему от хлеба твоего и нагим от одежд твоих; от всего, в чем у тебя избыток, твори милостыни...)

В этом стихе под «жалостью» снова понимается целый ряд действий для нуждающихся; милостыня, так сказать, добавляет последние штрихи[78]. Давайте теперь обратимся к техническому значению ἐλεημοσύνη: милостыня или финансовая помощь бедным. В двух своих обширных исследованиях Гэри А. Андерсон прослеживает раннюю историю благотворительности; они пока-

---

[77] См. также: Тов. 1:16 и 2:14.
[78] См. также [Anderson 2013a; Macatangay 2011: 83–84]. Для Андерсона милостыня занимает «почетное место» среди актов благотворительности [Anderson 2013a: 19]; в частности, в Книге Товита «милостыня включает в себя предоставление еды голодным, одежды нагим и погребение мертвых» [Ibid.: 71].

зывают, что его корни находятся в еврейском Писании, в дискурсе греха [Anderson 2013a; Anderson 2009][79]. В эпоху Храма на смену более ранним метафорам, когда грех сравнивался с гирей или пятном, постепенно приходят новые, приравнивающие грех к долгу. Прощение грехов выражается в «выплате» долга — образ, используемый уже во второй половине Книги Исайи. Однако не только страдание возмещает долг; каждое доброе дело, особенно милостыня, идет в заслугу и дает кредит. Раннее выражение этой мысли можно найти в истолковании Даниилом сна Навуходоносора в арамейской части Книги Даниила:

> Искупи грехи свои, подавая милостыню, и беззакония свои, будь милостив к бедным, и процветание твое может увеличиться (Дан. 4:24, МТ).

> (*Синодальный перевод*:
> Искупи грехи твои правдою и беззакония твои милосердием к бедным; вот чем может продлиться мир твой.)

Давая деньги бедным, люди получают «кредит», который способствует выплате ими долга. По крайней мере два термина, חן и צדקה, которые присутствуют в приведенном ранее стихе, приобретает особое значение, поскольку выражают эту финансовую помощь бедным; צדקה фактически становится техническим термином для обозначения милостыни[80]. Оба термина, как правило, переводятся на греческий язык словом ἔλεος и неологизмом ἐλεημοσύνη, а также родственными им словами.

Этот «кредит», полученный от помощи бедным, часто сравнивают с сокровищами, хранящимися на небесах:

> Собери сокровище свое по повелению Всевышнего,
> И это принесет тебе больше пользы, чем золото;
> Собирай милостыню [ἐλεημοσύνην] в хранилище твоем,
> И она избавит тебя от всех страданий (Сир. 29:11–13).

---

[79] См. также [Anderson 2013b].
[80] См. [Gardner 2015: 26–32; Anderson 2009: 141–142, 221 (note 10); Rosenthal 1950–1951].

> (*Синодальный перевод*:
> ...располагай сокровищем твоим по заповедям Всевышнего, и оно принесет тебе более пользы, нежели золото; заключи в кладовых твоих милостыню, и она избавит тебя от всякого несчастья... (Сир. 29:14–15).)

> Если у тебя есть имущество, твори милосердие [ἐλεημοσύνην] соразмерно его изобилию; если имеешь немного, из той малости не бойся совершать дела жалости [ἐλεημοσύνην]. Ибо ты будешь накапливать хорошее сокровище для себя на день нужды (Тов. 4:8–9, Vaticanus)[81].

> (*Синодальный перевод*:
> Когда у тебя будет много, твори из того милостыню, и когда у тебя будет мало, не бойся творить милостыню и понемногу. Ты запасешь себе богатое сокровище на день нужды.)

Идея сокровища, находящегося на небесах, встречается и в Евангелиях: «Не собирайте себе сокровищ на земле, где моль и ржа истребляют и где воры подкапывают и крадут; но собирайте себе сокровища на небе» (Мф. 6:19–20. Синодальный перевод). Андерсон сравнивает это сокровище с небесным банком, в котором у праведников вклады. Кредит, заработанный милостыней, хранится там, и на него начисляются «проценты». В этом отношении жалость часто сравнивают с предоставлением кредита божеству (Притч. 3:11, Греч.; 19:17, как МТ, так и Греч.). Этот кредит, в свою очередь, используется для погашения долга, порожденного грехами. В этом контексте в нескольких текстах утверждается: «Милостыня избавляет от смерти» (Притч. 10:2; Тов. 12:9). Это начало давней традиции, утверждающей искупительный характер милостыни и благотворительности, иногда приравниваемой к жертвоприношению:

> Соблюдающий закон увеличивает приношения;
> Соблюдающий заповеди приносит мирную жертву.
> Тот, кто отплатил за услугу, предлагает лучшую муку;

---

[81] Этот фрагмент имеет параллель на иврите в свитках Мертвого моря, где понятие «милостыня» выражено словом צדקה (4 Q200, 2 [bc]:9).

> Тот, кто совершает акт жалости [ἐλεημοσύνην], приносит жертву хвалы (Сир. 35:1–2, Греч.).
>
> (*Синодальный перевод*:
> Кто соблюдает закон, тот умножает приношения; кто держится заповедей, тот приносит жертву спасения. Кто воздает благодарность, тот приносит семидал; а подающий милостыню приносит жертву хвалы.)

В двух процитированных стихах не уточняется, в каком смысле используется ἐλεημοσύνη, но в этой же главе в другом месте упоминается десятина и осуждаются взятки (35:8–11, Греч.); таким образом, задается финансовый контекст. Как отмечает Андерсон, дискурс о милостыне не отменяет жертвенных дискурсов, так как он сложился еще до разрушения храма. Этот дискурс содержится в свитках Мертвого моря[82], в Новом Завете[83] и в раввинистической литературе[84], а также в раннехристианских сочинениях (например, у Климента Александрийского и Киприана), и на сирийском языке, и на греческом, и на латыни[85].

Сегодня благотворительность понимается как практика, а жалость — как эмоция. Однако древние тексты показывают, что эти два дискурса выражались одними и те же греческими словами ἔλεος и ἐλεημοσύνη, возникшими примерно в то же время. Тот факт, что эти два термина используются как в прагматическом, так и в эмоциональном значении, может отражать процесс гибридизации; термины заимствованы из греческого, но их использование в Священном Писании все еще отражает влияние иврита, который строго не разделяет аффективную и прагматическую сферы. Конечно, история этих двух дискурсов не одинакова. Понятие благотворительности уходит корнями в семитские языки и возникает, как показал Андерсон, из дис-

---

[82] См. [Zanella 2013].
[83] См., например: Кол. 2:13–15.
[84] О милостыне в раввинистической литературе см. [Gardner 2015; Ulmer, Ulmer 2014; Wilfand 2014; Zion 2013a; Zion 2013b; Satlow 2010].
[85] О милостыне в раннем христианстве см. [Downs 2016; Zion 2013b; Caner 2006].

курса греха, тогда как понятие жалости как эмоции заимствовано из греческой традиции. Можно предположить, что дискурс благотворительности повлиял на ассоциации жалости с милосердием, встречающиеся в Священном Писании и более поздних текстах. Действительно, милостыня построена как способ получить отпущение своих грехов; жалость к другим может быть связана с аналогичной наградой. Мы рассмотрим эту гипотезу глубже в следующем разделе.

в) *Жалость: божественное качество*

Напряжение между властью и уязвимостью, характерное для отклика на чужую боль, очевиднее всего в греческом Писании, когда ἔλεος приписывается (как это обычно происходит) как людям, так и божеству. С одной стороны, то, что ἔλεος рассматривается как важный атрибут божества, формулирует отношение божества к людям как ответ на их боль, а иногда и злодеяния; тем самым человек предстает фундаментально уязвимым и склонным к ошибкам. С другой стороны, человеческая жалость сопоставляется с проявлением божественной сущности, демонстрацией превосходства, возможно, даже привилегии, которая божеству присуща. Под влиянием библейского дискурса ассоциация жалости и сострадания с областью божественного распространилась в западных культурах.

Приписывание жалости божеству, характерное для западной традиции, коренится в греческом Писании (хотя не только в нем). Именно там жалость становится постоянным атрибутом божества — даже частью самого определения божества. В греческой литературе жалость вообще не приписывается богам. Гомеровский эпос представляет несколько примеров божественного сострадания, но никогда оно не рассматривается как постоянный атрибут[86]. В трагедиях боги редко жалеют людей; как пишет Констан, «боги обычно изображаются равнодушными к человеческой скорби и свободными от жалости, если не всегда от других

---

[86] См главу первую.

страстей» [Konstan 2001: 111][87]. Обычное определение ἔλεος подразумевает уязвимость, поскольку оно предполагает способность представлять себя затронутым чужой болью. Эта уязвимость могла восприниматься как что-то несовместимое с божественной природой; еще раз словами Констана:

> Ибо если неуязвимость перед несчастьем исключает жалость, то отсюда следует, что жалость должна быть чужда богам, которые намного могущественнее людей и живут вечно. <...> Описание Аристотеля, кажется, устраняет саму возможность божественного сострадания именно в той мере, в какой божественное представляется как трансцендентное [Ibid.: 106].

Исключение жалости из божественной сферы, продолжает Констан, также может быть результатом изменения концепции божественного, которая описывается теперь более абстрактными терминами, чем это было в гомеровском мире. Боги в этом смысле не должны чувствовать боль или испытывать эмоции. Тенденция становится еще сильнее в эллинистических философских школах, где мудрец должен стремиться к имитации неизменности, присущей богам.

Однако в некоторых литературных источниках эллинистического периода (особенно исторические сочинения и романы) иногда бывает показано божественное вмешательство в человеческие дела, мотивированное жалостью[88]. Например, Диодор

---

[87] Из этого отсутствия божественной жалости в трагедиях есть исключения; см., например: Эсхил. Хоэфоры. 210–216, 1031; Софокл. Филоктет. 1042.

[88] Кроме двух фрагментов из Диодора возможность божественной жалости утверждается (или, наоборот, подвергается сомнению) в «Римских древностях» Дионисия Галикарнасского, 10.53.6 («...римляне поняли, что божество не внемлет и не проявляет никакой заботы о них...»), так же как в «Малых сравнительных жизнеописаниях» Псевдо-Плутарха, 14 («Веста сжалилась»). Также в романах: Харитон Афродисийский. Повесть о любви Херея и Каллирои. 8.1.3; Лонг. Дафнис и Хлоя. 2.23.2, 3.6.5, 4.8.4; Ксенофонт Эфесский. Эфесские повести. 4.2.6, 5.1.13, 5.4.10; Апулей. Золотой осел. 6.1 (см. также 11.15). О божественной жалости в «Эфесских повестях» см. [Konstan 2014: 871]. О жалости богов вообще см. [Konstan 2001: 105–124].

Сицилийский, писатель I века до н. э. (то есть живший через пару столетий после того, как Священное Писание начали переводить с иврита на греческий), описывает внезапное облегчение этолийцев от постигшей их беды, «как если бы один из богов пожалел их за их высокий дух» (Историческая библиотека. 18.25.2). В другом отрывке Диодор рассказывает о внезапном избавлении Гамилькара от пыток, «либо потому, что Бог сжалился над ним, либо потому, что случай неожиданно пришел ему на помощь» (Историческая библиотека. 24.12.2). Эти и другие примеры позволяют предположить, что массовое воображение начало воспринимать жалость как подобающую божеству эмоцию, хотя никогда в такой степени, как это можно обнаружить в греческой Библии.

Греческое Священное Писание выделяется в описании этих проявлений божественного сострадания, поскольку в нем жалость — постоянный и ключевой атрибут божества. Можно проследить три основных стадии формирования этого дискурса — скорее логических, чем хронологических. Во-первых, есть тенденция переводить различные еврейские атрибуты божества понятием ἔλεος, которое, таким образом, становится одним из наиболее часто упоминаемых божественных атрибутов. В результате реакция на чужую боль преподносится как нечто, делающее человека подобным Богу, — в резком контрасте с использованием ἔλεος в греческих постгомеровских текстах. Во-вторых, человеческая жалость вознаграждается божественной милостью, также иногда именно жалостью. Человеческая жалость становится способом обретения божественной жалости, при этом жалость всегда исходит от более могущественного партнера — божество жалеет людей, люди жалеют других людей, более уязвимых, чем они. В-третьих, на несколько более поздней стадии развития человеческая жалость конструируется как имитация жалости божественной. Развивая тему этих трех этапов на следующих страницах этой книги, я исхожу из того, что привилегия, содержащаяся в понятиях жалости и сострадания, которые неизбежно предполагают наличие страдальца и наблюдателя, подкрепляется использованием слова ἔλεος в двух значениях: и как божественного атрибута, и как человеческой эмоции (или совокупности действий).

Я уже отмечала, что понятиями ἔλεος, ἐλεημοσύνη и οἶκτος и родственными им словами переводится группа еврейских терминов, в частности корни רחם, חסד и חנן. Ни один из этих еврейских корней в своей первичной форме не обозначает реакцию на боль, хотя все три термина могут относиться к ситуации уязвимости. Как было сказано ранее, корень רחם указывает на устойчивые узы привязанности, не ограничивающиеся ситуациями страдания, но наиболее очевидные во времена страданий и преступлений. Термин חסד относится к проявлениям доброты или доброжелательности, иногда в контексте устоявшихся отношений или как часть взаимного неписаного соглашения — что подразумевает вторичное значение этого слова — «верность»[89]. Наконец, корень חנן обозначает милость или благосклонность, что может подразумевать исключение из правила (явное или нет) в пользу бенефициаров, например ввиду затруднительного положения, в котором они находятся. Хотя корень רחם используется преимущественно для обозначения божества, חסד и חנן могут обозначать как божественный, так и человеческий субъект действия.

Я не буду здесь останавливаться на причинах того, что эти термины переводятся на греческий именно так (анализ этих причин заставляет задуматься об эволюции иврита[90]). Вместо этого сосредоточимся на последствиях такого перевода. Переводя с иврита три разных качества божества с использованием уникального набора терминов, греческое Писание определяет «жалость» как высший божественный атрибут, более всего очевидный в стихах, в которых на иврите сочетаются корни רחם, חסד и חנן — все они переведены как «жалость». Таким образом, нюансы каждого еврейского корня сужаются до единственного понятия жалости, создавая в греческом тексте избыточность, как в следующем стихе:

---

[89] См. [Sakenfeld 1978].

[90] Перевод חסד словом ἔλεος рассматривается в [Joosten 2004].

> Господь ласков [רחום] и милостив [חנון], медлен на гнев и
> изобилует милосердием (Пс. 103:8).
>
> Господь милостив [οἰκτίρμων] и милует [ἐλεήμων], долготерпелив и
> полон жалости [πολυέλεος] (Пс. 102:8, Греч.).
>
> (*Синодальный перевод*:
> Щедр и милостив Господь, долготерпелив и многомилостив...)

Поскольку жалость в греческом Писании становится чаще всего упоминаемым божественным атрибутом, в греческом переводе она оказывается частью определения или самоопределения божества. В Исходе Моисей просит божество: «Открой мне путь Твой, дабы я познал Тебя» (Исх. 33:13, Греч.). Божество отвечает:

> Я пройду пред Тобою во славе Моей и назову имя Мое: «Господь», пред Тобою, и пожалею, к кому имею жалость, и к кому имею жалость, того пожалею [Καὶ ἐλεήσω ὅν ἂν ἐλεῶ, καὶ οἰκτιρήσω ὅν ἂν οἰκτίρω] (Исх. 33:19, Греч.).
>
> (*Синодальный перевод*:
> Я проведу пред тобою всю славу Мою и провозглашу имя Иеговы пред тобою, и кого помиловать — помилую, кого пожалеть — пожалею.)

В контексте еврейского Писания эта загадочная конструкция предполагает, что отношение божества к человечеству не поддается объяснению. Люди не могут контролировать благосклонность и привязанность божества. Отношения божества и человеческих существ непредсказуемы для людей и определяются божественным партнером. Формула Книги Исход напоминает первоначальное представление божества Моисею: «Я буду кем я буду» (в Синодальном переводе: «Я есмь сущий») — стих, который во всех возможных смыслах безошибочно указывает на неуловимую природу божественного (Исх. 3:14, МТ). Однако на греческом языке этот стих звучит скорее как двойная тавтология.

Использование ἔλεος противоречит непредсказуемости, выраженной в еврейском тексте. Греческая эмоция основана на оценке реальности, имеет сильный когнитивный компонент, и поэтому греческий текст изо всех сил стремится передать безвозмездность божественной жалости, мысль о которой могли вызвать глаголы חנן и רחם. Греческая жалость сама по себе является ответом, который в еврейском тексте абсолютно исключен.

На иврите божественная привязанность подразумевает готовность божества стремиться к отношениям, несмотря на проступки человека-партнера. Три вышеприведенных еврейских корня иногда используются, когда надо подчеркнуть, что божество не действует в соответствии с человеческими проступками; напротив, оно забывает или стирает их. При переводе на греческий таких отрывков используются термины, относящиеся к жалости, тем самым эмоция трансформируется в определенное отношение к вине и проступку.

> Будь милостив ко мне [חנני], Боже, по Твоему благоволению [כחסדך];
> По великой любви Твоей [רחמיך] сотри мои беззакония
> (Пс. 51:3, MT).
>
> Помилуй [ἐλέησόν] меня, Боже, по великому милосердию Твоему [ἔλεός];
> И по изобилию жалости твоей [οἰκτιρμῶν] сотри мои беззаконные поступки (Пс 50:3, Греч.).
>
> (*Синодальный перевод*:
> Помилуй меня, Боже, по великой милости Твоей, и по множеству щедрот Твоих изгладь беззакония мои.)

В более поздних текстах божественная жалость также связана с всеобъемлющей силой:

> Ты имеешь жалость [ἐλεεῖς] ко всему, потому что Ты имеешь власть над всем;
> Ты не удостаиваешь взгляда грехи людей, дабы они могли покаяться (Прем. 11:23).

(*Синодальный перевод*:
Ты всех милуешь, потому что все можешь, и покрываешь грехи людей ради покаяния.)

Здесь объединены три мотива: жалость, отпущение грехов и власть. Способность к жалости основана на всемогуществе. Этот стих посвящен божеству, но уже можно предсказать влияние такого представления на понимание человеческой жалости.

То, что ἔλεος становится атрибутом божества, порождает беспрецедентный поворот не только в понимании взаимоотношений между божеством и людьми, но и в самом мотиве жалости. С одной стороны, отношение божества к людям становится, по сути, ответом на их страдания и проступки; подобное может иметь место кое-где и при использовании ивритских корней, но там это всегда зависит от конкретного контекста и потому никогда не является основным значением терминов. С другой стороны, ἔλεος и родственные ему термины обретают новое значение, поскольку они обозначают реакцию не только на страдания, но и на проступки, иногда с четко выраженной позиции власти. Такая интерпретация божественной жалости влечет за собой и понимание человеческого ἔλεος как реакции на проступок и как проявления власти[91].

Во-вторых, человеческая жалость одобряется и вознаграждается божеством. Как отмечалось ранее, ἐλεημοσύνη как милостыня носит искупительный характер, поскольку «избавляет от смерти» (Тов. 2:9). В сущности, идея божественной награды уже присутствует, когда ἔλεος используется как лексическое соответствие חסד — «доброте» или «доброжелательности»[92]. В этом смысле божество может вознаградить своей жалостью человече-

---

[91] См. также [Joosten 2004: 41]. Ассоциация человеческой жалости с милосердием присутствует в раннехристианской литературе, о чем кратко упоминается в [Blowers 2010] со ссылкой на [Swift 2001].

[92] Проявления חסד между человеческими существами часто взаимны (см., например: 1 Цар. 20:1–23; 2 Цар. 12:2; 3 Цар. 2:7). Божество может вернуть проявление חסד/ἔλεος, направленное на него человеком. Неемия, например, молит Бога не забыть соблюдение им субботнего дня, которое он зовет ἔλεος (Неем. 13:14, Греч.), и, в свою очередь, обращаться с ним «по изобилию твоей жалости [ἐλέους]» (Неем. 13:22. Синодальный перевод: «По великой милости Твоей»).

ский акт жалости, который не может быть возмещен ее объектом; божественная жалость — ответ на человеческую[93]. Благодаря переводу חסד словом ἔλεος греческие эмоции, таким образом, становятся чем-то, что есть у божества и у людей. Идея о том, что божественная жалость вознаграждает человеческую жалость, не ограничивается неловкими лексическими совпадениями; она также обретает в греческом Священном Писании собственную жизнь. Греческая версия Притчей Соломоновых постулирует человеческое ἔλεος как желательное социальное отношение, которому обещана божественная награда. Для выражения *quid pro quo* часто используется «пищевая» метафора:

> У кого доброе око, тот будет благословен,
> Потому что он раздает свой хлеб бедным (Притч. 22:9, МТ).
>
> Кто пожалеет бедного [ὁ ἐλεῶν πτωχὸν], тот сам будет напитан,
> Ибо свой хлеб он отдал бедным (Притч. 22:9, ГК).
>
> (*Синодальный перевод*:
> Милосердый будет благословляем, потому что дает бедному
> от хлеба своего.)

Греческий текст перефразирует первую строку еврейского источника; выражение «доброе око» уточняется мотивом жалости. Кроме того, греческая версия поясняет расплывчатое выражение «будет благословен» в еврейском тексте, заменяя его на «будет напитан», таким образом связывая (вероятно, божественную) награду с добрым делом. Наиболее явную иллюстрацию можно найти в противопоставлении сострадания злорадству, например, в следующем стихе (уже цитировавшемся ранее):

> Кто смеется над бедным, раздражает того, кто его создал;
> Тот, кто радуется разрушению, не останется безнаказанным;
> Милостивый удостоится жалости [ὁ δὲ ἐπισπλαγχνιζόμενος ἐλεηθήσεται] (Притч. 17:5, Греч.).

---

[93] См., например: 2 Цар. 2:5–6, Греч.

(*Синодальный перевод*:
Кто ругается над нищим, тот хулит Творца его; кто радуется несчастью, тот не останется ненаказанным [а милосердый помилован будет].)

Поскольку злорадство в первом стихе приводит к божественному гневу, награда за сострадание в третьем стихе, вероятно, также исходит от божества. Здесь божественная награда точно соответствует доброму делу; божество обязуется вернуть то, что человек отдал [Macatangay 2011: 248–252]. В этих примерах объекты «жалости» — «нищий» и объект «разрушения» или «несчастия» — возможно, не в силах вернуть долг; таким образом, божественное вмешательство может «выровнять» ситуацию. Эта риторика поощряет действия по оказанию помощи нуждающимся, обещая божественную награду. Однако в то же время она содействует самоуверенности тех, у кого есть финансовые средства и социальная власть, чтобы совершать такие добрые дела. Они не только извлекают выгоду из социальных преимуществ дающего — им также обещано божественное благоволение.

Более поздние тексты продолжают раскрывать эту идею. В Евангелии от Матфея Иисус говорит:

> Блаженны милостивые, ибо они помилованы будут.
> Μακάριοι οἱ ἐλεήμονες, ὅτι αὐτοὶ ἐλεηθήσονται.

Контекст проясняет упоминание о божественном сострадании, поскольку совершающие восхваляемые действия однозначно получают божественное воздаяние, например Царство Небесное (Мф. 5:3)[94]. Награда в точности соответствует благости поступка. Идея божественного суда ясно выражена в Послании Иакова: «Ибо суд без милости [ἀνέλεος] не оказавшему милости [ἔλεος]» (Иак. 2:13). «Завет Завулона» демонстрирует аналогичную связь, подкрепленную употреблением корня σπλαγχν-:

> …имейте сострадание ко всякому человеку с милостию, чтобы и Господь, сострадая к вам, помиловал вас (Завет Завулона. 8:1).

---

[94] См. также: Мф. 5:8, 9, 10; 18:33.

> Ему внимая, и вы, дети мои, любите друг друга, и да не мыслит каждый из вас зла против брата своего. Ибо тот, кто помнит причиненное ему зло, не имеет жалости [σπλάγχνα ἐλέους] (Завет Завулона. 8:5–6).
>
> И после сего вы вспомните о Господе и покаетесь, и Он обратит вас, ибо Он милостив [ἐλεήμων] и благоутробен [εὔσπλαγχνος], и не мыслит зла сынам человеческим… (Завет Завулона. 9:7).

Когда люди проявляют жалость к своим собратьям, они вознаграждаются божественной жалостью/милостью. «Завет Завулона» идет еще дальше, уточняя, что человеческая жалость предполагает не только готовность разделить чужие страдания (как это ясно показано в первых главах), но также требует «не помнить» проступков. В свою очередь, божественная жалость, выраженная точно в таких же терминах, трактуется как отпущение грехов. Божественное милосердие отвечает на милосердие человеческое. То, что жалость атрибутировалась божеству, возможно, таким образом способствовало ее ассоциации с милосердием.

На третьем этапе человеческая жалость концептуализируется как имитация божественной жалости (милости). Поскольку жалость (милость) является божественным качеством, проявление жалости рассматривается как способ подражания божеству[95]. Иисус, сын Сирахов, в отрывке, не имеющем соответствия на иврите, так выражает эту идею:

> Жалость [ἔλεος] человека — к ближнему,
> Но жалость [ἔλεος] Господня — ко всякой плоти,
> Он обличает, наставляет и обучает,
> И возвращает [их] назад, как пастырь стадо свое.
> Он жалеет [ἐλεᾷ] тех, кто принимает наставления,
> И кто прибегает к его суду (Сирах, 18:13–14, Греч.).
>
> (*Синодальный перевод*:
> Милость человека — к ближнему его, а милость Господа — на всякую плоть.

---

[95] См. [Anderson 2013a: 144–145].

> Он обличает и вразумляет, и поучает, и обращает, как пастырь стадо свое.
> Он милует принимающих вразумление и усердно обращающихся к закону Его.)

Этот отрывок санкционирует жалость, утверждая, что жалость человека «одна и та же», что у божества, хотя последняя превосходит первую. Люди в силах жалеть только ближних, а божество может жалеть всех людей — в той мере, в какой они соблюдают божественное учение. Непосредственный контекст, и особенно ассоциация с осуждением, указывает на то, что жалость может, опять-таки, относиться и к грешникам.

Более поздние тексты развивают этот ход мыслей и описывают сострадание как способ подражания божеству. Эта идея встречается у Иосифа Флавия (Иудейские древности. 4.239), в его интерпретации стиха из Книги Исход 23:9, рассмотренной нами в главе первой. Проявляя жалость к чужеземцу, израильтяне могут дать другим то, что сами получили от божества и, таким образом, испытать ту же «эмоцию» [πάθος], что и их божество. Евангелие от Луки соглашается: «Будьте милосерды [οἰκτίρμονες], как и Отец ваш милосерд [οἰκτίρμων]» (Лк. 6:36)[96]. В Послании к Римлянам способность страдать (συμπάσχω) вместе с Христом становится способом приобщиться к Его славе (Рим. 8:17). Эту идею далее развивают отцы церкви, которые рассматривают эту эмоцию как «средство общения во плоти с воплощенным Христом» и, таким образом, как «уникальную обожествляющую добродетель» [Blowers 2010: 5][97]. Жалость (или «милость») становится средством подражать жалости, присущей божеству, которая связана с всеобъемлющей властью (Прем. 11:23). Здесь жалость начинает раскрывать свой потенциал формирования динамики власти; ассоциируясь с божественной сферой, жалость в самом деле может даровать богоподобный статус тому, кто ее проявляет.

---

[96] См. также: Мф. 18:33; Еф. 4:32.

[97] См. также [Barton U. 2016: 86–105], с экскурсом о Деве Марии как одновременно субъекте и предмете сострадания [Ibid.: 105–112].

Использование ἔλεος как божественного атрибута в греческом Писании значительно отличается от его аристотелевского определения. Для Аристотеля жалость как эмоция, основанная на когнитивной оценке ситуации, является прежде всего ответной реакцией; в греческом Писании божественная жалость, напротив, представляет собой постоянный атрибут. Точно так же жалость, по Аристотелю, коренится в осознании того, что сам жалеющий подвержен боли. Божественное сострадание в греческом Писании лишено этого элемента уязвимости. Наконец, то, что у Аристотеля жалость относится только к незаслуженным страданиям, смягчается тем, что жалость атрибутируется божеству. В самом деле, божественные атрибуты, переведенные с иврита греческим словом «сострадание», часто направлены на тех, кого называют грешниками. В моей интерпретации это расхождение между определением ἔλεος, данным Аристотелем, и использованием этого термина в греческом языке Священного Писания является в первую очередь не следствием богословских догматов, как иногда полагают[98]. Скорее я рассматриваю этот сдвиг смысла, который происходит в Писании, как продукт перевода и его ограничений.

Западные понятия жалости и сострадания во многом сформировались благодаря их использованию в качестве атрибутов божества, даже если во многих дискурсах с течением времени отпадали какие-либо ссылки на божественное. Конструкция жалости как подражания божеству и искупительной добродетели придавала этим эмоциям (особенно состраданию) положительное значение вплоть до настоящего времени. Сострадание имеет высокую моральную ценность; как пишет Аарон Бен-Зеев, сострадание — «рекомендуемая моральная позиция по отношению к чужим страданиям» [Ben-Ze'ev 2000: 34][99]. Сострадание ценится как социальная и политическая эмоция, имеющая решающее значение для хорошо функционирующего демократического общества[100]. Сострадание также обычно понимается как нечто

---

[98] См., например, [Ibid.: 86–89].
[99] См. также [Cates 1997; Blum 1980].
[100] См., например, статьи в [Ure, Frost 2014].

полезное для самого сострадающего. Недавнее исследование подтверждает, что, хотя переживания сострадания могут ощущаться как приятные или нет, абстрактная концепция сострадания (в технических терминах ее прототипическая концептуализация) неизменно вызывает приятное ощущение [Condon, Barrett 2013]. Приятно осознавать себя сострадательным, и это чувство разительно контрастирует с описанием жалости как боли — как в определении Аристотеля, так и в стоических категоризациях. Приписывая жалость и сострадание божеству, мы в конечном итоге укрепляем власть и привилегии, которые эти чувства влекут за собой. Это также облегчает использование подобных эмоций в конструировании лидерства. По мнению Марджори Гарбер, восприятие сострадания как божественного атрибута делает его «нормативной и желательной предпосылкой для монархов, правящих по "божественному праву" — как наместников Бога, — по крайней мере теоретически» [Garber 2004: 20]. Способность откликаться на чужую боль стала важным атрибутом не только правителя, опирающегося на божественное право, но и любого лидера в западной истории. Наделение правителя эмоцией, которая является или являлась атрибутом божества, не может не способствовать, хотя бы косвенно, построению определенной концепции власти и ее легитимности.

2.4. Заключение: «Аура древности»

Исторический обзор показывает, что жалость и сострадание, каковы они в иудео-эллинистических текстах, не находят своих корней в библейских текстах на иврите. При всей настойчивости, с которой отмечаются в этих текстах реакции на чужую боль, еврейская Библия редко определяет эти реакции как чистые эмоции; по сути, ее язык не имеет пространства для строго эмоциональной сферы. Однако греческий перевод Писания открывает концептуальное пространство для чего-то более близкого к современным эмоциям (πάθη); реакция на чужую боль может быть поэтому сформулирована либо как аффективное разделение страданий (глаголы συλλυπέομαι и συναλγέω), либо, еще точнее, как жалость (ἔλεος и οἶκτος, иногда подкреплено глаголом σπλαγχνίζομαι). Жалость в еврейской традиции — это нечто «обретенное в переводе» как результат взаимодействия с греческой культурой; это, так сказать, гибридное понятие.

Хотя греческое понятие жалости используется для перевода ряда еврейских терминов, оно не просто ассимилируется; оно также применяется к новым контекстам и переосмысливается. Его интеграция в словарь Писания приводит к созданию новых терминов и дискурсов. Мы ранее рассмотрели существительное ἐλεημοσύνη, «акт жалости», напоминающее об отсутствии строгого различия между аффективной и прагматической сферами в библейском иврите, а также глагол ἐπισπλαγχνίζομαι, «сострадать», который имеет сильные аффективные и физические коннотации. Библейский дискурс жалости также пересекается, а иногда и сливается с другими дискурсами, такими как благотворительность и милосердие, которые, хотя и имеют тенденцию со временем разделяться, все же влияют на конструирование жалости и сострадания в еврейских (и христианских) текстах. Более того, поскольку жалость является одновременно человеческой эмоцией и божественным атрибутом, тексты все больше интерпретируют человеческую жалость и сострадание как способ подражать божеству. Такая конструкция прочно ассоциируется с жалостью как привилегией богов и правителей, чье превосходящее положение дает им право распределять помощь в пользу тех, кого они считают достойными. Это одновременное понимание жалости как божественного атрибута и человеческой эмоции (или добродетели) ведет еще и к тому, что эмоциональная реакция на чужую боль особенно хорошо подходит для использования в качестве признака идентичности. Со временем, как мы увидим в следующих главах, само упоминание о жалости (милости) будет служить ссылкой на библейскую традицию. Дискурс жалости как накопления традиций, практик, норм и убеждений приведет к кристаллизации еврейской идентичности.

Теперь можно лучше оценить творческий процесс, который наблюдается в двух текстах, рассмотренных в первой главе. Иосиф Флавий и автор «Завета Завулона» не просто адаптируют греческие эмоции; они создают новый дискурс, переосмысляя разное наследие. Иосиф Флавий использует жалость в ее типичном греческом понимании; жалость в этом отношении опирается на когнитивную оценку. Иосиф также расширяет обычные условия жалости, так как заставляет еврейских предков эмоционально реагировать на боль людей, которые, возможно, не безгрешны. В этих случаях Иосиф Флавий опирается на библейскую идею жалости как «доброго деяния», которое будет вознаграждено божеством, а также задействует тему человеческой жалости как подражания божеству. Жалость становится частью морального идеала, а также определяющим компонентом еврейской идентичности. В «Завете Завулона» показано сострадание как заместительное страдание за боль других и путь к искуплению; изображая людей, нуждающихся в божественной жалости, текст конструирует сострадание как признание собственной уязвимости. Таким образом, «Завет» сочетает в себе эмоциональный характер греческой жалости с характерным для еврейского Писания взглядом на уязвимость людей, нуждающихся в божественном искуплении. Оба текста представляют собой гибридизацию греческой и еврейской традиций.

Конструируя образы Авраама, Иосифа и Завулона как образцов жалости и сострадания, Иосиф Флавий и автор «Завета Завулона» приписывают предкам эмоции, которых еврейский язык не выражает и которые не приписываются им в греческом Писании. Они ретроспективно проецируют недавний дискурс о далеком прошлом Израиля — если не сами этот дискурс создают. Подобным образом они узаконивают свои собственные дискурсы. Этот процесс хорошо изучен — и в еврейской культуре, и в других: появляются новые дискурсы и практики, и тут же они проецируются на прошлое, чтобы повысить их легитимность и продвинуть их рецепцию[101]. Эрик Хобсбаум описывает этот процесс понятием «изобретенные традиции»; он определяет их как «реакции на новые ситуации, которые требуют формальной ссылки

---

[101] См., например, конструкцию покаяния в поздней Античности, прослеженную в [Lambert 2015].

на старые ситуации или которые устанавливают свое собственное прошлое путем квазиобязательного повторения»[102]. Несмотря на критику и необходимые корректировки, которые в нее были внесены, идея Хобсбаума оказалась ценной, поскольку подчеркнула долю новаторства, которое большинство традиций содержит[103]. Многие ссылки на «прошлое» служат для того, чтобы создать впечатление преемственности, в то время как на самом деле в этих случаях они поддерживают инновационный подход. Такое вмешательство способствует формированию прошлого на основе унаследованной традиции, но также и новых дискурсов. В данном случае изображение предков израильтян как образчиков жалости придает эмоции «ауру древности», если использовать выражение Альберта Баумгартена и Марины Растоу; ретропроецирование эмоций на Священное Писание на деле подчеркивает новизну дискурса [Baumgarten, Rustow 2011: 217].

---

[102] См. [Hobsbawm 1983: 2].

[103] См., например, [Phillips 2004]; применительно к иудаике см., например, [Baumgarten, Rustow 2011]. Баумгартен и Растоу переформулируют проводимое Хобсбаумом различие между подлинными и изобретенными традициями как большую или меньшую приверженность традиции; они также опровергают его оппозицию между домодернистским и современным обществами.

Глава 3
Внутри ткани общества

> Сила по-настоящему проявляется в обращении с бессильными.
> *Фрома И. Цейтлин*
> [Zeitlin 1996: 142]

Как влияют на социальную структуру дискурсы, которые предписывают — или ограничивают — эмоциональные реакции на чужую боль? В первой главе этой книги мы показали двойной потенциал эмоциональных реакций на боль других людей — возможность применить силу или принять свою уязвимость; здесь мы посмотрим, как это напряжение влияет на распределение ролей в обществе в целом. Как подчеркивают Лорен Берлант и другие, сострадание — это прежде всего вопрос социальных отношений [Berlant 2004b]. Жалость, забота и другие реакции на чужую уязвимость имеют место, по определению, в несбалансированных отношениях между наблюдающим и страдающим. Например, в «Риторике» Аристотеля те, кто охвачен болью, не могут испытывать жалость, поскольку им не хватает необходимой дистанции и базового благополучия (Риторика. 2.8.3. 1385b). Таким образом, дискурс с самого начала укоренен в диспропорции. Выстраивая «я», жалеющее других, мы не только признаем иерархию власти и социальное неравенство; наша конструкция также содержит в себе дисбаланс. В иудео-эллинистических текстах эта диспропорция пересекается с другими и включает их в себя; это касается пола, здоровья, богатства и политического статуса. Разговор о жалости открывает пространство для самости, позволяет визуализировать себя в ткани своего общества. Через жалость человек может вообразить, что он воздействует на иерархии (сколь бы прочно они ни были установлены), либо для их подтверждения, либо для того, чтобы расшатать преобладающую динамику власти. Таким образом, эмоциональные реакции на чужую боль становятся и ответом на собственное чувство нестабильности, давая человеку возможность перемещаться по иерархии и улучшать свой статус — пусть даже только в воображении.

Хотя жалость может придать силы, из текстов следует, что эта эмоция может также вызвать тревогу. «В какую цену обходится жалость?» — задается вопросом Дональд Латейнер в связи с трактовкой этой эмоции Геродотом и Фукидидом [Lateiner 2005: 67][1]. Я тоже задаю этот вопрос — не о фактических последствиях жалости, а о нестабильности дискурса, который не только признает неравенство, но и в основном построен на нем. Практика милосердия предполагает наличие базового здоровья и богатства, состояний изначально изменчивых; тогда выходит, что награда, обещанная за жалость, обусловлена социальным статусом? Кроме того, дискурс призывает непосредственно соприкасаться с различными формами страданий, включая бедность и болезнь. Эта близость порождает страх осквернения чужим неблагополучием, как будто контакт с болью может заразить ею самого человека. Наконец, поощряя заботу, жалость и сочувствие, иудео-эллинистические тексты проецируют на мужское самоощущение эмоции, которые обычно связывались с женственностью. Этот дискурс потенциально ставил под угрозу мужественность сострадающего, и такой риск усиливался тогдашней римской идеологией «мужской» империи, подчиняющей «женские» нации, включая Иудею. Через дискурс жалости в текстах затрагиваются разнообразные проблемы; однако продвижение этих эмоций вызывало к жизни новые тревоги.

---

[1] Дальше Латейнер спрашивает: «Вызывает ли жалость солидарность с другими людьми или болезненно подчеркивает фактически сложившуюся иерархию?»

Исследования показали, что эмоции (понимаемые и как переживания, и как дискурсы) предоставляют группам эффективный способ структурировать себя. Маргарет Уэтерелл обсуждает в этой связи «эмоциональный капитал», ссылаясь на то, что Пьер Бурдье называл «культурным капиталом», или социальной ценностью, которую группа приписывает данной практике. Под «эмоциональным капиталом» она обозначает «способ уловить внедрение аффективных практик в социальные формации и его неравномерные последствия» [Wetherell 2012: 112]. Группы связывают различные социальные ценности с эмоциями, так что некоторые из них повышают социальное положение человека, а другие снижают его. Например, в определенных культурных контекстах умеренность в проявлении эмоций указывает на более высокий социальный класс, в то время как в других случаях именно публичное выражение эмоций указывает на привилегированный статус. Проявление эмоции, следовательно, требует определенного капитала, который сам кристаллизуется с течением времени; аналогичным образом, задавая нормы для эмоций и их практических проявлений, можно манипулировать их капиталом. Каков социальный капитал у эмоциональной реакции на чужую боль в иудео-эллинистической литературе?

В этой главе мы расширим сферу исследования, включив в нее не только реакцию на страдания, скажем, сочувствие и жалость, но и связанные с этими чувствами действия, такие как помощь и финансовые пожертвования. Мы обсудим несколько еврейских текстов эллинистического периода, которые представляют собой либо переводы семитских оригиналов, либо сочинения на греческом, в условном хронологическом порядке (признавая трудности с датировкой большинства из них)[2]. Начнем с Книги премудрости Иисуса, сына Сирахова, где проявления жалости и помощи защищают или улучшают положение людей в системе, которая в иных случаях является жестко фиксированной. Затем поговорим о двух

---

[2] Мы начинаем с Книги премудрости Иисуса, сына Сирахова, хотя Книга Товита, как считается, написана чуть раньше; однако обе, кажется, принадлежат одному социальному контексту.

связанных между собой текстах (Книге Товита и «Завете Иова»), которые, как я полагаю, служат основой мифов о сострадании. Тут жалость и продиктованные ею действия меняют социальный статус — как повышают, так и понижают его. Эти тексты демонстрируют как потенциал, так и риск дискурса, который они одновременно продвигают и дестабилизируют. Дальше мы изучим (в «анекдотах» из всего корпуса библейских текстов) опыт получения чужой жалости. Становиться предметом жалости — влечет за собой унижение, выражающееся в уменьшении мужественности. Такой опыт косвенно подтверждает властную позицию, которую эта эмоция и продиктованные ею и ее действия представляют. Если жалость феминизирует, то чувство жалости также может быть связано с женственностью, поскольку женщины, как правило, воспринимаются как благотворительницы, настроенные на чужую боль. В последнем разделе мы обратимся к двум параллельным историям (в Четвертой книге Маккавейской и «Иудейской войне» Иосифа Флавия), которые переворачивают дискурс. Отказывая в сочувствии собственным детям, отклоняясь от предписанных социальных условностей, героини этих текстов в ситуации крайнего бессилия восстанавливают некоторую свободу действий.

3.1. Иисус, сын Сирахов: жалость как повышение статуса

«Сильнейший "жалеет" слабейшего», — писал Джеймс К. Довер 50 лет назад [Dover 1974: 195]. Жалость возникает в несбалансированных отношениях; по этой причине она особенно хорошо подходит для картирования и разграничения социальных ролей. Книга премудрости Иисуса, сына Сирахова (Ешуа Бен-Сира), послужит примером. Эта книга написана на иврите, в Иерусалиме, в начале II века до н. э. Она была переведена на греческий язык после 132 года до н. э., предположительно внуком Ешуа Бен-Сира[3]. Книга представляет собой сборник поучений с силь-

---

[3] См. [Gregory 2010: 5–24; Collins 1997: 23–111; Skehan, Di Lella 1987]. Около двух третей книги сохранилось в шести средневековых еврейских рукописях из Каирской генизы, а некоторые ивритские фрагменты были также найдены в Масаде и Кумране. Эти ивритские тексты существенно отличаются друг

ным акцентом на социальные отношения, как они складываются внутри иерархии. Как пишет Сет Шварц: «Бен-Сира ясно дает понять, что он считает свои социальные советы компонентом мудрости» [Schwartz S. 2010: 48]. Для него умелое управление отношениями с людьми высшего и низшего статуса само по себе является упражнением в мудрости. Проявления жалости и другие формы помощи обсуждаются в рамках этой иерархической структуры. Поскольку они связаны с ситуациями бедствия, которые зависят от обстоятельств, а не от фиксированного статуса (например, разорением, болезнью или трауром), они воспринимаются (на мой взгляд) как способ обговорить свой статус и тем самым действовать в рамках твердо сложившейся иерархии. Точно ли это описание отражает социальную реальность того времени, в самом ли деле она поощряла солидарность — это мы сейчас не рассматриваем. Меня интересует скорее то, каким образом, предположительно, должны функционировать реакции на чужую боль и как они служат тому идеальному образу собственного «я», конструируемому текстом. В связи с этим Бенджамин Райт и Клаудия Кэмп выявили напряженность между той выдающейся ролью, которая приписывается писцу (или мудрецу) в Книге премудрости Иисуса, сына Сирахова, и шаткостью его статуса. На самом деле писцы, вероятно, были частью класса наемных работников, служили богатым и могущественным людям и зависели от их поддержки[4]. Проявления жалости и помощь другим людям помогают справиться с этой нестабильностью.

Унижение (ταπείνωσις) — общий термин, обозначающий различные ситуации, сопряженные с болью и уязвимостью; оно может быть результатом бедности, голода, болезни или потери поддерживающих человека родственников. В свою очередь,

---

от друга; отличаются они и от свидетельства греческой версии, которая также имеет вариации. Текст на иврите см. в [Beentjes 1997]; греческий текст см. в [Ziegler 1965]; об отношениях между ними см. [Wright III 1989]. Я использую здесь греческий текст, но упоминаю ивритский, когда рукописи доступны и расходятся с греческими.

[4] См. [Wright III 2007: 78; Wright III, Camp 2001: 162–168].

прилагательное «смиренный» (ταπεινός) часто используется как общее понятие, обозначающее отсутствие права на выбор[5]. Лексика, которая используется применительно к «унижению», указывает на то, что оценка и мнение других людей играют определенную роль в переживании социальной уязвимости. Этот опыт не только болезнен сам по себе; он еще и снижает социальное положение человека. Унижение может поразить в любой момент; оно не связано с фиксированным статусом, а может коснуться кого угодно — даже царей:

> Помни время голода во время изобилия; бедность и скудость во дни богатства (18:25).
> Давай взаймы ближнему во время нужды его... (29:2).
> Большая болезнь — шутит врач [ивр.: «легкая болезнь беспокоит врача»][6];
> Сегодня царь, а завтра он умрет [ивр.: «падет»] (10:10).
>
> (*Синодальный перевод*:
> Во время сытости вспоминай о времени голода и во дни богатства — о бедности и нужде.
> Давай взаймы ближнему во время нужды его и сам в свое время возвращай ближнему.
> Продолжительною болезнью врач пренебрегает:
> и вот, ныне царь, а завтра умирает.)

Бедность и болезни привносят нестабильность в устоявшуюся систему. Те, кого они затрагивают, лишаются своего положения; в результате социальные иерархии нарушаются.

Реакция на чужое унижение различна[7]. «Проявления жалости» (ἐλεημοσύνη/צדקה) играют заметную роль, в основном они сводятся к помощи нуждающимся вообще, хотя иногда слово «милостыня» имеет, как можно предположить, более конкретное

---

[5] См., например: 3:20; 10:15; 11:1; 12:5; 13:21, 22; 29:8; 35:17.

[6] Так читается в Vaticanus и в основном тексте Sinaiticus; откорректированный Sinaiticus: «Большая болезнь насмехается над врачом [ἰατρόν]».

[7] Об этом см. также [Gregory 2012]. Для Грегори эмпатия проявляется во внимании книги к общей судьбе людей, такой как старение и смерть.

значение[8]. Слово «доброта» (χάρις/חן/חסד) также фигурирует часто, иногда параллельно с рассказом о проявлениях жалости[9]. Что касается бедности, Иисус, сын Сирахов, часто обсуждает «дар» (δόσις/מתת/מתן/מתנה) — мотив, который подробно проанализировал Сет Шварц, отметив противоречивое к нему отношение:

> Он [Бен-Сира], вместо прежнего отрицания этической и социальной ценности подарка, рассматривает подарок как эффективное средство обеспечения благополучия и безопасности для дарителя — хотя это средство уступает благочестию или мудрости; он рассматривает подарки как необходимую, хотя и весьма опасную составляющую человеческих отношений, правила которых лучше всего понимает мудрец; он рассматривает их как одновременно социальный и этический актив, по крайней мере для человека, у которого есть излишек; при случае он пытается соединить это с оказанием помощи бедным, предписанным Пятикнижием [Schwartz S. 2010: 58].

Положительно оценивая подарки, Иисус, сын Сирахов, рассматривает дарение — и добрые поступки вообще — не только как этический императив, часто предусматривающий божественную награду (как в Притчах), но и как «социальный актив» или способ улучшить свое положение в иерархии. Общество, изображенное сыном Сираховым, отмечено, как показывает Шварц, напряжением между двумя социальными моделями: солидарности и взаимности. В первом случае социальная сплоченность обеспечивается общими мифами или идеалами, как в Торе; в таком обществе

---

[8] См.: Сир. 3:14, 30; 7:10; 12:3; 16:14; 17:22; 29:8, 12 (финансовое значение); 31:11; 35:2; 40:17, 24. Для более широкого понимания ἐλεημοσύνη/צדקה у сына Сирахова см. [Gregory 2010: 179–181].

[9] См.: Сир. 17:22 (в Синодальном переводе 17:18: «…милостыня человека [ἐλεημοσύνη] как печать у Него; и благодеяние [χάριν] человека сохранит Он, как зеницу ока»); 32:3–4 («Тот, кто отвечает на доброту [χάριν], предлагает добрую муку, а тот, кто жалостлив [ἐλεημοσύνην], совершает жертвоприношение»); 40:17 («Доброта [χάρις] подобна благословенному саду, и милосердие [ἐλεημοσύνη] продолжается вечно». Синодальный перевод: «Благотворительность, как рай, полна благословений, и милостыня пребывает вовек»).

каждый человек связан юридическим обязательством способствовать общему благу, независимо от того, дает это какие-то преимущества или нет. Вторая модель, напротив, основана на договорных отношениях; добрые дела поощряются теми социальными выгодами (честью, вниманием, уважением и т. д.), которые они приносят. Такая модель способствует развитию горизонтальных отношений обязательств и обмена, а в случае неравенства — отношений между покровителями и клиентами[10].

Акты сострадания оправдываются по второй модели: их следует совершать ради вознаграждения, которое за ними следует. Награды могут исходить от божества, от других людей в обмен на добрые дела, или и то и другое. В частности, сын Сирахов следует Притчам, рассматривая жалость как «заем» божеству, собирающему на небесах сокровища, из которых благочестивый человек может черпать средства, чтобы искупить свои грехи[11]:

> Проявление жалости искупит грехи (3:30).
> Собирай дела сострадания в своих хранилищах,
> И это избавит тебя от всех омрачений (29:12).
> Братья и помощь — на время скорби,
> Но проявление жалости принесет больше, чем то и другое (40:24).
>
> (*Синодальный перевод*:
> Милостыня очистит грехи.
> Заключи в кладовых твоих милостыню, и она избавит тебя от всякого несчастья:
> лучше крепкого щита и твердого копья она защитит тебя против врага.
> Братья и покровители — во время скорби, но вернее тех и других спасает милостыня.)

Награды также могут функционировать как оказание услуги за услугу:

---

[10] О двух моделях солидарности и взаимности: Там же. С. 1–20 (и их обсуждение у сына Сирахова, с. 45–79). О чести (и ее противоположности, стыде) в Книге премудрости Иисуса, сына Сирахова, см. [Camp 2013a, esp. 17–23, 38–53; Camp 2013b; deSilva 1996].

[11] См. [Anderson 2013a]; см. также [Gregory 2010: 171–221].

> Если делаешь добро, знай, для кого делаешь его;
> И будет милость за ваши добрые дела [ивр.: «будет надежда»].
> Делай добро благочестивым, и ты получишь воздаяние;
> Если не от него, то от Всевышнего (12:1–2).
> Доверься ближнему в бедности,
> Чтобы его благами [или: процветанием] насытился и ты;
> Во время скорби оставайся с ним, чтобы в наследство его тебе войти (22:23).
>
> (*Синодальный перевод*:
> Если ты делаешь добро, знай, кому делаешь, и будет благодарность за твои благодеяния.
> Делай добро благочестивому, и получишь воздаяние, и если не от него, то от Всевышнего.
>
> Приобретай доверенность ближнего в нищете его, чтобы радоваться вместе с ним при богатстве его; оставайся с ним во время скорби, чтобы иметь участие в его наследии.)

Социальное вознаграждение здесь обозначается как «плата за услугу». Человек может, рассчитывая на удачный поворот, надеяться получить выгоду от помощи, оказанной им тем, кто в ней нуждается, как только те оправятся от бедности. Как писал Майкл Л. Сатлоу о сыне Сирахове: «Благотворительность полностью обосновывается выгодами, которые она дает дающему; мало внимания уделяется самим беднякам» [Satlow 2010: 263].

Какую пользу приносят проявления жалости самому человеку? Его награда, по сыну Сирахову, — повышение общественного статуса. Через финансовые пожертвования и другие акты жалости и заботы человек может либо подтвердить, либо вообразить себе свое превосходство над теми, кому он помогает; этот объект помощи может быть нижестоящим в обществе, но также может быть и человеком более высокого статуса, пораженным невзгодами. Проиллюстрируем эту мысль двумя специальными исследованиями.

Фрагмент 4:7–10 Книги Премудрости Иисуса, сына Сирахова, является частью более длинного раздела, посвященного оказанию помощи уязвимым людям. Греческий текст обрамляет этот отрывок мотивом «любви» — символического, по сыну Сирахову, социального вознаграждения:

Сделай себя любимым [προσφιλῆ] в собрании;
А перед благородным человеком голову опускай.
Приклони ухо свое к бедняку;
И отвечай ему на мирные слова с кротостью [ивр.: «...ответь на его приветствие со смирением»];
Избавь обиженного от руки обидчика;
И не малодушествуй, когда судишь.
Будь сиротам как отец, и как муж [ἀνδρός] их матери;
И будешь как сын Всевышнего [ивр.: «Бог назовет тебя сыном»];
И он будет любить [ἀγαπήσει] тебя больше, чем твоя мать [ивр.: «Он помилует тебя и спасет тебя от ямы»].

(*Синодальный перевод*:
В собрании старайся быть приятным и пред высшим наклоняй твою голову;
приклоняй ухо твое к нищему и отвечай ему ласково, с кротостью;
спасай обижаемого от руки обижающего и не будь малодушен, когда судишь;
сиротам будь как отец и матери их — вместо мужа:
и будешь как сын Вышнего, и Он возлюбит тебя более, нежели мать твоя.)

Этот отрывок начинается и заканчивается словами о награде: наградой служат «любовь собрания» и «божественная любовь» соответственно[12]. Чтобы заслужить это вознаграждение, важно помнить о социальной иерархии: опускать голову перед знатными и приклонять ухо к беднякам. Использование подобных телесных метафор предполагает параллель между почтением к тем, кто выше тебя по положению, и поддержкой тех, кто ниже. Призыв быть отцом сирот и мужем вдовы на ходу уплотняет социальные механизмы. Человек (мужчина), который помогает пострадавшим от утраты отца, сам приобретает статус умершего мужчины; он становится в буквальном смысле «мужем» (ἀνήρ). Он наследует социальные привилегии отца, которые перечисляет сын Сирахов

---

[12] «Собрание» (συναγωγή), вероятно, означает группу старейшин; см. [Schwartz S. 2010: 66].

в третьей главе («Ибо Господь возвысил отца над детьми...»; «Почитающий отца очистится от грехов» и т. д.). Кроме того, этот стих может намекать на Пс. 68:6, где божество названо «отцом сирот и защитником вдов» (в Синодальном переводе псалом 67: «Отец сирот и судья вдов»)[13]. Мужчина, заботящийся о других, тем самым утверждает свою мужественность и возлагает на себя роль, которая присуща и божеству. Помощь уязвимым другим — источник чести и благодарности, благодаря которым человек выше оценивает и охотнее принимает свой социальный статус[14].

В седьмой главе Книги Премудрости Иисуса, сына Сирахова, предлагается целый ряд рекомендаций для различных человеческих отношений, начиная с правильного обращения с домашним скотом и заканчивая жертвоприношениями, приносимыми божеству. Как это часто бывает у сына Сирахова, глава построена с большим изяществом. Первый раздел главы (стихи 1–20), начинающийся с общего предостережения «не делай зла» (μὴ ποίει κακά), описывает отношения, которых следует избегать. Второй раздел главы (стихи 22–31), напротив, состоит из положительных рекомендаций. Заключительный раздел (стихи 32–35), включающий в себя как отрицательные, так и положительные повеления, касается заботы об уязвимых людях. В структуре главы этот последний раздел занимает второстепенное место; это его периферийное положение подчеркивает маргинальный статус тех, кто в нем обсуждается[15].

---

[13] См. [Gregory 2010: 267–268].

[14] Шварц идет еще дальше: «Он [Бен Сира], кажется... рекомендует благотворителю поставить бедняков в непреходящую зависимость от него»; см. [Schwartz S. 2010: 66].

[15] Кроме того, глава начинается с общей заповеди — «не делай зла» [μὴ ποίει κακά] (7:1), которой соответствует финальное — «вовек не согрешишь» (7:36). Первая и вторая части объединены связкой (7:21), работающей как хиазм; первая строка принадлежит кругу позитивных предписаний, тогда как вторая завершает серию запретов: «Разумного раба да любит душа твоя, и не откажи ему в свободе» (в Синодальном переводе — 7:23). В первом разделе преобладает мотив «неправды» (רע/κακά, 7:1, 20); во втором — мотив «любви» (אהב/ἀγαπάω, 7:21, 30). См. также [Gregory 2010: 261–262]; ср. [Skehan, Di Lella 1987: 197–202].

В первых двух разделах описывается, как вести себя по отношению к равным, к выше- и нижестоящим — эта иерархия определяется полом, степенью свободы и происхождением. Сверстники — братья и друзья; высшими являются божество, цари, судьи, старейшины, родители и священники; низшие — это жена, слуги, скот и дети. Авторитет, которым обладают вышестоящие, — это не то, к чему следует стремиться; человек не должен сравнивать себя с божеством, с царем или старейшиной. Человек должен «чтить» своего отца и «не забывать» свою мать; он должен «почитать» и «бояться» Господа; он должен «восхищаться» священниками и «почитать» их. В то же время человек не должен «пренебрегать» женой, если она хорошая, не должен «делать зла» работящему слуге и должен «заботиться» о полезном скоте. Обосновывая последние три заповеди заслугами, текст подчеркивает подчиненный статус жены, прислуги и скота. Человек также должен «воспитывать» и «нагибать шею» своим сыновьям, при этом ему следует «иметь попечение о теле» своих дочерей и «выдавать» их замуж. И умы сыновей, и тела дочерей, таким образом, находятся во власти мужчины[16]. Верховенство иерархического начальства не подлежит сомнению, человек должен обеспечить, чтобы те, кто находится под его властью, уважали эту власть. Совершенно очевидно, что текст сохраняет и воспроизводит преобладающую социальную иерархию[17].

Заключительный раздел (7:32–35) касается категории людей, которые уязвимы в силу жизненных обстоятельств (бедность, смерть, утраты и болезнь). Таким образом, они могут оказаться как вышестоящими, так и нижестоящими в мгновенной ситуации слабости:

> Бедным протяни руку,
> Чтобы твое благословение было полным;
> Благодать дара предстает перед каждым живым существом;
> Умершим не отказывай в доброте;

---

[16] См. также: Сир. 6:10–12; 42:9–13; также [Beentjes 2013].

[17] См. также [Camp 2013b: 183]; относительно стыда: «Механизм стыда, на который рассчитывает Бен-Сира, поддерживает статус-кво, и он считает, что этот механизм работает на пользу ему и его ученикам».

> Не опоздай оказаться рядом с плачущими;
> И скорби со скорбящими;
> Не гнушайся навещать больного,
> Ибо за такие вещи ты будешь любим [ἀγαπηθήσῃ] (7:32–35).

> (*Синодальный перевод*:
> И к бедному простирай руку твою, дабы благословение твое было совершенно.
> Милость даяния да будет ко всякому живущему, но и умершего не лишай милости.
> Не устраняйся от плачущих, и с сетующими сетуй.
> Не ленись посещать больного, ибо за это ты будешь возлюблен (7:35–38).)

Такие ситуации «унижения» отрывают человека от социальной иерархии[18]. Они дают ему благоприятный повод для пересмотра своего иерархического положения, предоставляя возможность не только подтвердить свое доминирование над низшими, но также, потенциально, в какой-то мере ощутить свою власть над вышестоящими, которые внезапно оказались в беде. Будучи относительно здоровым и богатым, человек может преподносить подарки, присоединяться к скорбящим и навещать больных. Заключительная строка обещает: «Ты будешь любим» (7:35); при этом используется глагол (ἀγαπάω), который функционирует у сына Сирахова как знак социального включения[19]. В этой главе данное слово употребляется и применительно к награде, и как заповедь, которую надо соблюдать и по отношению к наивысшему («...люби Творца твоего», 7:30), и по отношению к одному из самых низших («Разумного раба да любит душа твоя» (7:21). Любовь представляет собой прежде всего социальную обязанность, но и вознаграждение, которое выполнение этой

---

[18] Ср. [Schwartz S. 2010: 66], где доказывается, что уязвимые люди считались «ближайшими к Богу и священникам», потому что «обычный долг израильтянина по отношению к бедняку очень похож на долг по отношению к священнику».

[19] См. также: Сир. 13:15: «Всякое животное любит [ἀγαπᾷ] подобное себе, и всякий человек — ближнего своего» (Синодальный перевод — 13:19).

обязанности приносит. Обещание «ты будешь любим» выражает новый статус, который личность получит, реагируя соответствующим образом на действия других и их уязвимость.

Проявления жалости как таковые упоминаются в этой главе ранее:

> Не малодушествуй в молитве твоей
> и не пренебрегай подавать милостыню [ἐλεημοσύνην] (7:10).

«Проявление жалости» стоит между советами о жертвоприношениях и молитве (7:9–10) и предупреждениями против злорадства (7:11). С одной стороны, оппозиция между жалостью и злорадством напоминает Притч. 17:5 (Греч.), где также противопоставляются два действия: «смеяться над падением» (καταγελάω) и «сострадать» (ἐπισπλαγχνίζομαι). Помимо практической помощи уязвимым людям, проявления жалости (как указано в последнем разделе главы) могут включать и эмоциональное измерение, о чем свидетельствует противопоставление их злорадству. С другой стороны, проявления жалости сопоставляются с культовыми действиями[20]. Точно так же, как подношения и молитвы помогают личности осознать свое подчиненное положение по отношению к божеству, практика жалости дает возможность выявить свои привилегии перед уязвимыми другими. В обоих случаях проявления жалости сопровождаются осознанием социальной иерархии.

Таким образом, реагируя на отсутствие выбора у других, человек получает возможность действовать в условиях жестко фиксированной иерархии и несколько переопределить социальные отношения, пусть даже только в своем воображении. Как отмечает Шварц, в обществе, основанном на взаимности, подобном описанному сыном Сираховым, забота об уязвимых других оправдывается не принуждением закона, а вознаграждениями,

---

[20] Еврейский текст еще больше подчеркивает параллелизм между двумя заповедями: «Не будь краток в молитве и праведностью/милостыней [צדקה] не пренебрегай». О милостыне и жертвоприношениях см. [Anderson 2013a: 149–161; Gregory 2010: 233–253; Anderson 2009: 148–149].

в первую очередь социальными, которые он приносит человеку. Как следствие, ощущение собственной социальной включенности и свободы действий определяется неизменностью существования бедности и других форм неравенства[21]. Очевидно, что такая система не способствует ликвидации социального неравенства, а скорее усиливает его.

Кларк в своем обширном исследовании сочувствия в современном мире Северной Америки также предполагает, что сочувствие, хотя оно и может сблизить людей и укрепить социальные связи, может также «расширить социальный зазор» [Clark 1997: 228]. Люди по определению сталкиваются с проявлениями сочувствия, когда они страдают, то есть когда они более уязвимы для чужих эгоистичных стратегий. В этом смысле проявления сочувствия подчеркивают иерархию, поскольку они подчеркивают пассивность тех, кто лишен выбора, и демонстрируют привилегию субъекта сочувствия:

> В той степени, в которой культурный и социальный капитал человека помогает утвердить свое положение, более крупная социальная структура воспроизводится в микрополитике сочувствия и порожденных им взаимоотношений. Социальные субъекты обычно хотят сохранить или усилить свою межличностную власть, социальное место и самооценку; мы видели, что позиции, которые они занимают, чтобы давать и получать эмоции, такие как сочувствие, могут помочь им в этом.
> Поскольку сочувствие может во многих отношениях принижать того, кто становится его объектом, оно может создавать или увековечивать иерархию [Ibid.: 249, 251].

Аналогичное явление наблюдается и в Книге Премудрости Иисуса, сына Сирахова. Проявления жалости (и другие формы

---

[21] См. также [Camp 2013b: 183]; [Ibid.: 186], о милостыне: «Его [Бен-Сиры] система гордости и стыда помогает замаскировать то, до какой степени его собственная достойная жизнь зависит от чужих страданий. По мере того как сам он стяжает честь и избегает позора, осознание порочности социальной системы рассеивается так же быстро, как и появляется».

помощи) осуществляются на фоне более широкого общества, с его многоуровневой системой рангов. Финансовая помощь беднякам или забота о вдовах, например, позволяет мужчине утвердить свой статус (а также свою мужественность). Такие жесты подчеркивают привилегию дающего и усиливают уязвимость получателя, часто вытесняемого из иерархии. Даже если материальные пожертвования улучшают (хотя бы временно) условия жизни тех, кто их получает, они также подчеркивают социальные различия; они институционализируют и пропагандируют неравенство. В целом система выглядит весьма ненадежной. Сын Сирахов рекомендует проявлять жалость, чтобы обеспечить собственное положение как внутри общества, так и по отношению к божеству. Однако мудрец тоже не застрахован от бедности, потерь и болезней, которые могут поразить, как утверждается в тексте, кого угодно и когда угодно. Что происходит с мудрецом, когда он оказывается неспособен совершать добрые дела?

3.2. Два основополагающих мифа о жалости

Книга Товита и «Завещание Иова» отвечают на только что поставленный вопрос: что происходит с мудрецом, когда его постигает беда? Я утверждаю следующее: эти два текста «нарративизируют» двусмысленности дискурса жалости, поскольку они сплетают обе стороны в отношениях жалости (ее субъект и объект) в один символ. Тексты основаны на библейском образе Иова как невинного человека, пораженного страданиями и нищетой. Как в повествовательной, так и в паренетической частях этих текстов патриарх служит образцом «проявлений жалости» (ἐλεημοσύνη), понимаемых в широком смысле заботы об уязвимых людях, иногда с эмоциональной составляющей (Тов. 2:5, 10; Завет Иова. 7:8; 22:2)[22]. И Товит, и Иов, проявляя милосердие, сами сталкиваются со страданиями: парадокс, который выдает тревогу и двойственное отношение к этому дискурсу. Жалость, однако, в обоих

---

[22] О широком значении слова ἐλεημοσύνη в Книге Товит см. [Anderson 2013a: 33–34; Otzen 2002: 35–37].

текстах рекодифицирована; фактически жалость героя делает возможным его искупление. Я склонна считать, что эти тексты предлагают «основополагающие мифы» о жалости. Помимо простого призыва к жалости, эти два повествования проблематизируют эмоции и порожденные ими действия, утверждая, что они вызывают и страдания героя, и его конечное искупление. Жалость становится катализатором трансформации и разворота событий — как источник привилегий, но также уязвимости. Реакции на чужую боль функционируют как связующее звено между благополучием и страданием, между заботой о других и зависимостью от них, а также между мужественностью и женственностью. Жалость в конечном итоге проявляется как переходное звено между прошлыми традициями и нынешней идентичностью; как новый императив она привязывается к фигуре предка Иова (или Товита) и предлагается как завет будущим поколениям.

«Завещание Иова», вероятно, изначально написанное на греческом языке, обычно относят к I или II веку н. э.[23] Оно явно расширяет библейский образ Иова[24]. В соответствии с жанром завещания, текст представляет собой речь Иова на смертном одре; патриарх рассказывает историю своей жизни детям, используя в основном первое лицо. В отличие от библейского повествования, в «Завещании» не упоминается о встрече божества и Сатаны на небесах; вместо этого Иова предупреждают, что он навлечет на себя гнев Сатаны, если исполнит свой план и очистит от идолов языческий храм (εἰδωλεῖον). Иову обещана слава, если

---

[23] Б. Шаллер в [Schaller 1979] относит этот текст к периоду между I веком до н. э. и серединой II века н. э. Р. П. Спиттлер в [Spittler 1983] предполагает II век до н. э. или I век н. э. У. Грюн в [Gruen III 2009] более обстоятельно доказывает, что книга написана в первой половине II века н. э. в римском Египте. Дж. Р. Давила в книге [Davila 2005: 195–199] относит текст ко времени ближе к его самому раннему рукописному источнику, фрагментарному коптскому папирусу V века н. э., и полагает, что текст «всецело вписывается в позднеегипетское христианство» [Davila 2005: 197]. Обзор современных исследований Завета см. в [Haralambakis 2012: 1–28]. Греческий текст см. в [Brock 1967].

[24] См. [Dochhorn 2010; Vicchio 2006: 122–130; Begg 1994; Spittler 1983: 831; Collins 1974].

он терпеливо перенесет страдания (ὑπομονή) (Завещание Иова. 4:6) — именно эта добродетель служит ключевой темой. Иов представляет себя так: «Ибо я, ваш отец Иов, был во всем терпелив» (ἐν πάσῃ ὑπομονῇ) (1:5). Позже он советует своим детям: «Будьте терпеливы [μακροθυμήσατε] и вы во всем, что с вами случается, ибо терпение [μακροθυμία] лучше всего» (27:7).

Книга Товита, напротив, изначально была написана либо на иврите, либо на арамейском; несколько фрагментов на этих языках были найдены среди свитков Мертвого моря, но они содержат лишь очень небольшую часть текста. Я использую греческий текст, который существует в двух основных вариантах (длинном, найденном в Синайском кодексе, и коротком, включенном в Ватиканский и Александрийский кодексы)[25]. Книгу обычно относят к III–II векам до н. э.[26] Товит — израильтянин, изгнанный в Ниневию, пораженный слепотой после того, как похоронил убитого израильтянина. Он отправляет своего сына Товию вернуть деньги, доверенные дальнему родственнику. Во время своего путешествия Товия, ведомый ангелом Рафаилом, находит лекарство, чтобы исцелить слепоту своего отца, а себе — жену. Ученые убедительно показали, что Книга Товита развивает традиции библейского Иова[27]. Обе книги изображают благочестивого и процветающего героя, пострадавшего от бедности и болезней, чье страдание представлено как испытание (Товит 12:14, Sinaiticus). Обоим героям приходится вступать в конфликт со своими женами; оба в какой-то момент призывают смерть; обоим в конце концов возвра-

---

[25] В каждом случае я выбираю, какой текст цитировать; если источник не указан, Sinaiticus и Vaticanus содержат одинаковый текст. Я использую текст, зафиксированный в [Weeks et al. 2004].

[26] Фрагменты книги Товита, найденные среди свитков Мертвого моря, датируются периодом между I веком до н. э. и 25 годом н. э. Таким образом, произведение написано ранее. О датировке и географическом происхождении см. [Kiel 2012: 8–24; Littman 2008: XIX–XLVII; Fitzmyer 2003: 50–54].

[27] См. [Trotter 2015; Anderson 2013a: 84–90; Toloni 2009; Dimant 2007; Vicchio 2006: 119–122; Portier-Young 2005; Fitzmyer 2003: 138–139; Moore C. 1996, esp. 8; Dimant 1990: 417–419]. Параллель между Товитом и Иовом очевидна в Вульгате (2:12–18); см. [Skemp 2000: 86–87, 464–465].

щено божеством их благополучие. Книга Товита завершается смертью патриарха; незадолго до смерти Товит передает свои последние наставления, связывающие текст с жанром завещания.

Книга Товита и «Завещание Иова» также обнаруживают сходство друг с другом. Оба текста вносят в библейское повествование юмор, добавляя элементы, напоминающие народные сказки, такие как целебная рыба в Книге Товита и горы, превращающиеся в масло, в «Завещании»[28]. Обе они шире раскрывают образ жены патриарха; она противостоит своему мужу и вынуждена работать на других людей[29]. И Книга Товита, и «Завещание Иова» представляют главного героя как образцового носителя определенного качества, ἐλεημοσύνη, «жалости» или «милосердия», что в основном иллюстрируется практической заботой о страдающих других (хотя эмоциональный аспект также явно присутствует в обоих текстах). Джонатан Р. Троттер недавно продемонстрировал ту выдающуюся роль, которую играет в обоих текстах помощь находящимся в беде или благотворительность в их адрес; этот мотив фактически начал развиваться в греческом переводе Книги Иова (Завещание Иова. 31:31–37, Греч.)[30]. Здесь я утверждаю, что эти два текста не просто недвусмысленно рекомендуют проявлять жалость; скорее они проблематизируют проявления жалости как повествовательный ход, переворачивающий жизнь героя от благополучия к страданию и зависимости, а затем обратно к социальным привилегиям.

«Завещание Иова» изображает своего героя чрезвычайно богатым и щедрым. Двери его дома всегда открыты, чтобы бедняки могли попросить «милости» или милостыни (ἐλεημοσύνη) (Завещание Иова, 9:7–8, 10:3, 11:3). Жалость, однако, играет в повествовании неоднозначную амбивалентную роль. Трижды акт жалости или заботы приводит к боли и унижению для дающего.

---

[28] О книге Товита как волшебной сказке см., например, [Otzen 2002: 8–20]; о Книге Товита как нарративе см. особенно [Di Pede et al. 2014], с аннотированной библиографией.

[29] Этот факт кратко упоминает греческая версия библейского текста (Иов 2:9, Греч.) в добавление к тексту ивритскому.

[30] См. [Trotter 2015; Anderson 2013a].

В первой такой сцене Сатана маскируется под нищего и стучится в дверь Иова. Иов понимает, что посетитель — не простой нищий, и подает ему подгоревшую буханку хлеба, которую служанка выкинула, чтобы не позориться, и заменила на хорошую. Сатана не обманывается и требует тот хлеб, который Иов изначально предназначал для себя. Горничная подчиняется, и Сатана говорит: «Как этот хлеб сгорел, так и тело твое сделаю» (Завещание Иова. 7:11–12) — заявление, указывающее на страдания Иова. Ситис, жена Иова, заботится о муже; она чувствует боль (ὀδύνη) при мысли о том, что ее мужу не хватает хлеба. Чтобы обеспечить его, она сначала работает у знатного человека, затем прибегает к попрошайничеству (1:2, 22:2–3, 24:6)[31]. Сама того не желая, она приближается к Сатане, теперь замаскированному под торговца хлебом; она умоляет: «Если у тебя есть жалость, сжалься...» (εἰ μὲν ἐλεεῖς ἐλέησον) (23:5). Опять же, основанная на благом намерении забота приносит горе. Обманутая Сатаной, она продает свои волосы за три буханки хлеба. Сатана бреет ей голову; при этом «все смотрят», что еще больше унижает ее (23:10; ср. 24:10, 25:1–8)[32]. В третьей сцене подобного разворота Ситис выражает желание достать останки своих детей, чтобы похоронить их должным образом (выдающийся акт жалости, как показывает Товит). Иов выступает против этого, утверждая, что дети уже вознесены на небеса. И здесь готовность заботиться заканчивается трагически: за этим внезапно следует смерть Ситис, в одиночестве, в коровнике (39:8–10; 40:4–6)[33]. Три раза дела сострадания, вместо спасения от скорби и смерти, как обещали Притчи и Иисус, сын Сирахов, приносят боль и унижение (Притч. 10:2, 11:4; Сир. 29:12, 40:2).

Все три сцены передают тревогу по поводу практики сострадания, поскольку каждый представляет собой своего рода «заражение» сострадающего объектом сострадания. Ситис вынуждена попрошайничать вследствие заботы мужа о нищих; она подверга-

---

[31] Имя жены Иова, Ситис (или Ситидос), уже предполагает ее роль заботливого человека: σῖτος означает «хлеб» или «пища»; отсюда глагол σιτίζω, «питать».

[32] Об унижении бритья головы см. [Loader 2011: 120–121; Kugler, Rohrbaugh 2004].

[33] См. [Loader 2011: 124–126, 131–132].

ется позору, пытаясь облегчить унижение мужа; она умирает, желая похоронить останки своих детей. Здесь нет прямой причинно-следственной связи, а скорее запутанный процесс, посредством которого жалеющий каким-то образом «оскверняется» страданиями, которые пытался облегчить. В целом «Завещание» рассказывает о том, как жалость Иова пошла непредсказуемым путем: она проецирует героя в ситуацию тех, кому он ранее пытался помочь. Страдание, как предполагает текст, заразительно; подойти слишком близко к боли — значит рискнуть подвергнуться ее воздействию. Так же воспринимается и больное тело Иова, как он его описывает: «Тело мое съели черви, и выделения из моего тела смачивали землю влагой; много в нем было червей, и если червяк спрыгивал, я брал его и приносил обратно на свое место» (Завещание Иова. 20:8). Больное тело утратило свою физическую целостность; из него выходят выделения и черви, как будто само страдание сочится наружу. Иов осквернен теми самыми страданиями, которые он пытался облегчить. Его тело, в свою очередь, излучает его унижение.

Есть что-то женственное в пористом, дырявом теле Иова. И действительно, Иов, говоря о своих страданиях, сравнивает себя с женщиной: «Я был измучен, как женщина, у которой лоно онемело от родовых мук» (18:4). Болящее тело, неспособное сохранить свои соки, демонстрирует снижение уровня мужественности. Трагедия Иова также персонифицирована в образах его служанки и Ситис[34]. Подобно двум проявлениям жалости со стороны женщин, забота Иова об уязвимых людях приводит к катастрофе. Ситис, особенно своей бритой головой, олицетворяет позор мужа — как если бы автор не хотел изображать унижение самого патриарха. Здесь, как и во многих других текстах, стыд и зависимость подспудно связаны с женственностью.

---

[34] Н. Кланчер (Klancher) утверждает, что женщины в Завете действуют как «зеркала или версии Иова» [Klancher 2010: 232], поскольку они разыгрывают разные аспекты опыта героя-мужчины. Другой взгляд см. в [Garrett 1993], где утверждается, что женщины в «Завещании» представлены в негативном свете, поскольку становятся жертвами Сатаны и озабочены земными делами; эта статья является ответом П. ван дер Хорсту [Horst 1989], который считает изображение женщин позитивным.

Брент Д. Шоу также отмечает, что в «Завещании Иова» присутствует «феминизирующая риторика»[35]. Эта феминизация, утверждает он, происходит из-за важной роли, которую играет в этой книге ὑπομονή, «терпение»: данная добродетель приписывается личности мужчины, но она в основном считалась характерной для женщин. Слово это, отмечает Шоу, буквально означает «оставаться под чем-то» и, таким образом, связано с «буквальной неполноценностью». В «Завещании Иова» эта физическая неполноценность высказана устами Сатаны, который, сравнивая свое противостояние с Иовом с борьбой, говорит Иову: «Ты, Иов, ты был подо мной [ὑποκάτω]» (27:5). В противоположность мужским идеалам борьбы и агрессии, терпение предполагает пассивность и подчинение. Шоу предполагает, что иудео-эллинистические и христианские тексты постепенно меняют гендерную природу ὑπομονή, делая его более подобающим мужчине. Однако в «Завещании Иова» терпение все еще изображено в своем первоначальном женском облике.

Акты сострадания играют двойственную роль и в Книге Товита. Товит говорит о себе: «Я делал много благодеяний (буквально: много проявлений жалости) [ἐλεημοσύνας πολλάς] братьям моим и народу моему». Эти действия не ограничивались милостыней, но также включали обеспечение едой и одеждой и, наконец, захоронение мертвых (Тов. 1:3, 16, 17; 2:14; 4:16). Повествование начинается с того, что Товит, собираясь отпраздновать Пятидесятницу, собирается пригласить бедняков, чтобы поделиться своей едой. Услышав, что один из израильтян лежит мертвым на рыночной площади, Товит приносит труп к себе домой, чтобы похоронить его. Он действует так не только ради соблюдения закона, но и из сострадания к жертве: он ест свой хлеб «в боли» (ἐν λύπῃ) или «в трауре» (μετὰ πένθους) (в зависимости от редакции); он также плачет, еще больше выставляя напоказ свою боль (Тов. 2: 5–6, Vaticanus/Sinaiticus)[36]. На следующую ночь Товит, оскверненный погребением, спит вне дома, его «лицо открыто».

---

[35] См. [Shaw 1996: 281–284] о «Завещании Иова», [Ibid.: 287–293] о женской природе терпения.

[36] Обзор эмоций в Книге Товита см. в [Di Lella 2012].

Экскременты нескольких воробьев капают ему в глаза и ослепляют его (Тов. 2:9–10). Жалость Товита буквально выставила напоказ его уязвимость; это также приводит к его слепоте. Опять же, присутствует что-то вроде контаминации между проявлением жалости и его результатом, поскольку человек, проявивший жалость, сам пострадал — метафорически — от состояния, которое он пытался облегчить. Ослепленный, Товит считает себя мертвым: «Я лежу во тьме, как мертвый, который больше не созерцает свет. Живой, я среди мертвых» (Тов. 5:10, Sinaiticus)[37].

Слепота делает Товита уязвимым и зависимым от других. Его племянник Ахиахар заботится о нем не без эмоциональной вовлеченности: «И все братья мои скорбели [ἐλυποῦντο] обо мне» (Тов. 2:10, Sinaiticus). Товит испытал боль за своего убитого соплеменника-израильтянина; теперь за него самого страдают родственники. Жена Товита, Анна, становится кормилицей семьи[38]. Ее характер получает развитие в анекдоте:

> А потом жена моя Анна в женских отделениях пряла шерсть и посылала богатым людям, которые давали ей плату и однажды в придачу дали козленка. Когда принесли его ко мне, он начал блеять; и я спросил жену: откуда этот козленок? не краденый ли? отдай его, кому он принадлежит! ибо непозволительно есть краденое. Она отвечала: это подарили мне сверх платы. Но я не верил ей и настаивал, чтобы отдала его, кому он принадлежит, и разгневался на нее. А она в ответ сказала мне: где же милостыни [ἐλεημοσύναι] твои и праведные дела? вот как все они обнаружились на тебе! Опечалившись, я заплакал и молился со скорбью [λυπηθείς]... (Tob 2:11–3:1, Vaticanus; Синодальный перевод)[39].

---

[37] В Синодальном переводе эти слова отсутствуют. См. [Anderson 2013a: 74–78, 84].

[38] Дж. Р. Троттер в [Trotter 2015] указывает, что и Книга Товита, и «Завещание Иова» превращают библейский плач жены Иова (Иов 2:9, Греч.) во «встроенный нарратив».

[39] То же в Sinaiticus, но с добавлением указания «седьмого Дистроса» (Дистрос — пятый месяц македонского календаря) и особенностей работы, выполнявшейся женой Товита («она обрезала края» (на ткацком станке); вероятно, имеются в виду концы ткани).

Теперь Товиту приходится полагаться на работу своей жены; экономические роли в семьи перевернуты, что создает параллель «Завещанию Иова»[40]. Товит также должен принять великодушие работодателей своей жены. Могущественный мужчина, проявлявший жалость к уязвимым другим, теперь сам в ней нуждается. Тот факт, что Товит ошибочно принимает хозяйский дар за краденое — интересная деталь[41]. Товиту трудно распознать дар как таковой и принять его: недоразумение, в котором можно увидеть иронию — ведь перед нами человек, привыкший поддерживать нуждающихся. Вопрос его жены: «Где же милостыни твои?» — попадает прямо в точку: если дела милосердия спасают от смерти, то почему Товита его жалостливость приводит к таким страданиям? По словам Гэри А. Андерсона, Анна «ловко подчеркивает диссонанс между тем, что обещало Священное Писание... и нынешним состоянием Товита» [Anderson 2013a: 88]. Образ праведного героя деконструируется — а вместе с ним и императив жалости. Сочувствие к чужой боли заставило его разделить судьбу тех, кому он раньше помогал.

Хотя это открыто не указано в тексте, некоторые элементы позволяют предположить, что Товит в некотором смысле лишается мужественности, поскольку он лишен привилегий, связанных с мужским полом. Его слепота наступает, когда он лежит и воробьи бросают ему в глаза «теплое» (2:10) в момент, когда его тело пассивно и восприимчиво. Он становится зависим от своих родственников и жены и полагается — как прямо говорится в тексте — на работу Анны «в женских отделениях». Он не прав в споре с женой, и она берет над ним верх. Столкнувшись со своей ошибкой, он теряет контроль над своими эмоциями и начинает плакать. Он также краснеет — эмоциональная реакция, которая в иудео-эллинистическом корпусе приписывается жен-

---

[40] О позоре, когда жена содержит мужа, см.: Сир. 25:22. О гендерных отношениях в Книге Товита см. [Bow, Nickelsburg 1991].

[41] Д. Димант в [Dimant 2007] предполагает, что ягненок был дан Анне за проституцию, как в Быт. 38. Спор с этим прочтением см. в [Anderson 2013a: 202–203, n. 6].

щинам⁴². Будучи слепым, он становится невольным объектом чужих взглядов. Кроме того, его жена говорит ему: «все про тебя известно»; его знают, а сам он буквально пребывает во тьме. Подобно унижению Ситис в «Завещании Иова», позор Товита происходит в общественной сфере; к его страданиям добавляется опыт разоблачения его уязвимости. Далее в тексте Товит признается Рафаилу: «Я — человек, у которого нет силы [ἀδύνατος] в глазах» (Тов. 5:10, Sinaiticus; в Синодальном переводе этого места нет). Лишенное силы, тело Товита становится таким же уязвимым и пассивным, как женское. Как и в «Завещании Иова», феминизация персонажа-мужчины означает унижение и зависимость.

И в «Завещании Иова», и в Книге Товита достоинство патриарха восстанавливается. И снова жалость играет роль приводного ремня. В «Завещании» Иов рекомендует жене терпение: «Потерпим, доколе Господь, имея сострадание, пожалеет нас» (σπλαγχνισθεὶς ἐλεήσῃ ἡμᾶς) (26:5). Хотя проявления жалости Иова проблематизированы, он уверен, что божественная жалость будет ключом к его исцелению. Сразу после этого заявления Сатана, плача, признает свое поражение из-за стойкости (καρτερία) Иова (27:4). Иов также одерживает верх над приезжими друзьями; он исцелен, и его состояние восстановлено. Он подтверждает, что его исцеление произошло благодаря божественному милосердию: «[Господь] решил пожалеть [ἐλεῆσαι] меня и избавить тело мое от язв и червей» (47:4). Доказано не только божественное сострадание — подтверждено и сострадание человеческое: как только Иов исцеляется, он возобновляет заботу о нуждающихся (44:2)⁴³. Его наставления потомкам на смертном одре включают призывы к милосердию: «И вот, дети мои, вот, я умираю. <...> Делайте добро бедным. Не упускайте из виду бессильного...» (45:1–2). Заключительная хвалебная речь описывает Иова как «силу бессильных», «свет слепых», «отца сирот», «приютителя странников» и «покров вдовы» (53:2–3). Акты сострадания, почти отсутствующие в библейской Книге Иова, приписаны патриарху

---

⁴² См.: Эсф. 15:5; Иосиф и Асенет. 4:11; во всех случаях выражено корнем ἐρυθρ-.
⁴³ См. также 44:4–5.

«Завещанием»; они, таким образом, отнесены назад, в прошлое, и проецируются в будущее: они поддерживают статус библейского героя и в то же время составляют значительную часть наставлений, оставленных Иовом своим потомкам.

В Книге Товита патриарх также восстановлен в своих правах. Даже более явно, чем «Завещание Иова», Книга Товита ясно дает понять: милосердие патриарха, вызвавшее его слепоту, также привело к его искуплению. По мнению Андерсона, миссия, которую Товит поручает своему сыну Товии, показывает его уверенность в том, что его проявления милосердия в конечном итоге спасут его. Отправив Товию в Мидию для взыскания денежной суммы, оставленной на хранение, Товит выражает уверенность, что его семья сможет и дальше помогать беднякам, несмотря на его слепоту [Anderson 2013a: 89–99][44]. Его убежденность проявляется в беседе, которую он ведет с Товией перед его уходом: «Милостыня [ἐλεημοσύνη] избавляет от смерти и не попускает сойти во тьму. Милостыня [ἐλεημοσύνη] есть богатый дар [δῶρον... ἀγαθόν] для всех, кто творит ее пред Всевышним» (4:10–11, Vaticanus. Синодальный перевод). Упоминание Товитом «тьмы» в контексте его слепоты — либо ирония, либо дополнительное выражение доверия. В конце повествования ангел Рафаил подтверждает слова Товита: «Милостыня [ἐλεημοσύνη] от смерти избавляет и может очищать всякий грех. Творящие милостыни [ἐλεημοσύνας] и дела правды будут долгоденствовать» (12:9, Vaticanus. Синодальный перевод). И Товит, и Рафаил цитируют Притч. 10:2, где утверждается, что «праведность» (צְדָקָה, δικαιοσύνη) — которую, вероятно, следует понимать в исходном тексте в ее техническом значении милостыни — избавляет от смерти.

Во время своего путешествия Товия получает лекарство, которое в конечном итоге исцеляет его отца; он также находит себе жену. Как и в «Завещании Иова», жалость действует как катали-

---

[44] В [Macatangay 2011: 249] высказывается также предположение о том, что сумма, оставленная Товитом родственнику в Мидии, служит параллелью другому мотиву — о сокровище, которое проявления милосердия накапливают на небесах.

затор. Она причиняет страдание, но несет также и искупление при посредничестве божественного сострадания: «И Товит признал перед ними [жителями Ниневии], что Бог сжалился [ἠλέησεν] над ним и что он открыл очи свои» (11:17, Sinaiticus;; ср. 13:2. Синодальный перевод (11:16): «И Товит исповедал пред ними, что Бог помиловал его»). Подобно Иову в «Завещании», Товит возобновляет благотворительность, как только восстанавливает здоровье и богатство: «...чрез восемь лет прозрел. И творил милостыни [ἐλεημοσύνας]...» (14:2. Синодальный перевод). Жалость и ее практические проявления функционируют как связующее звено между прошлым и настоящим, поскольку они персонифицируются в образе предка, но им также следуют его потомки:

> Следовать путями праведности и сострадания [ἐλεημοσύνην] будет заповедано вашим детям (14:8, Sinaiticus).
> И пребудь милостивым [φιλελεήμων] и праведным, чтобы было благо для тебя (14:9, Vaticanus; в Синодальном переводе нет соответствий).

Повествование в целом функционирует как своего рода этиологическая сказка. Жалость и акты милосердия ретропроецируются на воображаемую фигуру прошлого, жизнь которой иллюстрирует их искупительное качество. Они также обращены к нынешнему поколению, которое может идентифицировать себя со своими предками через практику милосердия.

Я читаю Книгу Товита и «Завещание Иова» как основополагающие мифы о жалости и сопутствующих ей действиях. В обеих историях образ предка сталкивается с ужасной участью, когда он (или, из-за него, его жена или служанка) оказывается в числе уязвимых других, но искупается своей собственной жалостью и жалостью божества. Мужественные, богатые и социально влиятельные, Товит и Иов — понятные для своей аудитории фигуры. В то же время они — уязвимые персонажи, чья хрупкость выражается через телесные метафоры. Тела их хрупки; их целостность легко нарушается. В здоровый организм может проникнуть зараза, как в случае с глазами Товита; во время болезни органы человека не могут удерживать собственную жидкость, например кожа Иова. Обе истории описывают легкий переход от здоровья к болезни, от активности к пассивности, от мужественности к женственности, но и наоборот. Жалость и ее действия — поворотная точка этого скольжения: они вызывают страдания, но они же восстанавливают привилегии. Таким образом, два патриарха олицетворяют двойственное лицо жалости — ее опасности и ее искупительные свойства. Иов и Товит также воплощают обе роли в отношениях жалости: привилегию субъекта и унижение объекта жалости, сведенные в одном образе.

Я полагаю, что то, что на повествовательном уровне выступает в качестве суда над героем, на дискурсивном уровне обнаруживает элемент амбивалентности. Книга Товита и «Завещание Иова» развивают дискурс жалости, но в то же время и дестабилизируют его, поскольку их персонажи воплощают тревоги, которые этот дискурс вызывает. С одной стороны, повествователи признают, что практика жалости по своей сути подразумевает относительное богатство и социальные привилегии, условия, которые по своей сути нестабильны, — что признает и сын Сирахов. Оба текста показывают, что происходит, когда человек, пораженный болезнью или бедностью, теряет свое социальное положение и становится зависим от других. Как можно искупить себя, если ты попал в ситуацию, когда больше не можешь проявлять милосердие? Книга Товита и «Завещание Иова» имеют дело с хрупкостью собственного дискурса героев, поскольку он опирается на нестабильный статус и доступен только избранной части общества[45].

С другой стороны, эти два повествования выражают тревогу еще более глубокую, поскольку их герои «заражаются» теми самыми страданиями, которые они пыталась облегчить. Отвечая на чужую боль, человек становится уязвим для подобных страданий, как если бы они были чем-то вроде инфекции. И «Завещание Иова», и Книга Товита иллюстрируют проницаемость тел,

---

[45] В некоторых раввинистических нарративах есть понимание такой же нестабильности, поскольку они признают роль бедных в том, что богатые достигли своего благосостояния; см. [Satlow 2010, esp. 250].

когда они сталкиваются со страданиями. Тело Товита после контакта с трупом заражается птичьими экскрементами. Тело Иова, буквально неспособное сдерживать болезнь, источает жидкости и червей. Я вижу здесь тот базовый страх и отвращение, которые отталкивают людей от страданий, как будто его простая близость может заставить боль распространяться и заражать свидетеля[46]. Проявления жалости сопровождаются страхом, поскольку они требуют близкого соприкосновения с болью. Они делают тела проницаемыми и, таким образом, угрожают границам между личностью жалеющего и чужими страданиями. Чувство жалости поддерживается, но одновременно и дестабилизируется.

Жанр завещания дает средство для выражения таких тревог. Завещание по определению делается в переломный момент: между жизнью и смертью — но и между прошлым библейского предка и настоящим текста и читающей его общины. Он представляет собой ненарушенную непрерывность, в то время как сама письменная форма этого жанра, как недавно заметила Аннетт Йошико Рид, подрывает эту уверенность:

> И все же сам факт записи его [патриарха] слов выдает некоторую тревогу по поводу того, до какой степени речь, учение и происхождение обеспечивают адекватное или точное запоминание. Эти тексты воплощают идеал преподавания от отца к сыну, но — как тексты — они также воплощают одно из решений проблемы: как обеспечить выживание знаний в тех случаях, когда такая преемственность терпит неудачу — или семейные линии разрываются, или смерть уничтожает память? [Reed 2014: 383].

Затем Рид показывает потенциал этого жанра, основанный на самой нестабильности, лежащей в его основе:

> Мы могли бы задаться вопросом, может ли жанр завещания оказаться особенно гибким и поддающимся наслоению множества перспектив (причем даже противоречивых). <...>

---

[46] Висварди отмечает аналогичные чувства в хорах «Филоктета» Софокла [Visvardi 2015: 180–212].

> В качестве связующего звена для различных способов запоминания патриархального прошлого [он] с готовностью позволял добавлять новые слои в процессе, не столько похожем на палимпсест, сколько на бриколаж [Ibid.: 412].

«Завещание Иова» и Книга Товита иллюстрируют это «наслоение» посредством бриколажа — совокупности разрозненных элементов, не заменяющих друг друга. Эти тексты пропагандируют заботу об уязвимых людях и проявления жалости; они также устанавливают авторитет дискурса, приписывая его фигуре предка. Но в то же время они передают дискомфорт в связи с дискурсом, который подразумевает социальные привилегии — сами по себе далеко не безопасные — и вызывает страдания, способные осквернить человека. Помимо беспокойства из-за награды за добродетель и несправедливости страдания, эти тексты ставят под сомнение сам дискурс, который они поддерживают, и подрывают его претензии.

3.3. Удостоиться жалости: опыт унижения и демаскулинизации

Этот раздел посвящен опыту получения жалости от других, кратко упомянутому в Книге Товита и «Завещании Иова». Исследование Кэндис Кларк о сочувствии, цитировавшееся ранее, послужит введением в тему. Она опросила несколько североамериканцев: «Бывало ли у вас, чтобы кто-нибудь когда-нибудь проявлял к вам сочувствие или жалел вас, когда вы этого не хотели? Можете ли вы описать, как вы себя чувствовали?» [Clark 1997: 237]. На основании полученных ответов она делает вывод:

> Человек, которому сочувствуют, по сути, признает, что находится в скверном положении (то есть худшем, чем у сочувствующего) и чувствует себя в долгу перед ним за эмоциональный подарок. Поэтому неудивительно, что многие респонденты находят выражение сочувствия странно-унизительным или приходят от него в бешенство. Независимо от того, действует ли сочувствующий осознанно или нет,

> намеренно или нет, сочувствие может вызвать у того, кто становится его объектом, эмоции, умаляющие самооценку, и ощущение, что его ставят на место [Ibid.: 251].

Сочувствие, даже если оно продиктовано лучшими побуждениями, происходит в рамках несбалансированных отношений — между человеком, испытывающим боль или нужду, и тем, кто находится в лучшем положении (по крайней мере, с точки зрения того, кому сочувствуют). Выражение сочувствия, утверждает Кларк, похоже на предложение подарка, которое предполагает признание за собеседником потребности в этом даре и, таким образом, обнажает его уязвимость. Симпатия клеймит; она подтверждает, что ее объект рассматривается как находящийся в невыгодном положении. Дискомфорт от самой ситуации в результате усугубляется (негативным) суждением других. Выражение сочувствия может, таким образом, вызвать уменьшение чувства собственного достоинства у того, кому сочувствуют.

Иудео-эллипистическая литература не часто принимает точку зрения объекта жалости. Реакции на боль в основном рассматриваются со стороны тех, кто становится свидетелем страданий и реагирует на них. Тексты лишь изредка изображают главного героя в роли больного, бедного или угнетенного. Более того, они делают это главным образом для того, чтобы в конечном итоге выразить надежду на божественное искупление, как в Книге Товита и «Завещании Иова»; уязвимость имеет тенденцию переживаться в отношениях с божеством, а не с другими людьми. Таким образом, мало где говорится об опыте заботы и помощи со стороны собратьев, хотя отступления и анекдоты иногда раскрывают скрытые аспекты этого опыта. В предыдущем разделе мы заметили, что страдания героев Книги Товита и «Завещания Иова» формулируются как опыт феминизации — имплицитно в первом тексте и явно во втором. Теперь обратимся к двум отрывкам из «Иудейской войны» Иосифа Флавия и из Четвертой книги Маккавейской, где опыт человека, которого жалеют (или который находится в положении, делающем возможной жалость), также приравнивается к атаке на его мужественность. Начнем с рассмотрения того понятия пола, которое обычно предполагают иудео-эллинистические тексты.

Хотя сегодня мы склонны рассматривать гендер как бинарный, мужской или женский, греческая и римская литература часто демонстрирует однополую модель. Здесь гендерная функция — континуум, ранжированный начиная со взрослых свободных мужчин, которые являются вершиной мужественности; далее идут менее мужественные люди (старики, мальчики и рабы), а женщины находятся у основания пирамиды[47]. Джонатан Уолтерс пишет: «Не все лица мужского пола были мужчинами: юноши, рабы, евнухи и сексуально пассивные мужчины были чем-то другим» [Walters 1993: 30]. Мужское тело не гарантировало мужественность; скорее существовали «степени» мужественности. Катрина Коуторн в своем анализе тела и манипуляций с ним в греческой трагедии описывает мужественность как нестабильный процесс: мужчина всегда может вернуться в состояние женственности. Старость, в частности, можно воспринимать как возвращение к женскому состоянию. Герои-мужчины в трагедиях постоянно испытывают риск стать женщиной; она отмечает: «Превращение в женщину, казалось бы, самое неблагоприятное, что может случиться с мужчиной» [Cawthorn 2008: 12][48]. Джейсон фон Эренкрук установил, что мировоззрение Иосифа Флавия предполагает эту модель, также различимую в других иудео-эллинистических текстах. Мужественность — это цель; она никогда не приобретается раз и навсегда, поскольку всегда существует «вероятность гендерного смещения» [Ehrenkrook 2011: 149].

Как эта гендерная система действует в отношении жалости, особенно для тех, кто ее удостаивается? В греческой литературе женщины (как и мужчины, чья степень мужественности оценивается низко) регулярно становятся объектом жалости, поскольку они чаще испытывают боль [Konstan 2001: 79]. Катрина Коуторн установила, что женское начало в греческой трагедии закодирова-

---

[47] См. [Hallett, Skinner 1997; Laqueur 1990, esp. 1–62; Halperin et al. 1990].
[48] См. также [Cawthorn 2008: 79–97].

но как врожденное; таким образом, боль как телесное переживание воспринимается как типично женское явление. «Страдание, — пишет она, является "нормальным" и, следовательно, обыденным состоянием женского тела» [Cawthorn 2008: 22][49]. В свою очередь, Томас М. Фолкнер показывает, что страдание для героя часто представляется как переживание, лишающее его мужественности — особенно когда он вызывает жалость [Falkner 2005]. Образ Геракла в «Трахинянках» Софокла олицетворяет эту феминизацию. В следующем отрывке Геракл мучается от боли, причиненной рубашкой, которую его жена Деянира пропитала кровью кентавра.

> Давай, сын, осмелься. И пожалей меня [οἴκτιρόν τέ με], жалкого [οἰκτρόν] настолько, меня, который стонет, плачет как дева [παρθένος]. Никто не может сказать, что видел этого мужчину [τόνδ' ἄνδρα] делающим это прежде, ибо я всегда без единого вздоха переносил боль. Но сейчас я далек от этого [мужчины], я оказался женщиной [θῆλυς], о несчастный! (Софокл. Трахинянки, 1070–1075)[50].

> Решись, мой сын, и пожалей меня!
> Уж я ль не жалок! Точно дева с криком
> Я слезы лью. А ведь никто не скажет,
> Что слышал раньше плач из уст моих;
> Я всякую беду встречал без стона,
> Таким я был — и женщиной вдруг стал я!
>
> (Перевод Ф. Зелинского)

Этот отрывок насыщен отсылками к гендеру. Мужественность означает выносливость в боли, в то время как женственность знаменует поражение и сигнализирует о нем слезами и плачем. Геракл умоляет о жалости, позиционируя себя таким образом как «женщина» — страдания лишили его мужественности[51]. Дальше

---

[49] См. также [Ibid.: 44–58].
[50] Ср.: Еврипид. Геракл. 1353–1357.
[51] См. также [Munteanu 2015: 144–147; Cawthorn 2008, esp. 79–111; Zeitlin 1996: 350; Loraux 1990a].

мы увидим ту же самую конструкцию в иудео-эллинистических текстах: мольба о жалости и ее получение от других может быть обескураживающим опытом.

Первый анекдот представляет собой сцену из «Иудейской войны» с параллельным местом в «Иудейских древностях». Действие эпизода происходит во время осады Иродом Иерусалима (37 год до н. э.). Городом правит Антигон, наследник Хасмонеев; армия Ирода проникает в город в сопровождении войск Соссия, римского наместника Сирии:

> Не было сострадания [ἔλεος] ни к бессловесным малюткам, ни к старцам, ни к беззащитным женщинам[52]. Хотя царь [Ирод] разослал людей и призывал к пощаде, но ни один солдат не остановился; как бешеные, они неистовствовали против людей всякого возраста. Тут и Антигон, забыв свой прежний сан и настоящее положение, вышел из своего замка и припал к ногам Сосия. Не тронутый [μηδὲν... οἰκτείρας] такой превратностью судьбы, Сосий разразился неудержимым хохотом и назвал его Антигоной [᾽Αντιγόνην]. Однако он не отпустил его, как женщину, а, напротив, приказал заключить его в кандалы и приставить к нему стражу (Иудейская война. 1.352–353).

Иосиф Флавий совершенно ясно дает свою оценку ситуации. Отсутствие жалости к младенцам, женщинам и старикам описывается как несдержанность (οὐδεὶς ἐκράτησεν) — явно неодобрительная характеристика, особенно в устах Иосифа, для которого самообладание является высшей добродетелью. Вопреки приказу своего предводителя, войска Ирода убивают «как бешеные» — сравнение это опять-таки открыто демонстрирует осуждение. Капитуляция Антигона несовместима с его положением, поскольку он ищет личного освобождения, в то время как его людей убивают. Что касается Сосия, то он отказывается проявлять жалость к «такой превратности судьбы» Антигона — хотя Иосиф Флавий зачастую

---

[52] Параллельное место в «Иудейских древностях»: «Не было пощады [ἔλεος] никому — ни детям, ни старцам, ни слабым женщинам» (14.480).

считает это законным поводом для жалости. Смех Сосия «неудержим» (ἀκρατῶς); корень тут тот же самый, который использовался для описания резни, учиненной войском Ирода. Как и воинам Ирода, Сосию не удается обуздать свою ярость. Отсутствие жалости — конечно, к безоружным обывателям и, возможно, также к побежденному Антигону — осуждается автором.

Назвав Антигона женской формой его имени («Антигона»), Сосий высмеивает своего соперника. Презрение передается через феминизацию — точнее, через отрицание мужественности, согласно описанной ранее небинарной гендерной модели. Анекдот показывает, что для Иосифа Флавия (как и для Софокла, как мы только что видели) мольба о жалости компрометирует мужественность. Антигон позиционирует себя как проситель, отдающийся на милость своего врага; его покорность делает его женщиной[53]. В то время как жалость к побежденным врагам подчеркивает силу и самообладание победителя, удостаиваться жалости — или, что еще хуже, молить о ней — значит для мужчины низводить себя до статуса женщины. Прося о жалости — в которой было отказано даже женщинам, — Антигон демонстрирует двойную потерю власти: он не властен над своими эмоциями и он потерпел военное поражение. К этому Сосий добавляет унижение феминизации и плен, равносильный рабству. Антигон опустился в самый низ гендерной шкалы.

Та же самая динамика присутствует в Четвертой книге Маккавейской, иудео-эллинистическом философском трактате об эмоциях, иллюстрированном сценами мученичества. Действие повествования происходит во время правления Антиоха IV Эпифана, но текст, вероятно, был составлен между I веком до н. э. и началом II века н. э.[54] В книге превозносится сила разума и благочестия, позволяющая контролировать эмоции, особенно

---

[53] О параллелях с классической греческой литературой см. [Cawthorn 2008: 63].

[54] Четвертая книга Маккавейская испытала влияние Второй книги Маккавейской или ее источников и, следовательно, написана позже нее. Самое раннее упоминание о ней — у Евсевия Кесарийского, в IV веке. См. [deSilva 2006a: XIV–XVII; Davila 2005: 145–149; Henten 1997: 58–82].

вызванные страданием — как своим собственным, так и близких[55]. Герои — старый священник по имени Елеазар, а также мать и ее семеро сыновей. Они сопротивляются приказу Антиоха преступить еврейский закон, чтобы спасти свои жизни, и все они умирают мученической смертью в ужасных пытках. Несколько раз говорится, что мученики «победили» тирана; овладев своими эмоциями, они преодолевают власть тирана, который, напротив, уступает своему гневу и жестокости[56]. В разных случаях тиран и мучители выражают жалость к своим жертвам или пытаются вызвать у них жалость к себе; мученики, как мы увидим, последовательно отказываются[57].

Для начала тиран принуждает престарелого Елеазара пренебречь иудейским законом, чтобы избежать пыток: «И ужели не пощадишь [οἰκτειρήσεις] старости твоей, покорившись моему человеколюбивому увещанию?» (4 Макк. 5:12). С точки зрения Елеазара, тиран призывает мученика пожалеть себя только для того, чтобы дать мучителю посмеяться над своей жертвой (5:28)[58]. Приглашение к жалости к себе не является признаком человечности, как утверждает Антиох; оно скорее направлено на унижение:

> Не такой я старец слабомужный [ἄνανδρος], что ради благочестия не помолодеет во мне решимость на все! <...> А я не пощажу [οἰκτείρομαι] старости моей, дабы ради себя одного

---

[55] См., например, [Shaw 1996: 275–280; Aune 1994].

[56] См. [deSilva 2007; Henten 1997: 119–124, 263–269].

[57] В греческой традиции жалость к себе — редкость. О ее внутреннем противоречии с определением Аристотеля см. [Konstan 2001: 64–71; Konstan 1999; Ben-Ze'ev 1990: 125–126].

[58] Елеазар также вызывает божественное сочувствие: «...знаем, что законодательствующий Творец мира щадил [συμπαθεῖ] и природу нашу» (5:25). Сочувствие, вероятно, понимается здесь в этимологическом значении родства или связи, которое позволяет существам реагировать на действия друг друга (см. главу первую). Божество, по мнению Елеазара, снисходит к потребностям людей и дает им через закон то, что для них хорошо. Более того, корень συμπαθ- используется в сочетании с ἐλε- и οἰκτ- в 6:12–13. Таким образом, Елеазар противостоит предложению пожалеть себя, ссылаясь на божественное сочувствие, которое действительно отвечает человеческим потребностям.

нарушить закон отечественный. <...> Мучь ты нечестивых. А моих убеждений благочестивых не поколебать тебе ни словом, ни делом! (5:31, 33, 38).

Здесь пересекаются три иерархии власти: власть разума над эмоциями, мужчины над женщиной и благочестия над тиранией. Жалость к себе была бы «немужской»; действительно, это бы означало, что мученик поддается боли, что его разум подчиняется его эмоциям и что он попадает в нижнюю часть гендерного спектра. Победа над эмоциями немедленно приводит к победе в политической сфере: старец, «как доблестный боец, поражаемый, побеждал мучителей» (6:10). Мученик побеждает могущественного тирана; не жалея себя, он сохраняет свою мужественность.

Следующая сцена добавляет к тому же набору мотивов жалость:

> Посему некоторые из царедворцев, то щадя [ἐλεῶντες] старость его [Елеазара], то сострадая по привычке [ἐν συμπαθείᾳ], то удивляясь его терпению, говорили ему: Елеазар, почто так неразумно подвергаешь себя таким мучениям? Мы предложим тебе печеной снеди: а ты покажи вид, будто ешь свинину, и избавься (6:12–15).

Эта сцена является еще одним доказательством стойкости мученика. Даже когда ему предоставляется возможность спасти свою жизнь, фактически не нарушая закон, герой отклоняет предложение и выбирает смерть. Мотивы жалости мучителей типичны. Елеазар стар; кроме того, он их знакомый, и они восхищаются его силой. Елеазар, однако, с презрением отвергает их жалость и сочувствие:

> Мы, Авраамовы дети, не так безумны, что станем малодушествовать и лицедейно играть неприличную драму. <...> Да и стыдно доживать малое число лет в посмеянии от всех за трусость, и быть в презрении у мучителя за слабомужие [ἄνανδροι] и не отстаивать божественного закона нашего до смерти (6:17, 20–21).

Для Елеазара принятие уловки мучителей поставило бы под угрозу его мужественность. Предлагая легкий выход, мучители указывают на то, что Елеазар, по их мнению, не в силах вынести причиненную ему боль. Жалость действует как суждение; в свою очередь, становиться предметом жалости — это переживание унижения и стыда.

Мотивы жалости к себе и жалости как таковой объединены в разделе, посвященном мученической смерти братьев. На этот раз к мученикам обращается сам Антиох: «Итак пощадите себя [κατελεήσατε], тогда как и я, враг вам, щажу [οἰκτείρομαι] и возраст и благообразие ваше» (8:9). Жалость Антиоха на самом деле является еще одной гранью его жестокости, поскольку он никоим образом не уменьшает своего напора на братьев. Антиох скорее ожидает, что его жалость вызовет жалость мучеников к себе: если даже враг сочувствует их боли, тем более они должны сами быть тронуты своей участью. Для братьев жалость тирана — унижение:

> Не советуй, мучитель, нарушать закон, и ненавидя нас, не милуй [ἐλέα] нас больше, чем мы сами (милуем себя). Ибо горше самой смерти мы считаем милость [ἔλεον] твою, спасающую нас под условием законопреступления (9:3–4).

Жалость унижает мученика больше, чем пытки. Она действует как ярлык, навязанный мученику, как предположение о его неспособности переносить страдания. Жалость предполагает, что пытки ставят под угрозу личность мученика — его мужественность и его уважение к еврейскому закону. Отвергнув жалость тирана, мученик подтверждает свою власть над физической болью, но также подтверждает свою идентичность: он не воспринимает пытки и смерть как угрозу своему самоощущению. Мотив жалости угнетателя эмоционализирует динамику власти; в то время как предложение жалости усиливает диспропорцию власти, отказ принять ее предполагает, что этот дисбаланс будет устранен.

В то время как Книга Премудрости Иисуса, сына Сирахова, и другие тексты призывают свою аудиторию проявлять милосердие, Четвертая книга Маккавейская интерпретирует жалость как презрительное отношение, которое объект жалости яростно отвергает. Вероятно, стоический фон текста объясняет его скептический взгляд, который расходится с положительной оценкой жалости, обычно встречающейся в иудео-эллинистических текстах. В Четвертой книге Маккавейской, как и в стоических текстах, внешние факторы, включая страдания, не могут повлиять на личность и ее способность к духовному расцвету. Просвещенный еврейским законом, человеческий разум имеет силу сохранять достоинство даже в худших внешних обстоятельствах. Жалость, напротив, основана на сомнении в том, что человек способен победить боль. Четвертая книга Маккавейская также раскрывает через стоические мотивы дополнительную, добавочную сторону жалости. Тот, кого жалеют, — на конце цепочки: он не дает, а получает. Получение жалости не только не спасает жизнь, но и унизительно; жалость еще более усиливает ту и так чрезмерную власть, которая использует уязвимых других для самоутверждения. Хотя текст предлагает иную философскую оценку эмоций, для мучеников опыт жалости тирана соответствует общей иудео-эллинистической конструкции жалости как жеста власти. Жалость — это двойственный опыт: жалеющему она дает долгожданное улучшение самоощущения, но для того, кого жалеют, она скорее представляет собой унизительное напоминание о его низшем статусе.

Гендер подчеркивает эту двойственность. Проявление жалости к другим усиливает мужественность, а получение жалости угрожает ей. В Книге Премудрости Иисуса, сына Сирахова, проявления жалости делают человека «мужем» (ἀνήρ), укрепляя как статус, так и мужественность. И наоборот, страдания и бедствия (в Книге Товита и «Завещании Иова»), и особенно жалость, которую они вызывают (в рассказе Иосифа Флавия об Антигоне и в Четвертой книге Маккавейской), представлены как демаскулинизирующие переживания. Как и социальный статус, мужественность — вещь отчасти зыбкая; биологическому гендеру противостоит довольно хрупкая мужественность, которая тает в ситуации унижения, подчинения или потери контроля. Жалость, таким образом, отображает позицию личности в гендерном спектре. Наряду с другими эмоциями и социальными практиками, переживание жалости — в зависимости от роли в нем — либо укрепляет уровень мужественности, либо ставит его под угрозу. В следующих разделах мы продолжим освещать роль гендера в переживании жалости и больше расскажем о его сложности.

3.4. Чувствовать жалость: женское и феминизирующее чувство

Эмоциональные отклики на чужую боль влекут за собой напряжение между властью и уязвимостью (что было описано в первой главе этой книги). Быть тронутым страданиями другого человека — это сложный опыт, который одновременно устанавливает дистанцию по отношению к страдающему человеку и приближает боль к сострадающему. Как это противоречие влияет на отношение к гендеру, когда он пересекается с жалостью и состраданием? В предыдущих разделах был раскрыт первый аспект этого переплетения. Жалость и другие эмоциональные реакции на боль позитивно влияют не только на социальный статус, но и на мужественность: жалеть — значит увеличивать степень своей мужественности, а быть объектом жалости — это опасно приближает к женскому концу спектра. В этом разделе мы обращаемся к другой стороне опыта, где эмоциональные реакции на чужую боль функционируют как переживание уязвимости. Как гендер с его манипуляциями отражает этот аспект? Начнем с нескольких отрывков как из иудео-эллинистических текстов, так и из греческой литературы вообще, где жалость и забота представлены как типично женская сфера ответственности; здесь жалость — далеко не демонстрация силы и мужественности; это эмоция, которую испытывают преимущественно женщины. Затем мы перейдем к текстам, в которых дело заходит еще дальше: здесь жалость ставит под угрозу мужество мужчин и превращает их в женщин.

В иудео-эллинистической литературе (как и вообще в еврейской и греческой литературах) есть тенденция олицетворять заботу об уязвимых людях в женском образе, вне зависимости от того, выражается ли эта забота в эмоциональном плане⁵⁹. Эта забота не обязательно представлена как добродетель, скорее, как естественный инстинкт; его ассоциация с женщинами способствует картированию гендерных ролей. Например, в книге Товита и «Завещании Иова» жена заботится о страждущем герое-мужчине; этот сценарий в некоторой степени присутствует и в «Авраамовом завете», но наиболее ярко он проявляется в «Житии Адама и Евы», о котором мы сейчас поговорим.

«Житие Адама и Евы» имеет сложную историю, вероятно, связанную как с еврейской, так и с христианской традицией⁶⁰. В тексте рассказывается история Адама и Ева после изгнания из рая. Страдания пронизывают текст, как в основном повествовании, так и в беседах Адама и Евы⁶¹. Оба они страдают от голода, а Адам заболевает мучительной болезнью. Вита Дафна Арбель недавно изучила то, как по-разному рассматривается в «Житии» Ева [Arbel 2012]. Хотя она представлена как сосуд дьявола, ответственный за страдания Адама, она также изображается заботящейся о нем — как во время его болезни, так и после его смерти. Самый острый момент повествования — когда она готова пожертвовать собой, чтобы облегчить страдания Адама: «Ева плакала,

---

[59] О заботе о чужом теле как о женском занятии см., например, [Cawthorn 2008: 44–49]. Мужчин тоже, однако, изображали заботящимися о больных; см. [Sternberg 2006: 21–41, 176].

[60] «Житие Адама и Евы» сохранилось в пяти родственных вариантах: греческом (также известном как «Откровение Моисея»), латинском, армянском («Покаяние Адама»), грузинском («Книга Адама») и славянском, также с коптскими фрагментами. Последние исследования показывают, что древнейшим является греческий текст; см. [Stone 1992]. Все рукописи исходят от христиан, что не обязательно означает христианское авторство. М. де Йонге и Дж. Тромп в [Jonge 2000; Jonge, Tromp 1997, esp. 66–77] склоняются к христианскому авторству. Напротив, М. Элдридж [Eldridge 2001: 233–264] и М. Д. Джонсон [Johnson 1983] предполагают еврейское происхождение. С этим связана датировка. Де Йонге и Тромп датируют апокриф периодом между 100 и 600 годами, тогда как Элдридж помещает его в промежуток между 100 годом до н. э. (используются «Юбилеи») и 200 годом н. э. (так как «Житие Адама и Евы» цитируется в «Пещере сокровищ») — по крайней мере для первоисточника греческой версии. Я цитирую по критическому изданию Тромпа [Tromp 2005].

[61] См. [Levison 2003].

говоря: "Господин мой Адам, встань и дай мне половину твоей болезни, и я вытерплю, потому что через меня это случилось с тобой, через меня обретаешься ты в бедах и боли"» (9:2). Хотя эмоции Евы прямо не названы, ее слова передают неосуществимое желание страдать вместо Адама. Ева отправляется со своим сыном Сифом в окрестности рая, чтобы выпросить у божества (безуспешно) масло, которое могло бы исцелить Адама (гл. 10–14). После смерти Адама Ева охраняет и умащает его труп; она скорбит и молится о нем (гл. 31–42); она просит, чтобы ее похоронили рядом с ним (42:4–5). Как отмечает Арбель, эта разносторонность Евы представляет собой «метонимическое изображение женщины» и «воплощение противоречивых представлений о женственности» [Ibid.: 114]. Этот портрет раскрывает сложные представления о женщинах: они ответственны за страдания и смерть, но и по своей природе они питают тела, живые и мертвые. Забота, таким образом, связывается с женским полом.

Четвертая книга Маккавейская еще более явно конструирует жалость и сочувствие как типично женские эмоции. Раздел, посвященный мученичеству матери семи братьев, начинается с размышлений о родительской любви:

> Разумейте, сколь замысловата привязанность родительской любви [ἡ τῆς φιλοτεκνίας στοργή], каковая влечет к сочувствию [συμπάθειαν] самые внутренние части [τῶν σπλάγχνων] (4 Макк. 14:13; пер. П. Успенского: «Вы знаете, что та чадолюбивая нежность, у которой много детей, все принимает к сердцу»).

Текст сопрягает эту привязанность с животным миром: «Даже бессловесные животные, как и люди, имеют сострадательность и нежность [συμπάθειαν καὶ στοργήν] к порождениям своим» (14:14). Птицы защищают свои гнезда от незваных гостей, а пчелы нападают на тех, кто приближается к их птенцам. Мотив часто встречается в греческой литературе того времени, как показал Дэвид А. де Сильва, в частности в трактате Плутарха «О любви к потомству» [deSilva 2006b: 255]. Аналогичным образом, в эллинистическом романе «Дафнис и Хлоя» самки животных спасают брошенных младенцев и кормят их грудью; они даже служат для людей образцом жалости и любви[62]. Через эту идеализацию животных как родителей любовь к детям и забота о них, таким образом, укореняются в природе: для родителей «естественно» быть привязанными к своему потомству. Обосновав привязанность и симпатию наличием ее и в царстве животных, Четвертая книга Маккавейская продолжает, утверждая, что матерям присуща большая способность к сочувствию, чем отцам:

> О, как описать мне страстную любовь к детям, дивно напечатлевающую сходство души и лица на маленьком обличии младенца, и особенно (описать) то, что матери гораздо сострадательнее [συμπαθεστέρας] отцов к рожденным страстно![63] Ибо матери чем мягче душею и чем плодороднее, тем чадолюбивее (15:4–5).

Беременность — и особенно боль во время родов — усиливает привязанность к своим детям (15:6–7). Де Сильва отмечает аналогичную идею в «Никомаховой этике» Аристотеля; матери любят своих детей больше, чем отцы, потому что у них есть девять дополнительных месяцев, чтобы привязаться к будущему ребенку [Ibid.: 256][64]. Точно так же Соран Эфесский, живший во II веке н. э. врач, в своем трактате по гинекологии рекомендует матерям самим кормить младенцев своим молоком, поскольку «матери более отзывчивы [συμπαθέστεραι] к своему потомству» (2.18.4). У Сорана и в Четвертой книге Маккавейской сочувствие (корень συμπαθ-) приравнивается к материнской любви и позиционируется как инстинкт, естественный и физический[65]. В Четвертой книге Маккавейской этот корень, по-видимому, непосредственно относится

---

[62] Пастух, нашедший маленькую Хлою, вскормленную овцой, «учится у овцы жалеть [ἐλεεῖν] и любить дитя»; см.: Лонг. Дафнис и Хлоя. 1.6.1 (ср. 1.3.1).

[63] Перевод τῶν παθῶν условный, так как родительный падеж необъясним.

[64] Де Сильва также имеет в виду Еврипида — фрагмент 1015: «Мать, однако, всегда любит детей больше, чем отец». См. также [Cawthorn 2008: 50–53; Loraux 1990b: 61–63].

[65] См. также: Гелиодор. Эпиопика. 9.24.8.

к защите, которую обеспечивают матери своему потомству, находящемуся под угрозой.

Изображая сочувствие как инстинктивную реакцию матери, Четвертая книга Маккавейская (и многие другие греческие тексты) натурализует эту эмоцию[66]. Женская симпатия выступает как исходно плотское чувство, так как она зависит от физических процессов и даже возрастает пропорционально болезненности родов. Точно так же Четвертая книга Маккавейская утверждает, что женщины «имеют слабую душу»; женщины более эмоциональны, на них больше влияет тело, чем душа. Женская эмоциональность спонтанна и инстинктивна, не поддается контролю. Сочувствие, которое находит свое первичное выражение в заботе об уязвимом потомстве, принадлежит, таким образом, к сфере природы и женственности; как таковое оно интенсивно и по своей сути иррационально. Женская симпатия, представленная как нечто врожденное и естественное, тем самым тоже нормализуется: это принимается социумом, и ожидается, что женщины будут чувствовать боль за других людей, находящихся в бедственном положении, особенно за своих детей[67].

Идея о том, что женщины более чувствительны к страданиям других людей, родственники они или нет, отчетливо засвидетельствована в греческой трагедии:

> Женщины, ты видишь, более склонны к жалости [φιλοίκτιστον] (Софокл. Аякс. 580; в пер. Ф. Ф. Зелинского: «Не голоси: уж больно вы слезливы»).

> Или женский [пол] [τὸ θῆλυ] как-то более жалостлив[68] [οἰκτρόν], чем мужской (Еврипид. Геракл. 536; в переводе И. Анненского соответствий нет).

---

[66] Сочувствие также приобретает естественные черты, когда оно связано с братской любовью — в Четвертой книге Маккавейской (13:19–14:1) и других греческих текстах (в частности, у Плутарха, «О братской любви»). См. [Pistone 2013; Klauck 1990].

[67] О природе как маркере нормальности см. [Walters 1993: 25].

[68] Прилагательное οἰκτρός обычно относится к объекту жалости («жалкий»), а не к субъекту («жалеющий»); однако контекст, кажется, создаст и возможность второго словоупотребления.

Фолкнер в цитировавшемся ранее исследовании связывает феминизацию жалеющего с феминизацией страдальца [Falkner 2005][69]. Поскольку женщины (как и мужчины с низкой степенью мужественности) чаще страдают, они также воплощают идеальный ответ на чужую боль. В трагедии женский пол, таким образом, может быть поставлен в пример мужской аудитории; о «Трахинянках» Софокла Фолкнер пишет:

> [Деянира] моделирует сочувственное понимание, которое зритель должен привнести в трагический текст. <...> Поскольку трагические страдания снова представлены через метафору женской слабости, уязвимости и чувствительности, то и реакция, которую они призваны вызвать, в равной степени женственна [Ibid.: 177][70].

В греческой трагедии герои-мужчины также могут быть феминизированы из-за своей чувствительности к чужой боли. Аякс Софокла, например, признается: «Я стал женщиной [ἐθηλύνθην] в своих речах», потому что он чувствует жалость к судьбе своей наложницы и ребенка, если он, как предполагается, совершит самоубийство (650–653)[71]. В иудео-эллинистической литературе есть несколько подобных мест, о которых я сейчас расскажу.

Я начну с эпизода из «Иудейской войны» (с параллелью в «Иудейских древностях»), действие которого происходит в начале правления Иоанна Гиркана I (134–104 годы до н. э.)[72]. Отец Гиркана, Симон, был казнен своим зятем Птолемеем. Птолемей захватывает мать Гиркана и двух его братьев; он приводит их с собой в крепость над Иерихоном. Гиркан осаждает крепость,

---

[69] Шире см. [Cawthorn 2008: 53; Sternberg 2006: 27–30; Dover 1974: 101]. Если отойти от греческой трагедии, см. также [McNamer 2010: 119–149] ("Feeling like a Woman"), где рассматривается аналогичная феминизация сочувствия в позднесредневековых английских медитациях на темы Страстей Христовых.

[70] О феминизации аудитории через страх и жалость, вызываемые драмой, см. также [Cawthorn 2008: 124–129].

[71] См. также [Munteanu 2015: 140–141; Cawthorn 2008: 67; Zeitlin 1996: 350].

[72] Об отношении Иосифа Флавия к Гиркану I см. [Thoma 1994].

чтобы спасти своих родственников. Иосиф Флавий подчеркивает, что войска Гиркана во всех отношениях превосходили силы Птолемея. Однако Птолемей пользуется чувствами Гиркана: приведя его мать и братьев на городскую стену, он истязает их на глазах Гиркана и угрожает сбросить их вниз, если Гиркан не отступит. Гиркан «побеждён справедливым чувством» (ἡττᾶτο δὲ δικαίου πάθους) (Иудейская война. 1.57):

> При виде этого Гирканом овладевал не столько гнев [ὀργῆς], сколько жалость [ὀργῆς] и страх [δέος]. Тщетно мать, хладнокровно вынося удары и не робея пред угрожающей смертью, простирала руки к сыну [παῖδα], умоляя его не щадить злодея из жалости к её пыткам, тщетно она уверяла сына, что она предпочтёт жизни смерть из рук Птолемея, если только последний понесёт заслуженную кару за преступления, совершенные им против их дома; каждый раз, когда Гиркан, изумляясь твердости своей матери, слышал её мольбы, он с неудержимою яростью возобновлял атаку; но как только на стене начиналась ужасная сцена истязания старухи, его сердце охватывала боязнь и жалость и он делался мягким [ἐθηλύνετο] и чувствовал невыносимую боль [τοῦ πάθους ὅλος ἦν] (Иудейская война. 1.58–59).

Гиркан затягивает осаду; наконец приходит седьмой год (в течение которого следовало соблюдать покой, как во время Шаббата), и он покидает крепость. Птолемей убивает мать и братьев Гиркана и отступает[73].

Таким образом, Птолемей использует эмоциональную и ритуальную уязвимость своего противника: привязанность Гиркана к своим родственникам и соблюдение им правила «седьмого года». Увидев свою измученную мать, Гиркан становится подобен ре-

---

[73] Феминизации нет в параллельном эпизоде «Иудейских древностей», который притом даже подробнее акцентирует внимание на жалости Гиркана. Гиркан, как отмечает Иосиф Флавий, «должен был уступить, исключительно благодаря чувству сострадания [οἴκτῳ] к своей матери и братьям» (Иудейские древности. 13.230). Видя страдания своей матери, Гиркан «поддался сочувствию» (συμπαθείας) (13.233).

бенку (παῖς) — слово, которое передает как его уязвимость, так и его сниженную мужественность. Он разрывается между жалостью (или сочувствием — термин, используемый в параллельной версии «Иудейских древностей») и гневом, но первая торжествует. В то время как мать описывается словами, характерными для персонажей-мужчин, особенно в связи с ее готовностью умереть, чтобы семья была отомщена, Гиркан, как и Аякс, «стал женщиной» (ἐθηλύνετο). Жалость, однако, остается «просто эмоцией». Причина феминизации Гиркана — это не столько жалость сама по себе, сколько ее неуместная интенсивность. Гиркан «побежден» эмоциями и «полон» ими; по версии «Иудейских древностей», он «поддается сочувствию» (13.233). Эта вывернутая динамика власти внутри личности отражает — или вызывает — то, что происходит на политическом уровне. Эксплуатируя привязанности Гиркана, как семейные, так и ритуальные, Птолемей нарушает баланс сил. Хотя его силы меньше, он способен одержать победу. Феминизация мужского характера сигнализирует о потере власти как на эмоциональном, так и на политическом уровне.

Подобная феминизация жалости встречается в двух рассказах об осадах, опять же в «Иудейской войне». Будучи военачальником, Иосиф Флавий играл активную роль в организации сопротивления в Иотапате; здесь он имеет дело с горожанками и их детьми, которые при наступлении римской армии кричат: «Для того чтобы женщины своим плачем [οἴκτῳ] не смягчили [θηλύνοιεν] сердца солдат, Иосиф велел запереть их в домах и с угрозами приказал им замолчать» (Война. 3.263). Жалость вновь сигнализирует о потере контроля над своими эмоциями. Иосиф Флавий опасается, что жалость вызовет панику и поспособствует подчинению врагу. Второй эпизод происходит в Масаде. Элеазар пытается склонить население к коллективному самоубийству. Некоторые выразили готовность, «но более мягкие охвачены были жалостью [οἶκτος] к своим женам и детям». Элеазар беспокоится, чтобы последние «своими воплями и рыданиями не смягчили [сделали женоподобными — συνεκθηλύνωσι] и тех, которые мужественно выслушали его слова» (7.338–339). Жалость превращает мужчин в женщин и угрожает помешать планам Элеазара⁷⁴. Эти отрывки подтверждают, что жалость является иррациональной эмоцией, которая, если ее не контролировать, может ослабить мужественность персонажа-мужчины. Ранее я цитировала отрывок, где Филон, вопреки своему обычному одобрению жалости, критикует тех, кто готов — из жалости — умереть вместо близких: «Ибо разве они не немужественны [ἄνανδροι] по природе, те, чей разум поддается жалости?» (Об особенных законах. 3.156). Выйдя из-под контроля разума, жалость искажает суждение; для Филона (как, вероятно, и для Иосифа Флавия) это причина, по которой жалость всегда следует сдерживать, подобно тому как мужчина управляет женщиной[75].

Теперь становится ясно, почему обе роли — роль жалеющего и роль объекта жалости — могут быть феминизированы[76]. В обоих случаях женский пол ассоциируется с подчинением и отсутствием контроля. Страдающего мужчину, пораженного физическим недугом, политическим бесправием или уязвимого в каком-то ином отношении, можно сравнить с женщиной, поскольку он становится объектом действий и чувств других людей. И точно так же человек, который видит страдания — особенно родственников и возлюбленных, — может подвергнуться подобной феминизации, если его эмоции возьмут верх над его способностью рассуждать и приведут его к тому, что можно счесть необоснованным выбором. Гендер таким образом усиливает напряжение между властью и уязвимостью, содержащееся в эмоциональных реакциях на боль других, в их потенциале либо поддержать собственный статус и привилегии (включая мужественность), либо раскрыть собствен-

---

[74] О риторике жалости к женщинам и детям в рассказах Иосифа Флавия об осадах см. [Reeder 2013].

[75] См. [McNamer 2010: 174–206], где сравниваются гендерные тревоги в отношении сострадания (в конце XIV — начале XVI века).

[76] В этой связи Аристотель в «Риторике» (2.8.4, 1385b; 2.8.10, 1386a) использует понятие «слабость» (ἀσθένεια) для характеристики как того, кто жалеет (ибо слабый скорее почувствует жалость), так и того, кого жалеют (ибо слабость — это злосчастье, которому естественно вызывать жалость).

ную уязвимость перед страданием (следовательно, поставить под угрозу свою мужественность). Жалость, как показывают предыдущие примеры, функционирует как поворотный механизм, с помощью которого концентрируется на аффективном уровне разворот в повествовании. Жалость инкапсулирует, так сказать, инверсию ролей — от субъекта к объекту действия, от управления к управляемости и, парадигмально, от мужчины к женщине. Жалость указывает на то, что баланс власти между главными героями изменился. Эмоции — это не просто передача личных чувств персонажа, а индикатор социальной динамики.

3.5. Вернуть мужественность, сдерживая сочувствие

Изображения матери мучеников в Четвертой книге Маккавейской и Марии в шестой книге «Иудейской войны» еще раз иллюстрируют гибкость, с которой могут конструироваться эмоциональные реакции на чужую боль. Здесь дискурс искажен — если не полностью перевернут — для того, чтобы поддержать воображаемое изменение динамики власти. В этих повествованиях мать отказывается от своего «естественного сочувствия», соглашаясь на смерть своих сыновей (мать мучеников в Четвертой книге Маккавейской) или сознательно съедая собственного ребенка (Мария у Иосифа Флавия) — заявляя тем самым о сопротивлении завоевателям. Бросая вызов гендерным условностям и эмоциональным ожиданиям, две матери преодолевают свой женский пол и даже выступают как образцы мужественности.

Эти маскулинизированные фигуры, предложенные в качестве подходящих проекций мужского «я», способствуют восстановлению символической «мужественности» еврейской общины. В этом отношении оба рассказа, вероятно, прямо или косвенно работают в русле современной им римской пропаганды, которая подчеркивает контраст между мужественностью империи и женственностью подвластных ей наций. Таким образом, эти тексты раскрывают еще одну функцию, которую могли выполнять эмоциональные реакции на чужую боль для эллинистических еврейских общин. Жалость и сочувствие представляют собой кластеры нормализованных (или «натурализованных», если использовать лексику самих этих текстов) конвенций; подразумевается, что их нарушение является чудовищным деянием, которое, как это ни парадоксально, позволяет в своем воображении взорвать существующий политический порядок, который личность практически не контролирует.

Философская цель Четвертой книги Маккавейской — определить, «господствует ли над страстями благочестивая рассудительность» (1:1). На самом деле повествовательная часть текста посвящена эмоциям весьма специфическим: жалости к себе и сочувствию. Вслед за утверждением, что сочувствие есть материнский инстинкт (см. ранее), в книге рассказывается, как мать семерых братьев-мучеников сопротивляется своим естественным порывам, призывая сыновей добровольно встретить свою судьбу: «Но мать сих юношей, равную Аврааму по душе, не поколебала сострадательность к детям [ἡ συμπάθεια τέκνων]» (14:20). Упоминание Авраама превращает пассивность матери в сознательное жертвоприношение[77]. Как уже отмечалось, Четвертая книга Маккавейская иллюстрируют превосходство власти благочестивого разума над эмоциями в сравнении с властью политической. Контролируя свои эмоции, мученики демонстрируют суверенитет, которого не хватает тирану, что и вызывает его ярость (9:10). В этом смысле мать, сопротивляясь своей материнской привязанности, побеждает тирана.

> Но со всем тем, хотя такие качества их и склоняли мать к чадолюбивой жалости [συμπάθειαν], ни для одного из них не могли изменить убеждений ее разнообразные мучения (15:11).
> О, матерь с седьмью детьми, положившая конец насилию мучителя и уничтожившая худые замыслы его... (17:2).

Архитектура текста, кульминацией которого является мученичество матери, предполагает, что ее победа загадочнее всего;

---

[77] См. [Young 1991].

как от женщины и матери от нее следовало ожидать, что она поддастся своим эмоциям.

Трактовке гендерных проблем в Четвертой книге Маккавейской были посвящены несколько убедительных аналитических работ[78]. Стивен Д. Мур и Дженис К. Андерсон, в частности, изучили то, как конструируется в книге мужественность; их суждение: «Четвертая книга Маккавейская рассказывает о том, что значит быть истинным мужем» [Moore, Anderson 1998: 253]. Преодолевая свою природное сочувствие, мать предстает совершенным мужчиной:

> ...ты, хоть и старица и женщина, твердостию [καρτερίαν] победила мучителя, и словами и делами оказалась сильнее мужа (16:14).
> О, доблестнейшая твердостию [καρτερίαν] паче мужчин [ἀρρένων] в выносливости и мужественнейшая в терпении паче мужей! (ἀνδρῶν πρὸς ὑπομονὴν ἀνδρειοτέρα) (15:30).

Четвертая книга Маккавейская совершает полный переворот, превращая выносливость (καρτερία) и терпение (ὑπομονή), обычно связывавшиеся со слабостью и пассивностью, в мужские идеалы. Как пишет Брент Д. Шоу, текст отображает «явную кооптацию пассивного сопротивления как полностью легитимированного мужского качества — выбор, который может быть сделан путем мужского мышления, рассуждения и логики». Такое понимание является радикально новым и могло восприниматься как «моральный оксюморон» [Shaw 1996: 279, 280].

Предположим, что симпатия и выносливость создают одинаковый риск феминизации; однако в Четвертой книге Маккавейской эти качества противоположны. Как утверждает Шоу, выносливость претерпевает смену пола и становится мужским идеалом. Напротив, женственность симпатии полностью признается, поскольку эта эмоция натурализована и отнесена к сфере инстинктов. Поэтому истинный мужчина воздерживается от действий,

---

[78] См. [Moore, Anderson 1998: 249–273; Shaw 1996; Young 1991]; ср. с другим подходом [Gemünden 1997, esp. 462–468].

диктуемых его сочувствием. Мать мучеников воплощает идеальный ответ на обе угрозы феминизации: отказываясь от сочувствия и проявляя выдержку, она служит высшим образцом мужественности. Однако представление о женщине как об идеальном мужчине никоим образом не подрывает патриархат. Как заявляет сама мать: «Я была девица невинная, и не выходила из отеческого дома» (18:8); «Время же цветущего возраста я провела с мужем» (18:9); оба утверждения указывают на ее постоянное подчинение мужской власти. Как пишут Мур и Андерсон: «Она [мать], возможно, и одолела тирана, но ее собственный господин — это муж»; в этом смысле текст заканчивается подтверждением патриархального строя в типичной «сцене приручения» [Moore, Anderson 1998: 270, 273]. Тиран побежден, но фундаментальное мужское превосходство сохраняется. Мать олицетворяет мужское «я» под угрозой феминизации и политического бесправия. Она символизирует победу этого «я», которое, пренебрегая сочувствием и терпя страдания, проявляя терпение, одновременно защищает свою мужественность и свергает тираническую власть.

Иосиф Флавий, рассказывая об осаде Иерусалима (Иудейская война. 6.199–219), приводит историю аналогичного отказа от сочувствия, также олицетворяемого женщиной[79]. Мария, женщина, «славившаяся своим происхождением и богатством» (6.201), оказалась в Иерусалиме во время осады. Имя ее отца упоминается, но о муже Иосиф Флавий ничего не говорит. Ее имущество было конфисковано, и городская стража ежедневно посещала ее дом, чтобы забрать всю пищу, которая у нее могла оставаться. Подобно матери из Четвертой книги Маккавеев, Мария стала жертвой политической гегемонии, представленной как римской властью, так и иудейскими повстанцами (правление которых Иосиф Флавий несколько раз называет тиранией)[80].

---

[79] Комментарий к эпизоду в целом см. в [Mader 2000]. Мадер подчеркивает ключевую роль этого эпизода. Иосиф использует его как дополнительное оправдание римского вторжения. См. [Chapman 2007] с интересными параллелями с Еврипидом (с образами Медеи и Агавы).

[80] См., например: Иудейская война. 4:151, 166, 172.

Однако Мария более откровенна, чем мать мучеников из Четвертой книги Маккавеев. Охваченная «крайним ожесточением» (ἀγανάκτησις), она оскорбляет и ругает стражников, вызывая их гнев (6.203). Несмотря на свое раздражение, они щадят ее из жалости (ἐλεῶν) (6.204)[81], что напоминает о сочувствии мучителей к Элеазару в Четвертой книге Маккавейской.

Дальше описывается сила голода, и пропорционально этому растет гнев Марии:

> Еще сильнее голода возгорелся в ней гнев [θυμοί]. Тогда она, отдавшись всецело поедавшему ее чувству злобы [τὴν ὀργήν] и голода, решилась на противоестественное [ἐπὶ τὴν φύσιν] — схватила своего грудного младенца и сказала: «Несчастный малютка! Среди войны, голода и мятежа для кого я вскормлю тебя? У римлян, даже если они нам подарят жизнь, нас ожидает рабство; еще до рабства наступил уже голод, а мятежники страшнее их обоих. Так будь же пищей для меня, мстительным духом [ἐρινύς] для мятежников и мифом [μῦθος], которого одного недостает еще несчастью иудеев, для живущих!» С этими словами она умертвила своего сына, изжарила его и съела одну половину; другую половину она прикрыла и оставила[82]. Не пришлось долго ожидать, как перед нею стояли уже мятежники, которые, как только почуяли запах гнусного жаркого, сейчас же стали грозить ей смертью, если она не выдаст приготовленного ею. «Я сберегла для вас еще приличную порцию», — сказала она и открыла остаток ребенка. Дрожь и ужас прошел по их телам, и они стали перед этим зрелищем, как пораженные.

---

[81] Некоторые переводчики читают причастие ἐλεῶν как отрицание οὔτε, что в данном контексте не имеет смысла; скорее два союза οὔτε относятся к глаголу ἀνῄρει (в одном случае прямо употребленному, в другом — подразумеваемому): «Никто не убьет ее, несмотря на ее провокации, и никто [не убьет ее] из-за жалости».

[82] Сообщения о каннибализме во время осад изобилуют в древней истории. В греческом мире см.: Фукидид. Пелопоннесская война. 2.70; Аппиан. Митридатовы войны. 38; а также другие примеры, приведенные в [Garnsey 1988: 28–29]; в библейской литературе см.: Лев. 26:29; Втор. 28:53–57; 4 Цар. 6:28–29; Иер. 19:9; Иез. 5:10; Плач 2:20, 4:10. В греко-римской историографии страдания женщин и детей во время осад формируют литературный топос. См. [Reeder 2013].

Она продолжала: «Это мое родное дитя, и это дело моих рук. Ешьте, ибо и я ела. Не будьте мягче женщины и сердобольней [συμπαθέστεροι] матери. Что вы совеститесь? Вам страшно за мою жертву? Хорошо же, я сама доем остальное, как съела и первую половину!» В страхе и трепете разбойники удалились (6.204–211).

Как и в ранее изученных текстах, динамика власти проявляется на нескольких уровнях, включающих эмоции, гендер и политику. Эпизод и параллелен, и контрастирует с историей Гиркана в крепости Иерихона и с обращением матери к сыновьям в Четвертой книге Маккавейской. Эти три текста основаны на одних и тех же эмоциональных условностях в отношении гендера: симпатия, с ее инстинктивной интенсивностью, — женственна, тогда как гнев — пока он основан на разумной оценке реальности — свойственен мужчинам. Тексты подтверждают эти эмоциональные нормы, несмотря на то что их герои от них отступают. В то время как Гиркан ставит жалость выше гнева (Иудейская война. 1.58), Мария делает противоположный выбор: для нее негодование (выраженное несколькими словами: ἀγανάκτησις, θυμός, ὀργή и ἐρινύς) значит больше, чем семейные узы. Она действует вопреки «сочувствию», которое, как и в Четвертой книге Маккавейской, конструируется как естественное и материнское. Обе матери отрекаются от сочувствия, действуя таким образом «против природы». Мария называет свой поступок «жертвоприношением» (θυσία) — сравним ссылку на Авраама в Четвертой книге Маккавейской. Однако изображение Марии в меньшей степени направлено на подтверждение патриархальных порядков[83]. В рассказе о ней нигде не упоминается ее муж; кроме того, она обращается к стражам мятежников с яростными речами, а мать семерых сыновей молчит перед лицом тирана и говорит только со своими сыновьями.

---

[83] Функция детоубийства — атака на отцовскую линию наследования (это особенно видно в «Медее» Еврипида) и потому — потенциальный бунт против патриархии; см. [Loraux 1990b: 77–85]. В этом отношении описанная Иосифом Флавием Мария сопротивляется патриархальной империи.

Мне кажется, история Марии также отвечает на более широкую имперскую риторику, насильственно феминизировавшую подвластные Риму нации. И Кэрин А. Ридер, и Джейсон фон Эренкрук показали в своих работах, что Иосиф Флавий воспроизводит модель, представляющую римскую гегемонию как мужское начало, а покоренные народы — как женское. Визуальные источники того времени ярко передают эту римскую идеологию[84]. В искусстве времен Августа женщины и феминизированные мужчины олицетворяют подчинение победившей империи, которая изображается как семья во главе с отцом-императором. Тереза Р. Рэмсби и Бет Севери-Ховен пишут по этому поводу:

> Изображения варваров, связанных, сидящих и прикованных к трофеям, неспособных защищать свои семьи, или становящихся на колени перед другим мужчиной, или поддерживающих его, феминизированы в своем подчинении. <...>
> Опираясь на культурные ассоциации римской семьи, в том числе иконографическое использование детей, разнообразие женских ролей и семейную иерархию мужчины и женщины, господина и раба, художники фиксировали римское господство над пространством и людьми империи в неподвластном времени камне [Ramsby, Severy-Hoven 2007: 61].

Монеты "Iudaea Capta" указывают на то, что этот образ использовался в отношении Иудеи, поскольку они часто изображают иудейский народ как покоренную женщину, плачущую под пальмой[85]. Фигуру Марии можно интерпретировать в этом контексте. Как женщина она воплощает собой порабощенный статус иудейского народа, хотя Иосиф Флавий переносит, по крайней мере частично, роль угнетателей с римлян на иудейских повстанцев. Однако своим шокирующим поступком она отказывается покориться семейной программе империи. Как и мать мучеников

---

[84] См. [Reeder 2015; Ehrenkrook 2011: 160–162; Ramsby, Severy-Hoven 2007; Rodgers 2003].

[85] См. [Ehrenkrook 2011: 161–162; Rodgers 2003: 86; Cody 2003].

в Четвертой книге Маккавейской, Мария олицетворяет воображаемое еврейское «я», его сопротивление принудительной феминизации. Она олицетворяет преимущественно мужскую эмоцию — гнев и преодолевает типично женский инстинкт — сочувствие к ребенку.

Мария даже сильнее, чем Гиркан и мать из Четвертой книги Маккавейской, переворачивает иерархию, действуя вопреки привязанным к ней эмоциональным условностям гендера. Она заставляет стражников дрожать; она тоже косвенно обвиняет их в том, что они «мягче [μαλακώτεροι]⁸⁶ женщины» и «сердобольней матери», фактически феминизируя их. Используя сочувствие — более того, материнское сочувствие, — Мария символически опрокидывает слои власти. Через свой каннибализм она хочет сделать из своего ребенка μῦθος, миф для истории. Онора X. Чепмен обнаруживает здесь игру слов: стремясь создать μῦθος, Мария становится для своего города μύσος, осквернением (6.212), а для римлян — объект μῖσος, ненависти (6.214) [Chapman 2007: 424–425]. Иосиф Флавий, однако, указывает, что в силу самого ужаса, который она вызывает, Мария привлекает внимание римской иерархии к страданиям иудеев. Ее действия заставляют Тита сделать паузу, хотя в конце концов его решение разрушить страну подкрепляется (6.219). Своими действиями Мария обретает имя, голос и место в истории. Однако, с точки зрения патриархата, не Мария должна стать μῦθος, но ее сын.

Истории о Гиркане и осаде Иерихона, о матери семи сыновей в Четвертой книге Маккавейской и о Марии в «Иудейской войне» включают в себя множество аспектов жалости и сочувствия в сложном сочетании силы и уязвимости. Жалость — это жест власти; предлагая свою жалость, мучители в Четвертой книге Маккавейской и городская стража в «Иудейской войне» демон-

---

⁸⁶ О значениях μαλακός см. [Moore, Anderson 1998: 263], также [Walters 1993: 29] (о латинском mollis, подразумевающем женственность и сексуальную пассивность). О жалости см.: Ахилл Татий. Левкиппа и Клитофонт. 3.14.3: в жалости «душа смягчается [μαλαχθεῖσα] под впечатлением грустного рассказа».

стрируют власть. Мученики отказываются от предложенной им жалости, так как принять ее было бы немужественно и унизительно. Точно так же Мария с гневом реагирует на жалость охранников. Напротив, поддаться сочувствию к страданиям родственников — значит вызвать уязвимость. Гиркан побежден своей чувствительностью к страданиям родственников; для матери мучеников уступка своей материнской любви будет сигнализировать о подчинении тирану. В обоих случаях сочувствием манипулируют таким образом, что, поддавшись эмоциям, можно усугубить уязвимость. Сдерживая это ожидаемое сочувствие, мать мучеников и Мария подрывают сложившийся порядок.

Во всех трех нарративах эмоциональная сфера и ее условности воспринимаются как локус власти, где ее динамика отображается, кодируется или нарушается. Эмоции (а также добродетели, такие как терпение) не возникают вне властных структур, а скорее представляют собой площадки, где идет торговля касательно власти. Через эмоции можно выявить действие гендерных и политических иерархий — по крайней мере в воображении. Есть основания предполагать, что эти три нарратива представляют собой разные реакции на тревогу по поводу демаскулинизации и бесправия, вероятно, вызванную римской риторикой, направленной на феминизацию покоренных наций. Рассказы о Марии и матери мучеников показывают, как отказ от сочувствия, явно сконструированного как женский инстинкт, может укрепить находящуюся под угрозой исчезновения — или уже поврежденную — мужественность. Эмоции благодаря своей гибкости допускают такую фантазию о восстановлении. В этом плане жалость и сочувствие прекрасно подходят, потому что по самой своей природе предполагают несбалансированные отношения.

И Четвертая книга Маккавейская, и история Марии играют, кажется, роль мысленных экспериментов. Андерсон и Мур показали, что Четвертая книга Маккавейская дает образ идеального еврейского мужчины, который, несмотря на политическое подчинение, устанавливает автономию посредством своего господства как над собой, так и над теми, кто слабее его: женщинами [Moore, Anderson 1998]. Добавим, что в этих нарративах присутствует воображаемый идеал мужской неуязвимости. Эта модель недостижима, и ее недостижимость подчеркивается как использованием женских фигур, так и ужасом, который вызывают эти истории. Мать мучеников демонстрирует неуклонную верность своему народу, тогда как Мария в своем гневе — который Иосиф в значительной степени оправдывает — одерживает верх над иудейскими повстанцами. Они делают себя невосприимчивыми к боли — как собственной, так и своих близких — и преодолевают естественные порывы. Это сопротивление позволяет им символически одержать верх над имперскими державами. Неподвластные эмоциям и защищенные от естественных инстинктов, они суть сверхъестественные — и поистине мужественные — герои.

Оба нарратива держат своих супергероев надежно ограниченными сферой фантазии — μῦθος, если использовать термин Иосифа Флавия. Прежде всего, эти герои — женщины. Конечно, они маскулинизированы, и описывает их автор-мужчина для мужской аудитории, но они сохраняют безопасную инаковость (по крайней мере биологической) женственности. Во-вторых, в текстах широко используется ужас, особенно в описаниях пыток, детоубийства и каннибализма. Ужасы завораживают, но и отталкивают. В случае с Марией Иосиф Флавий дистанцируется от персонажа, поскольку он предупреждает своих читателей, что ее поступок «ужасен» и «бедствен» (Иудейская война. 6.199, 200). Обе фигуры героизированы, но это героизм не очень желательного вида. По этим особенностям тексты, полагаю, можно идентифицировать как фантазии. Они не оставляют сомнений в том, что идеал, который они представляют, непригоден для подражания и даже недостижим. Образ мужественной неуязвимости интригует, но остается на безопасном расстоянии.

3.6. Заключение: что жалость дает и чего она стоит

Тексты, о которых шла речь этой главы, можно рассматривать как вехи на пути развития жалости как дискурса и эмоции в эллинистическом иудаизме. В то время как сын Сирахов использует словарь актов милосердия (ἐλεημοσύναι), понимаемых как практическая помощь, Книга Товита и «Завещание Иова» часто включают в себя эмоциональное измерение. Иосиф Флавий и Четвертая книга Маккавейская предпочитают такие термины, как «жалость» и «сочувствие», придающие этому мотиву полный аффективный заряд. Что касается оценки дискурса, то Иисус сын Сирахов призывает к практике милосердия, которая в его книге обосновывается божественными и социальными наградами, обещанными милостивому. Книга Товита и «Завещание Иова» демонстрируют двойственное отношение к этому дискурсу, одновременно продвигая его и проявляя колебания. Четвертая книга Маккавейская и история Марии в «Иудейской войне» знаменуют более радикальный сдвиг: персонажи, действующие вопреки сочувствию, проявляемому в его наиболее интенсивной форме, — в форме материнской связи с ребенком, находящимся под угрозой гибели, превращаются в героев. С учетом различных дат написания, жанров и точек зрения эти тексты предлагают разные ответы на вопрос, поставленный в начале главы: что означает дискурс жалости в эллинистических еврейских общинах? Очевидно, нечто большее, чем заботу о беспомощных. Вместе эти тексты иллюстрируют гибкость эмоционального дискурса, поскольку различные его формулировки творчески обращаются с меняющимися проблемами еврейских общин.

Во-первых, реакция на чужую боль и уязвимость направлена на решение проблемы шаткого социального статуса. Такой текст, как Книга Премудрости Иисуса, сына Сирахова, отражает строгую иерархию, где отношения обязательно определяются рангом. Этой жестко зафиксированной структуре противостоит хрупкость собственного положения, которое в одно мгновение может быть разрушено болезнью или разорением. В этом контексте личность, посредством актов жалости, пользуется временным нарушением порядка, чтобы реорганизовать роли. Акты жалости позволяют человеку вообразить себя свободно действующим по отношению к системе, чтобы обезопасить свое место в ней или договориться о лучшем. Человек становится благодетелем, любимым за свои добрые дела, занимающим положение, мало чем отличающееся от положения божества по отношению к человечеству. Забота и помощь могут принести пользу тем, кому они предназначены; однако сын Сирахов уделяет этому мало внимания, сосредотачиваясь скорее на наградах, ожидающих жалостливого и милосердного человека. Обсуждение проявлений жалости в подобном социальном контексте, таким образом, реагирует на тревоги, вызванные нестабильностью социальных условий, предлагая некоторую уверенность; оно также учитывает иерархическую структуру общества и существующее неравенство.

Во-вторых, тексты также затрагивают риски, присущие этому дискурсу. Герои Книги Товита и «Завещания Иова» олицетворяют двойственную природу проявлений жалости. Практика жалости сама по себе предполагает социальные привилегии, ненадежные по своей сути; она также опасно приближает человека к страданию. С одной стороны, жалость и акты милосердия основаны на базовом здоровье и богатстве — условиях, которые далеко не гарантированы; и действительно, Товит и Иов сами попадают в положение тех, кому они пытались помочь. Столы легко переворачиваются; социальный статус настолько же нестабилен, насколько прочно установлена иерархия. С другой стороны, близость к боли ослабляет физические границы тела и создает риск «заражения». Под воздействием страданий тело становится пористым и теряет свою мужественность. Кажется, что дискурс жалости здесь обнажает свои противоречия. Он дает возможность закрепить свой социальный статус, но в то же время предостерегает от тесного контакта с болью. Оба текста столь же громко поощряют практику жалости, сколь и предупреждают о ее опасностях.

В-третьих, дискурс способствует картированию гендера, который столь же изменчив, как и социальный статус. Обе роли в отношениях жалости могут быть связаны с женским полом или по крайней мере повести к уменьшению мужественности. С одной стороны, возможность стать объектом жалости постоянно представляется как угроза для мужественности. Антигон в «Иудейской войне» Иосифа Флавия феминизируется своим соперником, потому что умоляет о жалости, а мученики из Четвертой книги Маккавейской считают «недостойным мужа» принять сочувствие тирана. Жалость подразумевает, что страдающий не в состоянии переносить боль и сохранять самообладание. В Книге Товита и «Завещании Иова» страдания патриарха также выражаются через отсылку к женскому полу, на этот раз чтобы подчеркнуть унижение и зависимость героя. С другой стороны, забота и жалость описываются как типично женский удел; сочувствие, в частности, воплощается в связи матери со своими детьми. В целом, когда жалость и сочувствие выражаются как эмоции, они скорее связаны с женским полом, поскольку считается, что женщины обладают более слабой силой разума и, таким образом, они менее способны умерять свои эмоции. Будь то жалеющий человек или объект жалости, которого сравнивают с женщиной, — в обоих случаях подразумевается утрата мужественности, снижение контроля (над своим телом, ощущениями и эмоциями) и возрастающая зависимость от других. Гендерные изменения, по сути, воплощают в себе социальные изменения: в этих текстах показано, как более слабая сторона, манипулируя эмоциями, обретает власть над более сильным противником — является ли эта ситуация опасной (как в истории Гиркана) или желанной (как в Четвертой книге Маккавейской). Гендер, таким образом, обозначает нездоровый характер социальных отношений, поскольку это непостоянство провоцирует тревогу, но также и фантазии об опрокидывании ролей.

Наконец, этот дискурс отвечает на тревогу, вызванную политическим подчинением в условиях растущей имперской власти. Римская идеология мужской империи, доминирующей над женственными нациями, вероятно, вызывала страх перед демаскулинизацией, который здесь смягчается женскими фигурами, маскулинизированными своим эмоциональным выбором. Истории Марии в «Иудейской войне» и матери мучеников в Четвертой книге Маккавейской основаны на совокупности социальных условностей, связанных с женским сочувствием. Мария и мать мучеников, подавляя сочувствие к своим детям, нарушают гендерные роли, эмоциональные правила и то, что принято считать законами природы. Эти женщины демонстрируют, что даже императорской власти можно противостоять; таким образом они снабжают мужскую аудиторию образами, с помощью которых может быть восстановлена находящаяся под угрозой исчезновения мужественность. Мария и мать мучеников предлагают идеалы мужской неуязвимости, которые авторы текстов пытаются ограничить рамками фантазии. И снова ответы на чужую боль, на этот раз радикально беззаконные, позволяют воображению человека «улучшить» себя — представить себя более мужественным, более могущественным и менее подверженным угрозе собственной уязвимости.

Глава 4
Узы в движении

«Яхандес»... это слово, обозначающее среди польского еврейства еврейскую совестливость и сострадание... — намек на его губы и его раскрывающееся сердце, испытание его души и тайны его духа каждый божий день. Это бессмертие его души и бессмертие его сердца: «Шма Исраэль», которым оно навсегда запечатало себе глаза.

יהנדס ... היא ל ש ת מצפוניו מ ת יהודי ה ת החמל ה ה קר ו ב
ב י פויל י י ן ...רמז שפתיה מיפת מ ח לב ו ה, בחן פש מ ה מכמ נ ן
וח ו ה ר ל ו כ ם תמי י ד . יא שאר ה ת הנפ ה ש השאר ה ת ל ו ב
של ה ה; ה,,שמע'' בו תמ ש ה לרג ח ע עיניה-נצח.

Авот Йешурун
[Yeshurun 1961: 117][1]

Хотя во многих иудео-эллинистических текстах эмоциональные реакции на чужую боль помогают человеку укрепить свой статус в социальных группах, они также выполняют функцию настройки и реконфигурации самих групп. Иудео-эллинистические тексты, как и древнегреческая литература в целом, неизменно намекают на тот факт, что люди склонны испытывать жалость и сострадание в первую очередь к тем, кто принадлежит к той же группе. Греческий лексикон, как уже отмечено, кодирует родство как основную среду, в которой испытываются симпатия и состра-

---

[1] Шира Став указала мне этот фрагмент и любезно предложила английский перевод.

дание. Прикосновение к боли, затрагивающей других, предполагает, что человек чувствует со страдающими некоторую общность[2]. Эмоциональные реакции на чужую боль, следовательно, устанавливают или обосновывают предполагаемые связи; жалость и сострадание наделяют группы аффективной цельностью. В свою очередь, целью этих эмоций может быть утвердить существующие социальные группы или, наоборот, ослабить их и создать новую солидарность. Наиболее заметно, что сострадание используется для дополнения — или даже замены — заповеди любви, когда ее необходимо распространить на все человеческие существа. Таким образом, иудео-эллинистические авторы используют чувствительность к чужой боли как средство достижения любви к человечеству: личность может достичь идеальной любви ко всем, будучи уязвленной и тронутой их страданиями. Гибкость эмоциональных реакций на чужую боль, их потенциал, позволяющий конкретизировать и изменять связи, соответствует подвижному чувству идентичности, отраженному в большинстве иудео-эллинистических текстов.

Со времени «Воображаемых сообществ» Бенедикта Андерсона [Андерсон 2001] формирование социальных групп, как и само это понятие, связывается с актом воображения. «Нация» — это «воображаемое политическое сообщество»; его члены могут обладать лишь «образом» своего сообщества, поскольку они никогда не смогут встретиться со всеми остальными участниками и ощутить присутствие группы. Андерсон идет еще дальше, предполагая, что «все сообщества крупнее первобытных деревень, объединенных контактом лицом-к-лицу (а может быть, даже и они), — воображаемые. Сообщества следует различать не по их ложности/подлинности, а по тому стилю, в котором они воображаются» [Там же: 31]. Различные способы формирования этого «стиля» досконально изучены. К ним относятся, например,

---

[2] Аналогичное наблюдение применительно к «Илиаде» см. в [Most 2003]. Мост показывает, что жалость Ахилла к Приаму коренится в его осознании «моста сходства» [Ibid.: 71]; это, в свою очередь, создает «узы интимной солидарности» [Ibid.: 72]. Аналогичным образом, о классической Греции и раннем христианстве см. [Barton U. 2016: 133–142].

телесные практики, одежда, диета, язык, литература, искусство, ритуалы, общее прошлое и память, и, конечно же, особый интерес для данного исследования представляют чувства, эмоциональные нормы и моральные коды. «Все, — пишет Ян Ассман, — может стать знаком, кодирующим общность» [Ассман 2004: 149]. Эти стили или символы делают сообщества видимыми и позволяют тем, кто ощущает себя их членами, реализовать свое чувство принадлежности к ним. Сообщества многообразны, как и уровни участия в них; индивиды одновременно принадлежат к разным сообществам, которые могут со временем перекрываться, трансформироваться, усиливаться или исчезать. Коллективная идентичность есть, в свою очередь, по словам Ассмана, «продукт социального воображения»; она принадлежит категории, известной как социальное и политическое *воображаемое* [Там же: 142–143].

За последние пятнадцать лет много исследований было посвящено связи между эмоциями и социальными образованиями. Уильям Редди, специалист по французской истории, предлагает первую модель: правящая элита навязывает эмоциональные нормы — создает свой «эмоциональный режим», — но притом «эмоциональные убежища» допускают альтернативные эмоциональные стандарты (например, салоны до Французской революции) [Reddy 2001]. Однако в глазах медиевиста Барбары Розенвейн большинство обществ представляют собой более сложную структуру, чем бинарная модель Редди, предусматривающая *один* эмоциональный режим, часто связанный с политической властью, и *один* альтернативный стиль [Rosenwein 2006; Rosenwein 2010]. В раннем Средневековье, показывает она, сосуществовало несколько эмоциональных сообществ. Общества часто представляют собой первичное всеобъемлющее эмоциональное сообщество с подчиненными группами, которые частично принимают, а частично отвергают доминирующие эмоциональные нормы. Розенвейн разрабатывает концепцию «эмоциональной общности», под которой она подразумевает группы (или дискурсы), ценящие (или отвергающие) одни и те же наборы эмоций и продвигающие схожие эмоциональные нормы; они включают в себя (среди других аспектов) то, как должны выражаться эмоции, кто их испытывает и какие контексты для проявления эмоций подходят. Эмоциональные сообщества функционируют как интернализированные наборы правил, которые обеспечивают нормативность верований и практик конкретной группы.

Бенно Гаммерль подвергает сомнению фундаментальный аспект «эмоциональных сообществ» Розенвейн, задаваясь вопросом, «соответствуют ли эмоциональные сообщества ранее существовавшим политически, культурно или иным образом определенным группам и являются ли они в этом смысле вторичными» [Gammerl 2012: 163]. Достаточно ли концепция «эмоциональных сообществ» показывает формирующий характер эмоций, которые являются составной частью сообществ, а не привязаны к ним задним числом? Гаммерль продолжает: «Можно ли обнаружить эмоционально обоснованные сообщества, которые преодолевают и устраняют различия классов, рас и национальностей, гендера?» По его мнению, эту изменчивость выражают «эмоциональные стили» [Ibid.: 163–164][3]. Гаммерль указывает здесь на аспект эмоций, которым часто пренебрегают теоретики социального конструктивизма: сосредотачиваясь на сконструированном характере эмоций, эти теоретики могут не осознавать, что эмоции также способствуют созданию одних сообществ и ослаблению других.

С точки зрения Каролины Браунмюль, лучше всего отражает эту динамику идея «представления». Эмоции всегда переживаются в неких рамках:

> Нет такой эмоции, которая не была бы предусмотрена существующим сценарием, предписывающим «соответствующие» чувства в соответствующем месте и времени. Такие сценарии очерчивают то, что вообще можно ощущать... или, с другой стороны, невозможно пережить в данный исторический момент, таким образом образуя, строго говоря, конститутивное внешнее по отношению к этому опыту [Braunmühl 2012: 225].

---

[3] См. также [Stearns 1994; Middleton 1989].

По ее мнению, оформление эмоционального опыта в виде представления позволяет артикулировать как свою зависимость от существующего сценария, так и свой творческий — или разрушительный — потенциал. Эмоция как представление никоим образом не сводится к автоматическому исполнению своего сценария. Эмоции одновременно творят и уничтожают. Они порождены социальными нормами, но также поднимаются над ними, сопротивляются им и модифицируют их:

> Эмоциональная поза... со временем материализуется, создавая образец аффективной диспозиции, которая, однако, постоянно нуждается в перформативном восстановлении. <...> Этот перформативный процесс предполагает цитирование соответствующего нормативного сценария, относящегося к эмоциям, и таит в себе возможности процитировать эти сценарии таким образом, чтобы саботировать или переобозначить их, в итоге потенциально их трансформируя [Ibid.: 224–225].

Социальные группы, их эмоциональные стили и эмоциональные переживания их членов образуют сложные отношения, где одни порождают другие.

Моник Шеер также предлагает интегративный подход; на этот раз внимание сфокусировано на эмоциях как воплощенных практиках. Взяв за образец статью Пьера Бурдьё о габитусе, она определяет эмоции как «действия, совершаемые разумным телом» и «культурные практики» [Scheer 2012: 205]. Далеко не вневременное и универсальное, тело всегда социально сформировано и обусловлено; оно встроено в социальные и исторические условия. Нет дихотомии между социальными нормами и «естественным» телом, или между спонтанной и культурно обусловленной эмоцией. Нормы интегрированы в тело и не существуют без него. Таким образом, нет никакого разделения между эмоциями и их сценариями: «Эмоции не существуют до социальных сценариев или полностью отдельно от них» [Ibid.: 216]. Эмоции формируют сообщества настолько же, насколько сообщества создают рамки, в которых эти эмоции переживаются и интерпретируются. Как пишет Маргарет Уэтерелл: «Аффективные практики откладыются в социальных формациях» [Wetherell 2012: 103]. Эмоции могут помочь поддерживать социальные связи, когда общество травмировано некими событиями; столкновения между эмоциональными стилями могут изменить границы между существующими группами и потенциально создать новые связи[4].

Этические кодексы также существуют во взаимно формирующих отношениях со своими сообществами. По мнению Клиффорда Гирца, право «конструирует социальную жизнь, а не рассуждения, во всяком случае, не только рассуждения о ней» [Geertz 1983: 218]. Законы и кодексы создаются сообществами, но не в одностороннем порядке, а просто предполагают наличие сообществ. Тот факт, что кодексы строятся, не означает, что они вторичны; скорее, они участвуют в построении социальных групп. Историки, пишущие о формировании юридических кодексов в Европе, описывают их создание как «базу воображаемой социальности»: «Культурное значение кодексов, таким образом, заключается не столько в их нормативности, сколько в их форматавности; они говорят "нам", кто "мы" такие» [Kroppenberg, Linder 2014: 79]. Кодексы несут «связные представления об общественном порядке»; они зависят от культурной и социальной структуры данной группы, но также порождают группу и ее социальность [Ibid.: 89].

Если современные ученые изо всех сил пытаются установить взаимосвязь между эмоциями и сообществами, то иудео-эллинистические тексты повсеместно демонстрируют напряжение между реакциями на чужую боль и чувством принадлежности. С одной стороны, жалость и сострадание воспринимаются как возникающие внутри существующих связей, часто отождествляющихся с семейными; они предполагают и воплощают «уже существующее» чувство принадлежности. Сочувствуя чужой боли, человек манифестирует группы, частью которых он себя чувствует: он осуществляет свое включение в сообщества. С другой стороны, это восприятие постоянно нарушается случаями, когда жалость и сострадание испытываются к людям за пределами данных сообществ. Здесь столкновение с чужой болью стира-

---

[4] См., например, соответственно [Walkerdine 2010; Loos 2012].

ет границы между группами; человек сочувствует чужим так же, как если бы они были членами его собственного сообщества. Таким образом, реакция на боль других дестабилизирует и переконфигурирует социальные группы. Когда тексты предписывают жалость и сострадание ко «всем людям», они демонстрируют абсолютное расширение, которое либо охватывает, либо раскрывает любое ранее существовавшее сообщество. Эмоциональные реакции на чужую боль парадигмально как создают, так и уничтожают принадлежность — иногда одновременно.

Именно с этой конкретной точки зрения мы рассмотрим призывы к всеобщему состраданию, которое должно распространяться на всех и практиковаться всеми. Эта тема связывает данную и следующую главы с более широкими научными попытками переосмыслить категории партикуляризма и универсализма. Если партикуляризм связан с попытками определить идентичность и ее практику относительно конкретного народа, универсализм скорее имеет дело с попытками преодолеть этнические границы и понять себя независимо от них. Партикуляристские и универсалистские тенденции часто сводят к их упрощенному противопоставлению или используют для поддержки эволюционистского прочтения истории; иногда их также использовали для противопоставления иудаизма и христианства. Исследователи как иудаизма, так и древнего христианства в значительной степени деконструировали такие интерпретации[5]. В этом направлении мысли меня интересует не столько навешивание на тексты ярлыков (таких как «патрикуляристские» или «универсалистские»), сколько то, как в этих текстах действует динамика: усиливают они или подрывают паттерны принадлежности. Что именно этнические (на основе ἔθνος, или чувства народности) и инклюзивные проблемы в эмоциональных и этических нормах раскрывают относительно изменения и взаимоналожения представлений о принадлежности?

---

[5] О Древнем Израиле см. [Barton J. 2014: 41–53; Levenson 1996]. Об эллинистическом и раввинистическом иудаизме, как и о раннем христианстве, см. [Birnbaum 2016; Berkowitz 2013; Berkowitz 2012; Buell 2005; Hirshman 2000; Runesson 2000]. Шире см. [Donaldson 2007].

В начале этой главы мы рассмотрим напряжение между семьей и этнической принадлежностью в Книге Товита, где жалость, сконструированная как типично семейная норма, оказывается востребована по отношению ко всем изгнанным израильтянам. Посредством этого расширения семейных норм жалость способствует «изобретению» израильской диаспоры, превращая изгнанных израильтян в социальную группу, выстроенную по образцу семьи. Затем мы перейдем к гномам Псевдо-Фокилида, где предписание проявлять жалость ко всем людям основано на ощущении общей человеческой природы, объединяющей человека со страдающим «другим». Жалость здесь включает человека в состав всего человечества, стирая прочие связи. В других текстах, таких как «Письмо Аристея» и некоторые сочинения Филона, жалость демонстрирует двойственную инкорпорацию, включая личность как в состав человечества, так и в еврейскую общину. У Филона жалость играет особенно важную роль в том, чтобы представить соблюдение еврейского закона как способ утверждения всеобщей человечности. Наконец, мы вернемся к противоречию между двумя функциями эмоции: подтверждением «уже существующих» сообществ и созданием новых связей. Тексты Филона и Евангелия от Луки, а также «Завет Завулона» натурализуют жалость и сострадание, которые они рассматривают как чувства, типичные по отношению к родне. В то же время они конструируют жалость и сострадание как спонтанные эмоции, которые можно испытывать к совершенно незнакомым людям; заповедь любви также иногда перефразируется в предписание распространить сострадание на всех. В заключение мы поразмышляем над специфическим потенциалом откликов на чужую боль в том, что касается реконфигурации принадлежности.

4.1. Товит: изобретение сообщества диаспоры

В главе третьей мы предположили, что Книга Товита выражает тревоги, вызванные жалостью и сопутствующими ей действиями. Здесь мы обратимся к еще одной двойственности, заложенной в этой книге, на этот раз связанной с конкурирующими проявлениями жалости: в Книге Товита жалость одновременно конструируется как характеристика семейных отношений и призыв к ней относится ко всем членам израильской общины в изгнании. Аффективный стиль семьи, по крайней мере одна из его черт, таким образом воспроизводится для всей группы изгнанников. Поскольку это смещает эмоциональные и моральные коды родства на более широкую этническую общину в изгнании, книга способствует возникновению израильской диаспоры как социальной группы, чья модель привязанности выстроена по образцу семейной.

Образ Товита воплощает в себе расширение проявлений жалости по отношению ко всем изгнанным израильтянам. Это расширение явно выражено в самопрезентации Товита: «Я совершил много дел милосердия [ἐλεημοσύνας] моим братьям и народу [ἔθνει], который пришел со мною в землю Ассирийскую, в Ниневию» (Тов. 1:1, Vaticanus)[6]. Соответственно, когда Товит решает разделить трапезу Пятидесятницы, он призывает своего сына: «Приведи всякого бедняка, которого ты найдешь среди братьев наших, из ниневийских пленников...» (Тов. 2:2, Sinaiticus)[7]. Товит открывает семейный стол всем израильтянам, как будто они родственники. Похожий сдвиг иллюстрируется погребениями — тем проявлением жалости, которое получает в книге, как уже отмечалось, наиболее полное повествовательное развитие[8]. За исключением погребений, совершенных Товитом, все остальные события, связанные с этой темой, происходят в семейном контексте. Это и просьба Товита быть похороненным рядом с женой, и план свойственников Товии похоронить его, если он умрет,

---

[6] В Sinaiticus — «для моего народа» [τῷ ἔθνει μου]. Синодальный перевод: «...и делал много благодеяний братьям моим и народу моему, пришедшим вместе со мною в страну Ассирийскую, в Ниневию». См. также 1:16, «много поступков милосердия [ἐλεημοσύνας] совершил я для моих братьев» (τοῖς ἀδελφοῖς μου) (Sinaiticus: «...для тех, кто из моего племени», τοῖς ἐκ τοῦ γένους μου); ср. 14:7 (Vaticanus).

[7] Vaticanus добавляет «среди наших братьев» (τῶν ἀδελφῶν ἡμῶν). Синодальный перевод: «...пойди и приведи, кого найдешь, бедного из братьев наших».

[8] См. также главу третью нашей книги.

после того как переспит с их дочерью, и, наконец, фактическое погребение Товией его родителей и свойственников (Тов. 12:12–14)⁹. На этом фоне выделяются погребения, которые совершает Товит, так как он хоронит неизвестных израильтян, не родственников. Хороня товарищей по изгнанию, Товит исполняет для них то, что обычно является семейной обязанностью. Здесь дело не только в ритуальных практиках, но и в эмоциях: после того как принесли труп чужака-израильтянина, Товит ест «в боли» (ἐν λύπῃ) [или: «в трауре» (μετὰ πένθους)] и «плачет» (Тов. 2:5–6; Vaticanus [Sinaiticus])¹⁰. Как и погребение, оплакивание в других случаях происходит исключительно в семейном контексте (Тов. 3:1, 5:18, 7:7–8, 16, 11:9, 14). Слезы Товита свидетельствуют о семейных эмоциях по поводу кого-то, кто на самом деле не родственник, а скорее член одной этнической группы, которая таким образом ассимилируется ближним кругом родства Товита.

Это распространение семейных практик и эмоций на все израильское сообщество в изгнании, осуществляемое Товитом, протекает не гладко: местные власти ссылают Товита за его погребения, а его соседи надсмехаются над ним (Тов. 1:19–20, 2:8). Повествовательная структура книги усиливает это напряжение, поскольку очевиден контраст между ужасными последствиями погребений Товита для его семьи и постоянной заботой, которую Товит получает от своих родственников во время своих испытаний. Погребения Товита отрывают его от семьи; едва вернувшись, он немедленно возобновляет их — даже прерывая праздничное застолье. В результате его слепота затрагивает всю семью, вызывая разорение, ссоры и — с последующим отъездом Товии — новое расставание. И наоборот, на протяжении всей книги близкие поддерживают Товита: Ахиахар, племянник Товита, ходатайствует за него, когда его изгоняют из Ниневии, и тем самым позволяет ему вернуться к своей семье; позже он предостав-

---

⁹ О погребениях Товита см.: Тов. 1:17–19, 2:3–7; другие упоминания о погребениях см.: 4:3–4, 6:15, 8:9–12, 14:9, 11–13. О теме погребений в Книге Товита см. [Efthimiadis-Keith 2013; Dávid 2011; Ego 2009; Bolyki 2005].

¹⁰ Об эмоциях в Книге Товита см. [Di Lella 2012].

ляет Товиту пищу. В свою очередь, Анна, его жена, становится кормилицей семьи. И главное, путешествие Товии в Мидию благодаря вмешательству Рафаила приносит Товиту исцеление, а также финансовую безопасность и потомство (Тов. 1:21–22, 2:10, 11–14)[11]. Итак, дважды хороня соплеменников-израильтян, которые не являются его родственниками, Товит ставит под угрозу благополучие своей семьи; оба раза его родственники поддерживают и подкрепляют его. Эта напряженность, по сути, свидетельствует о реконфигурации уз и обязательств, которую порождает жалость. Согласно устоявшемуся сценарию, жалость должна переживаться и практиковаться внутри семьи. Товит, испытывая и проявляя жалость ко всем израильтянам, нарушает эту условность, но также способствует созданию нового сообщества.

Несмотря на это напряжение, книга в конечном итоге поддерживает новое расширение эмоционального стиля и подразумевает, что он успешно реализован. Повествование указывает на эту трансформацию посредством опыта Товии, который соприкасается со своей этнической группой буквально как с членами одной большой семьи. Рафаил, которого он встречает (вроде бы) случайно, называет себя родственником (прежде чем раскрывает себя как ангел); то же самое происходит и с Сарой, его будущей женой. Если повествование действительно следует читать как демонстрацию того, «к чему приводит проявление жалости», то удача Товии может быть истолкована как результат милосердия его отца, особенно его погребений (Тов. 14:11; 12:12–15). Ведя себя по отношению ко всем собратьям-израильтянам так, как если бы они были близкими родственниками, и испытывая соответствующие чувства, Товит, по сути, преобразует изгнанную группу в большую семью. Как предок израильского народа Товит своим образом придает законность этому новому стилю привязанности. Делая жалость ключевым моментом своего завещания, Товит утверждает своих потомков — а через них и адресатов

---

[11] См. также: Тов. 1, 5:9–14 — об ином типе напряжения между семьей и этнической группой. О семейной поддержке к Книге Товита см. [Portier-Young 2001].

текста — в статусе будущего этого воображаемого сообщества: удаленного от родины, но сплоченного как семья.

Какова же тогда функция такого повествования? Неясно, написана ли Книга Товита в реальной общине диаспоры; тем не менее она отчетливо обращена к проблемам изгнанного сообщества[12]. Эми-Джилл Левин убедительно истолковала Книгу Товита как попытку принести в хаотичное существование диаспоральной общины стабильность. Беате Эго также указала на несколько способов — диетические предписания, благотворительность и эндогамию, — с помощью которых Товит организует жизнь в диаспоре [Levine A.-J. 1992; Ego 2005]. Эндогамия, в частности, сохраняет идентичность вдали от земли предков; как отмечает Левин, семья является стабильным маркером идентичности в диаспоре, что парадоксально, потому что она портативна и не замкнута в географических границах[13]. В то время как эндогамия передает расширенной семье функцию (обеспечение супругов), обычно исполняемую этнической группой, жалость и акты милосердия функционируют в противоположном направлении, распространяя семейные нормы на изгнанную израильскую общину. Однако в конечном итоге и супруг, и сограждане-израильтяне становятся ближе к самому субъекту: эндогамия де-факто делает супруга родственником, а жалость заставляет представлять своим родственником ближнего израильтянина. Эти два дискурса выполняют сходные функции, поскольку они переопределяют отношения личности с другими как родственные узы; оба продвигают семью как образец или стандартную форму привязанности.

Книга Товита предлагает первый пример того, как жалость способна изменить конфигурацию связей. Книга не только представляет и организует жизнь в чужой стране, как это показали Левин и Эго, но также и «изобретает» израильскую диаспору,

---

[12] См. [Fitzmyer 2003: 50–54; Littman 2008: XIX–XLVII].

[13] См.: Тов. 1:9; 4:12 (Vaticanus); 6:12; 7:10. Об эндогамии при внутриплеменных браках см. [Littman 2008: XXXVII–XLI; Hieke 2005; Nicklas 2005]. Об эндогамии в диаспоре см. [Levine A.-J. 1992].

поскольку она трансформирует группу людей в сообщество, объединенное нормами, практиками и чувствами. Как и воображаемые сообщества Андерсона, диаспора не имеет осязаемой реальности, которую можно испытать непосредственно. Это понятие основано на сложном акте воображения, который подразумевает разнообразные абстрактные понятия, такие как родина и этническая принадлежность, а они, в свою очередь, интерпретируются как факторы принадлежности. Книга Товита конкретизирует сообщество диаспоры, моделируя его стиль привязанности по образцу семейных уз. Жалость конструируется, в качестве совокупности чувств, ритуальных практик и актов помощи, как характеристика семейных связей, и одновременно распространяется на всю этническую группу в изгнании. Семейный тип привязанности с сопутствующими практиками, таким образом, проецируется на перемещенное сообщество.

4.2. Жалость как включение в человечество

Притом что жалость используется в Книге Товита для преобразования связей внутри этнической группы в изгнании, она также может быть использована для демонстрации принадлежности к гораздо более широкому сообществу, физически еще менее ощутимому: человечеству. В «Изречениях» Псевдо-Фокилида, к которым мы сейчас перейдем, распространение жалости на «всех людей» предполагает, что и жалеющий, и объект его жалости принадлежат к сообществу, охватывающему все человечество. «Изречения» приглашают человека глядеть на уязвимых других как на субъектов тех условий человеческой жизни, которые и сам жалеющий рано или поздно испытает на себе. Личности предлагается признать общую с обездоленными человеческую природу. Этот процесс, основанный на акте воображения, сравним с современной эмпатией, но не тождественен ей. Парадигмально в «Изречениях» эмоциональные реакции на чужую боль, сформулированные как этические императивы, используются для того, чтобы перенастроить связи между собой и другими; таким образом создаются новые модели принадлежности.

«Изречения» Псевдо-Фокилида представляют собой сборник этических высказываний, датируемых I веком до н. э. или I веком н. э. Хотя текст приписывается греческому поэту, ссылки на Писание выдают его еврейское происхождение[14]. После краткого изложения и адаптации основных повелений Декалога текст предлагает максимы о судебной практике (строки 9–21). Затем речь заходит о жалости:

> Бедному дай не медля; не говори прийти завтра;
> Он [или: ты] наполнит руку твою[15]; окажи милость нуждающемуся [ἔλεον χρῄζοντι παράσχου];
> Принимай бездомных в свой дом и веди слепых;
> Жалей [οἴκτιρον] потерпевших кораблекрушение, ибо плавание неизвестно;
> Протяни руку упавшему и спаси беспомощного;
> Страдание общее для всех [κοινὰ πάθη πάντων];
> Жизнь есть колесо [или: круговой цикл (τροχός)];
> Счастье ненадежно;
> Если у тебя есть богатство, протяни руку свою бедным;
> Что дал тебе Бог, дай нуждающемуся;
> Да будет вся жизнь общей [ἔστω κοινὸς ἅπας ὁ βίος], и все вещи от одного разума [καὶ ὁμόφρονα πάντα] (Псевдо-Фокилид. 22–30).

Этот короткий отрывок описывает, как следует чувствовать и вести себя при встрече с уязвимыми людьми. Во многих отношениях он напоминает Сир. 7:32–35 — фрагмент, рассмотренный нами в главе третьей. Оба текста начинаются с предписания заботиться о бедных, а также со ссылки на «руку твою» и обещания божественной награды; оба остерегают против отсрочки помощи;

---

[14] См. особенно [Wilson 2005: 3–8]. Уилсон отмечает восемь или девять слов, которые не обнаруживаются в других текстах ранее I века до н. э. и I века н. э. См. также [Wilson 1994; Horst 1983; Horst 1978].

[15] Греческий текст [πληρώσει] допускает оба прочтения. Варианты текста см. в [Wilson 2005: 97]. Мне кажется вероятнее третье лицо (вопреки мнению Уилсона и Ван дер Хорста), из-за параллелизма со строкой 29; я думаю, что здесь скрыто имеется в виду божество. Даровать жалость тому, кто в нужде, — это здесь воспринимается как возвращение того, что божеством дано.

оба подчеркивают, что богатство временно; наконец, оба касаются «всех» (πᾶς) людей[16]. Псевдо-Фокилид, однако, гораздо более явно помещает свои советы в более широкий общечеловеческий контекст, выходящий за рамки конкретного человеческого сообщества. В этом отрывке говорится, что «страдание общее для всех»; дальше идет наставление: «Да будет вся жизнь общей», что может быть понято как призыв делиться всеми ресурсами, необходимыми для жизни[17]. Другие разделы «Изречений» демонстрируют такое же внимание ко «всем»: книга призывает читателя быть «со всеми» искренним; советует говорить хорошо, так как это «всем принесет великую пользу»; убеждает «отдавать всем должное» (50, 123, 137). Очевидно, что Псевдо-Фокилид помещает личность в большое сообщество, куда должны быть включены «все» в силу их человеческой природы.

Как и в Книге Сираха, и страдание, и счастье воспринимаются как временные условия, поскольку «жизнь — это колесо». Помимо этого основного принципа нестабильности «Изречения» учат, что «страдание является общим для всех»; рекомендации последовательно обосновываются тем, что человек так же уязвим, как и те, кому он должен помогать. Он сам, как и несчастный другой, зависит от нестабильной и конечной природы жизни. Например, следует проявить жалость к потерпевшему кораблекрушение, «поскольку плавание ненадежно»; путешествуя по морю, ты и сам подвергнешься тем же опасностям. Частично это обоснование сопоставимо с аристотелевским пониманием жалости: мы сочувствуем тем, кто страдает незаслуженно, потому что понимаем, что их судьба может стать и нашей (Риторика. 2.8.2, 1385b).

---

[16] См.: Сир. 7:33. Более широкое сравнение между Книгой Премудрости Иисуса, сына Сирахова, и Псевдо-Фокилидом см. в [Collins 1997: 158–177]; об этике Псевдо-Фокилида см. [Berthelot 2004: 96–106].

[17] См. [Horst 1978: 103]. Цицерон призывает к подобной же общности: «И содружество, действительно широчайше открытое для людей в их взаимоотношениях, для всех в их отношениях со всеми, — это такое, в котором надо соблюдать общность всего того, что природа произвела на потребу всем людям...» (Об обязанностях. I.51). Далее Цицерон приводит несколько конкретных примеров, таких как обеспечение для всех доступа к проточной воде (I.51–52).

В «Изречениях» жалость возникает именно из признания того, что и страдалец, и субъект жалости являются частью человечества, и поэтому их ждет одна и та же участь.

Эмоциональные реакции на чужую боль в «Изречениях» Псевдо-Фокилида включают в себя акт воображения, который также лежит в основе того, что современные ученые называют эмпатией. Сравнение позволяет выявить общие черты, но и важное отличие. Мартин Л. Хоффман, социальный психолог, который исследует роль эмпатии в развитии человека и общественной жизни, определяет ее как «аффективную реакцию, более соответствующую ситуации другого человека, чем самого чувствующего» [Hoffman 2000: 4]. Дэвид Хоу определяет еще проще: эмпатия возникает, «когда мы резонируем с чувствами другого человека» [Howe 2013: 11–12]. Как может человек аффективно реагировать на ситуацию, которая не является его собственной? С точки зрения Марты Нуссбаум, такая реакция возникает в результате акта воображения; сочувствие, в ее понимании, представляет собой «творческую реконструкцию опыта другого человека» [Nussbaum 2001: 302]. Через эмпатию человек представляет себя в ситуации уязвимого другого и чувствует то, что, по его мнению, чувствует другой. Особенность «Изречений» (и других позднеантичных текстов, как мы увидим далее в этой и следующей главах) заключается в том, что этот акт воображения основан на ощущении связи, или по меньшей мере на общем чувстве принадлежности[18]. В «Гномах» эта связь — общая принадлежность к человеческому роду. Возьмем пример потерпевших кораблекрушение. Если у меня есть эмпатия (как ее определяют Нуссбаум и другие), я мысленно реконструирую этот опыт, представляя себя в роли потерпевшего кораблекрушение; я представляю, как бы я себя чувствовала и что мне было бы нужно в такой ситуации. Если я последую совету Псевдо-Фокилида, я задумаюсь о том, что связывает человека, потерпевшего кораблекрушение, и меня, и признаю, что оба мы люди, одинаково подверженные воздействию природных катастроф; в свою оче-

---

[18] Об эмпатии в классической греческой литературе см. [Sternberg 2006: 15–16].

редь, эта человеческая природа побуждает меня оказывать помощь. В сопереживании акт воображения фокусируется на переживаниях страдающего. Для Псевдо-Фокилида он фокусируется на связи между страдающим и сопереживающим — в данном случае на общности человеческой природы.

Признание того, что и я, и другой являемся людьми, прямо проявляется в предписании уважать иммигрантов, пришельцев:

> Пусть пришельцы [ἐπήλυδες] пользуются равным почетом среди граждан,
> Ибо все мы испытываем бедность многих странствий;
> Твердая почва [или: место] в жизни [χώρης... πέδον] не имеет ничего определенного для людей (39–41).

Должное отношение к иммигрантам основано на чем-то, что испытывают «все» — в данном случае на уязвимости, вызванной странствиями. Это оправдание контрастирует с тем, которое дает аналогичному императиву Книга Исход: «Пришельца [προσήλυτον] не обижай [и не притесняй его]: вы знаете душу пришельца, потому что сами были пришельцами в земле Египетской» (Исх. 23:9, Греч.)[19]. Согласно Книге Исход, человек должен относиться к опыту чужестранца через посредничество своих предков — это своего рода опосредованная эмпатия[20]. Исход не призывает свою аудиторию помнить собственный опыт изгнания или предвидеть возможность переселения (хотя текст на иврите, являющийся частью «Кодекса завета», вероятно, был записан в период, когда подобный опыт был актуален, по крайней мере для части Израиля)[21]. Скорее Священное Писание обращается к далекому коллективному «я» предков, чтобы опыт, приписываемый им, мог руководить нынешними действиями. Напротив, «Изречения» Псевдо-Фокилида связывают уязвимость иммигрантов с общими для «всех» обстоятельствами, которые обяза-

---

[19] См. также: Исх. 22:20; Лев. 19:33–34; Втор. 10:17–19.
[20] См. [Kazen 2011: 95–114; Kazen 2013].
[21] См. [Wright D. 2009: 301–302].

тельно затронут любого человека. Нет нужды вспоминать далеких предков; человека скорее призывают признать общность человеческого опыта. И Книга Исход, и «Изречения» обосновывают уважение к чужестранцу, апеллируя к сообществу, членом которого является человек: в первом случае это народ Израиля, во втором — все человечество. При этом тексты воплощают чувство принадлежности: они придают связям осязаемость, поскольку делают их основой для конкретных действий.

В «Изречениях» предписание делиться своим богатством подкрепляется напоминанием о смертности, о судьбе, которая делает и самого человека, и другого частью человечества:

> Пока богат, не жалей; помни, что ты смертен.
> Никто не уносит в Аид богатство и имущество.
> Все трупы одинаковы, но над душами царствует Бог;
> Аид — общий вечный кров и отечество,
> Место, общее для всех, бедняков и царей.
> Мы, люди, живем не долго, а лишь один сезон;
> Однако душа бессмертна и живет вечно (109–115).

Люди должны делиться своим богатством, поскольку они живут не очень долго. Образ Аида усиливает идею о том, что каждая личность, наряду со всеми другими людьми, принадлежит к уникальному сообществу, которое не только обладает пространством («кровом»), но также и родословной («отечество»). Тот факт, что «Изречения» приписываются «Фокилиду, мудрейшему из мужей», добавляет дополнительное измерение к этому утверждению общей принадлежности к человечеству. Фокилид был гномическим поэтом VI века до н. э., который жил в Милете (Иония). Приписывание «Изречений» Фокилиду сохранялось до Средневековья, когда ученые установили зависимость текста от греческого текста Библии[22]. «Изречения» Псевдо-Фокилида — не единственное еврейское произведение, которому приписывают нееврейское псевдоэпиграфическое авторство; то же самое верно и для «Книг Сивилл», и, например, для «Письма Аристея». В «Из-

---

[22] См. [Collins 1997: 158–160].

речениях» псевдоэпиграфика способствует построению воображаемого сообщества, членами которого читателям предлагается себя считать. Автор избегает мотивов, которые можно было бы идентифицировать как специфически еврейские, да и приписывание Фокилиду также отдаляет текст от его израильских первоисточников. В связи с этим первые два предложения гласят:

> Эти решения, через святые суды Божии,
> Фокилид, мудрейший из мужей, раскрывает, как богатые дары (1–2).

Роль Фокилида — «раскрывать» или «выявлять» (φαίνει); в конечном итоге «Изречениям» придается божественное происхождение. Я предполагаю, что «Фокилид» прежде всего фигурирует здесь не как уважаемый представитель греческой культуры; он скорее воспринимается как универсальная фигура, которая является посредником между божественным и человеческим. Действительно, нет никаких намеков на то, что греческая культура как таковая могла бы цениться выше, чем еврейская традиция. Скорее культурой меньшинства, которое создало текст, принимается идентификация греческой культуры как универсальной[23]. Фокилид — образ мудреца, чей совет может принести пользу всем людям. Как и ссылки на общечеловеческий опыт, псевдоэпиграфическое приписывание Фокилиду помещает текст и его аудиторию в сообщество, которое выходит за рамки еврейской идентичности и включает в себя «всех» людей.

В заключение отметим, что «Изречения» Псевдо-Фокилида, как и Книга Товита, демонстрируют двустороннюю связь между эмоциональными реакциями на чужую боль и чувством принадлежности: то, что чувствует личность, зависит от того, как она воспринимает свою связь с другими людьми. В свою очередь, эта связь представляет собой абстракцию, возникающую в результате акта воображения; поэтому она нуждается в обосновании. Ощущая жалость и действуя соответственно, личность осознает свою связь

---

[23] Мы вернемся к этой дискуссии в главе пятой.

с другим. Жалость основана на принадлежности, но также порождает чувство принадлежности. Жалость зависит от принадлежности, что наиболее очевидно при сравнении с современной эмпатией: обе эмоции включают в себя акт воображения, но различаются тем, что именно воображается. В эмпатии человек мысленно представляет, как может ощущаться опыт другого. Однако в Книге Товита и в «Изречениях» Псевдо-Фокилида человек, испытывая жалость к страдающему другому, визуализирует группу, к которой они оба принадлежат. Жалость раскрывает и вводит в действие узы; это представление, как отмечает Браунмюль, никогда не бывает чистым воспроизведением сценария. В Книге Товита главный герой преступает ограничение жалости семьей, вместо этого распространяя ее на всю этническую группу в изгнании. Таким образом, книга наделяет плотью абстрактную концепцию диаспоры. Что касается «Изречений», они по-новому интерпретируют библейский императив защиты чужестранца; если Книга Исход оправдывает эту заповедь ссылкой на предков-израильтян, то «Изречения» скорее напоминают об общей человеческой природе. Здесь жалость следует испытывать ко всем, и ее практика воплощает это глобальное (и абстрактное) чувство принадлежности. Жалость придает телесность понятию «все человеческие существа» и позволяет личности занять свое место в этой группе.

4.3. Жалость как двойной маркер идентичности

Теперь обратимся к текстам, раскрывающим более сложное понимание принадлежности, поскольку жалость в них одновременно рассматривается как маркер еврейской идентичности и как знак причастности к человечеству. С одной стороны, жалость здесь используется для того, чтобы поместить данный дискурс в рамки еврейской традиции. Дело не в том, является ли жалость специфически еврейской или нет. В первой и второй главах нашей книги прослежен процесс, посредством которого такие термины, как ἔλεος и οἶκτος, были присвоены посредством перевода, задним числом прикреплены к некоторым из праотцев Израиля и со временем стали восприниматься как атрибуты еврейства; жалость, таким образом, стала еврейской. Тексты, рассматриваемые в этом разделе, свидетельствуют о результате этого процесса; жалость здесь делает евреем. С другой стороны, жалость также указывает на принадлежность к человечеству. Точнее, жалость является одним из средств, позволяющих Филону, привлекая, как обычно для него, более широкое философское обрамление, утверждать, что те, кто следует закону Моисея, де-факто становятся «гражданами мира». Таким образом, жалость действует как двойной маркер идентичности. Так как жалость предписана законом, переданным Моисеем, и поэтому исходящим от божественного создателя, это сигнализирует об инклюзивности не только внутри еврейского народа, но и внутри сообщества всех людей.

В «Письме Аристея» реакция на боль других упоминается лишь однажды, в отрывке, уже цитировавшемся в главе первой. Жалость здесь построена как нечто типично еврейское — это лежит в основе ответа одного из еврейских мудрецов царю Птолемею, — но и как способ достичь любви к человечеству:

> Царь... спросил... как ему быть другом людей [или: любящим человечество (φιλάνθρωπος)]. И тот [один из переводчиков] ответил: «Наблюдая то, что человеческий род возрастает и рождается во многом смятении и великом страдании. Посему ты не должен легкомысленно наказывать или подвергать их пыткам, поскольку ты знаешь, что человеческая жизнь состоит из боли и наказаний. Ибо если ты поймешь всё, ты преисполнишься жалости [ἔλεον], ибо Бог также преисполнен жалости [ἐλεήμων]» (Письмо Аристея. 208).

Царь хочет на деле воплотить любовь к человечеству (φιλανθρωπία) — первоначально божественный атрибут, но также и добродетель, упоминаемую в тогдашних греческих текстах, иногда понимаемую в более широком смысле, как доброжелательность или доброта[24]. Для еврейского мудреца жалость

---

[24] О любви к человечеству (φιλανθρωπία), см. [Berthelot 2003b: 17–78] (греческая литература) и [Ibid.: 185–390] (иудео-эллинистическая литература). О любви к человечеству у Филона см. [Winston 1984, esp. 391–400].

является способом достижения этой цели. Он дает царю два обоснования этой мысли: в одном из них жалость рассматривается как общечеловеческая ценность, в другом — как особый атрибут еврейского божества[25]. С одной стороны, мудрец напоминает о страданиях, пронизывающих человеческое существование: царь должен быть осторожен и не увеличивать страдания в жизни, и без того полной их. Жалость, таким образом, здесь является реакцией на боль, — реакцией, которую должны культивировать все люди, учитывая условия человеческого существования. С другой стороны, как и многие на этом пиру, еврейский мудрец видит в божестве образец, которому царь должен подражать, в данном случае — образец жалости[26]. В контексте «Письма» сам по себе призыв подражать «Богу» (ὁ θεός) не обязательно специфичен для еврейской мудрости. Ранее в тексте Аристей сообщает царю, что евреи «чтут Зрителя всяческих и создателя — Бога, Которого почитают и все, а мы иначе называем Его Зевсом и Дием» (16)[27]. Но обращение к божеству, «преисполненному жалости», напротив, выступает в качестве легко опознаваемого маркера еврейской идентичности. Как мы уже видели ранее, для языка греческого Писания типично использование термина ἐλεήμων в качестве божественного атрибута; проявления жалости, таким образом — способ подражать божеству еврейского народа. Следовательно, обращение к этой эмоции в большей степени делает мудреца представителем именно еврейской традиции, чем само по себе упоминание божества.

Как же может эмоция, столь тесно связанная с условиями человеческого существования (особенно с их болезненным характером), одновременно конструироваться как типично еврейская ценность? Чтобы сформулировать этот парадокс, я использую

---

[25] Любовь к человечеству часто ассоциируется с жалостью. Филон, в частности, упоминает жалость и любовь к человечеству вместе как божественные атрибуты (Об Аврааме. 137) и как человеческие качества (Об Иосифе. 82); см. также: Об особенных законах. 2.96; 4.202.

[26] О подражании божеству в «Письме Аристея» см. [Berthelot 2004: 215–217].

[27] См. также [Honigman 2013, esp. 216].

понятие «стиля» — или еще более неуловимого «аромата», — чтобы выразить накопление и закрепление аффективных практик, которые группа со временем начинает рассматривать как признаки своей идентичности. По словам Маргарет Уэзерелл:

> Аффективные практики оседают так, что для каждого поколения, социального класса, гендера, национальной или региональной группы, определенного периода социальной истории и т. д. можно найти способы проявления аффекта или аффективный габитус, которые стали характерными и определяют вкус, отношения и привычки этой группы [Wetherell 2012: 115].

Жалость здесь тоже функционирует как совокупность таких устоявшихся аффективных практик, которые стали ярлыками идентичности. На период, когда написано «Письма Аристея», жалость легко опознается как приверженность аффективно-этическому стилю эллинистической еврейской общины. Простое выражение жалости предполагает особый репертуар чувств и практик; оно также намекает на еврейскую идентичность. Жалость не является атрибутом еврейской традиции; скорее, она функционирует, по крайней мере внутренне, как часть своего особого «аромата». Идентичность, однако, не монолитна. Жалость — это путь достижения любви к человечеству, любви, которая выступает как «универсальная» ценность. Она растет из осознания страданий, наполняющих человеческое существование, и вытекающего отсюда желания не усугублять эту боль. Сострадать — значит помнить об условиях существования человека. Она признает принадлежность к единому человечеству.

Таким образом, жалость характерна для двойственной идентичности, сконструированной в «Письме Аристея»: в ней сконцентрирован эмоциональный стиль еврейской общины, но она также является идеалом для всего человечества. Сильви Хонигман убедительно показывает, что утверждение еврейской самобытности в «Письме» — одновременно способ войти в число «всех греков». Она особо подчеркивает «попытку определить иудейские ценности как лучшее воплощение ценностей греческих» [Honigman 2013: 215][28]. Быть евреем (или иудеем) — способ не только претендовать на членство в сообществе «всех греков», но и утвердить свое превосходство в этой большей группе. Жалость — часть этого процесса. Она олицетворяет еврейское наследие, но также имеет потенциал просветить всех греков. Жалость утверждает личность в обоих сообществах; ее практика имитирует божество греческого Писания, описанное как «полное жалости», и в то же время она делает человека любящим человечество. Жалость в «Письме» находится на пересечении двух аффективных сетей. Благодаря этому она обладает потенциалом «мобилизовать весьма широкий и разнообразный репертуар аффективных практик» и, в свою очередь, быть мобилизованной им [Wetherell 2012: 118]. Считается, что жалость опирается (по крайней мере) на два репертуара; производительность в одном отражает превосходство в другом.

У Филона жалость действует как двойной маркер идентичности[29]. С одной стороны, жалость представлена как добродетель, доступная каждому человеку через посредство разума. Мы уже приводили определение жалости как «чувства, наиболее необходимого и теснее всего связанного с разумной душой» (О добродетелях. 144)[30]. Проявлять жалость на деле — значит поступить в соответствии с доводами разума; это входит в «репертуар» обычного человека. Вот эпизод из принадлежащего Филону пересказа Книги Бытия: когда Иаков слышит о смерти своего сына Иосифа, которого, как он считает, растерзали дикие звери, патриарх предпочитает, чтобы Иосифа лучше уж убили люди — убийцы, возможно, все-таки «пожалели бы [его] труп, чтобы развеять прах и скрыть тело». Даже если бы они оставили его тело непогребенным, возможно, «один из прохожих на дороге, наткнувшись и увидев [его], пожалел бы [нашу] общую природу, счел бы его достойным заботы и захоронения» (Об Иосифе. 25).

---

[28] См. также [Charles 2009].

[29] Об идентичности у Филона см. [Leonhardt-Balzer 2007] (с отсылкой к более ранним работам).

[30] См. также: О потомстве Каина. 31.

Проявить жалость может каждый, в том числе и убийцы — даже Калигула, как отмечалось ранее (О посольстве к Гаю. 367). Нет необходимости соблюдать какие-то особые моральные законы, чтобы чувствовать жалость; случайные прохожие могут опечалиться при виде непогребенного трупа. Жалость — это потенциал, которым обладают все люди. Как и в «Изречениях» Псевдо-Фокилида и «Письме Аристея», способность к жалости коренится в признании общности: человек видит в чужой уязвимости конечности условия человеческого существования, с которыми он также сталкивается.

С другой стороны, Филон также рассматривает жалость как предписание Моисеева закона. Обсуждая греческий текст Книги Исход 23:3 («...бедному не потворствуй в тяжбе его»), он делает общий вывод о том, что неправедные поступки подлежат суду, даже если они совершены бедным человеком. Филон уравновешивает это утверждение, напоминая о вездесущности жалости в законе Моисея: «Он [законодатель] почти весь закон наполнил повелениями о жалости и любви к человечеству» (Об особенных законах. 4.72). Филон приводит несколько примеров случаев, когда закон, в его интерпретации, требует жалости к конкретным людям, включая обездоленных, раненых, подвергшихся насилию девственниц, пленниц и даже скот[31]. Моисеев закон конструируется как воплощение жалости; в свою очередь, жалость в интерпретации Филона становится одной из центральных заповедей. Этот акцент удивителен: несмотря на внимание к социальной уязвимости, Тора — даже в греческом переводе — нигде не предписывает жалости. Напротив, единственные три заповеди, в которых встречается глагол ἐλεέω, — негативные; фактически они запрещают проявлять жалость в определенных обстоятельствах[32]. Тем не менее Филон ретроспективно проецирует жалость на закон Моисея, а это предполагает, что он (и его современники) считали жалость тесно связанной с еврейской идентичностью.

---

[31] См. соответственно: Об особенных законах. 2.115, 2.138, 3.76; О добродетелях. 114, 141. См. также [Kerns 2013: 149].

[32] См.: Исход 23:3; Втор. 7:2, 28:50; см. также главу вторую настоящей книги.

Возведение корней жалости к закону Моисея придавало дискурсу древность и авторитет.

В контексте мысли Филона интеграция жалости в Моисеев закон никоим образом не противоречит ее связи с общечеловеческими основами. Для Филона закон Моисея есть выражение закона природы; они сходятся, и предписания закона находятся в согласии с природой[33]. Лучшее выражение этого принципа можно найти в Четвертой книге Маккавейской, в словах, которые произносит мученик Елеазар: «Мы… знаем, что законодательствующий Творец мира щадил [συμπαθεῖ] и природу нашу» (4 Макк. 5:25). Божественный закон не произволен; поскольку он кодифицирует закон природы, он искусно настроен (корень συμπαθ-) на нужды человека. Таким образом Филон использует идею творения, чтобы показать, что и мир, и закон — дело рук божества. Для него творение является преамбулой к закону Моисея, как он сам отмечает в начале своего трактата о творении:

> Моисей… предпослал [изложению] законов всепрекрасное и наидостойнейшее начало. <…> Начало же, как я сказал, в высшей степени удивительно, поскольку содержит [описание] сотворения мира, при этом, поскольку мир созвучен закону и закон миру, [получается так, что] муж законопослушный, будучи гражданином этого мира [κοσμοπολίτου], исполняет в своих деяниях повеление природы, которая и лежит в основании устроения всего мира (О сотворении мира. 2–3).

Для Филона сотворение мира, предваряющее закон Моисея, превращает предписания последнего в выражение закона природы, поскольку и мир, и закон происходят от божества[34]. Действительно, понятие божественного творения гарантирует, что человек, исполняя заповеди библейского закона, действует в гармонии с природой. Это также доказывает, что библейские

---

[33] См. [Hayes 2015: 92–139; Martens 2003; Sterling 2003; Najman 2003; Najman 1999; Martens 1991].

[34] См. также: О Моисее. 2.14, 48; также [Radice 2009; Berthelot 2004: 119].

предписания адресованы не только Израилю, но и всему человечеству. Таким образом, соблюдение закона Моисея закрепляет принадлежность к двум сообществам: еврейскому народу и человечеству. Быть настоящим евреем — что предполагает соблюдение закона Моисеева — значит также быть гражданином мира; две идентичности сосуществует в гармонии.

В контексте такой философии становится ясно, что жалость может быть одновременно и способом следовать закону Моисея — и, таким образом, быть истинным евреем, — и способом жить по закону природы — и, таким образом, быть истинным гражданином мира. Следующий отрывок делает эту конвергенцию явной:

> Почитая родителей, или жалея бедных, или делая добро друзьям, защищая свое отечество или заботясь об общих принципах справедливости для всех людей, ты будешь угоден всем своим друзьям, и ты также будешь угоден Богу (О перемене имен. 40).

Жалость включена в набор нормативных практик, каждая из которых предполагает противоположные уровни социального статуса. Первые три заповеди касаются вышестоящих (родителей), нижестоящих (бедных) и равных (друзей); все они относятся к близким отношениям. Следующая заповедь, касающаяся «отечества», относится к более широкому сообществу. Последняя заповедь, которая предполагает справедливость, распространяется на «всех людей». Действуя таким образом, человек зарабатывает благосклонность не только друзей, но и божества; есть конвергенция между действиями, способствующими социальной сплоченности, и действиями, угодными божеству. Человеческие и божественные требования находятся в гармонии; интеграция в человеческое сообщество ведет к благосклонности божества, и наоборот.

Жалость в этом сближении закона природы и закона Моисея играет ключевую роль. Как показывает первый отрывок, процитированный ранее (Об Иосифе. 25), жалость к уязвимым другим проистекает из беспокойства о трудностях, с которыми сталкиваются все люди. Жалость возникает из осознания того, что сам человек и страдающие другие являются частью одного и того же сообщества, из признания их единой человеческой природы. Любой может проявить жалость; это общечеловеческий потенциал. В то же время закон Моисея также конструируется как воплощение жалости, потому что он рекомендует жалость, и потому, что он раскрывает божественное сострадание к людям. Жалеть других — это, таким образом, способ соблюдать закон и подражать божественному законодателю. Через жалость еврейский образ жизни гармонирует с общепринятой человеческой мудростью. У Филона двоякая принадлежность приводит не к конфликту, но к конвергенции.

Короткий отрывок из «Книг Сивилл» аналогичным образом привязывает практику жалости как к библейским императивам, так и к общечеловеческим заповедям, но с гораздо меньшей степенью интеграции, чем у Филона. «Книги Сивилл» представляют собой сборник из четырнадцати песней и несколько фрагментов. Их составляли разные авторы, как еврейские, так и христианские, между II веком до н. э. и Средними веками. Их приписывают Сивилле, пророчице, упоминающейся во многих классических греческих источниках. «Сивилла» также общее название, относящееся к пророчицам в разных местах; в «Книгах», однако, она обычно не привязана к какому-либо конкретному месту[35]. Песнь вторая, на которой я остановлюсь, включает в себя как паренетические, так и эсхатологические разделы. Датируется она концом I века н. э. Считается, что она либо включает как еврейские, так и христианские элементы, либо имеет христианскую основу[36].

Во второй песни «Книг Сивилл» цитируется значительная часть «Изречений» Псевдо-Фокилида; цитата заканчивается пассажем о жалости, обсуждавшимся ранее[37]. Текст воспроизво-

---

[35] См. [Collins 2014; Lightfoot 2007: 3–23; Buitenwerf 2003: 92–123].
[36] См. [Lightfoot 2007: 97–106] (с цитатами из других работ).
[37] Цитируются строки Псевдо-Фокилида 5–79; в «Книгах Сивилл» это 2.56–148.

дится, но с некоторыми изменениями. В «Книгах Сивилл», 23-я строка «Изречений» («Он [или: ты] наполнит твою руку; пожалей нуждающегося») заменяется пятью другими строками; последняя строка раздела также изменена. В тексте далее изменения, внесенные в «Книги Сивилл», выделены курсивом:

> Бедному дай не медля; не говори прийти завтра;
> *Вспотевшей рукой дай зерно свое нуждающемуся.*
> *Кто совершает дела милосердия [ἐλεημοσύνην], знает, как давать взаймы Богу.*
> *Жалость [ἔλεος] избавляет от смерти, когда бы ни пришел суд.*
> *Не жертвы, а жалости [ἔλεος] Бог желает вместо жертвы.*
> Одевай нагого; поделись своим хлебом с голодным.
> Принимай бездомных в свой дом и веди слепых;
> Пожалей [οἴκτιρον] потерпевших кораблекрушение, ибо плавание ненадежно;
> Протяни руку упавшему и спаси беспомощного;
> Страдания свойственны всем; жизнь — это колесо [или: цикл]; счастье ненадежно;
> Если у тебя есть богатство, протяни руку свою бедным;
> Что дал тебе Бог, дай нуждающемуся;
> Вся жизнь *людей* общая [κοινὸς πᾶς ὁ βίος μερόπων], *но она неравна* [ἄνισος δὲ τέτυκται] (Книги Сивилл. 2.78–90).

> Нищему сразу давай, не откладывай это на завтра;
> Щедрой рукой удели неимущему часть урожая —
> Кто помогает другому, ссужает даримое Богу.
> Милость во дни Суда от смерти даст избавленье,
> Милости хочет Господь от людей, а вовсе не жертвы.
> Дай одежду нагому, тому, кто голоден, — хлеба,
> В дом свой бездомных прими, слепых проводи на дорогу.
> Тех пожалей, с кем беда в коварном море случилась.
> Падает кто — поддержи, спаси, коль нависла угроза;
> Все страдают, а жизнь — колесо, и счастье неверно.
> Если богат, протяни несчастному помощи руку
> И удели из того, что сам получил ты от Бога.
> Жизни схожи людские, и только жребий неравен.

> (Перевод М. и В. Витковских)

Пять строк, добавленных в «Книги Сивилл», представляют собой сложный набор цитат из греческого Писания[38]. То, что проявления жалости считаются займом божеству и путем к искуплению, — две типичные библейские темы, как было отмечено в главе второй.

Если обращение к Моисееву закону у Филона создает впечатление интеграции, то в «Книгах Сивилл» цитаты из Священного Писания кажутся довольно диссонирующими. С одной стороны, «Книги» подчеркивают универсальность страдания; каждый подвержен хрупкости человеческой жизни. Наличие этого мотива среди предписаний помогать другим предполагает, что, как и в «Изречениях» Псевдо-Фокилида, человек распознает в обездоленных других свою собственную уязвимость: «Страдания свойственны всем». С другой стороны, цитаты из Писания подчеркивают искупительные качества жалости, которая «избавляет от смерти». Если действительно жалость облегчает страх перед смертью для тех, кто ее проявляет, то страдание — особенно страдание из-за конечности жизни — становится уже не совсем «общим для всех». Цитатами «Книги Сивилл» восстанавливают статус жалости как привилегии. Обоснование жалости вознаграждением, которое она приносит, противоречит другой ее рационализации, опирающейся на всеобщность страдания. Цитаты из Священного Писания, вытекающие из иного культурного контекста, таким образом, создают ощущение противоречия. Фактически последняя строка раздела прямо изменяет исходный текст, чтобы подчеркнуть это несоответствие. Если «Изречения» призывают, в качестве идеала: «Пусть вся жизнь будет общей», то «Книги Сивилл» лишь утверждают как факт, что «вся жизнь [является] общей». Они также добавляют: «но она неравна» (Псевдо-Фокилид. 30; Книги Сивилл. 90). Это неравенство можно интерпретировать как разницу между богатыми и бедными, или разницу между человеком, который проявляет жалость и, таким образом, спасется от смерти, — и другими, заключенными в своих земных страданиях. Текст не уточняет; он вполне однозначно

---

[38] См. особенно: Притч. 19:17, 10:2; Сир. 40:24; Тов. 4:10, 12:9, 14:11; Ос. 6:6. По поводу последнего см. [Lusini 2004].

заканчивается утверждением неравенства между собой и другими, утверждением, которое умеряет признание их общности. Человек благодаря своему труду и богатству способен позиционировать себя на «хорошей» стороне социального разрыва, одновременно обеспечивая себе благополучие в загробной жизни.

Тексты, рассмотренные в этом разделе, несколько усложняют утверждение о том, что жалость формирует сообщества; в сущности, эмоция несет здесь двойной смысл идентичности. В «Письме Аристея», у Филона и в «Книгах Сивилл» жалость, можно сказать, ведет двойную игру. Жалость возникает из понимания человеческой уязвимости перед страданиями. Таким образом, чувство жалости зависит от связи с другими людьми и реализуется через нее; оно также находится внутри человечества как единого целого. Но в то же время жалость представлена как наследие еврейского народа через ссылки на божество, «полное жалости», Моисеев закон и конкретные библейские тексты. С помощью этих различных техник жалость конструируется как уникальное явление, как «аромат» еврейской идентичности. Пусть эта интеграция в большей (Филон) или меньшей («Книги Сивилл») степени гармонична, жалость выступает как поливалентный маркер принадлежности, с потенциалом нахождения в разных группах одновременно.

4.4. Нежная эмоция, побуждающая к действию

Сегодня сострадание часто выражается в спонтанном и искреннем стремлении помочь уязвимым другим, кем бы они ни были. Это измерение не чуждо иудео-эллинистической литературе. Некоторые отрывки из Филона, притча о самарянине в Евангелии от Луки и «Завещание Завулона» рисуют жалость и сострадание (эти два термина в указанных текстах часто пересекаются) одновременно как спонтанное стремление помочь всем людям, как если бы они были родственниками, и как этическое требование заботиться обо всех (иногда отождествляемое с заповедью Торы о любви). Концептуально эта конструкция жалости и сострадания сочетает в себе две особенности, уже наблюдавшиеся в других текстах. С одной стороны, она помещает коллективное «я» внутрь человечества и определяет обязательства по отношению ко всем членам этой расширенной группы (как в «Изречениях» Псевдо-Фокилида, например). С другой стороны, она закрепляет это новообразованное сообщество аффективными связями, сравнимыми с теми, которые существуют между родственниками (как мы наблюдали, на этническом уровне, в Книге Товита). Таким образом, аффективный заряд семейных связей проецируется на все человечество. Это заставляет задуматься о специфических ресурсах явно эмоциональной лексики для выражения нормативной практики — в данном случае заботы обо всех людях.

Начнем с двух коротких отрывков из сочинений Филона. Обсуждая смертный приговор, который закон Моисея выносит тем, кто вызывает выкидыш (Исх. 21:22), Филон утверждает, что закон также запрещает детоубийство; в этом контексте он наглядно изображает судьбы брошенных детей. Здесь нас интересует отступление, в котором Филон описывает спасение детей:

> Предположим, что некоторые из проходящих по дороге, движимые [κινηθέντας] нежным умилением [ἡμέρῳ... πάθει], сжалятся [οἶκτον καὶ ἔλεον] над беззащитными, вплоть до того, что возьмут их на руки, покормят их и сочтут достойными другой заботы — что мы думаем о таких добрых поступках? Разве это не осуждение родителей, если чужие люди делают то, что [подобает] родителям в отношении доброты, но родители не в состоянии совершить то, что делают даже незнакомцы? (Об особенных законах. 3:116).

Жалость здесь получает двоякую, несколько парадоксальную трактовку. Она представлена как «нежное умиление»[39], которое

---

[39] В трактате «О добродетели» (110) он также определяет жалость как «нежнейшее чувство», используя то же греческое слово. Аналогичное употребление встречается у Дионисия Галикарнасского в «Римских древностях» VIII.29.2 («...ни какого-либо иного человечного [нежнейшего] чувства сообразно моим обстоятельствам»), где «нежнейшее чувство» опять-таки обозначает жалость.

заставляет незнакомцев заботиться о брошенных детях, но также как то, «что [подобает] родителям» (даже если не все родители соответствующим образом чувствуют и действуют). Жалость можно испытывать к любому человеку, без каких-либо устоявшихся связей, но она есть также типичная связь между родителями и их детьми. В любом случае жалость должна быть естественным побуждением. Жалость буквально «движет»: эмоции заставляют прохожих вести себя так, как если бы они были (хорошими) родителями брошенных детей. «Доброта чужих» так же естественна, как родительские чувства[40]. Жалость вызывает чувства, которые обычно испытывают по отношению к родственникам; таким образом, она превращает незнакомцев в виртуальных родственников. Этот короткий отрывок напоминает об описании сочувствия как естественной эмоции в Четвертой книге Маккавейской и в истории Марии в «Иудейской войне», рассмотренной нами в конце предыдущей главы. Филон добавляет, что совершенно незнакомые люди могут проявлять те же эмоции при виде страданий младенцев и так же спонтанно, как родители. Эти тексты предполагают, что жалость и продиктованная ею помощь соответствует природе; но, конечно, люди — включая родителей — не всегда действуют естественным образом.

Другой текст Филона явно представляет жалость как эмоцию, позволяющую человеку чувствовать и вести себя по отношению к другим людям, не связанным с ним, как если бы они были родственниками. Этот отрывок относится к пересказу жизни Моисея, к эпизоду, когда дочь фараона обнаруживает младенца Моисея на берегу реки:

> Затем, осмотрев его [младенца Моисея] с головы до ног, она [дочь фараона] восхитилась его красотой и здоровьем; увидев, как он плачет, она пожалела [ἐλεεῖν] его, ее душа уже обратилась к материнскому чувству, как если бы он был ее собственный ребенок. Узнав, что он из евреев, она, испугавшись царского гнева, задумалась о его пропитании (О Моисее. 1:15).

---

[40] Сошлюсь на Босуэлла; см. [Boswell 1988].

И снова Филон дает двойную конструкцию жалости. Жалость — это эмоция, которая трогает сердце дочери фараона и предлагает ей позаботиться о брошенном младенце, несмотря на связанные с этим риски. При этом ее эмоции сравниваются с привязанностью матери к своему ребенку — связи, которая, таким образом, служит для жалости «опытным образцом». Жалость — это одновременно материнское чувство и эмоция, которая может быть испытана по отношению к посторонним[41].

Эта способность жалости превращать незнакомцев в родню является частью более общей темы в творчестве Филона: родства между всеми людьми. Например, после описания утопического образа жизни ессеев, задуманных, рожденных и вскормленных Природой как «настоящие братья», Филон переходит к более широкому кругу «родства» (συγγένεια), на этот раз между всеми людьми (О том, что всякий добродетельный свободен. 79)[42]. Филон оправдывает это родство двумя взаимосвязанными способами. С одной стороны, человеческое родство коренится (как в стоических текстах) в совместном владении разумом, общей «матерью» для всех (Вопросы на Книгу Бытия. 2.60). С другой

---

[41] У Филона см. также упомянутую ранее главу 25 трактата «Об Иосифе», где Иаков предпочитает, чтобы его сын Иосиф был убит людьми, так как, даже если бы его оставили непогребенным, прохожие могли бы пожалеть его и похоронить его труп. Жалость здесь не идентифицируется как семейная эмоция, хотя может неявно подразумеваться, что похороны — долг родственника. См. также: О наградах и наказаниях. 158, где Земля жалеет умерших и погребенных «как любящая мать».

[42] О человеческом родстве см. также: О Моисее. 1.314; О десяти заповедях. 41; О добродетели. 140. По поводу последнего см. [Lévy 2009: 169; Berthelot 2004: 120–121]. Леви и Бертло уловили некоторую неуверенность в изображении Филоном человечества как семьи; как отмечает Леви, «[Филон] переносит здесь на метафорический уровень то, что, по крайней мере в стоицизме, считается описанием действительности». Как будет объяснено в главе пятой, я склонна рассматривать восприятие всех людей как родственников, будь то у Цицерона, Гиерокла или Филона, в качестве акта воображения. В трактате «Об особенных законах», 2.79–82, возможно, из-за влияния интерпретируемого текста (Втор. 15:12), Филон ограничивает круг родства еврейской общиной. О родстве человечества у Филона см. подробный анализ в [Berthelot 2004: 119–148]; см. также [Birge 2002: 95–102].

стороны, это родство вытекает из общей природы всех существ (которая также включает в себя совместную разумность): «Сотворенные вещи являются братьями друг другу, поскольку они созданы и поскольку Отец всего един, Создатель наш» (О десяти заповедях. 64)[43].

Филон явно связывает жалость (в следующем отрывке — по отношению к жертвам потопа) с этим идеальным образом человеческого родства: «Для них [членов семьи Ноя] было действительно справедливо испытывать жалость [miseratione moverentur] ко всему погибшему человечеству, как к кровным родственникам [tamquam consanguinei]» (Вопросы на Книгу Бытия. 2.49)[44]. Жалость выражает родство между всеми людьми в своих аффективных измерениях. Как эмоция, типичная для семейных отношений, она проявляется в способности заботиться обо всех людях, как если бы они были кровными родственниками. Родство затрагивает все стороны взаимоотношений между человеческими существами, оно выходит на первый план, когда личность сталкивается с чужими страданиями. Уязвимость и боль больше, чем любые другие состояния, способствуют чувству солидарности и близости между людьми[45].

В Новом Завете притча, известная как история о «добром самарянине»[46], также представляет жалость как эмоцию, которая побуждает человека помочь совершенному чужаку, в отсутствие ранее существовавших связей. Притча входит в Евангелие от Луки (10:25–37), обычно датируемое концом I века н. э. В повествовательном контексте притча связана с двумя вопросами, за-

---

[43] См. также: Об особенных законах. 1.294–295.

[44] На греческом этот фрагмент не сохранился. Я цитирую латинский текст.

[45] Разделенная радость также может способствовать сближению с другими. Обсуждая нормы Моисеева закона, касающиеся новообращенных, Филон советует «страдать и радоваться» в зависимости от своих чувств. Он также отмечает, что закон призывает «любить» их «не только как друзей и родственников, но и как самих себя» (О добродетели. 103; также 179; ср.: Рим. 12:15).

[46] Выражение «добрый самарянин» возникло много позже Евангелия. Оно функционирует либо как оксюморон, либо как средство усиления; см. [Garber 2004: 22–23].

данными Иисусу знатоком закона. Первый вопрос касается того, как стяжать вечную жизнь. Когда Иисус спрашивает его, что говорит по этому поводу закон, законник цитирует заповеди любить Бога и ближнего. Иисус одобряет его ответ, и законник продолжает вторым вопросом: «А кто мой ближний [πλησίον]?» (Лк. 10:29), на что Иисус отвечает притчей:

> Некоторый человек шел из Иерусалима в Иерихон и попался разбойникам, которые сняли с него одежду, изранили его и ушли, оставив его едва живым. По случаю один священник шел тою дорогою и, увидев его, прошел мимо. Также и левит, быв на том месте, подошел, посмотрел и прошел мимо. Самарянин же некто, проезжая, нашел на него и, увидев его, сжалился и, подойдя, перевязал ему раны, возливая масло и вино; и, посадив его на своего осла, привез его в гостиницу и позаботился о нем; а на другой день, отъезжая, вынул два динария, дал содержателю гостиницы и сказал ему: позаботься о нем; и если издержишь что более, я, когда возвращусь, отдам тебе. Кто из этих троих, думаешь ты, был ближний попавшемуся разбойникам? Он сказал: оказавший ему милость. Тогда Иисус сказал ему: иди, и ты поступай так же (Лк. 10:30–37).

О раненом позаботился не священник или левит, а самаритянин — который меньше всего связан с ним. Сострадание самаритянина, выраженное глаголом σπλαγχνίζομαι, вызвано инстинктивной реакцией на боль другого человека. Это поворотный момент притчи, вызывающий ряд действий, направленных на помощь и исцеление раненого[47]. Законник называет самаритянина «пожалевший» («оказавший милость» ἔλεος]). Таким образом, сострадание и жалость приравниваются, как в Притчах Соломоновых (17:5, Греч.) и в «Завете Завулона»[48].

В литературном контексте притча представляет собой интерпретацию заповеди «люби ближнего твоего, как самого себя»

---

[47] См. [Menken 1988].

[48] Эти два корня также использованы в притче в Евангелии от Матфея (Мф. 18:27, 33).

(Лев. 19:18). Подобно Филону, Евангелие от Луки превращает жалость в основную заповедь закона. Такое толкование встречается и в других местах Нового Завета, например в Евангелии от Матфея, где Иисус обличает фарисеев: «[Вы] оставили важнейшее в законе: суд, милость [ἔλεος] и веру» (Мф. 23:23)[49]. В этом стихе любовь не упоминается; жалость (милость) может быть призвана заменить ее. Притча о самаритянине делает эту замену явной: чтобы объяснить заповедь о любви к ближнему, притча преобразует любовь в жалость и сострадание. Любовь, как показано во второй главе, не подразумевается в контексте Торы как эмоция в сегодняшнем ограниченном смысле; в притче, напротив, она трансформируется в сострадание, в высшей степени аффективный и физический опыт[50].

Помимо этого переосмысления любви как жалости и сострадания, притча предлагает еще два смещения. Во-первых, вместо вопроса о том, кто должен быть объектом заповеданной любви, она скорее обращается к самому любящему — то есть к тому, кто действует как ближний по отношению к страдающему[51]. Бессмысленно спрашивать, кто является ближним; важно быть ближним самому; этот императив в притче определяется так: испытывать сострадание и соответственно действовать. Таким образом, притча устраняет любые ограничения, касающиеся объекта сострадания. Во-вторых, круг адресатов заповеди, тех, кто должен исполнять ее, также шире, чем прежде. Образ самаритянина представляет собой выход за пределы устоявшейся группы, поскольку иудеи обычно считали самаритян чужаками[52].

---

[49] Ср.: Мф. 5:7; Лк. 6:36; Еф. 4:32; Кол. 3:12; Иак. 2:13; 1 Пет. 3:8; Иуд. 22, 23.

[50] Трансформация любви в жалость так же парадоксальна в контексте греческой традиции. Как пишет Констан, «жалость начинается там, где любовь исчезает» [Konstan 2001: 59].

[51] См. [Bovon 1996: 90].

[52] Неясно, воспринималось ли в среде, где было написано Евангелие от Луки, этническое различие между самаритянами и евреями. Однако сама суть притчи предполагает, что напряжение существовало. См. [Frey 2012; Pummer 2010]. О расширении понятия «ближний», ключевого в этой притче, см. [Wessel 2016: 19–21].

Интересно, что в ответе законника жалость/милость является ключом к пониманию того, кто исполнил заповедь; законник заменяет юридическое понятие эмоцией. Сострадание является стержнем всех этих перемен, поскольку оно переформатирует заповедь о любви к ближнему — меняет ее объект, реципиента и адресацию.

В притче происходит аффективный сдвиг, в ходе которого правовая заповедь трансформируется в эмоцию. Жалость и сострадание, несмотря ни на какие обязательства, побуждают человека сочувствовать другим и помогать им. Конечно, спонтанное сострадание так же предписано обществом, как и заповеданная любовь. В связи с этим притча очевидно учит, как следует себя вести, чувствовать и практически реагировать при встрече с обездоленными людьми. Что меняется, так это обоснование. Вместо того чтобы апеллировать к юридическим понятиям, притча призывает к воплощению почти инстинктивной эмоции; она интериоризирует и натурализует мотивацию помогать другим. Обязательный характер закона переносится на тело и его чувства; он вписан во внутренние органы. Притча достигает повествовательным способом того, что Филон реализует концептуально: она показывает, что закон Моисея находится в гармонии с человеческими импульсами и, таким образом, открывает его для более широкого человеческого сообщества.

Как и в коротком замечании Филона о жалости, которую могут испытать прохожие к брошенным детям (Об особенных законах. 3:116), жалость самарянина противопоставляется ее отсутствию у священника и левита. В обоих текстах чужаки испытывают эмоции, которых скорее ожидаешь от тех, кто либо связан со страдающим человеком, либо наделен культовыми обязательствами. Сострадание как способность быть затронутым чужими страданиями создает связь там, где ее не было[53]. В притче о самарянине не упоминаются семейные отношения. Однако глагол σπλαγχνίζομαι, стоящий в центре этой притчи, используется

---

[53] См. также [Elvey 2001; Combet-Galland 1996].

в другой притче из Евангелия от Луки, где он выполняет функцию поворотного момента и относится к отцовской привязанности[54]. В притче, известной как «притча о блудном сыне» (Лк. 15:11–32), отец воссоединяется с одним из своих сыновей, который отсутствовал в течение длительного времени; увидев сына издалека, отец «сжалился» (ἐσπλαγχνίσθη) (15:20). Здесь также σπλαγχνίζομαι относится к эмоции, которая побуждает к серии действий, направленных на заботу о другом человеке. Учитывая редкость этого глагола у Луки, можно предположить, что эти два события, каждое из которых происходит в переломный момент притчи, перекликаются друг с другом[55]. Как и в рассказе Филона о спасении Моисея, параллель может навести на мысль, что самаритянин чувствует к незнакомцу что-то вроде отцовского чувства. Сострадание создает и заменяет узы.

«Завет Завулона» — это повествовательный tour de force, который творчески соединяет воедино разрозненные аспекты сострадания. В «Завете» сострадание предстает одновременно семейной эмоцией, показателем еврейской идентичности и фактором включения в более широкое человеческое сообщество; это одновременно и внутренняя эмоция, и этическое требование. «Завет» к тому же — редкий пример иудео-эллинистического текста, показывающего уязвимость, которую сострадание может повлечь за собой (см. главу первую). Этот аспект также имеет решающее значение для переосмысления любви через сострадание — я коснусь этой темы в заключении этой главы.

Литературная структура «Завета Завулона» выстраивает связь между двумя сторонами сострадания — семейным чувством и этическим требованием. Первая сцена «Завета» представляет Завулона, потрясенного состраданием к своему младшему брату Иосифу, которому грозит смерть от руки других братьев:

---

[54] См. [Menken 1988].

[55] Имеется еще лишь один случай употребления глагола σπλαγχνίζομαι в Евангелии от Луки — 7:13, применительно к Иисусу. В Евангелии Иисус — типичный субъект σπλαγχνίζομαι; см.: Мф. 9:36, 14:14, 15:32, 20:34; Мк. 1:41, 6:34, 8:2.

> ...я, не вынося воплей [οἶκτον], начал плакать; и печени мои излились, и весь состав внутренностей [σπλάγχνων] моих расслабел. Плакал же я с Иосифом, и трепетало сердце мое, и суставы тела моего дрожали, и я не мог стоять. Видя же Иосиф меня, соболезнующего ему, и их, подходящих убить его, забежал за меня, прося защиты за него (Завет Завулона. 2:4–6).

Эта сцена укореняет дискурс в семейных отношениях. Сострадание (и жалость — эти два термина часто сочетаются в тексте) изображается как глубоко телесная и болезненная реакция, испытываемая при виде страданий брата или сестры. Как уже сказано в первой главе этой книги, сострадание в «Завете» является не столько побуждением к действию, сколько отражением в теле смотрящего боли страдающего. Из-за своей интенсивности сострадание лишает сил: «Я не мог стоять». Сострадание воспроизводит — физически — уязвимость страдающего в глазах смотрящего.

Этот отрывок иллюстрирует способность повествовательных текстов формировать физические реакции и чувства. Читатель «переселяется» в тело Завулона и буквально учится чувствовать то, что в тексте преподносится как правильная эмоциональная реакция на чужую боль. Таким образом, сострадание нормализуется как набор естественно возникающих соматических реакций. Как и в других иудео-эллинистических текстах, сострадание главного героя противопоставляется его отсутствию, в данном случае, у других братьев, которые изображаются безжалостными: «...братья Иосифа не желали (сохранить) жизнь брата своего»; Симеон, в частности, «хотел мечом изрубить его, гневаясь, что не убил его» (Завет Завулона. 3:5; 4:11). В то время как сострадание нормализуется, его отсутствие выглядит бесчеловечным.

Сразу после этого повествовательного вступления автор «Завета» переходит к паренетическому тону и призывает:

> И ныне, дети мои, я заповедую вам хранить заповеди Господни, и творить милость [ποιεῖν ἔλεος] для ближнего, и иметь сострадание [εὐσπλαγχνίαν] ко всем, не только ме-

жду людьми, но и между бессловесными животными (5:1). И так и вы, дети мои, из того, что дает вам Бог, без различия [ἀδιακρίτως], всем сострадая, творите милость и давайте всякому человеку с добрым сердцем (7:2; см. также 8:1)[56].

Внезапным движением «Завет» трансформирует спонтанную реакцию сострадания к брату в этическое требование, выходящее за пределы строго семейного контекста и включающее всех людей и даже животных[57]. Жалость и сострадание должны проявляться «без различия»; как в притче о самаритянине, эмоция наделена способностью размывать существующие ограничения этических требований. Ссылки в 5:1 на «ближнего» и «заповеди Господни» (а также требование «хранить» их) напоминают о Книге Левит, в частности о заповеди любви[58]. Далее в «Завете Завулона» повеление любить явно связывается с потребностью иметь сострадание. Эта связь присутствует и в «Завете Иссахара», также входящем в «Заветы двенадцати патриархов»:

> Когда же мы пришли в Египет, Иосиф не памятовал зла на нас. Ему внимая, и вы, дети мои, любите друг друга [ἀγαπᾶτε ἀλλήλους], и да не мыслит каждый из вас зла против брата своего. <...> Ибо тот, кто помнит причиненное ему зло, не имеет чувства жалости (Завет Завулона. 8:4–5, 6б)[59].

> Но возлюбите [ἀγαπᾶτε] Господа и ближнего; нищего и немощного милуйте [ἐλεᾶτε] (Завет Исахара. 5:2)[60].

---

[56] Вероятным подтекстом может быть Сир. 18:13, поскольку там ограниченная способность людей к жалости противопоставляется безграничной жалости божества (ср. 13:15, о любви к ближнему).

[57] Любовь ко всем человеческим существам также связывается с семейной любовью в «Завете Иссахара», 7:6.

[58] Лев. 19:18; см. также 22:31.

[59] О сострадании как о забвении зла см. главу первую. См. также: Завет Вениамина. 4:2–3: «Ибо добрый человек не имеет темного ока, так как милует всех, хотя бы они и были грешниками» (4:2), см. также: Авраамов завет. 12:12–13 (короткий вариант).

[60] Ср.: 1 Пет. 3:8 — список, включающий сочувствие, сострадание и братскую любовь.

Как и в притче о самаритянине, жалость и сострадание позволяют распространить заповедь любви к ближнему на «всех людей». В исследовании, посвященном этой заповеди и ее различным интерпретациям в древнем иудаизме, Клаус Бергер также отмечает, что глагол ἀγαπάω, используемый в заповеди о любви к ближнему, часто появляется в «Заветах двенадцати патриархов», наряду с разнообразными конструкциями, подчеркивающими аффективную составляющую любви, часто через ссылки на жалость и сострадание; эти конструкции, в свою очередь, используются для того, чтобы способствовать распространению действия заповеди на всех людей [Berger 1972: 126]. Наблюдения Бергера, которые совпадают с нашими, снова поднимают вопрос о причинах такого аффективного сдвига: почему любовь дополняется — или даже заменяется — состраданием, когда ее нужно распространить на всех?

Дальше следуют примеры сострадания к чужакам. Завулон вспоминает, как он из сострадания заботился о людях, например: накормил голодного, одел нагого и даже сопровождал нуждающегося человека (Завет Завулона. 6:4–7; 7:1, 4). Помощь оказывалась «чужим», но Завулон утверждает, что испытывал те же сильные чувства, что и при виде страданий брата. Например, говоря о том, как сопровождал страдающего, Завулон сообщает: «Я... плакал, и внутренности мои обращались к нему с состраданием» (Завет Завулона 7:3–4). Эти слова поразительно похожи на используемые Завулоном для описания своих чувств при виде страданий Иосифа, о котором он также плачет, ибо боль Иосифа тронула его «внутренности». Сострадание, испытываемое к чужаку, того же рода, что и сострадание к брату, с такими же физическими и аффективными качествами.

Ближе к концу «Завета» сострадание, связанное с готовностью забыть обиды, также связывается с призывом к единству, который на сей раз функционирует на этническом уровне. Завулон, призвав к состраданию ко всем людям, сразу после этого призывает своих потомков не отделяться друг от друга. Он хвалит Иосифа, проявившего сострадание к своим братьям, несмотря на вред, который они ему причинили. Он напоминает о разделении Израиля на два царства: «Итак, не делитесь на две главы. <...> Ибо я узнал в писании отцов моих, что вы будете разделены в Израиле, и за двумя царствами последуете, и всякую мерзость совершите» (9:4–5). Единство, которого требует Завулон, явно касается Израиля. Сострадание ко «всем», таким образом, понимается в «Завете» двояко. Оно может относиться ко всем человеческим существам (и даже к животным), но и к каждому из них, с акцентом на тех, кто причинил тебе вред — рекомендация, также служащая укреплению единства Израиля. Хотя сострадание коренится внутри семьи и предписано всем людям, оно также способствует развитию этнической сплоченности. В Завете дискурс жалости и сострадания функционируют на разных уровнях социальных отношений. Эти уровни собраны воедино в образах Завулона и Иосифа, но они не растворяются друг в друге; различие и напряжение остаются.

Все тексты, рассмотренные в этом разделе, представляют собой ответ на чужое страдание как аффективный порыв, который может быть таким спонтанным, как спасение брошенного ребенка, и таким эмоциональным, как чувства при виде едва не убитого брата. Физическое воздействие эмоций в «Завете Завулона» указывает на их почти непреодолимый характер; Завулон, очевидно, не может сознательно контролировать разжижение своих органов и потрясение своих внутренностей. Сострадание, со всеми его болезненными телесными симптомами, едва ли может рассматриваться как контролируемое (или в принципе подверженное контролю) состояние, которого человек стремится достичь. Напротив, оно захватывает человека изнутри, физически. Различными способами тексты ретропроецируют эту эмоцию в библейское прошлое: Филон делает сострадание обязательным требованием Моисеева закона; притча о самаритянине и «Завет Завулона» приравнивают его к заповеди любви. Такие ретроспекции, однако, не могут скрыть инновации или подавить вопросы, которые она вызывает. Как можно приравнять этическую заповедь к спонтанной, охватывающей человека телесной реакции? Случайно ли то, что аффективное усиление сострадания сопровождает призыв распространить его на всех людей?

4.5. Заключение: почему заповедь о любви к ближнему трансформируется в сострадание?

Эмоциональные реакции на чужую боль в иудео-эллинистических текстах функционируют как средство включения; они приближают других людей к сочувствующему человеку и создают ощущение единения. Что такого особенного в жалости и сострадании, что позволяет им визуализировать сообщества и генерировать новые солидарности, но также тревожить уже существующие группы? Можно ли как-то еще объяснить то, что эмоциональная реакция на чужую боль способна преодолевать социальные границы? Притча о самаритянине и «Завет Завулона» содержат то, что может показаться парадоксом: они преобразуют заповедь любви к ближнему в духе в высшей степени аффективного понятия сострадания, и в то же время они призывают проявлять это сострадание по отношению ко всем человеческим существам. Не следует ли ожидать, что эмоциональный заряд уменьшится, когда любовь выйдет за пределы ближайшего круга? Эмоциональные реакции на чужую боль в иудео-эллинистических текстах иллюстрируют динамику, которую описывают современные ученые: эмоции возникают внутри социальных групп и способствуют их формированию; это физический опыт, который реализует принадлежность и ее колебания. Помимо этого общего описания, может ли это сказаться, в конкретном контексте, на специфическом использовании реакций на чужую боль для реконфигурации связей, а также на их аффективной интенсификации, когда они распространяются на все человечество? Я предлагаю три взаимосвязанных способа решения этого вопроса.

Первый способ подойти к этому вопросу — рассмотреть динамику отношений между уязвимостью и привилегиями, которые порождают жалость и сострадание. С одной стороны, сострадание, как описано в «Завете Завулона», проецирует внутрь человека чужие страдания, аффективно и физически. Эта «боль по доверенности» позволяет почувствовать уязвимость, объединяющую страдающего и сочувствующего. Тексты выражают эту общую уязвимость по-разному: в «Завете Завулона» это приводит к общей потребности в божественном сострадании (см. главу первую); в «Изречениях» Псевдо-Фокилида и других текстах это выражено как обычное осознание конечности человеческой жизни. Сострадание, поскольку оно возникает из осознания уязвимости, порождает чувство общности, возможно, большее, чем любовь. С другой стороны, то, что связь с другими людьми строится по модели жалости и сострадания, с самого начала делает отношения несбалансированными. Эти эмоции предполагают, что сам человек находится в положении относительного благополучия, тогда как другой уязвим или страдает. Императив проявлять сострадание ко «всем», таким образом, расширяет возможности осознать свои отношения с человечеством. Сострадание выявляет парадокс, который является центральным в самой идее отношений личности с другими людьми: оно способствует осознанию общей человеческой природы, коренящейся в уязвимости, но оно также позволяет сохранить привилегированный статус.

Второй ответ касается того, как именно этот «аффективный» компонент жалости и сострадания понимается в иудео-эллинистическом контексте. Почти во всех рассмотренных текстах то, что мы определяем как аффективное, последовательно связано с естественным (хотя никоим образом не автоматическим) импульсом, иногда сравнимым с родительской любовью. Подчеркивая аффективный аспект реакции на чужую боль, тексты утверждают, что эти реакции «естественны» или являются частью человеческой природы. Подразумевается, что естественное также является общим для всех человеческих существ. Сострадание как естественную эмоцию может ощутить каждый и по отношению ко всем, без различия, поскольку оно исходит из побуждения, общего для всех, предшествующего конкретным этическим кодификациям. «Аффективность» в этой перспективе соответствует бесконечному расширению заповеди о любви к ближнему. Как ясно показывает притча о самаритянине, преображение заповеди о любви к ближнему в заповедь сострадания влияет как на бенефициара, так и на адресата. Иудео-эллинистические тексты создают этику, которую следует проявлять не только всем, но и по отношению ко всем, как прямо говорится в «Письме Аристея». Филон особенно стремился доказать, что закон Моисея согласуется с законом природы, поскольку оба исходят от божественного создателя. Жалость как основная заповедь закона Моисея (в интерпретации Филона) и как естественное человеческое стремление занимает в этой архитектуре центральное место, поскольку дает конкретный пример того, как еврейский закон разъясняет закон природы. В целом в этом корпусе текстов эмоциональные отклики на чужую боль, отчасти из-за их аффективного компонента, способствуют универсализации еврейского закона.

Это подводит нас к третьему ответу, на этот раз касающемуся идентичности. Мы основываемся на предположении — повсеместно встречающемся в иудео-эллинистических текстах, — что эмоциональные реакции на чужую боль проистекают из связи. Способность быть тронутым чужими страданиями порождена существующей связью. Отсюда следует, что эмоции способствуют укреплению связей, особенно тех, которые не сразу очевидны. В Книге Товита, например, практика и чувство жалости к согражданам-израильтянам в изгнании способствует формированию диаспоры и обеспечению ее сплоченности. По той же причине реакция на чужую боль особенно подходит для реконфигурации идентичности, когда она сложна или находится в движении. Я полагаю, что именно такую роль сострадание играет в заповедях распространить его на все человеческие существа. Здесь тексты апеллируют к двойственному характеру сострадания. С одной стороны, жалость и сострадание, которые посредством перевода стали восприниматься как божественные атрибуты, по ассоциации стали особым знаком, «ароматом» еврейской идентичности. Еврейские праотцы превращаются в образчики жалости; подобным же образом жалость возвращается в Тору. С другой стороны, как упоминалось ранее, сострадание также прочно связано со спонтанным устремлением, которым от природы обладают люди. Призыв к жалости и состраданию ко всем человеческим существам творчески адаптирует еврейскую идентичность к новому культурному контексту, гармонизируя его с воспринимаемыми идеалами более широкого человеческого сообщества. Сострадание делает человека «гражданином мира» и в то же время соответствует еврейскому закону. Более эмоциональное, чем любовь, сострадание также в большей степени зависит от связей между людьми — и, следовательно, с большей вероятностью формирует новые связи. Теперь остается выяснить, что побудило еврейских интеллектуалов задуматься о себе как о части человечества в целом и задаться вопросом, что именно означает «все люди». Это задачи последней главы.

Глава 5
В диалоге с империей

> Гибридность меняет еврейскую и христианскую идентичность именно там, где «чистота» подчеркивается наиболее рьяно.
>
> *Даниэль Боярин и Вирджиния Беррус*
> [Boyarin, Burrus 2005: 432]

Представьте себя в центре концентрических кругов. Самый близкий круг включает вашего партнера, детей и родителей; второй, несколько шире, — семью; третий — соседей. Все более отдаленные круги включают ваш город и страну соответственно; внешний круг включает в себя все человечество. Затем представьте свои чувства и обязательства по отношению к людям, включенным в каждый круг. Учитывая все это, мысленно подвиньте каждую категорию на один уровень ближе к центру; то есть каждый круг перемещается в положение того, который его окружает. В результате этого упражнения вы сможете отнестись к каждому из людей так, как если бы они были на один уровень ближе к вам, и поступать в соответствии с этим отношением. Например, вы окажете помощь соседу, как оказали бы своей бабушке; вы будете заботиться о благополучии жителей далекой страны, как обычно заботитесь о благополучии своих сограждан.

Хотя может показаться, что это упражнение пришло со страниц современной книги по самосовершенствованию, на самом деле оно было рекомендовано еще в начале II века н. э. философом-стоиком Гиероклом. Оно опирается на несколько предпосылок, которые наблюдаются также в иудео-эллинистической литературе. И Гиерокл, и многие еврейские авторы призывают к заботе о благополучии всех людей; и он, и они полагают, что люди способны заботиться о чужаках. Чтобы добиться этого, они рекомендуют дать волю воображению, чтобы воспринять чужих как близких или даже как родственников. Все они, по сути, предполагают, что забота проистекает из связи или общего чувства принадлежности. В частности, Гиерокл и многие иудео-эллинистические тексты сходятся в моделировании идеальных отношений ко всем людям на основе семейных связей. Концентрические круги Гиерокла олицетворяют этику, сосредоточенную на себе, которая присутствует и во многих иудео-эллинистических текстах: в них говорится, что забота о других людях коренится в собственной личности человека и его способности воспринимать связи с другими. Однако если Гиерокл делает упор на заботе и уважении, то еврейские авторы воспевают жалость и сострадание, тем самым эмоционализируя связь между всеми людьми, особо оформленную в виде эмоциональной реакции на чужую боль.

До сих пор мы рассматривали иудео-эллинистические тексты относительно изолированно, вне их культурного контекста. В этой главе, напротив, мы посмотрим, как они интегрируются с другими литературными произведениями того времени. В частности, я утверждаю, что дискурс жалости и сострадания, среди его разнообразных функций, позволяет еврейскому меньшинству творчески репозиционировать себя в своем имперском окружении. Меня интересуют не вопросы зависимости или влияния, а общие когнитивные структуры и образные ресурсы — *воображаемое*, задуманное как хранилище воображения — на которые опираются тексты, еврейские или нет, чтобы понять и аргументировать свое отношение ко «всем» другим. Хотя они адресованы в основном внутренней аудитории, иудео-эллинистические источники часто предполагают «римский взгляд», как недавно выразились Аннетт Йошико Рид и Натали Б. Дорман [Reed, Dohrmann 2013: 1][1]. Благодаря жалости и состраданию еврейская община, как меньшинство в глобализованной среде, формирует уникальный эмоциональный и этический дискурс, частично сходящийся с продуктами доминирующей культуры, но также и конкурирующий с ними — по крайней мере по намерениям.

---

[1] См. также [Barclay 2002a: 140–143].

Чтобы лучше понять, как еврейский дискурс вписывается в свою интеллектуальную среду, мы начнем с краткого обзора понятия жалости в тогдашней повествовательной литературе (историографии и романах). Затем мы обратимся к философским источникам (многие из них стоические), которые хотя и нередко свысока отзываются о жалости, но рекомендуют заботиться обо всех людях. Мы сосредоточим внимание на ресурсах, которые используют эти авторы, чтобы обосновать заботу обо всех и представить себе пути ее реализации, в сравнении с теми, на которые опираются, призывая к жалости, еврейские тексты. Далее мы рассмотрим роль тех же когнитивных и образных тропов в еще одном корпусе литературы: в текстах, воспевающих растущую римскую гегемонию. Анализ покажет, что еврейские авторы развивают понимание эмоции, уже довольно популярной среди современных им историографов и романистов; однако еврейские авторы порой трансформируют эту эмоцию в этический идеал. Чтобы оправдать этот идеал, они прибегают к обоснованиям, которые можно найти и в стоической литературе; кроме того, они выражают их образами, используемыми в имперской пропаганде. Каким образом следует интерпретировать это сближение между дискурсом меньшинства и гегемонистским воображением? Главу завершают три дополняющие друг друга модели, которые разными способами истолковывают интеллектуальное взаимодействие между меньшинством и большинством в глобальной среде. Мое предположение заключается в том, что дискурс жалости и сострадания позволяет иудео-эллинистической общине переосмыслить, расширяя возможности, свое положение в глобализованной среде и свое отношение к имперской власти.

5.1. Жалость в позднеэллинистической и раннеимперской повествовательной литературе

Жалость и сочувствие (по-гречески ἔλεος, οἶκτος, συμπάθεια и их родственные слова; на латыни *misericordia* и *miseratio*) в изобилии присутствуют в повествовательной литературе поздней Античности. Со строго лексической точки зрения, употребление понятия «жалость» в еврейских источниках не отличается от употребления в современных им литературных произведениях; примечательное исключение составляет корень σπλαγχν- (который я перевожу как «сострадание»), почти никогда не использующийся для обозначения эмоциональных реакций на чужую боль вне еврейской (и христианской) литературы (см. главу первую). В своей трактовке эмоций греческие и римские источники обнаруживают общие черты с еврейскими, но значительное различие состоит в том, что жалость в нееврейских текстах никогда не восхваляется как добродетель, которую следует культивировать, не говоря уже о том, чтобы распространить ее на все человеческие существа. Я предлагаю несколько специально подобранных пунктов сравнения, чтобы подчеркнуть основные сдвиги, которые повлияли на отношение к жалости в эпоху позднего эллинизма и ранней имперской эпохе, особенно в том, что непосредственно затрагивает обращение с эмоциями в еврейской литературе. Начнем с историографии, а затем перейдем к так называемым эллинистическим романам.

Эмоциональная реакция на чужую боль в позднеэллинистической историографии зависит от решения о том, несут ли потерпевшие ответственность за свои страдания; однако необходимые условия для чувства жалости постепенно ослабляются примерно в I веке до н. э. Два примера иллюстрируют этот переход. С одной стороны, Полибий, писавший во второй половине II века до н. э., тщательно разделяет жалость и порицание: «…люди, пострадавшие по воле судьбы, возбуждают в нас жалость, снисхождение [συγγνώμης] и располагают к помощи, тогда как в удел другим, впавшим в беду по собственному безрассудству, достаются позор и осуждение от людей здравомыслящих» (Всеобщая история. 2.7.3)[2]. Как и в определении Аристотеля, жалость ощущается к боли тех, кто не заслуживает своего несчастья

---

[2] Ср.: 15.17.6, 30.8.3. См. также: Диодор Сицилийский. Историческая библиотека. 13.29.3, 17.69.2; Дионисий Галикарнасский. Римские древности. 6.20.3; Ливий. История. 21.16.2; Тацит. Анналы. 2.47, 11.32, 14.23, 16.17; История. 3.84; Плутарх. Никий. 26.4–6. Аналогичное суждение об ответственности жертвы как исходной точке для отношения к жалости содержится у риторов; см., например: Квинтиллиан. Двенадцать книг риторических наставлений. 4.120, 11.4.

(Риторика. 2.8.2, 1385b). С другой стороны, Диодор Сицилийский, писавший примерно столетие спустя, отдает предпочтение несколько смягченному правилу. Для него тот, кто совершил ошибку, но не совершил великой несправедливости, заслуживает сострадания; хотя его подход более снисходителен, этическое суждение остается для правильного применения жалости центральным (Историческая библиотека. 7.18.1)³. Поведение сиракузян после победы над афинянами (413 год до н. э.) хорошо иллюстрирует взгляды Диодора⁴. Николай, пожилой человек из Сиракуз, призывает своих сограждан пожалеть афинских пленников, гордясь способностью сиракузян «испытывать жалость даже к своим злейшим врагам» (13.22.8)⁵. Николай же тщательно определяет, кто достоин жалости: он настаивает на том, что только тех афинян, которые приняли участие в нападении против своей воли, следует помиловать, тогда как остальные должны понести справедливое наказание (13.27). Как отмечено у Иосифа Флавия, смена положения — распространенный повод для жалости, вероятно потому, что такой опыт приписывается судьбе, а не какому-либо проступку; фактически он называется «изменой судьбы» (μεταβολὴ τῆς τύχης) (17.36.1)⁶. Как показывают эти цитаты, жалость обычно предполагает иерархические отношения и даруется высшим низшему, поскольку он ее достоин⁷.

---

³ По поводу более мягких требованиях для жалости у позднейших историков см.: Тацит. Анналы. 3.17, 15.44; Аппиан. Пунические войны. 8.51; впрочем, жалость всегда подразумевает осуждение страдающего. См. также [Pelling 2005: 286–289] и приведенные там цитаты.

⁴ В добавление к вышеприведенным цитатам см. также, например: Диодор Сицилийский. Историческая библиотека. 19.8.1; Дионисий Галикарнасский. Римские древности. 7.13.1, 8.50.3; Плутарх. Эмилий Павел. 26.4, 31.4; Деметрий. 47.2; Цезарь. Записки о Галльской войне. 2.28; Ливий. История. 28.34.6, 30.12.18; Тацит. Анналы. 14.23. См. также [Konstan 2001: 75–104].

⁵ Шире см. главы 20–27.

⁶ Ср.: 8.10.3, 13.27.5, 13.58.1, 17.36.3, 31.3.3. См. также: Плутарх. Филопемен. 19.1; Ливий. История. 33.16.8, 39.49.11; Тацит. Анналы 4.71; Тацит. История. 2.70.

⁷ В латинской историографии есть некоторые исключения. См.: Ливий. История. 1.29.5 (mutua miseratione); Тацит. История. 1.43 (общинный раб жалеет Пизона).

Жалость для позднеэллинистических историков — нейтральная эмоция, хотя с течением времени имеет тенденцию подчеркиваться ее положительная ценность. Снова возьмем для иллюстрации Полибия и Диодора. Оба считают жалость естественным человеческим импульсом, как и еврейские авторы. Таким образом, жалость не всегда является рекомендуемой реакцией; ее целесообразность должна быть тщательно взвешена. Полибий особенно строг и решительно возражает против необоснованной жалости. Например, он не одобряет историка Филарха за чрезмерное возбуждение жалости у своих читателей, без предоставления достаточной информации о фактах (Полибий. История. 2.56). Полибий также презрительно пишет о народном сочувствии из-за его непостоянства; он сравнивает его с толпой, взволнованной из-за кажущейся победы более слабого участника в гимнастическом состязании (27.9.5). Диодор выступает за более стратегический подход: успешному лидеру следует использовать естественное сочувствие к людям, страдающим от боли. Николай, например, заявляет своим согражданам-сиракузянам: «Души цивилизованных людей больше всего почему-то охватывает жалость благодаря обычному, всем присущему воздействию природы» (διὰ τὴν κοινὴν τῆς φύσεως ὁμοπάθειαν) (Историческая библиотека. 13.24.2)[8]. Жалость, поскольку это естественная эмоция, которую испытывают все люди, сохраняет уникальный потенциал для лидеров, которые смогут им воспользоваться. Во-первых, жалость способствует уступчивости: «Даже злейший враг, если его пожалеют, преображается добротой и сразу становится другом, возлагая вину на себя» (27.15.3). Во-вторых, жалость вызывает доброжелательное отношение к победителю: проявляя жалость, он выглядит более человечным и увеличивает оказываемое ему уважение[9]. Соответственно, Диодор считает жалость и милосердие высшими качествами хороших правителей.

---

[8] Ч. Г. Олдфатер (Loeb Classical Library, vol. 384, 1950) переводит это так: «...из-за сочувствия, которое природа вложила во всех»; а Констан в [Konstan 2001: 90] — «из-за общей природной чувствительности». См. также: Историческая библиотека. 27.16.2.

[9] См., например: Диодор Сицилийский. Историческая библиотека. 27.16.2.

Александра Македонского, например, он хвалит за его жалость к побежденным даже больше, чем за его военный гений: «Проявление милости к падшим со стороны владыки обусловлено только благоразумием [φρονήσεως]» (17.38.5)[10]. У Диодора — как и (см. ранее) у Иосифа Флавия — римляне служат образцом милосердия. Многие из их лидеров, от Сципиона до Юлия Цезаря, изображаются жалеющими покоренные народы и отпускающими побежденных вождей из плена[11]. Во всех этих сценариях жалость — привилегия победителя, особенно с точки зрения побежденного.

Жалость, как мы отмечали применительно к еврейским текстам, часто опирается на установившиеся связи; она также обладает способностью создавать связи. Многие тексты предполагают, что естественнее жалеть людей близких (родных или хотя бы знакомых), чем чужаков. Это становится особенно очевидным, когда историки, подчеркивая жестокость нападения или серьезность схватки, упоминают, что не было проявлено никакой жалости, даже к родственникам и знакомым[12]. Таким образом, жалость коренится в какой-то существовавшей ранее связи. В свою очередь, жалость (и в данном случае милосердие) порождает связи. Диодор, одновременно рекомендуя правителям демонстрировать превосходство «в милосердии и умеренности», объясняет, что «уважение к побежденным, будучи причиной доброжелательности, прочно скрепит империю» (βεβαίως συνέξει τὰς ἡγεμονίας). Поскольку «все жалеют тех, кто испытал чрезмерные несчастья, даже если они не родственники», хорошее обращение с побежденными вызывает уважение к завоевателям (27.16.2). Власть-гегемон пользуется человеческим чувством жалости; своим милосердием она устанавливает «имперскую связь» между

---

[10] Шире см.: 17.38.4–7, а также 17.69; ср. 27.6.1–2 (жалость Сципиона).

[11] См., например: Там же. 27.6.2, 27.8.1 (жалость Сципиона); 31.8.1, 4 (жалость римлян); 32.27.3 (сочувствие Цезаря). О жалости римлян к Иосифу см. главу первую.

[12] Например: Полибий. История. 6.58.10; Диодор Сицилийский. Историческая библиотека. 31.13.1; Дионисий Галикарнасский. Римские древности. 2.52.2, 3.21.5, 5.55.2; ср. 8.79.3. См. также [Pelling 2005: 283–286].

первоначально не связанными людьми. Милосердие действует, так сказать, как клей империи.

Как и в предыдущем примере, слово «милосердие» как на латыни (*clementia*), так и по-гречески (ἐπιείκεια) источники, как правило, употребляют наравне с «жалостью», в частности, когда его приписывают победившему лидеру. Этот термин становится известен с I века до н. э. и постепенно приобретает собственное значение. Милосердие можно определить как снисходительность в обращении с побежденными врагами и сдержанность в наказаниях[13]. Таким образом, это отношение или даже добродетель; это не эмоция как таковая (см. обсуждение трактата Сенеки «О милосердии» далее). Растущая популярность милосердия может быть связана со склонностью римлян к преобладанию ценностных установок и диспозиций (направляемых рассуждением и выбором, однако все-таки содержащих аффективный компонент) над соответствующими эмоциями, как недавно заметил Ангелос Ханиотис [Chaniotis 2015, esp. 93–99][14]. Подобно жалости, милосердие восхваляется как выдающееся качество римлян, но на этот раз прежде всего с их собственной точки зрения. Цицерон, например, восхваляет милосердие римского народа (O clementiam populi Romani...) наряду с его терпением (или снисходительностью) (Цицерон. Против Верреса. 2.5.74)[15]. Юлий Цезарь, в частности, выступает как поборник милосердия. По словам самого Цезаря,

---

[13] Взаимоналожение «жалости» и «милосердия» заметно, скажем, в использования Цицероном термина *misericordia* при описании добродетелей Цезаря (В защиту Квинта Лигария. 12.37), хотя, как утверждал Августин, многие считали в данном случае более уместным термин *clementia*. См. [Konstan 2005, esp. 342]. Использование слов ἐπιείκεια и ἐπιεικής у Иосифа Флавия отражает аналогичную эволюцию: этих терминов нет в «Иудейской войне», написанной около 75 года н. э., но они используются в «Иудейских древностях», написанных ближе к концу столетия. См., например: Иудейские древности. 7.391 (о царе Давиде); 12.122 (о римлянах); 14.13; 15.165, 177, 182 (о Гиркане); 19.246 (о Клавдии).

[14] См., например, значение, придаваемое благочестию (εὐσέβεια, *pietas*) и верности (πίστις, *fides*).

[15] Ср.: Диодор Сицилийский. Историческая библиотека. 32.2, 32.4.4–5; Ливий. История. 3.2.5, 26.14.2, 33.12.7.

он был известен среди завоеванных им народов своим милосердием и мягкостью (Записки о Галльской войне. 2.14, 31). Согласно Плинию, Цезарь превзошел всех других людей в милосердии (Естественная история. 7.93)[16]. Плутарх сообщает, что храм Милосердия (τῆς Ἐπιεικείας ἱερόν) был возведен в качестве благодарственной жертвы Цезарю, в награду за его милостивое обращение с противниками (Плутарх. Цезарь. 57.3). Милосердие вскоре становится топосом в изображениях императоров; например, оно включено в число добродетелей, перечисленных на золотом щите, которым Сенат наградил Августа (Деяния божественного Августа (Res Gestae). 34)[17]. Таким образом, греческие историки, описывая римских завоевателей, предпочитают говорить о жалости, а милосердие со временем становится излюбленным самоописанием победивших римских правителей.

Жалость, что интересно, также может использоваться как часть негативного портрета. В начале II века н. э. Тацит в своем уничижительном описании евреев использует их предполагаемую жалость друг к другу, чтобы подчеркнуть то, что он считает их враждебностью к посторонним: «...иудеи охотно помогают друг другу [у них есть готовность к жалости — misericordia inpromtu], зато ко всем прочим смертным враждебны и ненавидят их» (Тацит. История. 5.5). Хотя жалость сама по себе не принижается, проявление ее только к членам одной этнической группы, по мнению Тацита, свидетельствует о том, что она способствует обособленности еврейской общины. Предполагается, что еврейская жалость, внутренняя и спонтанная, составляет контраст с выверенным милосердием римских вождей по отношению к подчиненным народам. Пренебрежительное заявление Тацита о «внутригрупповой» жалости евреев, конечно, выглядит парадоксально при сопоставлении с призывами проявлять жалость ко «всем людям», встречающимися в некоторых эллинистических еврейских текстах.

---

[16] См. также: Аппиан. Гражданские войны. 106, 144; Дион. Римская история. 44.6.4. См. также [Griffin 2003; Konstan 2001: 97–104].

[17] См. также [Noreña 2011: 37–55; Konstan 2001: 100–101].

Если на то пошло, нигде в позднеэллинистической и раннеимперской историографии не встречается императива жалеть «все» человеческие существа. Фактически уместность эмоции зависит от оценки ответственности страдающего; такая оценка де-факто исключает жалость ко «всем». Однако следует отметить, что некоторые источники начала II века н. э., как на латыни, так и на греческом языке, указывают на расширение понятия жалости. В одном из таких случаев Тацит рассказывает о желании Германика отдать последнюю дань уважения Вару и его людям, которые были побеждены много лет назад германскими войсками, но чьи тела все еще не были погребены. Все его войско, как сообщает Тацит, «было взволновано скорбью о родственниках и близких и мыслями о превратностях войн и судьбе человеческой» (Тацит. Анналы. 1.61). Это описание предполагает, что жалость распространяется не только на самых близких, но и на всех людей по причине их смертности. Сопоставим с этим несколько отрывков у Плутарха, где жалость к отдельной личности перерастает в размышления об уязвимости всей человеческой жизни. Например, испытывая жалость к закованному в цепи Филопемену, большинство жителей Мессены «почувствовало жалость и сострадание к нему и даже заплакало; с презрением говорили они о человеческом могуществе, которое так ничтожно и ненадежно» (Плутарх. Филопемен. 19:1)[18]. Плутарх, переосмысляя собственный рассказ об ошибках Арата, признается, что рассказал о них «скорбя о слабости человеческой природы» (Плутарх. Клеомен. 16:6). По мнению Кристофера Пеллинга, эти фрагменты характерны для Плутарха с его «симпатической вместительностью»: они расширяют условия жалости как с точки зрения наших суждений об ответственности страдающего, так и с точки зрения наших с ним отношений [Pelling 2005]. Здесь жалость к отдельному человеку перерастает в сострадание к человеческой участи. Эти отрывки далеки от того, чтобы рекомендовать сострадать всем и каждому, как это делают некоторые еврейские источники, но они отражают схожее отношение к хрупкости и незащищенности человеческого положения.

---

[18] Ср.: Плутарх. Тимолеонт. 14.1.

Жалость часто встречается и в романах, включая пять полных эллинистических романов и «Золотого осла» Апулея. Персонажи обычно испытывают жалость, иногда необычно сильную, проявляющуюся физически. Ахилл Татий, в частности, описывает опыт жалости в мелочах:

> Обычно, когда человек слушает повесть о чужих несчастьях, он проникается состраданием к своему собеседнику и возникшее в нем сочувствие понемногу переходит в дружбу. Душа смягчается под впечатлением грустного рассказа и, потрясенная им, превращает сострадание [или: плач (οἶκτον)] в участие, а скорбь — в жалость [ἔλεον] (Ахилл Татий. Левкиппа и Клитофонт. 3.14.3).

Жалость понимается как миметический процесс (глагол μιμέομαι употребляется в том же романе в еще одном фрагменте, посвященном жалости)[19]. Как и в «Завете Завулона», тело смотрящего буквально имитирует физические ощущения страдальца, воспроизводя симптомы боли. В этом отрывке к тому же явно высоко оценивается жалость, поскольку она облегчает общение и дружбу.

Изображение жалости в эллинистических романах имеет ряд других общих черт с иудео-эллинистическими текстами. Во-первых, оно вытекает из осознания связи. Например, чужестранец объясняет, что заботится о двух юных героях «Эфиопики» из-за их общей греческой идентичности: «К тому же мне жаль вас, греков, так как я и сам грек» (Гелиодор. Эфиопика. 1.8.6)[20]. Жалость также естественный импульс, общий для всех людей, включая грабителей и варваров. «Даже пират, — читаем мы в "Левкиппе

---

[19] См.: Ахилл Татий. Левкиппа и Клитофонт. 6.7.4 («...его глаза не остаются безучастными [к слезам Левкиппы], они подражают [ἐμιμήσατο] глазам возлюбленной»).

[20] Ср.: Гелиодор. Эфиопика. 7.21.2. См. также: Ахилл Татий. Левкиппа. 3.10.2 (греческий пират скорее ощущает жалость, чем египетский, ибо «[общий] язык наш обладает способностью мольбой приглушить душевные муки»). О жалости и фамильных узах см.: Харитон. Повесть о любви Херея и Каллирои. 1.9.5, 1.10.4.

и Клитофонте", — имеет уважение к слезам» (Ахилл Татий. Левкиппа и Клитофонт. 5.25.7)[21]. Животные тоже испытывают жалость: овца в «Дафнисе и Хлое» служит даже образцом материнской жалости, а в «Золотом осле» муравей жалеет Психею[22].

К божествам также обращаются за состраданием, которое они иногда проявляют к героям[23]. Жалость, однако, никогда не возводится в ранг добродетели, и никто не призывает распространить ее на все человечество. Тем не менее герой «Эфиопики» Гелиодора сообщает, что его душа «сожалела о человеческой жизни, которая неустойчива и непрочна», — утверждение, которое может подразумевать, что эта эмоция должна распространяться на все человеческие существа (Гелиодор. Эфиопика. 4.9.1)[24]. Точно так же Апулей дважды упоминает «общественное милосердие» (*publica misericordia*), связанное с «общим для всех правом на сострадание», хотя жалость здесь явно ограничивается незаслуженными страданиями (Апулей. Золотой осел. 3.7, 8).

5.2. Забота обо всех и каждом в философской литературе

Жалость — не главная тема в философии позднего эллинизма и раннего имперского периода. Философы-стоики, в частности, настоятельно предостерегают против жалости, рекомендуя вместо этого эмоционально отстраненную доброжелательность. Однако тогдашние философские источники — многие из которых относятся к стоическим — сближаются с еврейскими текстами

---

[21] Ср.: Ахилл Татий. Левкиппа и Клитофонт. 3.14.3, 6.7.4 («Ведь для того природа и создала слезы, чтобы вызывать жалость у тех, кто их видит»), 6.7.7; Гелиодор. Эфиопика. 8.9.4 («Сострадание к благородному нраву и виду доступно даже варварским племенам»), 10.16.5 (жалость как «человеческая эмоция»); Апулей. Золотой осел. 2.14 («жалость чужестранцев»).

[22] См.: Лонг. Дафнис и Хлоя. 1.6.1; ср.: 1.3.1; Апулей. Золотой осел. 6.10. 37.

[23] См.: Харитон. Повесть о любви Херея и Каллирои. 8.1.3; Лонг. Дафнис и Хлоя. 2.23.2, 3.6.5, 4.8.4; Ксенофонт Эфесский. Эфесские повести. 4.2.6, 5.1.13, 5.4.10; Апулей. Золотой осел. 6.1, 11:15.

[24] См. также: Ксенофонт Эфесский. Эфесские повести. 5.4.10 (Апис — бог, «милосердный ко всем чужестранцам»).

в другом, поскольку они формируют этику, охватывающую всех людей. Они разрабатывают ресурсы, позволяющие мысленно поставить всех «других» ближе к себе, воспринять их как часть единого человечества или даже как родственников; цель состоит в том, чтобы обеспечить каждому хорошее обращение и помощь в беде. Жалость сама по себе здесь не играет роли, а воображаемая связь со «всеми» напоминает о том, чего еврейские источники достигают за счет расширения жалости на весь человеческий род. Поскольку историческое развитие этих мотивов уже было прослежено до нас, я просто предлагаю краткое введение в образные и когнитивные структуры, которые в некоторых основополагающих текстах позволяют делать этические нормы обязательными по отношению ко «всем людям»[25]. Насколько это возможно, мы сейчас сделаем обзор, посмотрев на трактовку жалости в этих источниках; в следующем разделе будет проведено их сравнение с еврейской литературой.

Во всех нижеследующих текстах развивается такой способ отношения к другим, часто упоминающийся как в древних источниках, так и в современной науке, как *oikeiôsis*[26]. Греческий термин οἰκείωσις основан на прилагательном οἰκεῖος, буквально «домашний», «из дома», но также означает «из домовладения», «из семьи». Форма существительного указывает на процесс, посредством которого личность ощущает некоторую близость к другому человеку и воспринимает его как «своего»; этот термин обычно переводится как «присвоение» или «ознакомление». В своем первичном значении *oikeiôsis* обозначает чувство самосохранения как его описывает, например, ранний философ-стоик Хрисипп; первым побуждением животного или человека является сохранение себя и своего тела в соответствии с природой и — в последнем случае —

---

[25] См. в частности, [Richter 2011; Berthelot 2004] (с полезным обзором идеи общей человечности как фундамента этики в греческих и римских источниках, с. 11–87); [Baldry 1965].

[26] См. [Vigo 2012; Ramelli 2009: XXX–LXXXIX; Brennan 2005: 154–168; Reydams-Schils 2005: 53–82; Berthelot 2004: 31–87; Reydams-Schils 2002; Radice 2000; Annas 1993: 262–276; Engberg-Pedersen 1990; Striker 1983; Baldry 1965: 177–203].

разумом. Концепция *oikeiôsis* может распространяться также на семейные и социальные отношения («социальный *oikeiôsis*»); здесь стремление к сохранению сосредоточено на других. Таким образом, понятие «я» распространяется на других людей[27]. Что значит относиться к другому человеку как к «себе»? Для Тэда Бреннана это означает принять другого как «предмет заботы» и «думать о его благополучии как о чем-то дающем вам основания действовать» [Brennan 2005: 158]. В этом смысле *oikeiôsis* иногда представляют как принцип справедливости[28]. В этике, основанной на *oikeiôsis*, связь с другим, а также порожденные этой связью обязанности основаны на его воспринимаемой близости.

Начнем с Цицерона (первая половина I века до н. э.), чьи труды дают исчерпывающую иллюстрацию модели *oikeiôsis*. Хотя Цицерон не идентифицирует себя как стоика, он симпатизирует этой школе и повторяет мысли многих ее представителей. Следующие отрывки взяты из его этического трактата «О пределах блага и зла». Здесь Цицерон цитирует стоика Катона, который описывает любовь к себе как первый импульс всех живых существ:

> Те философы, чье учение я принимаю, полагают, что живое существо с самого момента своего рождения (а именно отсюда следует начинать) ладит само с собой [ipsum sibi conciliari], заботится о самосохранении, лелеет [diligere] свое состояние и все, что способствует его сохранению и, с другой стороны, препятствует уничтожению и всему тому, что, как представляется, несет ему гибель. <...> Отсюда мы должны понять, что начало выводится из любви к самому себе [se diligere] (Цицерон. О пределах блага и зла. III.16)[29].

Это первый принцип модели *oikeiôsis*: каждое существо рождается с чувством привязанности к себе; эта любовь к себе позво-

---

[27] Некоторые ученые скорее подчеркивают различие между двумя случаями *oikeiôsis*; см. особенно [Annas 1993: 275–276].

[28] «Последователи Зенона считают усвоение [oikeiôsis] началом справедливости» (Порфирий. О воздержании от одушевленных. III.19.12–13).

[29] Детальный анализ см. в [Engberg-Pedersen 1990: 65–71].

ляет ему оставаться в живых. Чуть дальше Цицерон выводит следствие этого себялюбия, опять же в духе стоиков:

> Очень важно, полагают стоики, понять, что любовь родителей к детям определяется природой; отправляясь от этого исходного пункта, мы приходим к всеобщему объединению рода человеческого. <...> Поэтому, как очевидно, что сама природа заставляет нас избегать страдания, так ясно и то, что сама природа побуждает нас любить тех, кого мы родили. Отсюда естественно рождается общая заинтересованность [commendatio] людей друг в друге и необходимость для людей не быть друг другу чужими [alienum] именно вследствие того, что они люди (III. 62–63).

Насколько люди любят себя, настолько же они любят и свое потомство; родительская привязанность для Цицерона — естественный импульс. Эта привязанность есть, в свою очередь, источник близости, которую люди испытывают друг к другу. Цицерон адаптирует цитату Теренция: «Я человек; следовательно, ничто человеческое мне не чуждо» ("Homo sum: humani nihil a me alienum puto"; Теренций. Самоистязатель. 77). Человеческие существа могут жить вместе, потому что они не чужды друг другу. Цицерон не объясняет здесь связи между родительской любовью и человеческим товариществом, но эту концептуальную связь он развивает в пятой книге того же труда:

> Среди всех проявлений достойного, о котором мы говорим, нет ничего более замечательного и более важного, чем объединение [coniunctio] людей друг с другом в некое сообщество, взаимополезный обмен и сама любовь [caritas], объединяющая род человеческий, начинающаяся прежде всего с того, что дети любимы [diliguntur] своими родителями, и весь дом объединен узами супружества и потомством. Мало-помалу любовь эта распространяется все шире, сначала на родичей по мужу, потом — по жене, потом — на соседей, потом — на сограждан и тех, кто является союзником и другом государства, а потом — на весь человеческий род (V.65)[30].

---

[30] Об этом фрагменте см. также [Baldry 1965: 191–192].

В этом отрывке содержится ключ к идее Цицерона: естественная связь между людьми, которая позволяет им жить вместе, находит свое корни в родительской заботе. Ключевое слово — глагол serpere, «ползти» или «постепенно распространяться». Родительская привязанность постепенно переходит со степени на степень — в другие родственные и дружеские связи, затем в связи с соседями и согражданами и, наконец, включает в себя всех людей. Таким образом, солидарность со всем человечеством расширяется вовне от ядра, которым является семья.

В качестве дальнейшего шага Цицерон рекомендует беспокоиться или проявлять заботу [cura] обо всех человеческих существах, опять же посредством расширения связи, которая характеризует самые интимные отношения:

> Но коль скоро каждой добродетели присуща некая забота [cura], как бы обращенная вовне, направленная на других людей и объемлющая их, то, следовательно, друзья, братья, родные, близкие, сограждане, наконец, все люди (поскольку мы хотим быть единым человеческим сообществом) должны быть желанны сами по себе (V.67).

Цицерон использует существительное *cura*, «забота», чтобы обозначить качество, которое позволяет добродетелям быть направленными на других людей[31]. Какого бы добра мы ни желали другим, оно должно быть «ради них самих». Поскольку забота обо всех «других» вырастает из заботы, которую я естественным образом оказываю тем, кто мне дорог (и даже из любви к себе, согласно третьей главе трактата «О пределах блага и зла»), она должна исходить из желания, чтобы они были благополучны. Я должен заботиться о других, как если бы они были близкими родственниками; это та же самая связь, начавшаяся с родительской любви и расширенная до любви ко всем людям, — концеп-

---

[31] Среди этих добродетелей, по Цицерону, две особенно важны для сохранения социальных уз — справедливость (*iustitia*) и доброта (*beneficentia*), которую можно также назвать благоволением (*benignitas*) или щедростью (*liberalitas*); см.: Цицерон. Об обязанностях. 1.20.

ция, которая также встречается в некоторых иудео-эллинистических текстах[32].

Здесь возникают два взаимосвязанных вопроса: насколько эмоциональна связь со всеми людьми; и, в частности, включает ли в себя аффективное измерение та забота, которая должна быть оказана этим людям? Прежде всего: должна ли эта привязанность ко всему человечеству сохранять эмоциональную интенсивность, обычно связанную с семейными отношениями? Это заставляет нас задаться вопросом, как мудрец-стоик должен относиться к своим близким родственникам. Для Цицерона любовь, совместимая с идеалами стоического мудреца, должна быть «чистой» или «священной» (*sanctus*): она не может содержать похоть; она должна быть «без забот, без желаний, без тревог, без печалей» (Цицерон. О пределах. 68; Тускуланские беседы. 4.72). Таким образом, любовь здесь понимается как эмоционально отстраненная привязанность, находящаяся под строгим контролем разума, который не угрожает внутреннему покою мудреца. То же самое, очевидно, относится к любви ко всему человечеству — это бесстрастная и отстраненная привязанность, которая оставляет человека эмоционально необремененным[33].

Во-вторых, принимает ли забота обо всех форму эмоции, когда она касается чужих страданий? «Тускуланские беседы» Цицерона, трактат, посвященный эмоциям, дает некоторые ответы. Цицерон рассматривает различные формы страдания, среди которых есть жалость (*misericordia*), которую он определяет по Аристотелю как

---

[32] Конкретный способ, которым Цицерон организует эту заботу, может быть проблематичен, особенно потому, что он отдает предпочтение тем, кто близок к заботящемуся. См. [Nussbaum 2000]. Подробное рассмотрение сочинений Цицерона о заботе обо всех людях, а также исследование различных влияний на его произведения см. в [Reydams-Schils 2005: 93–99; Baldry 1965: 177–203].

[33] О любви в стоицизме см. [Sorabji 2012: 23–45] ("Emotional Detachment: How to Square It with Love of Family and All Humans in the Stoics and Gandhi"); [Stephens 2011; Stephens 1996]. Эпиктет (55–135 годы н. э.) особенно показательно описывает, как мудрец должен воспринимать отношения со своими ближайшими родственниками. Даже семейная любовь должна быть свободна от привязанностей; мудрец должен практиковать отказ от привязанностей, в том числе к своей жене и детям, чтобы не испытать беспокойства, если они умрут (Эпиктет. Диоскуры. 3.24; 4.1.107, 111–112; Энхиридион. 3).

«горе от чужого незаслуженного несчастья» (4.18). Цицерон резко критикует жалость — как, впрочем, и все остальные эмоции. Несмотря на «видимость человечности», жалость на самом деле является «болезнью души», которую трудно искоренить. Как эмоция жалость ненадежна; как и зависть, она в высшей степени несправедлива, поскольку опирается на личные привязанности и предпочтения (4.32)[34]. Как же тогда нам следует реагировать на чужую боль? Прежде всего мы должны оказать конкретную помощь: «Не сами должны мы брать себе часть чужого горя, но других по мере сил от него избавлять» (4.56). Затем мы должны попытаться утешить человека, испытывающего боль, в соответствии с тем, что он или она может быть в состоянии услышать; цель должна состоять в том, чтобы показать, «что скорбит он только по своему желанию и потому, что считает это долгом» (3.79). Как обычно у стоиков, страдание рассматривается как нечто «безразличное», поскольку оно, как предполагается, не должно влиять на душевное состояние человека. «Безразличное» здесь — это технический термин, который относится к тому, что не является ни хорошим (то есть добродетелью), ни плохим (то есть пороком) и, таким образом, не оказывает никакого влияния на процветание человека[35]. Чувство страдания из-за чужой болезни, утраты или голода унижает объект сочувствия, так как подвергает сомнению его способность не зависеть от внешних обстоятельств. Если мы утверждаем, что такие ситуации не влияют на наше собственное благополучие, мы не должны считать, что они угрожают и чужому благополучию.

Сенека, писавший в первой половине I века н. э., еще глубже разъясняет связь между людьми, в которой коренится стремление заботиться обо всех и каждом. Отношения Сенеки с императорской властью сложны: он был наставником Нерона, а затем его советником, но в конечном итоге был вынужден по приказу императора покончить жизнь самоубийством. Следующий отрывок является частью собрания «нравственных писем», адресованных Луцилию (вероятно, вымышленному лицу). Вместо

---

[34] См. также: Цицерон. Тускуланские беседы. 3.21.
[35] См., например, [Brennan 2003: 263–264].

бесконечного списка правил, гарантирующих, что люди будут относиться друг к другу доброжелательно, Сенека просто утверждает единство всего человеческого и божественного — единство, из которого он черпает взаимную любовь:

> Но вот другой вопрос, — как обращаться с людьми? Что нам делать? Какие давать наставленья? Чтобы щадили человеческую кровь? Какая это малость, — не вредить тем, кому должно приносить пользу! Великая, конечно, слава для человека — быть милосердным [*mansuetus*] к другому человеку! Поучать ли нам, что тонущему надо протянуть руку, заблудившемуся — указать дорогу, с голодным — поделиться хлебом? Когда я кончу перечислять все, что следует делать и чего избегать? Ведь я могу преподать одно короткое правило о том, в чем человеческий долг: «Все, что ты видишь, в чем заключено и божественное, и человеческое, — едино: мы — только члены огромного тела». Природа, из одного и того же нас сотворившая и к одному предназначившая, родила нас братьями [*cognatos*]. Она вложила в нас взаимную любовь [*amorem... mutuum*], сделала нас общительными, она установила, что правильно и справедливо, и по ее установлению несчастнее приносящий зло, чем претерпевающий, по ее велению должна быть протянута рука помощи. Пусть будет у нас и в сердце, и на устах этот стих:
>
> Коль скоро сам я человек, то думаю,
> Что мне ничто не чуждо человеческое.
>
> Запомним: мы родились, чтобы жить вместе. И сообщество наше подобно своду, который потому и держится, что камни не дают друг другу упасть (Сенека. Нравственные письма Луцилию. 95.51–53).

Этот отрывок во многом сходится с иудео-эллинистическими источниками. С одной стороны, способность помогать уязвимым людям коренится в связи между всеми людьми, которая сама по себе создана природой. С другой стороны, конкретные акты помощи, вытекающие из этой связи, аналогичны тем, которые предписываются в еврейских источниках. Давайте рассмотрим эти два совпадения.

Подобно Филону, Сенека укореняет связь между людьми в природе, поскольку все люди имеют одно и то же начало и конец. Эта связь выражается на латыни словом *cognatos*, которое означает одновременно «связанный» и «связанный кровью» и, таким образом, возможно, выражает родство. Сенека иллюстрирует эту связь образом частей тела, связанных между собой и являющихся единым организмом. Именно это общее чувство принадлежности заставляет людей заботиться о других. Подобно Цицерону, Сенека цитирует изречение Теренция «Ничто человеческое мне не чуждо»: принадлежность к роду человеческому превосходит все другие виды принадлежности и идентичности. Причина этой общности здесь не указана, но в другом месте Сенека утверждает, что люди — в отличие от животных, но как боги — одарены разумом. Разум, присущий всем, есть стержень человеческого единства; он также позволяет людям развивать добродетели, поскольку «добродетели разумны» (41.9, 113.17–18). Разум, по Сенеке, также есть «частица божественного дыхания, заложенная в человеческую плоть» (66.12). Поскольку люди разделяют разум с богами, они способны подражать им, а также их добродетелям[36]. Проецирование этических идеалов на божественное напоминает Филона и других иудео-эллинистических авторов. В еврейских источниках жалость одновременно является божественным атрибутом и человеческой добродетелью; проявления жалости — это способ обращаться с другими так же, как божество поступает с людьми[37].

---

[36] См. Нравственные письма Луцилию. 95.50, а также: О благодеяниях. 4.25.1. Эту идею развивают другие философы-стоики, такие как Музоний Руф и Эпиктет. Например, Музоний Руф пишет: «Человек, единственный среди всего существующего на земле, является копией Бога и обладает почти равными с ним добродетелями. <...> Мы верим, что Бог таков [обладает справедливостью, мужеством, самообладанием, милосердием и любовью к человечеству]; поэтому надо считать, что человек, как его копия, когда он действует согласно природе, подобен [Богу]» (Лекция 17). О теологии Сенеки см. [Setaioli 2013: 379–340].

[37] См. главу вторую. Об *imitatio dei* см. [Berthelot 2004: 68–81] (о греческих и римских источниках) и [Ibid.: 166–239] (о еврейской традиции).

Сенека выводит все этические предписания из этой связи между людьми; их суть — взаимная любовь (*amor*). Цель этики Сенеки — мотивировать людей проявлять доброту и благость к другим, особенно к тем, кто находится в уязвимом положении. Конкретные акты помощи, которые Сенека упоминает, типичны для древнегреческой и римской литературы (а также присутствуют в еврейских текстах): спасение потерпевших кораблекрушение, помощь заблудившимся, питание голодных и, как позже в тексте, готовность поделиться материальными благами[38]. Связывает ли Сенека эту помощь другим, страдающим, с эмоциями, как это делают еврейские источники? Слово *misericordia* (жалость) ни разу не используется в «Нравственных письмах». Как добрый стоик, Сенека не считает боль веской причиной для скорби. Хотя он не обращается в «Письмах» к чужим страданиям, он пишет о физической боли, которую он сам перенес, настолько сильной, что он думал о самоубийстве. Философия и друзья были главными утешениями, но его лекарством (*remedium*), в конце концов, стало презрение к смерти: «Кто ушел от страха смерти, тому ничто не печалит душу» (78.5). Почему мы должны чувствовать боль из-за чужих страданий, если основным источником боли является смерть, которую следует презирать? Конечно, Сенека с благодарностью говорит об утешении, которое он получил от своих друзей; он упоминает об их привязанности, о разговорах с ними — но не об их жалости или сострадании[39].

Сенека обращается к страданиям других в своем трактате «О милосердии» ("De clementia"), опубликованном вскоре после прихода к власти Нерона. Как и Цицерон, он решительно осуждает жалость: «Жалость [*misericordia*] есть болезненное расстройство души при зрелище чужих несчастий или печаль, вызванная сторонними бедами, как думает жалеющий — незаслуженными. Но ведь мудрец недоступен расстройству» (Сенека. О милосердии. 2.5.4). Если на мудрого человека не могут повлиять

---

[38] См. особенно «Изречения» Псевдо-Фокилида и «Завет Завулона» (глава четвертая настоящей книги).

[39] Об утешении у Сенеки см. [Graver 2009].

страдания, он должен придерживаться того же идеала для других; нет смысла переживать за других, если они потенциально могут освободиться от боли. В каком же тогда состоянии духа должен мудрый человек оказывать помощь нуждающимся?

> Однако он охотно и бодро исполнит все, что хорошо бы почаще делать сострадающим. Высушит чужие слезы, вместо того чтобы смешать с ними свои. Поддержит потерпевшего кораблекрушение, приютит изгнанника. Подаст нуждающемуся не в той оскорбительной манере, как это делают желающие казаться сострадательными — кинут и обольют презрением тех, кому помогают, и отшатываются от их прикосновения. Нет, он подаст, как человек такому же человеку из общего с ним имущества. <...> Но он сделает это, сохраняя разум, с обычным своим невозмутимым видом (Сенека. О милосердии. 2.6.2)[40].

Сенека признает, что жалость побуждает к достойным действиям, к помощи нуждающимся; однако он осуждает эту эмоцию, которую он называет оскорблением страдающего. Этот отрывок напоминает анекдот Эпиктета о письме, которое он написал от имени обездоленного человека; когда тот прочитал письмо, он воскликнул, что он хотел помощи, а не жалости (Эпиктет. Беседы. I.9.28)[41]. Для Сенеки жалость также — форма презрения. Если человек желает сделать подарок, его следует сделать «как один человек другому»; дар не должен подчеркивать неравенство. Сенека заключает:

> Сострадательность всегда поблизости от страдания: питается им, несет в себе его часть. <...> Жалость — порок души, чрезмерно робеющей от соприкосновения с болью и горем. Требовать этого от мудреца — все равно что заставлять его причитать и рыдать, как плакальщица на похоронах постороннего человека (2.6.4).

---

[40] Этот трактат не свободен от противоречий. См., например, [Konstan 2001: 103; Dingel 1989].

[41] См. первую главу этой книги.

Опять же, смысл уклонения от жалости состоит в том, чтобы культивировать невозмутимость даже перед лицом страдания (своего или чужого), поскольку ни боль, ни даже смерть не является препятствием для человеческого благополучия. Сенека здесь радикально отличается от иудео-эллинистических источников в своей оценке страданий (об этом будет сказано дальше).

Как отмечалось ранее, Сенека определяет милосердие (*clementia*) как «снисходительность более сильной стороны по отношению к более слабой в вопросе установления наказаний» и «сдержанность, которая предлагает некоторое смягчение наказания, которое заслужено и должно» (2.3.1-2)[42]. Как и жалость, милосердие проявляется к тем, кто страдает и уязвим, но особенно когда им грозит наказание (и поэтому они воспринимаются как заслужившие свои страдания). Это также предполагает неравенство сил. Однако вряд ли это эмоция. Скорее, такое милосердие предполагает «более действенную власть разума», поскольку оно больше свидетельствует о способности человека к сдержанности, чем о его чувствительности к чужой боли (1.11.1). Милосердие — атрибут власти. Следовательно, это императорская добродетель: «Нет никого в мире, кому милосердие подходит больше, чем царю или императору» (1.3.3)[43]. Милосердие, как его описывает Сенека, на самом деле напоминает конструкцию жалости в «Письме Аристея» и у Иосифа Флавия, где жалость есть качество правителя, способного должным образом контролировать свою власть — как отмечалось в первой главе нашей книги.

Прежде чем обратиться к некоторым более поздним стоическим источникам, стоит отметить, что не все философские трактаты современников иудео-эллинистической литературы демонстрируют такое пренебрежение к жалости. В частности, Плутарх (45–120 годы н. э.), платоник среднего периода, настаивает на том, что эмоции невозможно полностью искоренить. Иногда сдерживаемые разумом эмоции могут способствовать

---

[42] О переходе от милосердия как политического мотива к его конструированию как философской добродетели см. [Griffin 2003].

[43] См. также: О милосердии. 1.12.3.

добродетелям и даже усиливать их; например, умеренный гнев укрепляет смелость. Для Плутарха не существует четкого различия между эмоциями и добродетелями. Он пишет: «Кто мог бы, даже если бы он захотел, отделить или оторвать привязанность от дружбы, жалость от любви к человечеству, участие в радости и горе от истинной доброжелательности?» (О нравственной добродетели. 12 (451e))[44]. Жалость не отвергается полностью, поскольку она может привести к соответствующей добродетели — любви к человечеству, от которой она неотделима. Как пишет Пеллинг, жалость здесь представляется «почти однозначно благом», — «почти» потому, что жалости самой по себе недостаточно, чтобы произвести добродетель [Pelling 2005: 301][45]. Этот отрывок напоминает Филона, также платоника той же эпохи, поскольку он описывает божество, поднимающее жалость «из подземного мира страстей к горнему краю добродетели» (О потомстве Каина. 31). Плутарх не заходит так далеко, как Филон, трансформирующий жалость из эмоции в добродетель; тем не менее он являет пример того, что крайнее неприятие жалости, встречающееся в текстах стоиков, не означает монолитную позицию в римской философии[46]. Еврейские философы были не единственными, кто ценил жалость, хотя они, вероятно, были уникальны тем, что возводили ее в ранг добродетели.

«Размышления» Марка Аврелия, римского императора и философа II века н. э., поразительны тем, что используют очень эмоциональный словарный запас для описания связи между всеми людьми. Размышления эти коренятся в стоицизме, хотя отражают и личный опыт императора. Марк рекомендует быть «нежным»

---

[44] О стоическом отношении к жалости у Плутарха см.: Об отдохновении ума (468d); см. также: Как осознать свои успехи в добродетели. 12 (83b).

[45] См. также [Pelling 2005: 312, n. 62].

[46] Эпикурейская литература также иногда упоминает о жалости. См., например: Лукреций. О природе вещей. 5.1017–1023 («сострадание должно быть оказано всем слабосильным»), и перекликающееся место у Ювенала, в Пятнадцатой сатире, 132–142. Кажется, оба фрагмента описывают утопическое, несуществующее государство; см.: Лукреций. О природе вещей. 5.1024 (см. также 2.1–10); Ювенал. Пятнадцатая сатира. 159. См. [Konstan 2001: 122–123].

[φιλόστοργος] (Марк Аврелий. Размышления. 1.9, 6.30); он также часто использует терминологию любви, заявляя, например:

> Любить [φιλεῖν] и тех, кто промахнулся, — это свойственно человеку. А это получится, если учтешь и то, что все — родные [συγγενεῖς], заблуждаются в неведении и против своей воли, и что вы скоро умрете оба (Размышления 7.22).
> Какие уж привелись обстоятельства, к тем и прилаживайся, и какие выпали люди, тех люби [φίλει], да искренно! (6.39).
> Полюби [φίλησον] человеческую природу. Следуй за Богом (7.31).
> Свойственны также душе разумной и любовь [φιλεῖν] к ближнему, и правда, и стыд (11.1).

Любовь ко всем людям коренится в восприятии общего родства (лексический корень тот же, что и у Филона[47]). Само это родство происходит из обладания разумом, который у людей един, а также един с богами (6.35). Любовь должна быть распространена на всех, включая тех, кто поступает неправильно. Как уже говорилось ранее, эта любовь должна пониматься в свете эмоциональной отстраненности, исповедуемой стоиками. Марк Аврелий резюмирует свою философскую программу, утверждая, что он «был одновременно предельно нестрастен [ἀπαθέστατον] и вместе предельно приветлив [φιλοστοργότατον]» (1.9). Мудрец сохраняет отстраненность, даже когда приветлив. Любовь ко всем, скорее всего, следует понимать как имеющую одинаковое свойство отстраненности.

Образ идеального человека у Марка Аврелия включает в себя праведность, безразличие к суете и неуязвимость к боли; забота о других людях также занимает в этой картине центральное место: «А еще он и то помнит, что единородно [συγγενές] все разумное, и что попечение [κήδεσθαι] о всех людях отвечает природе человека...» (3.4). Подобно Цицерону, Марк Аврелий рекомендует проявлять заботу и беспокойство обо всех человеческих существах по причине их родства. Доброта также является в «Размыш-

---

[47] См.: О том, что всякий добродетельный свободен. 79; О добродетелях. 140; Об особенных законах. 1.291.

лениях» ключевым мотивом. Она выражается рядом слов, часто начинающихся с приставки εὐ-, «хороший»; быть добрым — значит желать добра другим и поступать по отношению к ним хорошо[48]. Относиться к другим людям «добро [εὔνως] и справедливо», по мнению Марка Аврелия, означает действовать «по естественному закону нашей общности» (3.11). Как и в иудео-эллинистической литературе, доброта возникает из ощущения связи с другими людьми. В «Размышлениях» иногда упоминается жалость, но никогда как чувство, которое следует развивать в отношении всех и каждого. Например, упоминая о случаях, когда человек подвергается оскорблению, Марк Аврелий призывает задуматься о том, каково представление оскорбителя о добре и зле; таким образом, пишет он, «пожалеешь [ἐλεήσεις] его» (7.26)[49]. Так человек может избегать гнева и проявлять доброту. Жалость здесь больше похожа на снисходительность или милосердие, поскольку подразумевает, что совершена какая-то несправедливость.

Как и Сенека, Марк Аврелий рекомендует помогать нуждающимся, даже если речь идет «о средних [безразличных] вещах». Мудрый человек окажет помощь, но будет иметь в виду, что предоставленное им облегчение страданий фактически не влияет на способность другого человека к процветанию. Современному читателю такое отношение кажется близким к снисходительности; это впечатление усиливается объяснением, которое идет непосредственно за этой фразой: «Нет, как старик, уходя, забирает у воспитанника юлу, памятуя, что это юла, так и здесь» (5.36). Помощь должна оказываться с отстранением родителя, который хоть и заботится о ребенке, но знает, что страдания его касаются лишь игрушки. Для Марка Аврелия отношение личности к другим людям можно сравнить с отношением родителя к ребенку, — отношением, которое, конечно, подразумевает превосходство родителя во власти, суждениях и знании.

---

[48] См., например, существительное εὔνοια и прилагательные εὐγνώμων, εὐμενής, εὐεργετικός, а также словесную конструкцию εὖ ποιέω.

[49] См. также 9.1.

Одно из наиболее комплексных описаний *oikeiôsis* можно найти в работе Гиерокла, упоминавшегося во введении к этой главе. Его дошедшие до нас произведения включают фрагментарные «Элементы этики», а также несколько выдержек, очевидно, из труда «О надлежащих поступках», собранного Стобеем, компилятором греческих сочинений V века. Отрывки, которые мы обсуждаем здесь, взяты из книги «О соответствующих поступках», которая, по-видимому, была адресована широкой публике [Ramelli 2009: XXX].

Начнем с общего принципа Гиерокла, лежащего в основе его этической философии:

> Итак, первая рекомендация очень ясна и довольно проста, и кроме того, она ни для кого не внове. В каком бы положении ты ни был, этот взгляд обоснован: обращаться с любым человеком следует, исходя из предположения [ὑποθέσθαι], что ты сам являешься этим человеком, и этот человек есть ты сам. Ибо, по сути, человек будет хорошо относиться к рабу, подумав о том, как должен был бы вести себя другой человек по отношению к нему, будучи господином, если бы сам он был рабом. И то же самое верно для родителей в отношении детей и для детей по отношению к родителям и, словом, для всех по отношению ко всем (Стобей. Антология. 4.84.20).

Идея, как признает сам Гиерокл, довольно проста: мы должны поступать по отношению к другим так, как если бы мы были ими. Это идея, которую намного позже назовут «золотым правилом»; она также содержится в разнообразных еврейских и раннехристианских источниках[50]. Упражнение Гиерокла основано на акте воображения (ὑποθέσθαι, «предполагать», «предполагать»), поскольку оно предлагает нам представить себя на месте другого. Мы должны проецировать себя в ситуацию другого, чтобы определить, как нам следует себя вести по отношению к этому человеку. Два примера, приведенные Гиероклом, — рабы и дети —

---

[50] См. особенно: Лк. 6:31; Мф. 7:12; б. Шаббат. 31a. О «золотом правиле» в греческих, римских, египетских и еврейских источниках см. [Berthelot 2004: 88–96]. О Новом Завете см. [Horst 1975]; также в библиографии в [Ramelli 2009: 123].

подчеркивают необходимость такого акта воображения, поскольку предполагается, что его читатель не является ни ребенком, ни рабом и никогда им не станет.

Еще теснее связано с обсуждаемыми здесь темами продолжение рассуждений Гиерокла:

> Ибо каждый из нас в большинстве случаев ограничен как бы многими кругами, некоторые меньше, некоторые больше, некоторые окружают другие, некоторые окружены ими, в соответствии с их различными и неравными отношениями друг к другу. Первый и ближайший круг — это то, что каждый человек рисует вокруг своего сознания как средоточия: в этот круг заключено тело и все, что используется для тела. Ибо этот круг короче всего и почти касается средоточия. Второй после этого, стоящий дальше от средоточия и окружающий первый, включает в себя расставленных в должном порядке наших родителей, братьев и сестер, жену и детей. Третий, после них, это круг, в котором располагаются дяди и тети, дедушки и бабушки, дети братьев и сестер, а также двоюродные братья. После этого следует тот, который охватывает всех остальных родственников. Далее это круг членов твоего дема, затем круг членов твоего племени, затем племен, к которым принадлежат твои сограждане, и, наконец, племен тех, кто живет рядом с твоим городом, и, наконец, весь твой народ. Самый дальний и самый большой из них, окружающий все круги, принадлежит всему человеческому роду. Соответственно, как только все это будет продумано, станет возможным сводить эти круги — применительно к поведению, свойственному каждой группе, — вместе, начиная с широчайшего, как бы навстречу средоточию, стараясь переносить предметы из более широкого круга в более узкий. <...> Действительно, большее расстояние по отношению к крови отнимет что-то от доброй воли, но тем не менее надо прилагать усилия для их приближения [περὶ τὴν ἐξομοίωσίν]. Ибо это приведет к справедливости, если по собственной инициативе мы сократим дистанцию в наших отношениях к каждому человеку (4.84.23)[51].

---

[51] Более критическое исследование этого отрывка см. в [Annas 1993: 267–270].

Гиерокл предлагает нам представить себя в центре концентрических кругов, каждый из которых представляет разную степень родства. В эпицентре — тело и разум человека, основное место, из которого он испытывает других. Ко второму кругу относятся близкие члены семьи (с прямым упоминанием о жене, типичным для позитивного взгляда Гиерокла на брак)[52]. Круги расширяются от близких родственников к дальним, к членам племени и этнической группы и, наконец, охватывают всех людей. Следующий шаг — выполнить то, что Гиерокл называет «сведением кругов» (συνολκὴν τῶν κύκλων), представляя каждый из этих кругов на одну градацию ближе к себе. Таким образом человек сможет «сократить расстояние» между собой и другими, какими бы далекими они ни были.

Гиерокл описывает свой метод как способ «распространить семейные узы [οἰκειότητα] на них [неродственных других]» и «усвоить» чужих — буквально сделать их «своими» (ἐξιδιούμενος) (4.84.20). Его модель является парадигматическим выражением *oikeiôsis*. Каждый уровень отношений имеет что-то общее с уровнем, который находится на шаг ближе к нам. Постепенно мы обретаем способность относиться ко всем людям так, как если бы они были более тесно связаны с нами — как будто они нам родные и в конечном счете как будто они — это мы. Это способ воплотить основной принцип Гиерокла, названный ранее: воспринимать другого человека как другое «я» и относиться ко всем другим так, как если бы они были тобой. Поэтому Гиерокл называет свое упражнение «усвоением» (ἐξομοίωσις) других. *Oikeiôsis* здесь приближается к процессу «доместикации», «одомашнивания» — термина, восходящего к латинскому слову *domus*, которое, как и οἰκεῖος, относится к домашнему хозяйству: другой воспринимается через фильтр категорий самости; тут есть риск свести его инаковость к тому, что эти категории могут воспринять[53].

---

[52] Мизоний Руфус ценил супружество еще выше, доказывая, что супружеские связи лежат в основе общества. См.: Мизоний Руфус. Лекции 13, 14.

[53] Термин «одомашнивание» упоминается вскользь в [Brennan 2005: 167].

У Гиерокла модель *oikeiôsis* раскрывает свои функции ассимиляции и присвоения. Забота обо всех и каждом зависит от способности заново изобрести собственный путь по отношению к другим, приближая их и делая более «похожими». Если я последую примеру Гиерокла, я смогу шаг за шагом поступать со всеми остальными так, как если бы они были моими родственниками, — или даже так, как если бы они были мной. Другой представляется принадлежащим в буквальном смысле моему собственному внутреннему кругу общения. Сводя смежные степени близости, Гиерокл улавливает непрерывную связь между отношением к самому себе (телу и разуму) и отношением к другим, даже к тем, кто находится на расстоянии. Делая это, он объединяет различные уровни *oikeiôsis*, концептуализированного другими философами-стоиками, о чем сообщает, например, Цицерон.

5.3. Пересечения: страдания другого в этике, ориентированной на себя

В этом разделе мы обсудим, на основе вышесказанного, сходства и различия между иудео-эллинистическим дискурсом жалости и сострадания, взятым в целом (особенно в его позднейших проявлениях), и стоической литературой. В обоих корпусах текстов — призыв к заботе обо всех и каждом; более того, они рекомендуют одно и то же усилие воображения, которое поможет проявить эту заботу. Однако стоические тексты, как правило, категорически не поощряют жалость, что контрастирует с положительной оценкой, которую эта эмоция получает в иудео-эллинистических источниках. Фактически использование жалости как средства распространить на всех заповедь о любви к ближнему кажется в свете стоицизма весьма парадоксальным. Жалость, по мнению стоиков, не подходит для этой цели, поскольку она рассматривается как посягательство на достоинство пострадавшего, что есть результат неверной оценки страданий.

Сделаем две оговорки. Во-первых, лишь некоторые из еврейских текстов — философские по своей природе. Следовательно, мы поневоле сопоставляем не только философские рассуждения, но и когнитивные и образные тропы, лежащие в их основе. Во-вторых, единство еврейских источников не очевидно; разделительные линии между литературными жанрами, в частности, могут быть более яркими, чем различия между еврейскими и нееврейскими текстами[54]. Филон, например, во многих отношениях ближе к Сенеке или Плутарху, чем к «Завету Завулона», который, в свою очередь, разделяет многие особенности таких романов, как «Левкиппа и Клитофонт» Ахилла Татия. Хотя еврейские тексты являются неотъемлемой частью эллинистической и римской литературы, в то же время нельзя отрицать, что они тем не менее образуют корпус, отличающийся системой отсылок, акцентов и мотивов. Моя идея состоит в том, что дискурс жалости и сострадания с порожденным им кластером конструкций (например, сострадание как божественный атрибут, как основная заповедь закона, как добродетель, распространяющаяся на всех и каждого) способствует в числе прочего очерчиванию этого корпуса.

Иудео-эллинистические и стоические авторы движимы общей задачей: они стремятся объяснить, почему мы должны заботиться обо всех людях и как нам это делать. В обоих случаях этика исходит из акта воображения, когда человек представляет себе, что другой принадлежит к тому же сообществу; в этом смысле и еврейская жалость, и стоическая забота исходят из идеи человеческого единства. Эта связь, охватывающая всех людей, коренится в общем обладании разумом, как отметили Цицерон и Марк Аврелий, а также Филон. Общая принадлежность к человечеству, в свою очередь, как в стоических, так и в еврейских текстах описывается как родство. Цицерон и Гиерокл выражают это родство как движение протяжения, которое расширяется шаг за шагом, от самых близких отношений личности до отношений со всеми людьми. Самые интимные связи обычно возникают между родителями и детьми. Как пишет Гретхен Рейдамс-Шилс: «Эта

---

[54] О значении литературного жанра текста для характеристики в нем эмоций см. [Gemünden 2016].

[родительская] связь воплощает в себе изначальный переход от эгоцентризма к социальному поведению» [Reydams-Schils 2005: 129][55]. Иудео-эллинистические тексты совпадают не только в том, что самыми близкими связями для личности оказываются семейные, но также — что более важно — в том, что этические действия рассматриваются как расширение семейных обязательств. Особенно очевидно это у Филона: испытывать жалость или сострадание — это чувствовать то же, что родители испытывают к своим детям[56]. «Завет Завулона» дает наиболее убедительную параллель, поскольку физически ощутимое и эмоционально напряженное сострадание, которое Завулон испытывает к своему младшему брату, выступает как модель отношения ко всем людям. Структура «Завета» напоминает круги Гиерокла, поскольку этот текст призывает проявить сострадание к другим людям, все более далеким от себя: к братьям, соседям и, наконец, ко всем и каждому. Через сострадание чужак начинает восприниматься как родственник.

На концептуальном уровне как стоические, так и еврейские тексты, по крайней мере до некоторой степени, укореняют этические обязательства по отношению ко всем людям в естественных склонностях человека. В модели *oikeiôsis* забота обо всех остальных исходит из стремления сохранить себя. Как это особенно ясно видно у Цицерона и в той традиции, которую он передает, все формы общественной жизни исходят из инстинкта самосохранения — и, как следствие, защиты потомства. У Гие-

---

[55] См. также всю главу о родительстве [Reydams-Schils 2005: 115–141].

[56] См.: Об особенных законах. 3:116; О Моисее. 1:15; О наградах и наказаниях. 158; Вопросы на Книгу Бытия. 2.49. Филон не концептуализирует переход от семейной жалости к жалости ко всем человеческим существам, хотя в других случаях он выстраивает социальные отношения и определяет их близость человеку через концепцию «кругов» (περιγραφή) (Об особенных законах. 4.19). Об этом см. [Berthelot 2004: 117–119, 137–138]. В «Изречениях» Псевдо-Фокилида третья часть выстроена соответственно сферам социальной жизни и категориям родства, структурированным по степени их близости к человеку; такая организация напоминает концентрические круги Гиерокла, как замечено в [Wilson 2005: 164–165].

рокла забота обо всех людях также вырастает из заботы о себе, собственном теле и разуме. Забота обо всех может стать продолжением импульса, который, таким образом, можно назвать естественным. «Естественный» здесь не означает «автоматический». Как объясняет Джулия Аннас: «Естественная жизнь — это та жизнь, которой мы в идеале жили бы, и тот факт, что мы живем не так, просто показывает, что мы испорчены» [Annas 1993: 273][57]. Забота о других требует активной реализации человеческой гармонии с природой.

Я утверждаю, что некоторые еврейские источники используют сравнительные рассуждения, чтобы аргументировать распространение жалости на всех людей, притом что взгляды на человеческий инстинкт в этих источниках противоположны. Для Филона любовь к себе — это «данность» в конституции человека: «Он [законодатель] повелевает своим людям любить [ἀγαπᾶν] чужаков [в данном контексте новообращенных] не только как друзей и родственников, но как себя самого [ὡς ἑαυτούς]» (О добродетелях. 103)[58]. Этот отрывок предполагает, что для Филона, как и для Цицерона и Гиерокла, самая сильная любовь — к самому себе, за ней следует любовь к родственникам и друзьям. Эта любовь, в свою очередь, как и в модели *oikeiôsis*, может быть направлена на постепенно расширяющиеся категории людей. Этот конкретный раздел касается обращенных в иудаизм, но родство человечества, решительно отстаиваемое Филоном, должно позволить расширить эту любовь. Филон высказывается еще яснее об инстинктивной природе любви к потомству, которую он описывает как «необычайную и все превосходящую доброту [εὔνοιαν], [полученную] от природы» (О добродетелях. 192). Для него родительская любовь — это связь, которой не учатся, а, скорее, получают ее непосредственно из природы:

---

[57] См. также [Berthelot 2004: 270–271]. Также показательна следующая цитата из Диогена Лаэртского: «...конечная цель — это жить согласно с природой, и это то же самое, что жить согласно с добродетелью: сама природа ведет нас к добродетели» (О жизни, учениях и изречениях знаменитых философов. 7.87).

[58] Ср.: О добродетелях. 179.

> Кто те, кто объединены не намерением, а природой среди людей и других живых существ? Даже безумец не скажет, что это некто иной, нежели родители, ибо родитель не обучен, но по природе своей [ἀδιδάκτῳ τῇ φύσει] всегда заботится [κήδεται] о своем потомстве и постоянно думает о его безопасности и сохранении (Об опьянении. 13).

Этот короткий отрывок предполагает, что Филон не видит никаких проблем в связи с родительской привязанностью как инстинктом; и люди, и животные заботятся о своих детенышах и стремятся защитить их[59]. В свою очередь, как утверждалось в предыдущей главе, Филон сравнивает жалость с родительской любовью. Когда речь идет о спасении младенца Моисея или о жалости чужеземцев к брошенным младенцам, Филон утверждает, что способность жалеть каждого человека так же естественна, как родительская любовь[60]. Именно потому, что жалость естественным образом присутствует в людях, она распространяется на всех. «Самая необходимая эмоция», жалость, — это не какой-то чуждый навык, которому надо учиться, но нечто, что заложено в самой природе человека, как и родительская любовь (О добродетелях. 144).

Дело здесь не в том, что Филон принимает или даже корректирует стоический *oikeiôsis* — модель, которая была бы проблематичной для среднего платоника, как утверждает Карлос Леви [Lévy 2009; Lévy 1998][61]. Скорее я предполагаю, что когнитивные

---

[59] См. также: О сотворении мира. 171; Об особенных законах. 2.240.

[60] О Моисее. 1:15; Об особенных законах. 3:116; См. также: О наградах и наказаниях. 158.

[61] Филон склонен использовать концепцию *oikeiôsis* (О потомстве Каина. 135), чтобы подчеркнуть близость человека к Богу, на которой он основывает идею человеческого родства. В то время как стоический *oikeiôsis* видит корни человеческой этики в природных инстинктах, Филон, что типично для платонизма средней эпохи, часто ассоциирует основные инстинкты с тяготением ко злу (см. О Моисее. 2.147; Об особенных законах. 4.68), хотя его взгляды на этот вопрос не совсем совпадают со взглядами платоников (О том, кто наследует божественное. 294). Бертло [Berthelot 2004: 112–113, 118–119] утверждает, что Филон отдает предпочтение долгу чести перед родителями

ресурсы, на которые опирается Филон в своей трактовке жалости, сравнимы — в определенной степени — с теми, которые используются в модели *oikeîsis*. Конечно, жалость для Филона — не только естественная склонность; жалость также составляет заповедь Моисеева закона (в интерпретации Филона) и атрибут божества. Кателл Бертло утверждает, что ссылки на природу у Филона имеют нормативную ценность только тогда, когда они выражают божественную волю; их следует приравнивать не к инстинкту, а, скорее, к проявлению трансцендентности [Berthelot 2004: 119]. Жалость — хороший пример: это естественная склонность, но возведенная в этическую заповедь, поскольку она также принадлежит божеству.

Среди других иудео-эллинистических текстов Четвертая книга Маккавейская прямо указывает на то, что материнское сочувствие и привязанность являются естественным инстинктом, который не только свойственен всем животным, но и может служить примером[62]. В более общем плане словарный запас, принятый иудео-эллинистическими авторами для выражения эмоциональных реакций на чужую боль, относится к телу (корень σπλαγχν-) и физическому миру (корень συμπαθ-); два корня, соответственно, отсылают к материнскому телу и к содействию между настроенными на одну волну родственниками. В первой сцене «Завета Завулона» сострадание принимает глубоко телесный характер, сотрясая органы и делая их пористыми; таким образом, это близко к инстинктивной реакции (Завет Завулона. 2:4–6)[63]. Итак, в своих различных выражениях иудео-эллинисти-

---

(О перемене имен. 40; Вопросы на Книгу Бытия. Frg. 10), тогда как стоический *oikeîsis* ставит на первое место любовь к потомству. В моем понимании, и Филон, и стоики склонны считать любовь родителей к своему потомству одной из наиболее интенсивных форм связи (см. ранее); с точки зрения моральных обязательств Филон действительно призывает оказывать родителям должное почтение.

[62] См., в частности: 4 Макк. 14:13–19; 15:13, 25; также третью главу этой книги; в трактате в конечном итоге рекомендуется преодолеть это естественное сочувствие. См. также [Ibid.: 161–163].

[63] См. также обсуждение в главах первой и четвертой.

ческий дискурс жалости и сострадания рассматривает отношения со всеми людьми как узы естественные, но также санкционированные божественным повелением. В обоих корпусах забота или жалость ко всем не являются чужеродным правилом, навязанным извне; скорее они соответствуют природным склонностям человека. Все человеческие существа обладают этим потенциалом, но они также должны его развивать. Таков и описательный, и предписывающий смысл устремлений как стоических, так и еврейских авторов, которые, каждые по-своему, ищут корень этических заповедей в природе.

В конечном счете и стоические, и еврейские тексты продвигают этику, ставящую обращение с другими людьми в зависимость от собственных отношений с ними. В стоической заботе и еврейской жалости человек представляет себе собственную связь с другим более интимной, чем это имеет место в реальности. По словам Гиерокла, процесс ассимиляции осуществляется через игру, посредством которой человек приближает другого к себе. Бреннан замечает о модели *oikeiôsis*:

> Тот вид беспокойства, который *oikeiôsis* может вызвать, — это не вопрос о том, что заставляет делать добро другому человеку, невзирая на то, что он другой. Наоборот; мы помогаем другим людям не как другим, а как своим (*oikeion* — «мой»). Меня настоятельно просят не отказаться от пристрастия к тем, кого я считаю своими, а, скорее, расширить эту концепцию [Brennan 2005: 163].

Стоический *oikeiôsis* и иудео-эллинистический дискурс жалости рисуют круги, в которых сам человек находится в центре. Хотя они носят инклюзивный характер, поскольку направлены на объединение им всех людей вокруг себя, они также решительно сосредоточены на собственной особе. Модель *oikeiôsis* побуждает человека желать для других того, что он считает необходимым для собственного самосохранения. Точно так же, чтобы почувствовать жалость ко всем другим, человек должен визуализировать свою связь с ними и представить их ближе к себе, чем это имеет место в реальности. Перспектива, по сути, по-прежнему основана на самоощущении человека, даже если это касается заботы или жалости к другим. Более того, и социальный *oikeiôsis*, и жалость оправданы тем, что они означают для самого человека и приносят ему. В стоических текстах восприятие других как «своих» соответствует человеческой природе и разуму: люди реализуют себя, заботясь о других. Точно так же еврейские тексты очень ясно говорят о награде за жалость, получаемой как от божества, так и от других людей. Помимо этих преимуществ, жалость помогает самоидентификации, основана ли она на общей человеческой природе или на еврейском законе (или на том и другом, как у Филона).

Хотя стоические и иудео-эллинистические авторы ставят личность заботящегося/жалеющего в центр своих рассуждений о заботе и жалости, они стараются оправдать заботу обо всех других. Они также рассматривают эту заботу не как обязанность, вытекающую из закона, навязанного извне, но как нечто, основанное на самой природе личности. Жалость и забота реализуют то, чем на самом деле является человек — какой бы ни была эта его идентичность. Мы становимся теми, кем мы являемся на самом деле, когда помогаем другим и, в еврейских текстах, когда жалеем их. Сострадание и забота оправданы из личной перспективы; однако эти дискурсы также подчиняют идентичность личности заботе о других. Забота является частью воображаемой личности: кем бы я ни был, это определяется тем, кем я являюсь для других.

Тем не менее иудео-эллинистические и стоические тексты демонстрируют серьезные расхождения. В еврейских текстах жалость является средством распространения любви на всех людей. Действительно, заповедь любви, когда она применяется ко всем, часто выражается в терминах жалости и сострадания. Способность любить всех людей основана на опыте их общей уязвимости и страданий. Чувствуя чужую боль, человек воспринимает другого как более близкого, что тексты объясняют двояко. С одной стороны, страдание, заявляет Псевдо-Фокилид, есть нечто общее для всех; поэтому зрелище чужой боли вызывает в памяти общую человечность и собственную подверженность страданию. С другой стороны, жалея, человек сочувствует другому, как сочувствовал бы родственнику — возможно, потому, что чужая уязвимость вызывает чувство, сравнимое с родительской привязанностью. В обоих случаях предполагается, что страдания глубоко затрагивают людей. Иудео-эллинистические тексты сохраняют озабоченность страданиями, которая пронизывает еврейское Писание; посредством эмоционального словаря они повторяют библейское понимание страдания и его последствий. Жалость и сострадание подчеркивают, что страдание — в том числе чужое — является серьезной проблемой, до такой степени, что это может повлиять на тех, кто на самом деле не страдает сам, но только наблюдает боль постороннего человека.

Стоические тексты, напротив, обычно принижают жалость. Как пишет Марта Нуссбаум:

> Какова же именно природа заботы стоика о своих ближних? Что чувствует хороший космополит, когда они голодны, больны или обременены агрессивной войной? Тексты ясно дают понять, что позиция космополита — не та эмоция, которую мы обычно называем жалостью или состраданием, болезненная эмоция, основанная на убеждении, что кто-то другой всерьез страдает и что это страдание — плохая вещь, эмоция зрителя трагической драмы. Стоики так же мало ценят сострадание, как и трагические драмы, которые его культивируют [Nussbaum 2002: 42][64].

В основе этого неприятия жалости лежит стоическая оценка страдания. Жалость основана на предположении, что страдание отрицательно влияет на человеческие существа. Для стоиков это предположение ложно; внешние обстоятельства не могут повлиять на мудрого человека. Физическая боль и психические страдания не имеют значения для благополучия личности. Хотя Зенон и другие проводят различие между типами «безразличных вещей», утверждая, что некоторые (например, здоровье) очевидно предпочтительнее других (например, болезни), тем не менее внешние

---

[64] См. также [Stephens 1996].

факторы, такие как одежда, еда и здравоохранение, все-таки не считаются незаменимыми для хорошего самоощущения.

В то же время, как также отмечает Нуссбаум, позиция стоиков не может приравниваться к отсутствию беспокойства:

> Однако, если отношение — не сострадание, то что это такое? Очевидно, что это не безразличие: ибо стоики снова и снова хвалят свою позицию в отношении эмоций, указывая на то, как избавление от эмоций помогает нам развивать гуманное, заботливое и доброжелательное отношение к согражданам [Ibid.: 42–43].

Марк Аврелий, например, рекомендует доброту как способ желать добра и делать добро другим. Большинство философов-стоиков также описывают связь с другими людьми, используя такие термины, как «привязанность» и «любовь», хотя и понимаемые эмоционально-отстраненно. Цицерон, Сенека и Марк Аврелий — все призывают оказывать помощь, но без жалости. Как эмоция и «болезнь ума» жалость может быть только помехой для правильного распространения любви на всех людей. Помимо того что жалость основана на ошибочном предположении, она по своей сути предвзята, поскольку опирается на личные привязанности и предпочтения.

Иудео-эллинистический и стоический дискурсы о реакции на боль других, каждый по-своему, выражают беспокойство по поводу того, с чем сталкиваются другие. Еврейские тексты, особенно в своих наиболее аффективных проявлениях, могут вызвать неодобрение, поскольку забота о другом в них зависит от эмоций и, следовательно, пристрастна. Что происходит с тем, кому никто не сочувствует, со страданием, не вызывающим эмоций, и с болью, которая далеко и вне поля зрения? Некоторые примеры сострадания могут даже противоречить этическим принципам, поскольку наша чувствительность к чьей-то боли может побудить нас совершать действия, которые несправедливы или вредны для других. Сострадание часто встречает такие возражения — или по крайней мере мысль, что оно должно сочетаться с обоснованным этическим суждением[65]. Что касается позиции стоиков, то может показаться, что они не способны признать все последствия страданий и бесправия. Нуссбаум, в частности, подвергла критике этот аспект стоического учения, которое не признает, что отсутствие этих предполагаемых «безразличных» может серьезно ущемить человеческое достоинство. Стоическая философия в этом смысле недостаточна для того, чтобы всерьез улучшить условия жизни и положить конец несправедливости (в частности, рабству) [Ibid.][66].

Таким образом, оба дискурса предлагают ограниченные способы решения трудной проблемы. Задача заключается в том, чтобы облегчить страдания, сохраняя при этом достоинство страдающего. Сенека прямо упоминает об опасности обидеть страдальца жалостью. На другом конце спектра «Завет Завулона» рекомендует страдать вместе со страдающим, когда невозможно оказать практическую помощь — как будто сострадание каким-то образом способно сделать страдание более терпимым. Таким образом, эмоциональный компонент реакции на боль оценивается стоическими и еврейскими источниками диаметрально противоположно: он признается вредным для достоинства страдающего в первом случае, но полезным во втором. По мнению стоиков, забота о людях необходима, несмотря на то что страдания не влияют на способность человека к процветанию. Для иудео-эллинистических авторов, напротив, забота обо всех и каждом основана на предположении, что страдания глубоко затрагивают людей и отрицательно влияют на их благополучие. Таким образом, жалость играет противоположную роль в стоических и иудео-эллинистических текстах: в первом случае это помеха идеальной любви к человечеству; в последнем это то самое средство, которое способствует ее достижению.

---

[65] См., например, [Bloom 2013b; Bloom 2013a: 33–57; Vitellone 2011]. Культурологический подход см. в [Ahmed 2004: 191–203].

[66] О том, как стоики различали между собой «безразличное», как и более широкие размышления о вовлеченности в политику, см. [Sorabji 2012, esp. 46–55, 179–195].

Парадоксально, но оба дискурса в конечном итоге совершенно явно утверждают превосходство заботящегося человека, чью точку зрения они в одностороннем порядке принимают, над тем, кто испытывает боль[67]. В главах первой и третьей мы подробно разобрали различные способы, с помощью которых иудео-эллинистические тексты используют жалость и сострадание для фиксации относительного благополучия и социального преимущества жалеющего — таким образом, чтобы укрепить существующие иерархии. Стоический дискурс создает аналогичную динамику: исходя из собственного взгляда на страдание, человек должен знать, что нужно другому. Если оказывается помощь, то она предполагает снисходительное отношение, поскольку помощь эта считается излишней для благополучия другого человека. Если снова воспользоваться примером Марка Аврелия, заботливый человек похож на родителя, который возвращает ребенку любимую игрушку, прекрасно понимая, что это всего лишь игрушка. Оба дискурса признают диспропорцию, которую создает страдание, и оба имеют тенденцию усиливать дисбаланс.

5.4. Отголоски имперской пропаганды

Нам предстоит рассмотреть еще одно измерение взаимодействия еврейских и стоических источников: их политический контекст и их асимметричные отношения. В то время как авторы-стоики представляют доминирующую власть (хотя и в разной степени), еврейские авторы представляют культуру меньшинства, подвластного империи[68]. Чтобы проиллюстрировать, какой политический контекст сопровождает стоические и еврейские дискурсы заботы и жалости соответственно — и проникает в них! —

---

[67] Сенека упоминает свою болезнь (Нравственные письма к Луцилию. 78), но лишь как прошедшее событие; сам он не основывается на этом опыте.

[68] Об использовании терминов «империализм», «гегемония» и «колониализм» при описании Древнего Рима, особенно с учетом потенциального риска анахронизма, см. [Mattingly 2011: 3–42, 269–276; Morley 2010: 14–37; Champion, Eckstein 2004; Webster 1996; Gruen 1984, esp. 273–287].

я сейчас покажу, что два их центральных компонента — родство человечества и забота обо «всех» людях — лежат и в основе имперской идеологии. И разумеется, оба мотива служат оправданию римского господства над подвластными нациями.

Еврейская община как в Иудее, так и в диаспоре составляла меньшинство, практически не имея политического веса, сначала под властью эллинистических царств (Птолемеев и Селевкидов), а затем под растущей мощью Рима. Во времена династии Хасмонеев (140–63 годы до н. э.) наряду с территориальной экспансией была достигнута некоторая политическая автономия; однако она опиралась на различные союзы с военными державами региона. Кроме того, значительная часть еврейской общины и в это время жила в диаспоре и, таким образом, оставалась под иноземной властью[69]. Как показывают дошедшие до нас тексты, эллинистическая еврейская интеллектуальная элита активно участвовала в литературном процессе того времени, порождая тексты практически во всех распространенных литературных жанрах. В частности, евреи занимались философией и делали собственные традиции предметом интеллектуальных дискуссий того времени. Среди текстов, рассмотренных в данном исследовании, «Письмо Аристея», «Изречения» Псевдо-Фокилида и трактаты Филона — все это напрямую связано с греческой и римской философией. Такие тексты, как Евангелие от Луки и «Завет Завулона», не философские по своему характеру, скорее отражают вторичное переосмысление этих идей.

Стоики и другие римские философы являются частью господствующей культуры, в которой они играют значительную, хотя и неоднозначную, роль. Стоическая философия утверждает многообразные отношения с императорской властью. Цицерон и Марк Аврелий непосредственно занимались политикой; Сенека был советником Нерона, но, как уже отмечалось, в конечном итоге был принужден к самоубийству[70]. Сама суть стоической

---

[69] Об истории еврейской общины в ее отношениях с имперской властью см., например, [Schwartz S. 2014; Goodman 2007; Schäfer 2003; Schwartz S. 2001; Hengel 1980].

[70] См., например, [Veyne 2003; Griffin 1976].

мысли, с ее заботой обо всех и каждом, может быть связана с расширением гегемонистской власти Рима. Некоторые полагают, что существует прямая связь; например, Энтони Пэгден отмечает: «Стоицизм не просто распространял мягкий культурный релятивизм на всех, кого можно, — стоицизм по своему происхождению был философией, которая особенно хорошо подходит для расширяющейся империи» [Pagden 2000: 6]. Другие ученые скорее подчеркивают сложность этих отношений. Для Кристофера Гилла стоицизм представляет собой «этические рамки политического участия», но также и «теоретическую основу для морального неодобрения конкретного императора или его действий» [Gill 2003: 34][71]. Сейчас мы увидим, что две основные темы стоической модели *oikeiôsis*, также встречающиеся в еврейском дискурсе жалости и сострадания, одновременно являются частью властного дискурса: это родство человечества и забота обо «всех людях».

Во-первых, мотив семьи имел решающее значение в развитии Рима как государства-империи. Бет Севери, в частности, проследила, как отношение императора к государству все больше представлялось как отцовская власть над семьей [Severy 2003][72]. Она отслеживает новшества, такие как изображение Августа и его родственников на монетах и общественных зданиях; формирование культов (как общественных, так и частных) в их честь; и, что особенно заметно, присвоение Августу, во 2 году до н. э., титула *pater patriae*, «отец отечества»[73]. Вместе с этим титулом Август берет на себя культурную роль отца, как она понимается в римском обществе. Поскольку к отцовским функциям относится регулирование отношений семьи с богами, император, таким образом, превращается в посредника между империей и божественным царством; иногда ему даже присваивают божественный

---

[71] См. также [Sorabji 2012: 187–188].

[72] См. особенно предисловие и главы 5 и 7. См. также шире [Galinsky 1996].

[73] Титул не совсем беспрецедентный, поскольку Цицерона и Юлия Цезаря называли *parens patriae*, «родитель отечества».

статус[74]. Завоеванные нации также интегрированы в это семейное представление: вся империя объединена отцовством Августа. Изобразительное искусство содержит тот же посыл, поскольку покоренные народы, находящиеся под отцовской властью императора, олицетворяют женщины и феминизированные мужчины [Ramsby, Severy-Hoven 2007]. Семья и империя переплетаются. Семья политизируется, превращаясь в выражение имперского правления, в то время как империя представляется как семья под отеческим правлением императора. Эта идеология была повсеместно распространена в империи, о чем свидетельствуют визуальные памятники[75]. Философские размышления о родстве человечества не могут не напоминать эту имперскую риторику, особенно в ходе своего развития по мере расширения политической власти Рима[76].

Во-вторых, мотив «всех человеческих существ» постоянно повторяется в имперской пропаганде, как вербальной, так и визуальной. Претензии римлян на управление «всей землей» и «родом человеческим» — частый мотив в греческой и латинской литературе, они были предметом многих исследований; здесь я приведу только несколько примеров для иллюстрации[77]. По словам Полибия, Сципион Африканский пообещал своим солдатам, что, если они выиграют битву при Заме, они обретут для себя и своей страны «неоспоримую власть и главенство над целым миром» (История. 15.10.2). Плутарх часто называет римлян «владыки вселенной» (κύριοι τῆς οἰκουμένης), например цитируя слова Тиберия Гракха (Тиберий Гракх. 9.5). Помпей, согласно Диодору Сицилийскому, утверждал, что распространил империю

---

[74] См. [Ibid.: 312–322].

[75] О повсеместном распространении имперских идеологий см., например, [Noreña 2011].

[76] См. [Baldry 1965].

[77] См. [Brunt 2004; Whittaker 1994; Harris 1985, esp. 105–130; Gruen 1984, esp. 273–287]; кросс-культурную точку зрения см. в [Bang, Kołodziejczyk 2012] (особенно [Ibid.: 31–33], о слиянии империи с οἰκουμένη, или цивилизованным миром).

до края земли (Историческая библиотека. 40.4.1). Цицерон в течение всей жизни использует выражение *imperium orbis terrae*, «империя всей земли», империя, для которой небо — единственная граница (О предоставлении империя Гнею Помпею. 17.53; Против Катилины. 3.26)[78]. Рим — «народ, который является господином царей, победителем и императором всех наций»; он правит «всеми народами» по божественному установлению (Речь о своем доме. 90; Против Верреса. 2.4.81; Филиппики. 6.19)[79]. Визуальная пропаганда аналогичным образом использует мотивы, утверждающие римское господство над человечеством. Например, мозаика второго или третьего века из Эль-Джема, Тунис, изображает Рим как женщину в центре круга, окруженную другими женскими фигурами, представляющими ее провинции. В руке она держит шар, символизирующий имперское господство над всей Землей[80]. Мотив «всех человеческих существ», следовательно, не является просто философским выражением; он также занимает видное место в политических дискурсах о Риме и его гегемонии.

Римское правление изображается не просто охватывающим все человечество; оно также показывается как приносящее стабильность, процветание и «высшую культуру» покоренным нациям[81]. Для Цицерона Рим — «единственная из всех стран... обитель доблести» (Об ораторе. 1.196)[82]; это «светоч всего мира и оплот всех народов [*omnium gentium*]» (Против Катилины. 4.11). Государство поддерживает себя своими «делами службы»; его войны мотивированы защитой своих союзников и стремлением к миру; Сенат является «прибежищем» для царей и народов. Следовательно, добавляет он, власть Рима — это скорее «покровительство [*patrocinium*] над всеми странами», чем «владычество»

---

[78] См. также: О консульских провинциях. 33.
[79] См. также: В защиту Гнея Планция. 11.
[80] См. анализ в [Huskinson 2000]. Шире см. [Hölscher 2004].
[81] Критическую оценку такой римской идеологии см., например, [Morley 2010: 38–69].
[82] См. также: Против Верреса. 2.4.81.

(*imperium*) (Цицерон. Об обязанностях. 2.26–27). Рим в этой риторике не столько навязывает свое господство, сколько защищает более слабые страны. В поэтической форме следующий отрывок из поэмы Вергилия «Энеида» подчеркивает вклад Рима во всеобщий мир:

> Римлянин! Ты научись народами править державно —
> В этом искусство твое! — налагать условия мира,
> Милость покорным являть и смирять войною надменных!
> (Энеида. 6.851–853)[83].

Всеобщее господство оправдано миром, который оно приносит. Последний пример: Ливий описывает римлян как «властителей земного круга», которым поручено «оберегать и миловать род людской [generi humano]»; это словарь, напоминающий стоическую «заботу обо всех» (Ливий. Римская история. 37.45.8–9)[84].

Эти примеры подчеркивают, что рассмотренные ранее этические и философские тексты, как стоические, так и еврейские, используют мотивы, которые также присутствуют в римской политической идеологии. Забота стоиков и еврейских авторов обо «всех» людях параллельна претензиям империи на охват всего человечества. Как и имперская пропаганда, стоические и еврейские тексты представляют элемент «универсальности», которую можно широко определить как расширение целого, движимое мечтой охватить то, что воспринимается как «всё», и сделать его своим[85]. Кроме того, стоические и еврейские авторы определяют связь личности со всеми людьми на Земле через модель семейных связей — метафора, также используемая в имперской риторике. То, что этическая рефлексия посредством процесса ассимиляции (*oikeiôsis*) утверждает, как способность

---

[83] См. также: Энеида. 1.279 (*imperium sine fine*); О теоретической концепции империи и присущем ей отсутствии границ см. [Hardt, Negri 2000].

[84] См. также 37.54.15.

[85] О другом значении «универсальности», так же как о понимании «сконструированной реальности» или вымысла, см. [Balibar 1995]. См. также [Butler 2000].

мудрого человека заботиться обо всех людях, имперская идеология продвигает как доброжелательное правление империи подвластными ей народами.

5.5. Взаимодействие культуры меньшинства с доминирующей идеологией

К этому моменту уникальность иудео-эллинистического дискурса жалости и сострадания померкла. То, что конструируется источниками как сугубо еврейское наследие, скорее проявляется как совокупность эмоций, идеалов и аргументов, которые встречаются и в другой литературе того времени, в том числе даже в имперской пропаганде. Как следует интерпретировать это сближение, помимо вопросов зависимости и влияния? Является ли иудео-эллинистический императив проявлять сострадание ко всем всего лишь осколком гегемонистской риторики Рима? Я предлагаю три вдохновленные недавними исследованиями модели, позволяющие интерпретировать взаимодействие между культурами меньшинств и доминирующими культурами[86]. Каждая модель дополняет и уравновешивает остальные; они не исключают друг друга, несмотря на существующее между ними напряжение, поскольку каждая отражает определенный аспект динамического процесса.

Первая модель подчеркивает привлекательность — или даже неизбежность — доминирующих дискурсов. Глобализованные среды (особенно имперские) создают давление на культуры меньшинств, чтобы те приняли идеалы большинства, а также методы, с помощью которых отстаиваются эти идеалы. Доминирующее воображаемое де-факто навязывается, приобретая квазинормативный характер. Чтобы существовать рядом или

---

[86] Среди других работ мною использованы, например, [Burke 2009; Kraidy 2005; Bhabha 1994]. О связи еврейской культуры с имперской властью см., например, [Dohrmann, Reed 2013; Schwartz S. 2010; Charles 2009; Collins 2005 (особенно об отношении новой модели к предыдущим исследованиям); Boyarin, Burrus 2005; Gruen 2002; Barclay 2002b (этой работе я особенно обязана); Schwartz S. 2001].

внутри доминирующей культуры, меньшинство должно принять стандарты большинства — этот процесс часто называют усвоением или заимствованием. Хотя гегемония имперской власти редко бывает однородной, поскольку она применяется с разной интенсивностью в разное время и в разных местах, она устанавливает норму, которой должны придерживаться подчиненные группы, чтобы их дискурс был конкурентоспособен. Дэвид Палумбо-Лю разъяснил особую привлекательность «универсальности», на которую претендует доминирующая группа, для культур меньшинств. Эта универсальность является продуктом гегемонистского воображения, но она также воспринимается меньшинством как нечто дающее ему входной билет в доминирующую культуру. Поскольку «доминанта заявила о себе именно как о чем-то универсальном, — пишет Палумбо-Лю, — качество всеобщности, в свою очередь, утверждается как предпосылка для всех, кто стремится войти в доминирующую культуру» [Palumbo-Liu 1995: 188]. Принятие того, что считается «универсальным» в культуре большинства, является для меньшинства условием легитимности. Хотя это усвоение дает возможность участия в глобальной культуре, оно также требует согласия с ее стандартами.

Об эллинистических евреях Джон Баркли пишет: «Если евреи хотели социального, политического и культурного признания, им приходилось принимать дискурс и образ мышления доминирующей культуры (культур)» [Barclay 2002b: 17]. Иудео-эллинистические источники иллюстрируют этот процесс разными способами. Еврейские авторы переняли не только язык большинства (по крайней мере греческий в литературных текстах), но и его литературные жанры, его методы аргументации, многие его ценности, а иногда даже его культурные отсылки[87]. «Письмо Аристея» свидетельствует о необходимости обосновать ценность еврейской традиции в соответствии со стандартами греческой культуры, начиная с ее языка; еврейская мудрость в этом тексте получает санкцию царя из династии Птолемеев, одного из политических

---

[87] См., например, [Collins 2000; Levine L. 1998; Gruen 1998].

представителей господствующей культуры[88]. Один из самых радикальных примеров этого процесса — особое использование псевдоэпиграфики, с помощью которой иудео-эллинистический текст приписывается имени или фигуре доминирующей культуры, как это имеет место, например, в «Изречениях» Псевдо-Фокилида, «Письме Аристея» и «Книгах Сивилл»[89]. Посредством такого рода псевдоэпиграфики меньшинство включает свой голос в доминирующую группу. Как отмечалось ранее, «Фокилид» в «Изречениях» функционирует не как греческий персонаж, а как универсальный мудрец. Приписывая свои собственные паренетические предписания греческому персонажу, который воспринимается в качестве общего источника мудрости, еврейский автор принимает и подтверждает претензию доминирующей культуры на универсальность. Он также соглашается с тем, что такое принятие господствующей культуры для него является обязательным условием, чтобы быть признанным — хотя, возможно, и сквозь зубы.

Иудео-эллинистический дискурс жалости и сострадания можно, по крайней мере частично, интерпретировать в таком ключе, поскольку он объединяет несколько компонентов современных ему дискурсов, как философских, так и политических: этическую модель, ориентированную на самого себя, расширение семейных связей на всех людей, воображение, создающее общее чувство принадлежности с вытекающими отсюда обязанностями по отношению ко «всем» людям. Чтобы выразить то, что они считают своим собственным этическим и эмоциональным стилем, иудео-эллинистические авторы опираются на структуру, найденную в современной им стоической мысли. Усвоив категории господствующей культуры, меньшинство перекраивает себя в соответствии с господствующей моделью; оно также претендует на членство в глобальной среде. Расширение заповеди любви к ближнему на всех людей особенно важно, поскольку оно меняет основную заповедь Моисеева закона в соответствии с универсальными амбициями господствующей культуры. Однако при-

---

[88] См. [Collins 2005].
[89] См. [Ibid.: 12].

нятие такой универсальной модели происходит не без напряжения, поскольку то, что считается частным (заповедь Моисея о любви), интерпретируется как эмоция или естественное побуждение, предположительно общее для всех. Участие во всеобщем осуществляется через нормализацию частного, партикулярного, тем самым подвергая его опасности, поскольку партикулярное рискует быть раздавленным этой универсализацией.

Хотя этот подход в принципе признает диспропорцию власти, включая интеллектуальное влияние доминирующей культуры, он также проблематичен, поскольку предполагает пассивность культуры меньшинства в принятии структуры доминирующего дискурса. В действительности же многочисленные примеры на протяжении всей истории свидетельствуют о творческом подходе, с которым группы меньшинств принимают рамки, навязанные гегемонистскими культурами, и в некоторых случаях это форма сопротивления. В результате вместо дублирования доминирующего дискурса возникает искаженная имитация — иногда называемая гибридной или креольской продукцией[90]. Во многих недавних исследованиях подчеркивалась подобная роль культур меньшинств при усвоении римских практик, таких, например, как культ императора[91]. В двух монографиях Эриха С. Грюна показана свобода — иногда сопровождаемая юмором и озорством, — с которой эллинистические евреи, в частности, обращались с греческими и римскими традициями [Gruen 2002; Gruen 1998]. Сильви Хонигман аналогичным образом приводит несколько примеров: «Письмо Аристея», где господствующие ценности не только усваиваются, но и переформулируются как собственность еврейской общины. Например, греческие идеи закона (*nomos*) и уникального философского божества отождествляются с ключевыми принципами еврейской традиции; однажды «сделанные» еврейскими, эти ценности преподносятся как

---

[90] Несколько иллюстраций этой мысли см. в [Burke 2009]; о сопротивлении см. [Scott 1990].

[91] См., например, [Galinsky 2011], со ссылкой на [Price 1984]. Шире см. [Mattingly 2011; Hingley 2005].

«лучшие», превосходящие даже греческие представления [Honigman 2013][92]. Для иудео-эллинистических авторов чистое усвоение является редким явлением — чаще мы имеем дело с изобретательным переосмыслением.

Дискурс жалости и сострадания является примером такого творческого переосмысления. В дискурсе присутствует множество концептуальных структур, присутствующих также в стоических текстах и в имперской идеологии. В этом обрамлении иудео-эллинистический дискурс поддерживает эмоциональные реакции на чужую боль, категорически отвергаемые большинством философов-стоиков. Жалость — повсеместно встречающееся чувство в греческой традиции, особенно в трагедии и ораторском искусстве, а в позднеэллинистический и раннеимперский периоды — в историографии и романах. Однако жалость, в какой-то момент присвоенная еврейскими авторами, находится в преемственности с еврейским Писанием, которое последовательно утверждает, что страдания приносят вред, и требует реакции. Более того, жалость превращена в опознавательный знак собственного культурного наследия меньшинства. Жалость становится атрибутом выдающихся праотцев Израиля; она отражена в заповедях Пятикнижия; она иногда даже ассоциируется с заповедью любви к ближнему. Используя лингвистическую метафору, распространение жалости и сострадания на всех людей дает доступ к лингва франка; однако эта зыбкость используется для выражения того, что воспринимается как уникальное еврейское наследие. Особый аспект этой творческой реинтерпретации можно найти в творчестве Филона. Сопоставление Моисеева закона и закона природы позволяет Филону приравнять еврейскую добродетель к общим, «универсальным» человеческим ценностям — универсализация, которая в иных формах типична для гегемонистских идеологий и, в частности, римской пропаганды. Стол переворачивается, поскольку культура меньшинства присваивает себе притязание на универсальность и переносит его на свою собственную традицию.

---

[92] См. также о Филоне [Berthelot 2004: 107].

На карту поставлен аффективный сдвиг, поскольку стоическая и имперская «забота» (κήδομαι, cura) преобразуется в эмоциональную реакцию, непосредственно адресованную другим людям, страдающим от боли. Смещение незначительное, но существенное. Жалость и сострадание изменяют отношения человека с другими людьми, опираясь на его эмоциональные и творческие способности. Использование жалости и сострадания в качестве маркеров идентичности побуждает воображать себя как относительно благополучного человека, в то время как другие воспринимаются как уязвимые существа. В историографии того времени жалость действительно является показателем авторитета, даже превосходства. Таким образом, через жалость уязвимость проецируется на других, в то время как сама личность переосмысляется, расширяя свои возможности. Благодаря своим творческим ресурсам эмоции уравновешивают политическое подчинение, о котором сообщают многие источники, как текстовые (например, Четвертая книга Маккавейская и Иосиф Флавий), так и визуальные (например, монеты Iudaea capta). Дискурс дает меньшинству не только голос, но и чувства; эти чувства принадлежат не побежденному, а доброжелательному наблюдателю или даже самовластному правителю. В контексте, когда действия, особенно политические, могут быть ограничены, аффективная сфера предлагает пространство возможностей, поскольку, как гласит «Завет Завулона»: «Если же не имеете (что) дать нуждающемуся, сострадайте ему милосердным сердцем» (7:3). Переход от «заботы» к «состраданию» символически противопоставляет имперским достижениям чувства меньшинства, иногда с явным признанием невозможности действия, как в «Завете Завулона». Меньшинство «чувствует в ответ» через аффективное смещение, незначительное, но достаточно гибкое, чтобы игроки поменялись ролями[93].

Однако чтобы сбалансировать эти два подхода, необходим, кажется, третий шаг. Оба подхода предполагают главенство и относительную независимость греческого и римского материалов — как будто эти традиции развились как-то сами по себе

---

[93] Это затрагивается в книге [Ashcroft et al. 1989].

и таким образом представляли собой какой-то самостоятельный репертуар. Исследования межкультурного обмена, особенно после Хоми Бабы, подчеркивают «уже существующую» гибридность и гетерогенность всех традиций. Социальные группы являются продуктом обмена и встреч с другими; они также постоянно вовлечены в процесс реконструкции. Этническая принадлежность сама по себе — динамическая конструкция[94]. Внутри групп внутренняя динамика власти создает сложные модели взаимодействия с гегемонистской элитой и ее представителями, которые и сами демонстрируют различную степень преданности императорской власти. Разговоры об «усвоении» (пусть даже новаторском) доминирующих структур могут быть проблематичны, поскольку они предполагают односторонние и монолитные отношения между доминирующими группами и меньшинствами. Такая интерпретационная модель может вернуть эссенциалистский взгляд на культуры, стирая присутствующие повсюду явления гибридной идентичности и гетерогенной вовлеченности во власть. Такие термины, как «конвергенция», «вовлеченность» и «переговоры», кажется, лучше подходят для выражения пористости социальных групп и взаимности обмена.

Такая гибкая и основанная на флюидности концепция культуры особенно актуальна для Рима и принята многими учеными. Например, Невилл Морли пишет:

> Идея «римской культуры», понимаемой как однородный и четко определенный набор социальных, материальных и интеллектуальных практик, сама по себе является конструкцией. Отчасти ее придумали сами римляне, стремясь определить свою собственную идентичность, от развития латинской литературной традиции во II веке н. э. до яростных споров о том, что значит быть римлянином (или «настоящим» римлянином) в обширной литературной и художественной продукции того, что иногда называют «римской культурной революцией» при Августе. Не было единой модели «римского поведения», которой мог бы подражать

---

[94] См., например, [Jenkins 2008; Jones 1997].

провинциал, даже располагая полной информацией о дебатах, происходящих в метрополии. <...> Глядя на империю, мы не видим въяве таких вещей, как «римская идентичность» или «римская культура», все это гибриды, имеющие некоторые общие элементы, но и со значительными различиями, и все они постоянно находятся в процессе развития и дискуссий [Morley 2010: 114][95].

Если не существует однородной римской культуры или идентичности, то это же верно и для еврейской общины. Научная тенденция при обсуждении «иудаизмов» поздней Античности подчеркивает отсутствие уникальной и единой основы еврейской идентичности. Многие тексты предполагают гибридное чувство идентичности, изображая евреев, которые с легкостью считают себя и греками тоже[96]. Как подчеркивалось ранее, хотя иудео-эллинистические тексты и демонстрируют отличительные черты, они часто имеют больше общих характеристик с неврейскими эллинистическими или римскими трудами, чем друг с другом. «Еврейство» передается разнообразием мотивов, включая цитаты и аллюзии, практики и, как мы видим, эмоции — которые могут присутствовать, а могут и не присутствовать в данном тексте. Этот момент подчеркивает, например, Баркли, который пишет: «Согласно этой модели, иудаизм представляет собой явление многообразное и нестабильное, ограниченное и определенное не чем-то исходно присущим или базовым, а выбором, решениями и культурными предпочтениями самих евреев» [Barclay 2002b: 18]. В этом динамическом определении идентичность воспринимается как действие, которое должно повторяться снова и снова. Как и в теории гендера Джудит Батлер, иден-

---

[95] См. также [Hingley 2005; Mattingly 2011: 203–245].

[96] См., например: Иосиф Флавий. О древности иудейского народа. Против Апиона. 1:175–182, и прочтение этого отрывка в [Barclay 2002b]; «Письмо Аристея» и его прочтение в [Honigman 2013]; репрезентация Павла в паулианской литературе, что подчеркнуто в [Geiger 2009]. Шире см., например, [Levine L. 2009] и другие статьи в первой части сборника [Levine, Schwartz 2009]; см. также [Eliav 2009; Frey et al. 2007; Cohen 1999; Goodman 1998; Goodman 1990].

тичность — это представление, которое никогда не бывает совершенно одинаковым в разных своих проявлениях[97].

Сострадание ко всем воплощает в себе это сложное чувство идентичности, одновременно изменчивое и перекрывающееся с другими, — заботу обо всех людях, возникшую в контексте глобализации. Эта озабоченность послужила оправданием расширения римской власти, но она также стала результатом реакции различных культурных групп на встречу друг с другом. Держава-гегемон, возможно, была первой, кто сделал кодом всеобщую заботу обо всех, именно в силу своей гегемонии, но сами условия возникновения дискурса определяют его гибридную природу. В этом смысле если мы рассматриваем заботу обо всех и каждом как строго римскую идею, то нам придётся принять версию о том, что Рим распространил по всему миру свою «цивилизацию», которую культуры меньшинств затем усвоили и адаптировали. Но сострадание ко всем, как оно обнаруживается в еврейских источниках, представляет собой скорее свидетельство сложного интеллектуального взаимодействия, возникшего в новой глобализованной среде. Культуры большинства и меньшинств в их разнообразии, а иногда и в их пересечении, были вовлечены в это взаимодействие, которое заставило социальные группы переосмыслить свою идентичность, поскольку они приняли сложность и множественность.

Эти три модели не заменяют друг друга; несмотря на напряжение между ними, каждая из них подчёркивает необходимый аспект общего взаимодействия. Первая модель подчёркивает диспропорцию участвующей в процессе власти; доминирующая интеллектуальная основа функционирует для меньшинства как неизбежная плата за вход в глобальную среду. Сострадание ко всем в этом смысле иллюстрирует распространение универсалистских претензий на культуру меньшинства. Вторая модель уравновешивает эту реальность, утверждая влияние культур меньшинств, которые, используя, когда они уместны, доминирующие дискурсы, переосмысляют их в инновационные культур-

---

[97] См. [Батлер 2022]; ср. [Auslander 2009].

ные гибриды. Забота и отстраненная привязанность, таким образом, трансформируются в эмоциональную чувствительность к боли других, глубоко укоренившуюся в еврейской традиции. Этот аффективный сдвиг дает возможность представить себя в отношениях со всеми остальными в эмоциональном режиме, который легко поддается вдохновляющему развороту ролей. Наконец, третья модель предостерегает от эссенциалистских прочтений; строгие различия между «иудеями», «греками» и «римлянами» могут существовать только как искусственные абстракции. Сострадание ко всем подчеркивает активную роль еврейских общин — по крайней мере их интеллектуальной элиты — в построении глобальной культуры того времени.

Заключение
Дискурс «другого»

После объявления об отставке судьи Дэвида Соутера в мае 2009 года президент Барак Обама выступил в Белом доме с короткой речью, в которой он обозначил качества, ключевые на его взгляд при выборе нового судьи Верховного суда. Подчеркнув честность и независимость, он коснулся еще одного, менее ожидаемого критерия: «Я рассматриваю способность к эмпатии, пониманию и идентификации с надеждами и проблемами народа как важнейший элемент для достижения справедливых решений и результатов»[1]. Несколько недель спустя Обама назначил на эту должность Соню Сотомайор, судью пуэрториканского происхождения и сторонницу большего разнообразия в системе правосудия. Сотомайор неоднократно заявляла о своей убежденности, что личный опыт влияет на то, как судья рассматривает дела. Она заявила, в частности, что она «лелеет надежду, что мудрая латиноамериканка с богатым жизненным опытом во многих случаях лучше разберется в ситуации, чем белый мужчина, который не прожил такой жизни». Ее слова вызвали серьезные споры, и позже она их уточнила[2]. Меньше внимания уделялось более общему заявлению, которое обрамляло спорное замечание Сотомайор: «Не может быть универсального определения муд-

---

[1] Obama B. Remarks on the Retirement of Supreme Court Justice David H. Souter. May 1, 2009.

[2] Первоисточник фразы см. в [Sotomayor 2002: 92]; другие утверждения и ее последующие уточняющие замечания см. в [Biskupic 2014: 121–130; Tushnet 2013: 73–82; Fish 2009].

рости» [Sotomayor 2002: 92] (со ссылкой на Марту Минноу). Пол и социальное происхождение придают мудрости особые аспекты; этим качеством никто не может обладать в полной мере — независимо от претензий доминирующих групп. Принудительная универсализация мудрости в этом смысле может привести — намеренно или нет — к замалчиванию голоса меньшинства. В июне того же года президент Обама по случаю ежегодного ужина Ассоциации корреспондентов радио и телевидения превратил этот конфликт в шутку:

> Сейчас перед нами стоит множество вопросов, и, честно говоря, у меня есть далеко не все ответы. И когда я не уверен, что правильно, я часто спрашиваю себя: «Что бы сделала мудрая латиноамериканка?» Я горжусь своей номинанткой Соней Сотомайор. И всем тем, кто против нее, всем тем, кто говорит, что в суде нет места эмпатии, я говорю так: я прекрасно понимаю, что вы чувствуете. Когда вы расстроены, я тоже расстраиваюсь[3].

Соль шутки — в неизбежности сочувствия. Даже те, кто подвергает сомнению роль эмпатии в правосудии, сами могут, как с юмором заметил Обама, быть объектами сочувствия. Мне кажется, что замечание Обамы носит провокационный характер, поскольку оно карикатурно изображает дискурсы, опирающиеся на универсализацию доминирующих ценностей. Предлагая сочувствие даже тем, кто от него отказывается, Обама иронически проблематизирует предположение о том, что ценности конкретного человека обязательно идут на пользу и другим тоже. Универсализация доминирующих ценностей и их навязывание в рамках гегемонистской программы игнорирует голоса меньшинств, даже если эти ценности якобы служат этим меньшинствам. В последней фразе это отстранение принимает специфическую форму мимикрии: «Когда вы расстроены, я тоже расстраиваюсь». Эмоции другого становятся собственными эмоциями;

---

[3] Obama B. Remarks at the Radio and Television Correspondents' Association Dinner. Jun. 19, 2009.

противоречивое чувство поглощено доминирующим «я». Конечно, это хорошо понятно, учитывая, что замечание Обамы — ироническое; на самом деле оно может даже вывернуть наизнанку политические роли. Те, кто выступил против выдвижения Сони Сотомайор, были в основном представителями большинства. Беззаботная игра Обамы с эмпатией подчеркивает препятствия, с которыми сталкиваются меньшинства, внося свой особый вклад в «мудрость» (используя слово Сотомайор) и входя в состав руководящих институтов, таких как Верховный суд.

Грекоязычные еврейские общины в эпоху позднего эллинизма и в начале имперского периода были непосредственно затронуты аналогичной попыткой господствующей культуры того времени универсализировать свои ценности. Жалость и сострадание, как они представлены в еврейских источниках, сопротивляются фактическому навязыванию имперских идеалов, особенно их претензий на облагодетельствование «всех» людей. Иудео-эллинистический дискурс признает неизбежную нормативность интеллектуальных стандартов доминирующей культуры, но также представляет собой уникальный гибрид, творение, которое одновременно имитирует господствующие ценности и позиционирует себя как (лучшая) альтернатива им. Как в шутке Обамы, подражание другому — особенно доминирующему другому — может быть прочитано в еврейских источниках как выражение несогласия с ним. Новая эмоция подтверждает значимость традиции меньшинства; она также создает воображаемый мир, в котором стороны меняются ролями. Иудео-эллинистическое сострадание привлекает внимание к маргинальному опыту и соответствующим голосам. Как иронично предполагает Обама, эмоциональные практики личности по отношению к другим имеют потенциал нарушить расстановку сил. Чувство, обращенное к другим, «переворачивает стол», меняет роли и хотя бы в небольшой степени влияет на динамику власти.

Жалость и сострадание в иудео-эллинистических источниках выглядят буквально как «дискурс другого» — причем в двух смыслах, как *принадлежащие* другому и как *относящиеся* к другому, в обоих случаях при значительном участии самой личности.

Как мы покажем в этом заключении, эмоция и ее дискурс (со всеми их тонкостями) обращены к реалиям другого, как в отношении истории их формирования, так и в отношении воображаемого, которое они создают. С одной стороны, само присутствие жалости — ἔλεος и οἶκτος — в еврейских источниках свидетельствует о соприкосновении с греческой культурой. Жалость — это эмоция греческого другого; как бы то ни было, она также преобразуется в символ еврейской идентичности. Кроме того, некоторые еврейские источники конструируют жалость, призывая на помощь когнитивные структуры, также присутствующие в доминирующих философском и политическом дискурсах; и вновь эта апроприация фактически предоставляет голос еврейскому меньшинству и разрывает привычные узы идентичности. С другой стороны, жалость и сострадание, в их многообразных конструкциях и формах воображения, это те эмоции, которые организуют и формируют встречу личности с другими. Жалость и сострадание по определению возникают тогда, когда человек встречает несчастного другого. Описывая эту эмоцию, с сопровождающими ее практиками и ощущениями, тексты подготавливают человека к встрече с другим — с *любым* другим, согласно источникам, рекомендующим сострадание ко всем человеческим существам. Жалость и сострадание также реконфигурируют других, поскольку встреча с ними происходит в специфических обстоятельствах уязвимости и страдания. Наконец, подобно эмпатии, к которой шутливо призывает Обама, жалость и сострадание «переворачивают стол» и меняют роли, предлагая скромный, но поразительный способ нарушить динамику власти.

Как «дискурс другого» (в первом смысле слова) сострадание исторически является одновременно продуктом межкультурного взаимодействия и ответом на него. Перевод еврейского Писания на греческий открывает пространство, в котором реакции на чужую боль могут выражаться в виде эмоций как таковых; это совершенно чуждо библейскому ивриту, который не выделяет строго определенной эмоциональной сферы. В греческом языке есть слова ἔλεος и οἶκτος, выражающие то, что чувствует человек, сталкиваясь с чужими страданиями. От Гомера до Плотина жалость остается постоянным мотивом греческой литературы; она также является атрибутом многих героев, от Ахилла до Цезаря. Эмоция эта привлекала трагиков, ораторов, историков, поэтов, философов и популярных романистов.

Однако в еврейских источниках жалость, будучи в какой-то момент включенной в их состав, наделяется другой родословной. Жалость перефразирует озабоченность еврейского Писания страданиями и, как результат, необходимость серьезно относиться к боли. Призывы совершать определенные ритуальные жесты, помогать бедным и оплакивать трагические события теперь принимают форму эмоции, телесного и аффективного опыта, порождающего стремление облегчить страдания. Присвоение облегчает перевод различных еврейских божественных атрибутов греческими терминами, выражающими жалость. Как человеческое качество жалость естественным образом конструируется в виде аналога божественного свойства и способа подражать божеству. Людям предлагается испытывать те же эмоции, что и их божеству, как отмечает Иосиф Флавий (Иудейские древности. 4.239); Евангелие от Луки также многозначительно призывает: «Будьте милосерды, как и Отец ваш милосерд» (Лк. 6:36). Иудео-эллинистические источники продолжают считать жалость наследием израильского прошлого: фигуры патриархов из Священного Писания превращаются в образцы сострадания, а императив жалости к другим задним числом переносится на Пятикнижие — и даже иногда отождествляется с заповедью любви к ближнему. Жалость, по нашему предположению, сделали еврейской, а затем это вошло в обычай; такие эмоции характерны для гибридного сообщества, знакомого с двумя литературными и культурными наследиями без строгого разграничения.

Благодаря переводу выдающаяся греческая эмоция помогает подтвердить актуальность Писания; она также предлагает себя в качестве репертуара воображаемых ресурсов. Жалость уже использовалась, чтобы выразить уникальность той или иной идентичности, особенно у трагиков и ораторов. Для Еврипида и Демосфена, например, Афины были «единственными» среди греческих городов, способными пожалеть иностранных просителей. Подобная ассоциация жалости с властью и привилегиями, распространенная в иудео-эллинистической литературе, также была общим местом греческой литературы. В классических произведениях это неявное правило: более сильный жалеет более слабого. Подступая ближе к грекоязычным евреям, вспомним позднеэллинистических историков, которые последовательно истолковывают жалость как завершающий этап победы завоевателя, подчеркивающий его великодушие и самообладание; римские вожди, в частности, становятся воплощением жалости, постепенно переходящей в милосердие. Что касается многообразных конструкций жалости как общего человеческого потенциала, естественного импульса и божественной прерогативы, то они встречаются и в эллинистических романах, подтверждающих место жалости в народном воображении. Здесь герои разделяют жалость с разбойниками и варварами, а также с животными и богами.

Это присвоение чужих ценностей проявляется и на другом уровне. «Завет Завулона» поразительным образом призывает проявлять сострадание ко всем человеческим существам, чувствуя и поступая по отношению к ним так, как человек поступил бы со своих собственным братом. Подобным же образом в притче о самаритянине в Евангелии от Луки сострадание используется как средство распространения заповеди любви на всех, без ограничения. Филон также утверждает, что все люди — родственники и что жалость позволяет человеку заботиться о совершенно незнакомых людях так, как он заботился бы о членах своей семьи. Эти конструкции, если их поместить в литературный контекст того времени, раскрывают воображаемое, общее с современными им философскими произведениями, особенно со стоическими. В частности, заповедь сострадать всем, чувствовать и поступать по отношению к ним как к родственникам, напоминает стоическую модель *oikeiôsis*, или «присвоения». В своей социальной форме практика *oikeiôsis* позволяет личности посредством акта воображения представлять других ближе, чем они есть, чтобы распространить на них свою (эмоционально отстраненную) привязанность к ближайшим родственникам и, таким образом, заботиться обо всех людях так, как если бы они были семьей. Сама идея относиться ко «всем» людям как к родственникам и заботиться о них как о родственниках присутствует не только в философских источниках, но и в пропаганде Римской империи. Начиная с Августа император как в литературном, так и в визуальном материале изображается как отец, распространяющий свою доброжелательность и защиту на побежденные народы. Сама империя, как предполагается, включает «всех» людей и все племена. Мотив человека, заботящегося обо всех других людях и устанавливающего с ними семейные узы — часть воображаемого доминирующей культуры, которое просачивается в паренетические и философские произведения еврейского меньшинства.

Еврейские авторы заимствуют тропы и мотивы доминирующей культуры с конкретной целью легитимации того, что они конструируют как свое собственное наследие: в еврейских текстах жалость и сострадание должны распространяться на все человечество. Этот шаг особенно примечателен тем, что философы-стоики открыто отвергают жалость, осуждая эмоции как оскорбление достоинства страдающего. Еврейские источники, напротив, настаивают на аффективном и телесном заряде импульса заботы о других, который буквально «движет» личностью; это утверждение прямо противоречит идеалу стоической невозмутимости. Я предлагаю прочитать это распространение сострадания на всех как попытку группы меньшинства завоевать авторитет в интеллектуальной среде того времени. Расширение сферы действия заповеди о любви к ближнему, переосмысленной как сострадание, — это способ адаптировать заповедь к новым требованиям и сохранить ее актуальность — хотя бы только в сообществе меньшинства, которое само обусловлено интеллектуальными стандартами большинства. В узком смысле подход Филона к жалости допускает смену ролей, как и шутка Обамы об эмпатии. В своей более широкой философской концепции Филон объединяет закон Моисея и закон природы, поскольку оба они являются выражением воли божественного творца. Жалость здесь играет особую роль, так как она конструируется одновременно как фундаментальная заповедь Моисеева закона и как естественная склонность, присущая всем людям. Филон превращает то, что он считает специфически еврейской добродетелью, в высший человеческий идеал, тем самым предоставляя добродетели универсальный статус: частное не только нормализуется и натурализуется, но и универсализируется. Поступая таким образом, Филон меняет представления культуры большинства, претендуя на универсальность традиции меньшинства; теперь еврейская добродетель признается универсальной.

Иудео-эллинистический дискурс жалости и сострадания свидетельствует об активном участии группы меньшинства в интеллектуальных инновациях римской имперской культуры. В тончайшей эмоциональной сфере еврейские авторы, отстаивая жалость и сострадание, дестабилизируют доминирующие монопольные притязания власти на культуру и цивилизацию; они также подрывают навязывание имперских ценностей завоеванным странам. В дискурсе жалости и сострадания, я полагаю, резонирует отчетливо еврейский голос. В дискурсе меньшинства эмоциональные реакции на чужую боль — часть сложного акта воображения, поддерживающего еврейскую идентичность в конце эллинистического и в раннеимперский периоды: эмоции одновременно обеспечивают преемственность традиции и участвуют в разнообразных интеллектуальных усилиях того времени.

Жалость и сострадание можно охарактеризовать как «дискурс другого» во втором смысле слова, поскольку они формируют встречу личности с другим; я бы сказала, что жалость и сострадание буквально тренируют человека для этой встречи. Теперь перейдем к перформативному аспекту эмоций и их дискурсов. Поразмышляем над тем, что могли *сделать* тексты, рассмотренные в этой книге, — то есть какие фантазии они вызывали и каким изменениям способствовали (или стремились способствовать). Ранее я упоминала взгляд Моники Шир на эмоции как на воплощенные практики, допускаемые телесными предрасположенностями, которые сами по себе обусловлены социальными и историческими контекстами. Эмоции вписаны в тела. В частности, тексты участвуют в формировании личности, моделируя ее чувства, фантазии и физические ощущения. Мое предположение состоит в том, что тексты о жалости и сострадании готовят человека к встрече с другими; они выражают беспокойство по поводу таких встреч, но в то же время обеспечивают основу для переосмысления этих встреч, расширяющего возможности. Они перефразируют условия встречи, формируя чувства и перераспределение ролей — иногда глубоко телесно.

«Завет Завулона» — яркий пример такой телесной тренировки. Шаг за шагом этот текст учит, как сочувствовать «всем» другим, и первый пример — сам Завулон, ставший свидетелем попытки убийства своего младшего брата Иосифа. Слезы, дрожь, сердцебиение и потеря контроля над телом показаны как физические и эмоциональные признаки, сопровождающие встречу с другим, уязвимым и страдающим человеком. Повествование подробно описывает такие ощущения, обосновывает их и буквально подготавливает чужие тела к их воспроизведению. Текст готовит человека к встрече с другими, устанавливая, как тело должно реагировать на страдания члена семьи, а затем распространяет эти чувства сначала на членов общины, а затем и на все человечество. Параллельно с этим требования по сохранению этнического единства и призыв забывать обиды также формулируются как телесные практики. Таким образом в «Завете Завулона» создается глобальное «я», буквально тело, настроенное на встречу со всеми остальными.

Эмоциональные реакции на чужую боль также способствуют формированию чувства принадлежности. В иудео-эллинистической и современной ей литературе жалость и сострадание, как правило, основаны на узах; чтобы испытать их, человеку необходимо ощутить (или представить) общность с другим в боли. В этом смысле тексты призывают к более широкой эмоциональной солидарности. Например, Товит рекомендует распространить проявления жалости, обычно совершаемые по отношению к родственникам, на весь этнос; согласно «Завету Завулона», семейное сострадание должно распространяться на весь род людской. Тексты осуществляют расширение: они фиксируют принятую эмоциональную норму — жалость функционирует в данной группе — и сразу же ниспровергают ее: жалость должна быть распространена на большую группу. Из этой тесной связи между реакцией на боль других и чувством принадлежности следует, что жалость и сострадание особенно подходят для выражения и формирования идентичности. Неудивительно, что они раскрывают сложный и изменчивый смысл идентичности эллинистической еврейской общины, которая в значительной степени утвердилась в диаспоре. В «Изречениях» Псевдо-Фокилида жалость оправдана общностью страданий; чувствуя жалость, каждый осознает себя человеком. Филон, подтверждая родство всего человечества, подразумевает, что человек чувствует себя частью глобального сообщества — буквально гражданином мира. В результате проявление жалости демонстрирует как еврейскую уникальность, так и членство в человеческом сообществе. Жалость расширяет еврейскую идентичность до границ мира.

Тексты формируют не только личность, но и ее отношение к другому человеку — точнее, к представлению о нем. Представлять себе встречу со всеми людьми через повеление сострадать им — значит с самого начала осознавать эти отношения как внутренне несбалансированные. Когда тексты предписывают эмоциональную реакцию на страдания (всех) других, они моделируют то, как личность — индивидуальная и коллективная — представляет себе свои отношения с другими людьми, которые, как считается, находятся в ситуации уязвимости, бесправия или боли. Эмоция автоматически позиционирует самого жалеющего вне этого невыгодного состояния, в относительно благополучном и привилегированном положении свидетеля, который может по своему выбору либо облегчить, либо игнорировать эти страдания. Тексты воплощают это воображение в различных контекстах. В Книге Премудрости Иисуса, сына Сирахова, например, жалость и сопутствующие ей действия очевидно увеличивают социальную пропасть. Посещая больных или оказывая финансовую помощь тем, кто страдает от внезапных перемен судьбы, человек пользуется преимуществом временного нарушения иерархии, чтобы претендовать на более привилегированное положение. Жалость здесь дает некоторую свободу действий для согласования фиксированной иерархии, как на практике, так, в других случаях, и в воображении. Иосиф Флавий, описывая праотцев Израиля как образчики жалости, превращает жалость в показатель морального превосходства; эта тенденция еще яснее видна у Филона, где жалость буквально вытесняется божеством из сферы эмоций к сфере добродетелей. Поэтому, чувствуя и практикуя жалость, человек испытывает обнадеживающее ощущение того, что он не только освобожден от созерцаемого страдания, но и добродетелен. Приписывание жалости божеству поощряет такое понимание. Испытывая жалость, человек может представить, что он подражает божеству.

Таким образом, эмоциональные реакции человека на чужую боль воспринимаются как конститутивное событие. Личность способна переопределить — начиная со своего собственного воображения — свою позицию по отношению к другим, как людям, так и божествам. Следовательно, сочувствие чужим страданиям является далеко не только личным опытом. Как отмечают современные ученые, такие как Элизабет В. Спелман и Лорен Берлант, сострадание напрямую влияет на восприятие человеком своей собственной личности, отношений с другими людьми и сопутствующей динамики власти. Сочувствуя другим в боли, человек выполняет роль, которой требует от него его социальный статус, и напоминает об их статусе остальным. Он также воплощает в жизнь собственные представления и фантазии о том, кем он стремится быть.

Хотя жалость и сострадание создают основу для расширения возможностей, представляя человеку встречу с другим, они также имеют дело с тревогами — и фактически их порождают. В частности, из иудео-эллинистических источников проистекают три вещи. Во-первых, тексты выражают опасения по поводу ненадежности жалости как практики. Книга Товита и «Завещание Иова» сообщают об этой нестабильности в повествовательной форме, изображая героев, переносящих те самые страдания, которые они пытались облегчить своими проявлениями жалости.

Этот переворот, как сказано ранее, передает тревогу, вызванную все более привычной практикой, осуществляющейся в расчете на социальную и небесную награду, но также зависимой от здоровья, богатства и социальных привилегий — условий, которые сами по себе нестабильны. Что происходит с человеком, когда он становится неспособен практиковать то, что считается жизненно важным для хорошей репутации в глазах других людей и божества? Во-вторых, практика жалости рискованна, так как она обязательно предполагает тесный контакт со страданием. Опять же, Книга Товита и «Завещание Иова» говорят об опасностях осквернения, которое угрожает тем, кто заботится о других: Товит, ослепший, становится «как мертвец» после захоронения трупов; Иов вынужден полагаться на попрошайничество своей жены после многих лет кормления нищих. Их проницаемые и неплотные тела наглядно отображают заразность боли. Наконец, чувство и практика жалости влекут за собой значительный риск феминизации, а это насущная проблема народа, побежденного римлянами, чья пропаганда агрессивно демаскулинизирует побежденные нации. Забота и жалость воспринимаются как женские качества как в иудео-эллинистической, так и в более обширной греческой литературе. Кроме того, эмоции в целом, как правило, связаны с более слабой силой разума у женщин, что очевидно во всех произведениях Филона. Страх перед демаскулинизацией настолько привязан к эмоциональным реакциям на чужую боль, что в двух текстах — Четвертой книге Маккавейской и рассказе о Марии в «Иудейской войне» Иосифа Флавия — возникает обратный мотив, призванный восстановить скомпрометированную мужественность. Отказ от сочувствия позволяет маскулинизировать бессильных персонажей; сопротивление эмоции, сконструированной здесь как естественный импульс, меняет дисбаланс сил с гегемоном.

И в заключение: я нахожу наиболее поразительным в этих иудео-эллинистических размышлениях увлечение «другим». Прежде всего, жалость и сострадание имеют в эллинистический период тенденцию стать миметическими эмоциями. Как наиболее явно выражает «Завет Завулона», сострадание позволяет физически ощущать симптомы боли другого, в том числе и воспроизводить страдания другого. Сама основа эмоциональной реакции на чужую боль (и, с соответствующими изменениями, стоического *oikeiôsis*) — это присвоение инаковости, техника, которая приближает другого к тебе. Через страдающего другого дискурс жалости и сострадания также согласовывает отношения личности со «структурными» другими — кто бы это ни был: женщины, животные, божество или империя, — которые, в свою очередь, определяют, кто я есть. В своих различных конструкциях жалость и сострадание имитируют эти различные проявления инаковости. Поскольку эмоции и практики обычно ассоциируются с женщинами, реакция на чужую боль (опасно) приближает мужское «я» к женскому «другому». Как импульсы, которыми обладают и животные, жалость и сострадание — это естественные реакции, которые предшествуют любому закону; они проявляются потому, что люди тоже являются природными существами. Но в то же время жалость сконструирована как требование закона Моисея и атрибут божества. Чувствуя жалость, личность может претендовать на божественный статус и воображать, что он — подобие Бога для окружающих. Наконец, жалость и ее конструкции, описанные в первой части этого заключения, заимствованы у имперского другого: жалость характеризует римского завоевателя, и необходимость иметь сострадание ко «всем» напоминает имперскую риторику. Через жалость и сострадание личность воображает себя другим — независимо от того, каков статус последнего, боятся его или завидуют ему. Сочувствуя тому, кто испытывает боль, человек ощущает вкус инаковости; он также утверждает свое собственное чувство идентичности. Таким образом, то, кем человек является, определяется исходя из того, кем он не является — инаковость, которую личность тем не менее может интуитивно ощутить благодаря воображению.

Мне кажется, что это эмоциональное воображаемое выдает ускользающее ощущение собственного «я»: блуждание между традицией, актуальность которой уже не очевидна, и новым глобальным обществом, которое может игнорировать — или поглощать — еврейскую особенность. Мне видится здесь нестабильная идентичность людей, создавших эти тексты: мужчины, принадлежавшие к элите, но также феминизированные, политически бессильные и интеллектуально маргинализированные окружающими народами и империями. Как и в случае с эмпатией в шутке Обамы, дискурс жалости и сострадания сам по себе сопротивляется, таким образом, насильственной универсализации мудрости — иногда даже ценой самоуниверсализации. Эмоция помогает человеку представить, каково это — быть другим, и, таким образом, переоценить и заново изобрести в этом свете то, что значит быть собой. В напряжении между властью и уязвимостью дискурс жалости и сострадания проверяет и расширяет границы личности — смягчая страх стать не тем другим, но также развивая фантазии о превращении в идеализированного другого.

Библиография

Публикации источников

Arnim 1903–1924 — Stoicorum Veterum Fragmenta / ed. by H. F. A. von Arnim. Vol. 2. Leipzig: Teubner, 1903–1924.

Beentjes 1997 — Beentjes P. C. The Book of Ben Sira in Hebrew: A Text Edition of All Extant Hebrew Manuscripts and a Synopsis of All Parallel Hebrew Ben Sira Texts // VT. Sup. 68. Leiden: Brill, 1997.

Begg, Spilsbury 2005 — Begg Ch. T., Spilsbury P. Judean Antiquities 8–19. Translation and Commentary. Leiden: Brill, 2005.

Ben-Ḥayyim 1973 — The Book of Ben Sira: Text, Concordance, and an Analysis of the Vocabulary. Jerusalem: Academy of the Hebrew Language and Shrine of the Book, 1973 / ed. by Z. Ben-Ḥayyim [иврит].

Brock 1967 — Testamentum Iobi / ed. by S. P. Brock // PVTG. Vol. 2. Leiden: Brill, 1967.

Buitenwerf 2003 — Buitenwerf R. Book III of the Sibylline Oracles and Its Social Setting: With an Introduction, Translation, and Commentary // SVTP. Vol. 17. Leiden: Brill, 2003.

Charlesworth 1983 — The Old Testament Pseudepigrapha / ed. by J. H. Charlesworth. 2 vols. New York: Doubleday, 1983.

Chrysippe 2004 — Chrysippe. Œuvre philosophique: T. 1 et 2 / textes traduits et commentés par R. Dufour. Paris: Les Belles Lettres, 2004.

Jonge 1978 — Jonge M. de. The Testaments of the Twelve Patriarchs: A Critical Edition of the Greek Text // PVTG. Vol. 1, N 2. Leiden: Brill, 1978.

Lightfoot 2007 — Lightfoot J. L. The Sibylline Oracles: With Introduction, Translation, and Commentary on the First and Second Books. Oxford: Oxford University Press, 2007.

Ramelli 2009 — Hierocles the Stoic: Elements of Ethics, Fragments, and Excerpts / ed. by I. Ramelli; transl. by D. Konstan // Writings from the Greco-Roman World. Vol. 28. Atlanta: Society of Biblical Literature, 2009.

Schmidt 1986 — Schmidt F. Le Testament grec d'Abraham: Introduction, édition critique des deux recensions grecques, traduction. Tübingen: J. C. B. Mohr [Paul Siebeck], 1986.

Weeks et al. 2004 — The Book of Tobit: Texts from the Principal Ancient and Medieval Traditions with Synopsis, Concordances, and Annotated Texts in Aramaic, Hebrew, Greek, Latin, and Syriac / ed. by S. Weeks, S. Gathercole, L. Stuckenbruck // FoSub. Vol. 3. Berlin: de Gruyter, 2004.

Использованные русские переводы источников

Апулей. Метаморфозы, или Золотой осел / пер. М. Кузмина // Ахилл Татий. Левкиппа и Клитофонт. Лонг. Дафнис и Хлоя. Петроний. Сатирикон. Апулей. Апулей. Метаморфозы, или Золотой осел. М.: Художественная литература, 1969. С. 349–544.

Аристотель. Риторика / пер. Н. Н. Платоновой // Античные риторики. М.: Изд-во Московского ун-та, 1978. С. 15–164.

Ахилл Татий. Левкиппа и Клитофонт / пер. и примеч. В. Н. Чемберджи // Античный роман. М.: Художественная литература, 2001.

Вергилий. Энеида / пер. С. А. Ошерова // Вергилий. Буколики. Георгики. Энеида. М.: Художественная литература, 1989.

Гелиодор. Эфиопика / вступ. ст., ред., пер., примеч. А. Егунова. М.; Л.: Academia, 1932.

Диоген Лаэртский. О жизни, учениях и изречениях знаменитых философов / пер. М. Л. Гаспарова. М.: Мысль, 1979.

Дионисий Галикарнасский. Римские древности: в 3 т. / пер. И. Л. Маяк. М.: Рубежи — XXI век, 2005.

Заветы двенадцати патриархов, сыновей Иакова / введ. и пер. А. Смирнова. Казань: Типо-литография Императоского ун-та, 1911.

Иосиф Флавий. Иудейские древности. Иудейская война / пер. Г. Г. Генкеля, Я. Л. Чертка. М.: Эксмо, 2007.

Каллимах. Гимны / пер. С. Аверинцева // Александрийская поэзия. М.: Художественная литература, 1972. С. 101–129.

Книги Сивилл / пер. М. и В. Витковских. М.: Энигма, 1996.

Ксенофонт Эфесский. Повесть о Габрокоме и Антии [Эфесские повести] / пер. С. Поляковой и И. Феленковской. М.: Художественная литература, 1956.

Луций Анней Сенека. Нравственные письма к Луцилию / пер. С. А. Ошерова. М.: Наука, 1977.

Луций Анней Сенека. О милосердии / пер. М. М. Позднева // Сенека. О милосердии. Утешение к Гельвии. О досуге. СПб.: Азбука-Классика, 2018. С. 199–236.

Марк Аврелий Антонин. Размышления / пер. и примеч. А. К. Гаврилова. Л.: Наука, 1985.

Марк Туллий Цицерон. Об обязанностях / пер. В. О. Горенштейна // Марк Туллий Цицерон. О старости. О дружбе. Об обязанностях. М.: Наука, 1974. С. 58–156.

Марк Туллий Цицерон. Об ораторе / пер. Ф. А. Петровского // Марк Туллий Цицерон. Три трактата об ораторском искусстве М.: Наука, 1972.

Марк Туллий Цицерон. О пределах блага и зла. Парадоксы стоиков / пер. Н. А. Фёдорова, коммент. Б. М. Никольского, вступ. ст. Н. П. Гринцера. М.: РГГУ, 2000.

Марк Туллий Цицерон. О старости. О дружбе. Об обязанностях / пер. В. О. Горенштейна. М.: Наука, 1974.

Марк Туллий Цицерон. Тускуланские беседы // Марк Туллий Цицерон. Избр. соч. / пер. и коммент. М. Л. Гаспарова. М.: Художественная литература, 1975.

Письмо Аристея к Филократу / введ., пер. и коммент. В. Ф. Иваницкого // Труды Киевской духовной академии. 1916. Т. 2. Июль — авг. С. 153–198; Сент. — окт. С. 1–37; Нояб. С. 197–225.

Платон. Апология Сократа / пер. М. С. Соловьева // Платон. Собр. соч.: в 4 т. Т. 1. М.: Мысль, 1990. С. 70–69.

Платон. Государство / пер. А. Н. Егунова // Платон. Собр. соч.: в 4 т. Т. 3. М.: Мысль, 1993. С. 79–420.

Плотин. Эннеады. Первая эннеада / пер., вступ. ст., коммент. Т. Г. Сидаша, Р. В. Светлова. СПб.: Изд-во Олега Абышко, 2004.

Плутарх. Сравнительные жизнеописания: в 3 т. / пер. С. П. Маркиша, С. И. Соболевского и др. М.: Изд-во АН СССР, 1961–1964.

Полибий. Всеобщая история в сорока книгах: в 3 т. / пер. Ф. Г. Мищенко. Изд. 2-е, испр. СПб.: Наука, 2005.

Порфирий. О воздержании от одушевленных / пер. Т. Г. Сидаша. СПб.: Изд-во Санкт-Петербургского ун-та, 2011. С. 50–236.

Софокл. Драмы / пер. Ф. Ф. Зелинского. М.: Наука, 1990.

Тит Ливий. История Рима от основания города / пер., под ред. М. Л. Гаспарова, Г. С. Кнабе, В. М. Смирина: в 3 т. М.: Наука, 1989–1993.

Тит Лукреций Кар. О природе вещей / пер. И. Рачинского. М.: АСТ, 2022.

Филон Александрийский. О рождении Авеля и о том, как приносили жертвы Богу он и брат его Каин / пер. О. Л. Левинской // Филон Александрийский. Толкования Ветхого Завета. М.: Греко-латинский кабинет Ю. А. Шичалина, 2000. С. 159–188.

Филон Александрийский. О потомках надменного Каина и его изгнании / пер. А. В. Рубана // Филон Александрийский. Толкования Ветхого Завета. М.: Греко-латинский кабинет Ю. А. Шичалина, 2000. С. 252–292.

Филон Александрийский. О сотворении мира согласно Моисею / пер. А. В. Вдовиченко // Филон Александрийский. Толкования Ветхого Завета. М.: Греко-латинский кабинет Ю. А. Шичалина, 2000. С. 51–92.

Эпиктет. Беседы Эпиктета / пер. Г. А. Тароняна. М.: Научно-исследовательский центр «Ладомир», 1997.

Литература

Андерсон 2001 — Андерсон Б. Воображаемые сообщества: размышления об истоках и распространении национализма / пер. В. Г. Николаева. М.: КАНОН-пресс-Ц; Кучково поле, 2001.

Ассман 2004 — Ассман Я. Культурная память: Письмо, память о прошлом и политическая идентичность в высоких культурах древности / пер. М. М. Сокольской. М.: Языки славянской культуры, 2004.

Ауэрбах 1976 — Ауэрбах Э. Мимесис: Изображение действительности в западноевропейской литературе / пер. А. В. Михайлова. М.: Прогресс, 1976.

Батлер 2022 — Батлер Дж. Гендерное беспокойство: Феминизм и подрыв идентичности / пер. К. Саркисова. М.: V-A-C Press, 2022.

Дарвин 1953 — Дарвин Ч. Происхождение человека и половой отбор / пер., под ред. И. М. Сеченова // Дарвин Ч. Соч.: в 9 т. Т. 5. М.: Изд-во АН СССР, 1953.

Ле Гофф 2001 — Ле Гофф Ж. Средневековый мир воображаемого / пер. Е. В. Морозовой. М.: Издательская группа «Прогресс», 2001.

Меррилл 2004 — Меррилл Дж. Потери перевода: стихи / пред., пер. Г. Кружкова // Дружба народов. 2004. № 7. URL: https://magazines.gorky.media/druzhba/2004/7/poteri-perevoda.html (дата обращения: 16.07.2024).

Плампер 2018 — Плампер Я. История эмоций / пер. с англ. К. Левинсона. М.: Новое литературное обозрение, 2018.

Рикёр 2000 — Рикёр П. Время и рассказ. Т. 1 / пер. Т. В. Славко. М.; СПб.: ЦГНИИ ИНИОН РАН; Культурная инициатива; Университетская книга, 2000.

Сонтаг 2014 — Сонтаг С. Смотрим на чужие страдания / пер. В. Голышева. М.: Ад Маргинем Пресс, 2014.

Abu-Lughod 1986 — Abu-Lughod L. Veiled Sentiments: Honor and Poetry in a Bedouin Society. Berkeley: University of California Press, 1986.

Ackerman 2002 — Ackerman S. The Personal is Political: Covenantal and Affectionate Love (*'āhēb, 'ahăbâ*) in the Hebrew Bible // VT. 2002. Vol. 52, N 4. P. 437–458.

Aejmelaeus 1993 — Aejmelaeus A. Translation Technique and the Intention of the Translator // On the Trail of Septuagint Translators: Collected Essays / ed. by A. Aejmelaeus. Kampen: Kok Pharos, 1993. P. 65–76.

Ahmed 2004 — Ahmed S. The Cultural Politics of Emotion. New York: Routledge, 2004.

Alexander 2008 — Loveday Alexander C. A. The Passions in Galen and the Novels of Chariton and Xenophon // Passions and Moral Progress in Greco-Roman Thought / ed. by J. T. Fitzgerald. London: Routledge, 2008. P. 175–197.

Alexander, Loveday Alexander 2007 — Alexander Ph., Loveday Alexander C. A. The Image of the Oriental Monarch in the Third Book of Maccabees // Jewish Perspectives on Hellenistic Rulers / ed. by T. Rajak, S. Pearce, J. Aitken, and J. Dines. Berkeley: University of California Press, 2007. P. 92–109.

Anderson 1991 — Anderson G. A. A Time to Mourn, a Time to Dance: The Expression of Grief and Joy in Israelite Religion. University Park: Pennsylvania State University Press, 1991.

Anderson 2009 — Anderson G. A. Sin: A History. New Haven: Yale University Press, 2009.

Anderson 2013a — Anderson G. A. Charity: The Place of the Poor in the Biblical Tradition. New Haven: Yale University Press, 2013.

Anderson 2013b — Anderson G. A. How Does Almsgiving Purge Sins? // Hebrew in the Second Temple Period: The Hebrew of the Dead Sea Scrolls and of Other Contemporary Sources / ed. by S. E. Fassberg, M. Bar-Asher, R. A. Clemens. Leiden: Brill, 2013. P. 1–14.

Annas 1993 — Annas J. The Morality of Happiness. New York: Oxford University Press, 1993.

Arbel 2012 — Arbel V. D. Forming Femininity in Antiquity: Eve, Gender, and Ideologies in the Greek Life of Adam and Eve. Oxford: Oxford University Press, 2012.

Arnold 2011 — Arnold B. T. The Love-Fear Antinomy in Deuteronomy 5–11 // VT. 2011. Vol. 61, N 4. P. 551–569.

Ashcroft et al. 1989 — Ashcroft B., Griffiths G., Tiffin H. The Empire Writes Back: Theory and Practice in Post-Colonial Literatures. London: Routledge, 1989.

Audi 2011 — Audi P. L'empire de la compassion. Paris: Les belles lettres, 2011.

Aune 1994 — Aune D. C. Mastery of the Passions: Philo, 4 Maccabees, and Earliest Christianity // Hellenization Revisited: Shaping a Christian Response within the Greco-Roman World / ed. by W. E. Helleman. Lanham, MD: University Press of America, 1994. P. 125–158.

Auslander 2009 — Auslander L. The Boundaries of Jewishness, or When Is a Cultural Practice Jewish? // Journal of Modern Jewish Studies. 2009. Vol. 8, N 1. P. 47–64.

Avioz 2012 — Avioz M. Josephus' Retelling of the Jonathan Narratives // JSP. 2012. Vol. 22, N 1. P. 68–86.

Baldry 1965 — Baldry H. C. The Unity of Mankind in Greek Thought. Cambridge: Cambridge University Press, 1965.

Balibar 1995 — Balibar E. Ambiguous Universality // Differences: A Journal of Feminist Cultural Studies. 1995. Vol. 7, N 1. P. 48–74.

Bang, Kołodziejczyk 2012 — Bang P. F., Kołodziejczyk D. "Elephant of India": Universal Empire through Time and across Cultures // Peter Universal Empire: A Comparative Approach to Imperial Culture and Representation in Eurasian History / ed. by P. F. Bang, D. Kołodziejczyk. Cambridge: Cambridge University Press, 2012. P. 1–40.

Barclay 1996 — Barclay J. M. G. Jews in the Mediterranean Diaspora: From Alexander to Trajan (323 BCE — 117 CE). Berkeley: University of California Press, 1996.

Barclay 2002a — Barclay J. M. G. Apologetics in the Jewish Diaspora // Jews in the Hellenistic and Roman Cities / ed. by J. R. Bartlett. London: Routledge, 2002. P. 129–148.

Barclay 2002b — Barclay J. M. G. Using and Refusing: Jewish Identity Strategies under the Hegemony of Hellenism // Ethos und Identität: Einheit und Vielfalt des Judentums in hellenistisch-römischer Zeit / hf. von M. Konradt, U. Steinert. Paderborn: F. Schöningh, 2002. S. 13–25.

Barclay 2005 — Barclay J. M. G. The Empire Writes Back: Josephan Rhetoric in Flavian Rome // Flavius Josephus and Flavian Rome / ed. by J. Edmondson, S. Mason, J. Rives. Oxford: Oxford University Press, 2005. P. 315–332.

Barr 1961 — Barr J. The Semantics of Biblical Language. London: Oxford University Press, 1961.

Barton J. 2014 — Barton J. Ethics in Ancient Israel. Oxford: Oxford University Press, 2014.

Barton U. 2016 — Barton U. *Eleos* und *compassio*: Mitleid im antiken und mittelalterlichen Theater. Paderborn: Wilhelm Fink, 2016.

Basson 2009 — Basson A. A Few Metaphorical Source Domains for Emotions in the Old Testament // Scriptura. 2009. Vol. 100. P. 121–128.

Baumgarten, Rustow 2011 — Baumgarten A. I., Rustow M. Judaism and Tradition: Continuity, Change, and Innovation // Jewish Culture and Contexts: Jewish Studies at the Crossroads of Anthropology and History: Authority, Diaspora, Tradition / ed. by R. S. Boustan, O. Kosansky, M. Rustow. Philadelphia: University of Pennsylvania Press, 2011. P. 207–237.

Bechtel 1991 — Bechtel L. M. Shame as a Sanction of Social Control in Biblical Israel: Judicial, Political, and Social Shaming // JSOT. 1991. Vol. 49. P. 47–76.

Beentjes 2013 — Beentjes P. C. Daughters and Their Father(s) in the Book of Ben Sira // Family and Kinship in the Deuterocanonical and Cognate Literature / ed. by A. Passaro. Berlin: de Gruyter, 2013. P. 183–201.

Begg 1994 — Begg Ch. T. Comparing Characters: the Book of Job and the *Testament of Job* // The Book of Job / ed. by W. A. M. Beuken // BETL. Vol. 114. Leuven: Leuven University Press/Peeters, 1994. P. 435–445.

Ben-Zeʼev 1990 — Ben-Zeʼev A. Why Did Psammenitus Not Pity His Son? // Analysis. 1990. Vol. 50, N 2. P. 118–126.

Ben-Zeʼev 2000 — Ben-Zeʼev A. The Subtlety of Emotions. Cambridge: MIT Press, 2000.

Berger 1972 — Berger K. Die Gesetzesauslegung Jesu: Ihr historischer Hintergrund im Judentum und im Alten Testament. Teil I. Neukirchen-Vluyn: Neukirchener Verlag, 1972.

Berkowitz 2012 — Berkowitz B. A. Defining Jewish Difference: From Antiquity to the Present. Cambridge: Cambridge University Press, 2012.

Berkowitz 2013 — Berkowitz B. A. The Afterlives of the Torah's Ethnic Language: The Sifra and Clement on Leviticus 18.1–5 // Jews, Christians, and the Roman Empire: The Poetics of Power in Late Antiquity / ed. by N. B. Dohrmann, A. Y. Reed. Philadelphia: University of Pennsylvania Press, 2013. P. 29–42.

Berlant 2004a — Compassion: The Culture and Politics of an Emotion / ed. by L. Berlant. New York: Routledge, 2004.

Berlant 2004b — Berlant L. Introduction: Compassion (and Withholding) // Compassion: The Culture and Politics of an Emotion / ed. by L. Berlant. New York: Routledge, 2004. P. 1–13.

Berlin 1983 — Berlin A. Poetics and Interpretation of Biblical Narrative. Sheffield: Almond Press, 1983.

Berquist 1998 — Berquist J. L. Controlling Daughters' Bodies in Sirach // Parchments of Gender: Deciphering the Bodies of Antiquity / ed by M. Wyke. Oxford: Oxford University Press, 1998. P. 95–120.

Berthelot 2003a — Berthelot K. Les parénèses de la charité dans les Testaments des douze patriarches // MSRel. 2003. T. 60. P. 23–39.

Berthelot 2003b — Berthelot K. Philantrôpia Judaica: Le débat autour de la "misanthropie" des lois juives dans l'Antiquité // JSJ. Sup. 76. Leiden: Brill, 2003.

Berthelot 2004 — Berthelot K. L' "humanité de l'autre homme" dans la pensée juive ancienne // JSJ. Sup. 87. Leiden: Brill, 2004.

Bhabha 1994 — Bhabha H. K. The Location of Culture. London: Routledge, 1994.

Birge 2002 — Birge M. K. The Language of Belonging: A Rhetorical Analysis of Kinship Language in First Corinthians. Leuven: Peeters, 2002.

Birnbaum 2016 — Birnbaum E. Some Particulars about Universalism // Crossing Boundaries in Early Judaism and Christianity: Ambiguities, Complexities, and Half-Forgotten Adversaries: Essays in Honor of Alan F. Segal / ed. by K. B. Stratton, A. Lieber // JSJ. Sup. 177. Leiden: Brill, 2016. P. 117–137.

Biskupic 2014 — Biskupic J. Breaking In: The Rise of Sonia Sotomayor and the Politics of Justice. New York: Sarah Crichton Books; Farrar, Straus, and Giroux, 2014.

Bloom 2013a — Bloom P. Just Babies: The Origins of Good and Evil. New York: Crown Publishers, 2013.

Bloom 2013b — Bloom P. The Baby in the Well: The Case against Empathy // New Yorker. 2013. May 20.

Blowers 2010 — Blowers P. M. Pity, Empathy, and the Tragic Spectacle of Human Suffering: Exploring the Emotional Culture of Compassion in Late Ancient Christianity // JECS. 2010. Vol. 18, N 1. P. 1–27.

Blum 1980 — Blum L. Compassion // Explaining Emotions / ed. by A. Oksenberg Rorty. Berkeley: University of California Press, 1980. P. 507–517.

Blundell 1989 — Whitlock Blundell M. Helping Friends and Harming Enemies: A Study in Sophocles and Greek Ethics. Cambridge: Cambridge University Press, 1989.

Bobou 2013 — Bobou O. Emotionality in Greek Art // Unveiling Emotions II. Emotions in Greece and Rome: Texts, Images, Material Culture / ed. by A. Chaniotis, P. Ducrey. Stuttgart: Franz Steiner, 2013. P. 273–311.

Boccaccini 2008 — Boccaccini G. Hellenistic Judaism: Myth or Reality? // Jewish Literatures and Cultures: Context and Intertext / ed. by A. Norich, Y. Z. Eliav. Brown Judaic Studies. Vol. 349. Providence, RI: Brown Judaic Studies, 2008. P. 55–76.

Boddice 2014 — Boddice R. The Affective Turn: Historicizing the Emotions // Psychology and History: Interdisciplinary Explorations / ed. by C. Tileagă, J. Byford. Cambridge: Cambridge University Press, 2014. P. 147–165.

Bolyki 2005 — Bolyki J. Burial as an Ethical Task in the Book of Tobit, in the Bible, and in the Greek Tragedies // The Book of Tobit: Text, Tradition, Theology: Papers of the First International Conference on the Deuteronomical [sic] Books / ed. by G. G. Xeravits, J. Zsengellér // JSJ. Sup. 98; Pápa, Hungary, May 20–12, 2004. Leiden: Brill, 2005. P. 89–101.

Boswell 1988 — Boswell J. The Kindness of Strangers: The Abandonment of Children in Western Europe from Late Antiquity to the Renaissance. New York: Pantheon, 1988.

Botta 2013 — Botta A. F. Hated by the Gods and by Your Spouse: Legal Use of נאש in Elephantine and Its Ancient Near Eastern Context // Law and Religion in the Eastern Mediterranean: From Antiquity to Early Islam / ed. by A. C. Hagedorn, R. G. Kratz. Oxford: Oxford University Press, 2013. P. 105–128.

Bovon 1996 — Bovon F. L'Évangile selon Saint Luc (9.51–14.35). Genève: Labor et Fides, 1996.

Bow, Nickelsburg 1991 — Bow B., Nickelsburg G. W. E. Patriarchy with a Twist: Men and Women in Tobit // "Women Like This": New Perspectives on Jewish Women in the Greco-Roman World / ed. by A.-J. Levine. Atlanta: Scholars Press, 1991. P. 127–143.

Boyarin, Burrus 2005 — Boyarin D., Burrus V. Hybridity as Subversion of Orthodoxy? Jews and Christians in Late Antiquity // Social Compass. 2005. Vol. 52, N 4. P. 431–441.

Boyd-Taylor 2010 — Boyd-Taylor C. The Semantics of Biblical Language Redux // Translation Is Required: The Septuagint in Retrospect and Prospect / ed. by R. J. V. Hiebert. Atlanta: Society of Biblical Literature, 2010. P. 41–57.

Boyd-Taylor 2011 — Boyd-Taylor C. Reading between the Lines: The Interlinear Paradigm for Septuagint Studies // Biblical Tools and Studies. Vol. 8. Leuven: Peeters, 2011.

Braunmühl 2012 — Braunmühl C. Theorizing Emotions with Judith Butler: Within and Beyond the Courtroom // Rethinking History. 2012. Vol. 16, N 2. P. 221–240.

Brennan 2003 — Brennan T. Stoic Moral Psychology // The Cambridge Companion to the Stoics / ed. by B. Inwood. Cambridge: Cambridge University Press, 2003. P. 257–294.

Brennan 2005 — Brennan T. The Stoic Life: Emotions, Duties, and Fate. Oxford: Clarendon, 2005.

Brenner 1997 — Brenner A. The Intercourse of Knowledge: On Gendering Desire and "Sexuality" in the Hebrew Bible // BI. Series 26. Leiden: Brill, 1997.

Brouwer 2015 — Brouwer R. Stoic Sympathy // Sympathy: A History. Oxford Philosophical Concepts / ed. by E. Schliesser. Oxford: Oxford University Press, 2015. P. 15–35.

Brown 1992 — Brown Ch. A. No Longer Be Silent: First Century Jewish Portraits of Biblical Women. Louisville, KY: Westminster/John Knox, 1992.

Brunt 2004 — Brunt P. A. Laus Imperii // Roman Imperialism: Readings and Sources / ed. by C. B. Champion. Malden, MA: Blackwell, 2004. P. 163–185.

Buell 2005 — Buell D. K. Why This New Race: Ethnic Reasoning in Early Christianity. New York: Columbia University Press, 2005.

Burke 2009 — Burke P. Cultural Hybridity. Cambridge: Polity, 2009.

Butler 2000 — Butler J. Restaging the Universal: Hegemony and the Limits of Formalism // Butler J., Laclau E., Žižek S. Contingency, Hegemony, Universality. London: Verso, 2000. P. 11–43.

Cairns 2008 — Cairns D. Look Both Ways: Studying Emotion in Ancient Greek // Critical Quarterly. 2008. Vol. 50, N 4. P. 43–62.

Cairns, Fulkerson 2015 — Cairns D., Fulkerson L. Introduction // Emotions between Greece and Rome / ed. by D. Cairns, L. Fulkerson. London: Institute of Classical Studies, University of London, 2015. P. 1–22.

Camp 2013a — Camp C. V. Ben Sira and the Men Who Handle Books: Gender and the Rise of Canon-Consciousness. Sheffield: Sheffield Phoenix, 2013.

Camp 2013b — Camp C. V. Honor and Shame in Ben Sira: Anthropological and Theological Reflections // The Book of Ben Sira in Modern Research: Proceedings of the First International Ben Sira Conference / ed. by P. C. Beentjes // BZAW. Vol. 255. Berlin: de Gruyter, 1997. P. 171–187.

Caner 2006 — Caner D. Towards a Miraculous Economy: Christian Gifts and Material "Blessings" in Late Antiquity // Journal of Early Christian Studies. 2006. Vol. 14, N 3. P. 329–377.

Carr 1999 — Carr B. Pity and Compassion as Social Virtues // Philosophy. 1999. Vol. 74. P. 411–429.

Casevitz et al. 2007 — Casevitz M., Dogniez C., Harl M. La Bible d'Alexandrie: Les Douze Prophètes 10–11: Aggée, Zacharie. Paris: Cerf, 2007.

Cates 1997 — Cates D. F. Choosing to Feel: Virtue, Friendship, and Compassion for Friends. Notre Dame, IN: University of Notre Dame Press, 1997.

Cawthorn 2008 — Cawthorn K. Becoming Female: The Male Body in Greek Tragedy. London: Duckworth, 2008.

Champion, Eckstein 2004 — Champion C. B., Eckstein A. M. Introduction: The Study of Roman Imperialism // Roman Imperialism: Readings and Sources / ed. by C. B. Champion. Malden, MA: Blackwell, 2004. P. 1–10.

Chan 2013 — Chan M. J. *Ira Regis*: Comedic Inflections of Royal Rage in Jewish Court Tales // JQR. 2013. Vol. 103, N 1. P. 1–25.

Chaniotis 2011 — Chaniotis A. Emotional Community through Ritual: Initiates, Citizens, and Pilgrims as Emotional Communities in the Greek World // Ritual Dynamics in the Ancient Mediterranean: Agency, Emotion, Gender, Representation / ed. by A. Chaniotis. Stuttgart: Franz Steiner, 2011. P. 263–290.

Chaniotis 2012a — Chaniotis A. Moving Stones: The Study of Emotions in Greek Inscriptions // Unveiling Emotions: Sources and Methods for the Study of Emotions in the Greek World / ed. by A. Chaniotis. Stuttgart: Franz Steiner, 2012. P. 91–129.

Chaniotis 2012b — Chaniotis A. Preface // Unveiling Emotions: Sources and Methods for the Study of Emotions in the Greek World / ed. by A. Chaniotis. Stuttgart: Franz Steiner, 2012. P. 9–10.

Chaniotis 2012c — Chaniotis A. Unveiling Emotions in the Greek World: Introduction // Unveiling Emotions: Sources and Methods for the Study of Emotions in the Greek World / ed. by A. Chaniotis. Stuttgart: Franz Steiner, 2012. P. 11–36.

Chaniotis 2013a — Chaniotis A. Emotional Language in Hellenistic Decrees and Hellenistic Histories // Parole in movimento: Linguaggio politico e lessico storiografico nel mondo ellenistico / ed. by M. Mari, J. Thornton. Pisa: F. Serra, 2013. P. 339–352.

Chaniotis 2013b — Chaniotis A. Empathy, Emotional Display, Theatricality, and Illusion in Hellenistic Historiography // Unveiling Emotions II. Emotions in Greece and Rome: Texts, Images, Material Culture / ed. by A. Chaniotis, P. Ducrey. Stuttgart: Franz Steiner, 2013. P. 53–84.

Chaniotis 2015 — Chaniotis A. Affective Diplomacy: Emotional Scripts between Greek Communities and Roman Authorities during the Republic // Emotions between Greece and Rome / ed. by D. Cairns, L. Fulkerson. London: Institute of Classical Studies, University of London, 2015. P. 87–103.

Chapman 2007 — Howell Chapman H. Josephus and the Cannibalism of Mary (*BJ* 6.199–219) // A Companion to Greek and Roman Historiography / ed. by J. Marincola. Vol. 2. Malden, MA: Blackwell, 2007. P. 419–426.

Charles 2009 — Charles R. Hybridity and the Letter of Aristeas // JSJ. 2009. Vol. 40. P. 242–259.

Clark 1997 — Clark C. Misery and Company: Sympathy in Everyday Life. Chicago: University of Chicago Press, 1997.

Clifford 1999 — Clifford R. J. Proverbs: A Commentary. Louisville, KY: Westminster John Knox, 1999.

Clohesy 2013 — Clohesy A. M. Politics of Empathy: Ethics, Solidarity, Recognition. London: Routledge, 2013.

Cody 2003 — Cody J. M. Conquerors and Conquered on Flavian Coins // Flavian Rome: Culture, Image, Text / ed. by A. J. Boyle, W. J. Dominik. Leiden: Brill, 2003. P. 103–123.

Cohen 1999 — Cohen Sh. J. D. The Beginnings of Jewishness: Boundaries, Varieties, Uncertainties. Berkeley: University of California Press, 1999.

Collins 1974 — Collins J. J. Structure and Meaning in the *Testament of Job* // Society of Biblical Literature: Seminar Papers 1. Atlanta: Society of Biblical Literature, 1974. P. 35–52.

Collins 1997 — Collins J. J. Jewish Wisdom in the Hellenistic Age. Louisville: Westminster John Knox, 1997.

Collins 2000 — Collins J. J. Between Athens and Jerusalem: Jewish Identity in the Hellenistic Diaspora. Grand Rapids: Eerdmans, 2000.

Collins 2005 — Collins J. J. Hellenistic Judaism in Recent Scholarship // Collins J. J. Jewish Cult and Hellenistic Culture: Essays on the Jewish Encounter with Hellenism and Roman Rule // JSJ. Sup. 100. Leiden: Brill, 2005. P. 1–20.

Collins 2014 — Collins J. J. Sibylline Discourse // Old Testament Pseudepigrapha and the Scriptures / ed. by E. Tigchelaar // BETL. Vol. 270. Leuven: Peeters, 2014. P. 195–210.

Combet-Galland 1996 — Combet-Galland C. L'amour, au jeu de la loi et du hasard: La parabole du "Bon Samaritain" et le débat qu'elle bouscule (Lc 10/25–37) // Études Théologiques et Religieuses. 1996. T. 71. P. 321–330.

Condon, Barrett 2013 — Condon P., Barrett L. F. Conceptualizing and Experiencing Compassion // Emotion. 2013. Vol. 13, N 5. P. 817–821.

Cook 1997 — Cook J. The Septuagint of Proverbs: Jewish and/or Hellenistic Proverbs? Concerning the Hellenistic Colouring of LXX Proverbs // VT. Sup. 69. Leiden: Brill, 1997.

Corley 2008 — Corley J. Septuagintalisms, Semitic Interference, and the Original Language of the Book of Judith // Studies in the Greek Bible: Essays in Honor of Francis T. Gignac / ed. by J. Corley, V. Skemp // CBQMS. Vol. 44. Washington: Catholic Biblical Association of America, 2008. P. 65–96.

Corrigan 2004 — Religion and Emotion: Approaches and Interpretations / ed. by J. Corrigan. New York: Oxford University Press, 2004.

Crotty 1994 — Crotty K. The Poetics of Supplication: Homer's Iliad and Odyssey. Ithaca, NY: Cornell University Press, 1994.

d'Hamonville 2000 — d'Hamonville D.-M., avec la collaboration de S. Epiphane Dumouchet. La Bible d'Alexandrie: Les Proverbes. Paris: Cerf, 2000.

Dávid 2011 — Dávid N. Burial in the Book of Tobit and in Qumran // The Dead Sea Scrolls in Context: Integrating the Dead Sea Scrolls in the Study of Ancient Texts, Languages, and Cultures / ed. by A. Lange, E. Tov, M. Weigold // VT. Sup. 140. Leiden: Brill, 2011. P. 489–500.

Davila 2005 — Davila J. R. The Provenance of the Pseudepigrapha: Jewish, Christian, or Other? // JSJ. Sup. 105. Leiden: Brill, 2005.

Delaurenti 2016 — Delaurenti B. La Contagion des émotions: Compassio, une énigme médiévale. Paris: Classiques Garnier, 2016.

deSilva 1996 — deSilva D. A. The Wisdom of Ben Sira: Honor, Shame, and the Maintenance of the Values of a Minority Culture // CBQ. 1996. Vol. 58. P. 433–455.

deSilva 2006a — deSilva D. A. 4 Maccabees: Introduction and Commentary on the Greek Text in Codex Sinaiticus. SCS. Leiden: Brill, 2006.

deSilva 2006b — deSilva D. A. The Perfection of "Love for Offspring": Greek Representations of Maternal Affection and the Achievement of the Heroine of 4 Maccabees // NTS. 2006. Vol. 52. P. 251–268.

deSilva 2007 — deSilva D. A. Using the Master's Tools to Shore Up Another's House: A Postcolonial Analysis of 4 Maccabees // JBL. 2007. Vol. 126, N 1. P. 99–127.

Di Lella 2012 — Di Lella A. A. The Expression of Emotion in the Book of Tobit // Emotions from Ben Sira to Paul / ed. by R. Egger-Wenzel, J. Corley // Deuterocanonical and Cognate Literature Yearbook. Berlin: de Gruyter, 2012. P. 177–188.

Dimant 1990 — Dimant D. Use and Interpretation of Mikra in the Apocrypha and Pseudepigrapha // Mikra: Text, Translation, Reading, and Interpretation of the Hebrew Bible in Ancient Judaism and Early Christianity / ed. by M. J. Mulder. Minneapolis: Fortress Press, 1990. P. 379–419.

Dimant 2007 — Dimant D. The Bible through a Prism: The Wife of Job and the Wife of Tobit // Shnaton. Vol. 17. 2007. P. 201–211 [иврит].

Dines 2004 — Dines J. M. The Septuagint. London: T&T Clark, 2004.

Dingel 1989 — Dingel J. Misericordia Neronis: Zur Einheit von Senecas "De clementia" // Rheinisches Museum. 1989. Bd. 132. S. 166–175.

Di Pede et al. 2014 — Di Pede E., Lichtert C., Luciani D., Vialle C., Wénin A. Révéler les œuvres de Dieu: Lecture narrative du livre de Tobie. Namur: Lessius, 2014.

Dochhorn 2010 — Dochhorn J. Das Testament Hiobs als exegetischer Text: Ein Beitrag zur Rezeptionsgeschichte der Hiob-Septuaginta // Die Septuaginta — Texte, Theologien, Einflüsse / hg. von W. Kraus, M. Karrer // WUNT. Bd. 252. Tübingen: Mohr Siebeck, 2010. S. 671–688.

Dohrmann, Reed 2013 — Jews, Christians, and the Roman Empire: The Poetics of Power in Late Antiquity / ed. by N. B. Dohrmann, A. Y. Reed. Philadelphia: University of Pennsylvania Press, 2013.

Donaldson 2007 — Donaldson T. L. Judaism and the Gentiles: Jewish Patterns of Universalism (to 135 CE). Waco: Baylor University Press, 2007.

Dover 1974 — Dover J. K. Greek Popular Morality in the Time of Plato and Aristotle. Berkeley: University of California Press, 1974.

Downs 2016 — Downs D. J. Alms: Charity, Reward, and Atonement in Early Christianity. Waco, TX: Baylor University Press, 2016.

Dozeman 1989 — Dozeman Th. B. Inner-Biblical Interpretation of Yahweh's Gracious and Compassionate Character // JBL. 1989. Vol. 108, N 2. P. 207–223.

Dreyfus 2002 — Dreyfus G. Is Compassion an Emotion? A Cross-Cultural Exploration of Mental Typologies // Visions of Compassion: Western Scientists and Tibetan Buddhists Examine Human Nature / ed. by R. J. Davidson, A. Harrington. Oxford: Oxford University Press, 2002. P. 31–45.

Efthimiadis-Keith 2013 — Efthimiadis-Keith H. The Significance of Food, Eating, Death, and Burial in the Book of Tobit // Journal for Semitics. 2013. Vol. 22, N 2. P. 553–578.

Egger-Wenzel, Corley 2012 — Emotions from Ben Sira to Paul / ed. by R. Egger-Wenzel, J. Corley // Deuterocanonical and Cognate Literature Yearbook. Berlin: de Gruyter, 2012.

Ego 2005 — Ego B. The Book of Tobit and the Diaspora // The Book of Tobit: Text, Tradition, Theology: Papers of the First International Conference on the Deuteronomical [sic] Books / ed. by G. G. Xeravits, J. Zsengellér // JSJ. Sup. 98; Pápa, Hungary, May 20–12, 2004. Leiden: Brill, 2005. P. 41–54.

Ego 2009 — Ego B. Death and Burial in the Tobit Narration in the Context of the Old Testament Tradition // The Human Body in Death and Resurrection / ed. by T. Nicklas, F. V. Reiterer, J. Verheyden // Deuterocanonical and Cognate Literature Yearbook. Berlin: de Gruyter, 2009. P. 87–103.

Ehrenkrook 2011 — Ehrenkrook J. von. Effeminacy in the Shadow of Empire: The Politics of Transgressive Gender in Josephus's *Bellum Judaicum* // JQR. 2011. Vol. 101, N 2. P. 145–163.

Eldridge 2001 — Eldridge M. D. Dying Adam with his Multiethnic Family: Understanding the Greek Life of Adam and Eve // SVTP. Vol. 16. Leiden: Brill, 2001.

Eliav 2009 — Eliav Y. Z. Secularism, Hellenism, and Rabbis in Antiquity // Religion or Ethnicity? Jewish Identities in Evolution / ed. by Z. Gitelman. New Brunswick, NJ: Rutgers University Press, 2009. P. 7–23.

Elvey 2001 — Elvey A. To Bear the Other: Toward a Passionate Compassion (An Ecological Feminist Reading of Luke 10:25-37) // Sea Changes: Journal of Women Scholars of Religion and Theology. 2001. Vol. 1. P. 1-17.

Emilsson 2015 — Emilsson E. K. Plotinus on Sympatheia // Sympathy: A History. Oxford Philosophical Concepts / ed. by E. Schliesser. Oxford: Oxford University Press, 2015. P. 36-60.

Engberg-Pedersen 1990 — Engberg-Pedersen T. The Stoic Theory of Oikeiosis: Moral Development and Social Interaction in Early Stoic Philosophy. Aarhus, Denmark: Aarhus University Press, 1990.

Erskine 2015 — Erskine A. Polybius and the Anger of the Romans // Emotions between Greece and Rome / ed. by D. Cairns, L. Fulkerson. London: Institute of Classical Studies, University of London, 2015. P. 105-127.

Falkner 2005 — Falkner Th. M. Engendering the Tragic *Theatês*: Pity, Power, and Spectacle in Sophocles' Trachiniae // Pity and Power in Ancient Athens / ed. by R. H. Sternberg. Cambridge: Cambridge University Press, 2005. P. 165-192.

Feldman 1992 — Feldman L. H. Josephus' Portrait of Moses: Part Two // JQR. 1992. Vol. 83. P. 7-50.

Feldman 1993 — Feldman L. H. Josephus' Portrait of Joab // Estudios Bíblicos. 1993. Vol. 51. P. 323-351.

Feldman 1998a — Feldman L. H. Josephus' Interpretation of the Bible. Berkeley: University of California Press, 1998.

Feldman 1998b — Feldman L. H. Studies in Josephus' Rewritten Bible. Leiden: Brill, 1998.

Feldman 2000 — Feldman L. H. Judean Antiquities 1-4. Translation and Commentary. Leiden: Brill, 2000.

Fernández Marcos 2000 — Fernández Marcos N. The Septuagint in Context: Introduction to the Greek Version of the Bible / transl. by W. E. Watson. Leiden: Brill, 2000.

Ferwerda 1984 — Ferwerda R. Pity in the Life and Thought of Plotinus // Plotinus amid Gnostics and Christians: Papers Presented at the Plotinus Symposium Held at the Free University, Amsterdam, on 25 Jan. 1984 / ed. by D. T. Runia. Amsterdam: VU Uitgeverij, 1984. P. 53-72.

Figlerowicz 2012 — Figlerowicz M. Affect Theory Dossier: An Introduction // Qui Parle: Critical Humanities and Social Sciences. 2012. Vol. 20, N 2. P. 3-18.

Fish 2009 — Fish S. Empathy and the Law // New York Times. 2009. May 24.

Fitzmyer 2003 — Fitzmyer J. A. Tobit // CEJL. Berlin: de Gruyter, 2003.

Frede 1996 — Frede D. Mixed Feelings in Aristotle's Rhetoric // Essays on Aristotle's Rhetoric / ed. by A. Oksenberg Rorty. Berkeley: University of California Press, 1996. P. 258–285.

Frevert 2011 — Frevert U. Emotions in History: Lost and Found. New York: Central European University Press, 2011.

Frey 2012 — Frey J. "Gute" Samaritaner? Das neutestamentliche Bild der Samaritaner zwischen Juden, Christen und Paganen // Die Samaritaner und die Bibel / The Samaritans and the Bible: Historische und literarische Wechselwirkungen zwischen biblischen und samaritanischen Traditionen / Historical and Literary Interactions between Biblical and Samaritan Traditions / hg. von J. Frey, U. Schattner-Rieser, K. Schmid // Studia Judaica. Bd. 70 / Studia Samaritana. Bd. 7. Berlin: de Gruyter, 2012. S. 203–233.

Frey et al. 2007 — Jewish Identity in the Greco-Roman World / ed. by J. Frey, D. R. Schwartz, S. Gripentrog // Ancient Judaism and Early Christianity. Vol. 71. Leiden: Brill, 2007.

Fusillo 1999 — Fusillo M. The Conflict of Emotions: A *Topos* in the Greek Erotic Novel // Oxford Readings in the Greek Novel / ed. by S. Swain. Oxford: Oxford University Press, 1999. P. 60–82.

Galinsky 1996 — Galinsky K. Augustan Culture: An Interpretive Introduction. Princeton, NJ: Princeton University Press, 1996.

Galinsky 2011 — Galinsky K. The Cult of the Roman Emperor: Uniter or Divider? // Rome and Religion: A Cross-Disciplinary Dialogue on the Imperial Cult / ed. by J. Brodd, J. L. Reed. Atlanta: Society of Biblical Literature, 2011. P. 1–21.

Gammerl 2012 — Gammerl B. Emotional Styles — Concept and Challenges // Rethinking History. 2012. Vol. 16, N 2. P. 161–175.

Garber 2004 — Garber M. Compassion // Compassion: The Culture and Politics of an Emotion / ed. by L. Berlant. New York: Routledge, 2004. P. 15–27.

Gardner 2015 — Gardner G. E. The Origins of Organized Charity in Rabbinic Judaism. Cambridge: Cambridge University Press, 2015.

Garnsey 1988 — Garnsey P. Famine and Food Supply in the Graeco-Roman World: Responses to Risk and Crisis. Cambridge: Cambridge University Press, 1988.

Garrett 1993 — Garrett S. R. The "Weaker Sex" in the *Testament of Job* // JBL. 1993. Vol. 112, N 1. P. 55–70.

Geertz 1983 — Geertz C. Local Knowledge: Further Essays in Interpretive Anthropology. New York: Basic Books, 1983.

Geiger 2009 — Geiger J. The Jew and the Other: Doubtful and Multiple Identities in the Roman Empire // Jewish Identities in Antiquity: Studies in Memory of Menaham Stern / ed. by L. I. Levine, D. R. Schwartz. Tübingen: Mohr Siebeck, 2009. P. 136–146.

Gemünden 1997 — Gemünden P. von. La femme passionnelle et l'homme rationnel? Un chapitre de psychologie historique // Biblica. 1997. Vol. 78, N 4. P. 457–480.

Gemünden 2009 — Gemünden P. von. Affekt und Glaube: Studien zur Historischen Psychologie des Frühjudentums und Urchristentums. Göttingen: Vandenhoeck and Ruprecht, 2009.

Gemünden 2016 — Gemünden P. von. Emotions and Literary Genres in the *Testament of the Twelve Patriarchs* and the New Testament: A Contribution to Form History and Historical Psychology // BI. 2016. Vol. 23, N 4–5. P. 514–535.

Gereboff 2008 — Gereboff J. Judaism // The Oxford Handbook of Religion and Emotion / ed. by J. Corrigan. Oxford: Oxford University Press, 2008. P. 95–110.

Gerleman 1956 — Gerleman G. Studies in the Septuagint, III: Proverbs. Lund: Gleerup, 1956.

Giese 1993 — Giese R. L. Jr. Compassion for the Lowly in Septuagint Proverbs // JSP. 1993. Vol. 11. P. 109–117.

Gill 2003 — Gill Ch. The School in the Roman Imperial Period // The Cambridge Companion to the Stoics / ed. by B. Inwood Cambridge: Cambridge University Press, 2003 P. 33–58.

Gill 2016 — Gill Ch. Positive Emotions in Stoicism: Are They Enough? // Hope, Joy, and Affection in the Classical World / ed. by R. R. Caston, R. A. Kaster. New York: Oxford University Press, 2016. P. 143–160.

Goetz et al. 2010 — Goetz J. L., Keltner D., Simon-Thomas E. Compassion: An Evolutionary Analysis and Empirical Review // Psychological Bulletin. 2010. Vol. 136, N 3. P. 351–374.

Goodman 1990 — Goodman M. Identity and Authority in Ancient Judaism // Judaism. Vol. 39, N 2. 1990. P. 192–201.

Goodman 1998 — Jews in a Graeco-Roman World / ed. by M. Goodman. Oxford: Clarendon, 1998.

Goodman 2007 — Goodman M. Rome and Jerusalem: The Clash of Ancient Civilizations. New York: Knopf, 2007.

Graver 2002 — Graver M. R. Cicero on the Emotions: Tusculan Disputations 3 and 4. Chicago: University of Chicago Press, 2002.

Graver 2007 — Graver M. R. Stoicism and Emotion. Chicago: University of Chicago Press, 2007.

Graver 2009 — Graver M. R. The Weeping Wise: Stoic and Epicurean Consolations in Seneca's 99th Epistle // Tears in the Graeco-Roman World / ed. by Th. Fögen. Berlin: de Gruyter, 2009. P. 235–252.

Gregory 2010 — Gregory B. C. Like an Everlasting Signet Ring: Generosity in the Book of Sirach // DCLS. Vol. 2. Berlin: de Gruyter, 2010.

Gregory 2012 — Gregory B. C. Empathy in the Ethical Rhetoric of Ben Sira // Emotions from Ben Sira to Paul / ed. by R. Egger-Wenzel, J. Corley // Deuterocanonical and Cognate Literature Yearbook. Berlin: de Gruyter, 2012. P. 103–119.

Griffin 1976 — Griffin M. T. Seneca: A Philosopher in Politics. Oxford: Clarendon, 1976.

Griffin 2003 — Griffin M. T. Clementia after Caesar: From Politics to Philosophy // Caesar against Liberty? Perspectives on His Autocracy / ed. by F. Cairns, E. Fantham // Papers of the Langford Latin Seminar. Vol. 11. Cambridge: Francis Cairns, 2003. P. 157–182.

Gross 2006 — Gross D. M. The Secret History of Emotion: From Aristotle's "Rhetoric" to Modern Brain Science. Chicago: University of Chicago Press, 2006.

Gruber 1990 — Gruber M. I. Fear, Anxiety, and Reverence in Akkadian, Biblical Hebrew, and Other North-West Semitic Languages // VT. 1990. Vol. 40, N 4. P. 411–422.

Gruen 1984 — Gruen E. S. The Hellenistic World and the Coming of Rome. Vol. 1. Berkeley: California University Press, 1984.

Gruen 1998 — Gruen E. S. Heritage and Hellenism: The Reinvention of Jewish Tradition. Berkeley: University of California Press, 1998.

Gruen 2002 — Gruen E. S. Diaspora: Jews amidst Greeks and Romans. Cambridge: Harvard University Press, 2002.

Gruen 2011 — Gruen E. S. Polybius and Josephus on Rome // Flavius Josephus: Interpretation and History / ed. by J. Pastor, P. Stern, M. Mor // JSJ. Sup 146. Leiden: Brill, 2011. P. 149–162.

Gruen III 2009 — Gruen III W. "Chip". Seeking a Context for the Testament of Job // JSP. Vol. 18, N 3. 2009. P. 163–179.

Hallett, Skinner 1997 — Roman Sexualities / ed. by J. P. Hallett, M. B. Skinner. Princeton, NJ: Princeton University Press, 1997.

Halliwell 2002 — Halliwell S. The Aesthetics of Mimesis: Ancient Texts and Modern Problems. Princeton, NJ: Princeton University Press, 2002.

Halperin et al. 1990 — Before Sexuality: The Construction of Erotic Experience in the Ancient Greek World / ed. by D. M. Halperin, J. J. Winkler, F. I. Zeitlin. Princeton, NJ: Princeton University Press, 1990.

Hamburger 1985 — Hamburger K. Das Mitleid. Stuttgart: Klett-Cotta, 1985.

Haralambakis 2012 — Haralambakis M. The Testament of Job: Text, Narrative, and Reception History // Library of Second Temple Studies. Vol. 80. London: Bloomsbury, 2012.

Hardt, Negri 2000 — Hardt M., Negri A. Empire. Cambridge: Harvard University Press, 2000.

Harkins 2011 — Harkins A. K. The Performative Reading of the *Hodayot*: The Arousal of Emotions and the Exegetical Generation of Texts // JSP. 2011. Vol. 21, N 1. P. 55–71.

Harkins 2015 — Harkins A. K. Ritual Mourning in Daniel's Interpretation of Jeremiah's Prophecy // Journal of Cognitive Historiography. 2015. Vol. 2, N 1. P. 14–32.

Harkins 2016 — Harkins A. K. The Pro-Social Role of Grief in Ezra's Penitential Prayer // BI. 2016. Vol. 24, N 4–5. P. 466–491.

Harré 1986 — The Social Construction of Emotions / ed. by R. Harré. Oxford: Blackwell, 1986.

Harris 1985 — Harris W. V. War and Imperialism in Republican Rome, 327–370 B.C. Oxford: Oxford University Press, 1985.

Hasan-Rokem 2014 — Hasan-Rokem G. Bodies Performing in Ruins: The Lamenting Mother in Ancient Hebrew Texts // Lament in Jewish Thought: Philosophical, Theological, and Literary Perspectives / ed. by I. Ferber, P. Schwebel // Perspectives on Jewish Texts and Contexts. Vol. 2. Berlin: de Gruyter, 2014. P. 33–63.

Hayes 2015 — Hayes Ch. What's Divine about Divine Law? Early Perspectives. Princeton, NJ: Princeton University Press, 2015.

Heiligenthal 1983 — Heiligenthal R. Werke der Barmherzigkeit oder Almosen? Zur Bedeutung von ἐλεημοσύνη // Novum Testamentum. 1983. Vol. 25. P. 289–301.

Hengel 1980 — Hengel M. Jews, Greeks, and Barbarians: Aspects of the Hellenization of Judaism in the Pre-Christian Period. Philadelphia: Fortress, 1980.

Henten 1997 — Henten J. W. van. The Maccabean Martyrs as Saviours of the Jewish People: A Study of 2 and 4 Maccabees // JSJ. Sup. 57. Leiden: Brill, 1997.

Hieke 2005 — Hieke Th. Endogamy in the Book of Tobit, Genesis, and Ezra-Nehemiah // The Book of Tobit: Text, Tradition, Theology: Papers of the First International Conference on the Deuteronomical [sic] Books / ed. by G. G. Xeravits and J. Zsengellér // JSJ. Sup. 98; Pápa, Hungary, May 20–12, 2004. Leiden: Brill, 2005. P. 103–120.

Hingley 2005 — Hingley R. Globalizing Roman Culture: Unity, Diversity, and Empire. Abingdon, UK: Routledge, 2005.

Hirshman 2000 — Hirshman M. Rabbinic Universalism in the Second and Third Centuries // HTR. Vol. 93, N 2. 2000. P. 101–115.

Hobsbawm 1983 — Hobsbawm E. Introduction: Inventing Traditions // The Invention of Tradition / ed. by E. Hobsbawm, T. Ranger. Cambridge: Cambridge University Press, 1983. P. 1–14.

Hoffman 2000 — Hoffman M. L. Empathy and Moral Development: Implications for Caring and Justice. Cambridge: Cambridge University Press, 2000.

Hollander 2014 — Hollander W. den. Josephus, the Emperors, and the City of Rome: From Hostage to Historian // Ancient Judaism and Early Christianity. Vol. 86. Leiden: Brill, 2014.

Hollander, Jonge 1985 — Hollander H. W., Jonge M. de. The Testaments of the Twelve Patriarchs: A Commentary // SVTP. Vol. 8. Leiden: Brill, 1985.

Holmes 2015 — Holmes B. Reflection: Galen's Sympathy // Sympathy: A History. Oxford Philosophical Concepts / ed. by E. Schliesser. Oxford: Oxford University Press, 2015. P. 61–69.

Hölscher 2004 — Hölscher T. The Language of Images in Roman Art / transl. by A. Snodgrass, A. Künzl-Snodgrass. Cambridge: Cambridge University Press, 2004.

Holtzman 2010 — Holtzman R. George W. Bush's Rhetoric of "Compassionate Conservatism" and Its Value as a Tool of Presidential Politics // Issues in Political Discourse Analysis. 2010. Vol. 3, N 1. P. 1–21.

Honigman 2003 — Honigman S. The Septuagint and Homeric Scholarship in Alexandria: A Study in the Narrative of the Letter of Aristeas. London: Routledge, 2003.

Honigman 2013 — Honigman S. "Jews as the Best of All Greeks": Cultural Competition in the Literary Works of Alexandrian Judaeans of the Hellenistic Period // Shifting Social Imaginaries in the Hellenistic Period: Narrations, Practices, and Images / ed. by E. Stavrianopoulou. Leiden: Brill, 2013. P. 207–232.

Horst 1975 — Horst P. W. van der. Hierocles the Stoic and the New Testament: A Contribution to the Corpus Hellenisticum // Novum Testamentum. Vol. 17, N 2. 1975. P. 156–160.

Horst 1978 — Horst P. W. van der. The Sentences of Pseudo-Phocylides: With Introduction and Commentary. Leiden: Brill, 1978.

Horst 1983 — Horst P. W. van der. Pseudo-Phocylides // The Old Testament Pseudepigrapha / ed. by J. H. Charlesworth. Vol. 2. New York: Doubleday, 1983. P. 565–582.

Horst 1989 — Horst P. W. van der. Images of Women in the *Testament of Job* // Studies on the Testament of Job / ed. by M. A. Knibb, P. W. van der Horst // SNTSMS. Vol. 66. Cambridge: Cambridge University Press, 1989. P. 93–116.

Howe 2013 — Howe D. Empathy: What It Is and Why It Matters. Basingstoke, UK: Palgrave Macmillan, 2013.

Huskinson 2000 — Huskinson J. Looking for Culture, Identity, and Power // Experiencing Rome: Culture, Identity, and Power in the Roman Empire / ed. by J. Huskinson. London: Routledge, in association with Open University, 2000. P. 3–27.

James 2013 — James E. Emotions: Hebrew Bible/Old Testament // Encyclopedia of the Bible and Its Reception / ed. by H.-J. Klauck et al. Vol. 7. Berlin: de Gruyter, 2013. P. 825–827.

Jenkins 2008 — Jenkins R. Rethinking Ethnicity. London: Sage, 2008.

Johnson 1983 — Johnson M. D. Life of Adam and Eve // The Old Testament Pseudepigrapha / ed. by J. H. Charlesworth. Vol. 2. New York: Doubleday, 1983. P. 249–295.

Johnson, Clapp 2005 — Johnson J. F., Clapp D. C. Athenian Tragedy: An Education in Pity // Pity and Power in Ancient Athens / ed. by R. H. Sternberg. Cambridge: Cambridge University Press, 2005. P. 123–164.

Jones 1997 — Jones S. The Archaeology of Ethnicity: Constructing Identities in the Past and Present. London: Routledge, 1997.

Jonge 1975 — Jonge M. de. Studies on the Testaments of the Twelve Patriarchs: Text and Interpretation // SVTP. Vol. 3. Leiden: Brill, 1975.

Jonge 1989 — Jonge M. de. Die Paränese in den Schriften des Neuen Testaments und in den Testamenten der Zwölf Patriarchen: Einige Überlegungen // Neues Testament und Ethik: Für Rudolf Schnackenburg / hg. von H. Merklein. Freiburg: Herder, 1989. S. 538–550.

Jonge 2000 — Jonge M. de. The Christian Origin of the Greek *Life of Adam and Eve* // Literature on Adam and Eve: Collected Essays / ed. by G. Anderson, M. Stone, J. Tromp // SVTP. Vol. 15. Leiden: Brill, 2000. P. 347–363.

Jonge 2003 — Jonge M. de. Pseudepigrapha of the Old Testament as Part of Christian Literature // SVTP. Vol. 18. Leiden: Brill, 2003.

Jonge, Tromp 1997 — Jonge M. de, Tromp J. The *Life of Adam and Eve* and Related Literature. Guides to Apocrypha and Pseudepigrapha. Sheffield: Sheffield Academic Press, 1997.

Joosten 2004 — Joosten J. חסד "bienveillance" et ἔλεος "pitié": Réflexions sur une équivalence lexicale dans la Septante // "Car c'est l'amour qui me plaît, non le sacrifice..." Recherches sur *Osée 6:6* et son interprétation juive et chrétienne // JSJ. Sup. 88. Leiden: Brill, 2004. P. 25–42.

Joosten 2012 — Joosten J. Reflections on the "Interlinear Paradigm" in Septuagintal Studies // Joosten J. Collected Studies on the Septuagint: From Language to Interpretation and Beyond. Tübingen: Mohr Siebeck, 2012. P. 225–239.

Kaster 2005 — Kaster R. A. Emotion, Restraint, and Community in Ancient Rome. Oxford: Oxford University Press, 2005.

Kaus 1999 — Kaus M. Compassion, the Political Liability // New York Times. 1999. Jun. 25.

Kazen 2011 — Kazen Th. Emotions in Biblical Law: A Cognitive Science Approach. Sheffield: Sheffield Phoenix Press, 2011.

Kazen 2013 — Kazen Th. Empathy and Ethics: Bodily Emotion as a Basis for Moral Admonition // Mind, Morality, and Magic: Cognitive Science Approaches in Biblical Studies / ed. by I. Czachesz, R. Uro. Durham: Acumen, 2013. P. 212–233.

Kee 1978 — Kee H. C. The Ethical Dimensions of the Testaments of the XII as a Clue to Provenance // NTS. 1978. Vol. 24. P. 259–270.

Kerns 2013 — Kerns L. Soul and Passions in Philo of Alexandria // Studia Patristica. Vol. LXIII. Papers Presented at the Sixteenth International Conference on Patristic Studies Held in Oxford 2011 / ed. by M. Vinzent. Leuven: Peeters, 2013. P. 141–154.

Kiel 2012 — Kiel M. D. The "Whole Truth": Rethinking Retribution in the Book of Tobit. London: T&T Clark, 2012.

Kim 2000 — Kim J. The Pity of Achilles: Oral Style and the Unity of the Iliad. Lanham, MD: Rowman and Littlefield, 2000.

Klancher 2010 — Klancher N. The Male Soul in Drag: Women-as-Job in the *Testament of Job* // JSP. 2010. Vol. 19, N 3. P. 225–245.

Klauck 1990 — Klauck H.-J. Brotherly Love in Plutarch and in 4 Maccabees // Greeks, Romans, and Christians: Essays in Honor of Abraham J. Malherbe / ed. by D. L. Balch, E. Ferguson, W. A. Meeks. Minneapolis: Fortress Press, 1990. P. 144–156.

Koffler 2001 — Koffler J. Mit-Leid: Geschichte und Problematik eines ethischen Grundwortes. Würzburg: Echter, 2001.

Konradt 1997 — Konradt M. Menschen-oder Bruderliebe? Beobachtungen zum Liebesgebot in den Testamenten der Zwölf Patriarchen // ZNW. 1997. Bd. 88. S. 296–310.

Konstan 1999 — Konstan D. Pity and Self-Pity // Electronic Antiquity. 1999. Vol. 5, N 2. URL: https://scholar.lib.vt.edu/ejournals/ElAnt/V5N2/konstan.html (дата обращения: 09.07.2024).

Konstan 2001 — Konstan D. Pity Transformed. London: Duckworth, 2001.

Konstan 2010 — Konstan D. Before Forgiveness: The Origins of a Moral Idea. Cambridge: Cambridge University Press, 2010.

Konstan 2005 — Konstan D. Clemency as a Virtue // Classical Philology. 2005. Vol. 100, N 4. P. 337–346.

Konstan 2006a — Konstan D. The Concept of "Emotion" from Plato to Cicero // Méthexis. 2006. Vol. 19. P. 139–152.

Konstan 2006b — Konstan D. The Emotions of the Ancient Greeks: Studies in Aristotle and Classical Literature. Toronto: University of Toronto Press, 2006.

Konstan 2006c — Konstan D. Philo's *De Virtutibus* in the Perspective of Classical Greek Philosophy // Studia Philonica Annual. Vol. 18. 2006. P. 59–72.

Konstan 2014 — Konstan D. The Varieties of Pity // JBL. 2014. Vol. 133, N 4. P. 869–872.

Konstan 2017 — Konstan D. Reason vs. Emotion in Seneca // Emotions in the Classical World: Methods, Approaches, and Directions / ed. by D. Cairns, D. Nelis. Heidelberg: Franz Steiner, 2017. P. 231–244.

Koosed, Moore 2014 — From Affect to Exegesis / ed. by J. L. Koosed, S. D. Moore // BI. 2014. Vol. 22, N 4–5.

Kotsifou 2012 — Kotsifou Ch. Emotions and Papyri: Insights into the Theatre of Human Experience in Antiquity // Unveiling Emotions: Sources and Methods for the Study of Emotions in the Greek World / ed. by A. Chaniotis. Stuttgart: Franz Steiner, 2012. P. 39–90.

Kraidy 2005 — Kraidy M. Hybridity, or the Cultural Logic of Globalization. Philadelphia: Temple University Press, 2005.

Kroppenberg, Linder 2014 — Kroppenberg I., Linder N. Coding the Nation: Codification History from a (Post-)Global Perspective // Entanglements in Legal History: Conceptual Approaches. Global Perspectives on Legal History / ed. by Th. Duve. Frankfurt am Main: Max Planck Institute For European Legal History Open Access Publication, 2014. P. 67–99.

Kruger 2001 — Kruger P. A. A Cognitive Interpretation of the Emotion of Fear in the Hebrew Bible // JNSL. 2001. Vol. 27, N 2. P. 77–89.

Kruger 2004 — Kruger P. A. On Emotions and the Expression of Emotions in the Old Testament: A Few Introductory Remarks // BZ. 2004. Vol. 48, N 2. P. 213–228.

Kruger 2005a — Kruger P. A. The Face and Emotions in the Hebrew Bible // OTE. 2005. Vol. 18, N 3. P. 651–663.

Kruger 2005b — Kruger P. A. The Inverse World of Mourning in the Hebrew Bible // Biblische Notizen. 2005. Bd. 124. S. 41–49.

Kugler 2001 — Kugler R. A. The Testaments of the Twelve Patriarchs. Guides to Apocrypha and Pseudepigrapha. Sheffield: Sheffield Academic Press, 2001.

Kugler 2012 — Kugler R. A. The Testaments of the Twelve Patriarchs: A Not So Ambiguous Witness to Early Jewish Interpretive Practices // A Companion to Biblical Interpretation in Early Judaism / ed. by M. Henze. Grand Rapids, MI.: Eerdmans, 2012. P. 337–360.

Kugler, Rohrbaugh 2004 — Kugler R. A., Rohrbaugh R. L. On Women and Honor in the *Testament of Job* // JSP. 2004. Vol. 14, N 1. P. 43–62.

Kuhn 2012 — Kuhn Ch. T. Emotionality in the Political Culture of the Graeco-Roman East: The Role of Acclamations // Unveiling Emotions: Sources and Methods for the Study of Emotions in the Greek World / ed. by A. Chaniotis. Stuttgart: Franz Steiner, 2012. P. 295–316.

Lambert 2015 — Lambert D. A. How Repentance Became Biblical: Judaism, Christianity, and the Interpretation of Scripture. Oxford: Oxford University Press, 2015.

Lambert 2016 — Lambert D. A. Refreshing Philology: James Barr, Supersessionism, and the State of Biblical Words // BI. 2016. Vol. 24, N 3. P. 332–356.

Landau 2006 — Landau T. Out-Heroding Herod: Josephus, Rhetoric, and the Herod Narratives // Ancient Judaism and Early Christianity. Vol. 63. Leiden: Brill, 2006.

Landau 2006 — Landau T. Power and Pity: The Image of Herod in Josephus' *Bellum Judaicum* // Josephus and Jewish History in Flavian Rome and Beyond / ed. by J. Sievers, G. Lembi // JSJ. Sup. 104. Leiden: Brill, 2005. P. 159–181.

Lapsley 2003 — Lapsley J. E. Feeling Our Way: Love for God in Deuteronomy // CBQ. 2003. Vol. 65, N 3. P. 350–369.

Laqueur 1990 — Laqueur Th. Making Sex: Body and Gender from the Greeks to Freud. Cambridge: Harvard University Press, 1990.

Lateiner 2005 — Lateiner D. The Pitiers and the Pitied in Herodotus and Thucydides // Pity and Power in Ancient Athens / ed. by R. H. Sternberg. Cambridge: Cambridge University Press, 2005. P. 67–97.

Lateiner 2014 — Lateiner D. Pain and Pity in Two Postbiblical Responses to Joseph's Power in Genesis // JBL. 2014. Vol. 133, N 4. P. 863–868.

Law 2013 — Law T. M. When God Spoke Greek: The Septuagint and the Making of the Christian Bible. New York: Oxford University Press, 2013.

Law, Halton 2014 — Jew and Judean: A Forum on Politics and Historiography in the Translation of Ancient Texts / ed. by T. M. Law, Ch. Halton // Marginalia Review of Books. 2014. Aug. 26. URL: https://themarginaliareview.com/jew-judean-forum/ (дата обращения: 08.07.2024).

Lazarus 1991 — Lazarus R. S. Emotion and Adaptation. Oxford: Oxford University Press, 1991.

Le Goff 1985 — Le Goff J. L'imaginaire médiéval: Essais. Paris: Gallimard, 1985.

Lemos 2015 — Lemos T. M. The Apotheosis of Rage: Divine Anger and the Psychology of Israelite Trauma // BI. 2015. Vol. 23, N 1. P. 101–121.

Leonhardt-Balzer 2007 — Leonhardt-Balzer J. Jewish Worship and Universal Identity in Philo of Alexandria // Jewish Identity in the Greco-Roman World / ed. by J. Frey, D. R. Schwartz, S. Gripentrog // Ancient Judaism and Early Christianity. Vol. 71. Leiden: Brill, 2007. P. 29–53.

Levene 1997 — Levene D. S. Pity, Fear, and the Historical Audience: Tacitus on the Fall of Vitellius // The Passions in Roman Thought and Literature / ed. by S. M. Braund, Ch. Gill. Cambridge: Cambridge University Press, 1997. P. 128–149.

Levenson 1996 — Levenson J. D. The Universal Horizon of Biblical Particularism // Ethnicity and the Bible / ed. by M. G. Brett // BI. Series 19. Leiden: Brill, 1996. P. 143–169.

Levine A.-J. 1992 — Levine A.-J. Diaspora as Metaphor: Bodies and Boundaries in the Book of Tobit // Diaspora Jews and Judaism: Essays in Honor of, and in Dialogue with, A. Thomas Kraabel / ed. by J. A. Overman, R. S. MacLennan. Atlanta: Scholars Press, 1992. P. 105–117.

Levine L. 1998 — Levine L. I. Judaism and Hellenism in Antiquity: Conflict or Confluence? Seattle: University of Washington Press, 1998.

Levine L. 2009 — Levine L. I. Jewish Identities in Antiquity: An Introductory Essay // Jewish Identities in Antiquity: Studies in Memory of Menahem Stern / ed. by L. I. Levine, D. R. Schwartz. Tübingen: Mohr Siebeck, 2009. P. 12–40.

Levine, Schwartz 2009 — Jewish Identities in Antiquity: Studies in Memory of Menahem Stern / ed. by L. I. Levine, D. R. Schwartz. Tübingen: Mohr Siebeck, 2009.

Levison 2003 — Levison J. R. The Primacy of Pain and Disease in the Greek *Life of Adam and Eve* // ZNW. 2003. Vol. 94. P. 1–16.

Lévy 1998 — Lévy C. Éthique de l'immanence, éthique de la transcendance: Le problème de l'*oikeiôsis* chez Philon // Philon d'Alexandrie et le langage de la philosophie / ed. par C. Lévy. Turnhout: Brepols, 1998. P. 153–164.

Lévy 2006 — Lévy C. Philon d'Alexandrie et les passions // Réceptions antiques: Lecture, transmission, appropriation intellectuelle / ed. par L. Ciccolini, A. Gigandet, C. Lévy, Ch. Guérin, Ch. Jacob. Paris: Éditions Rue d'Ulm, 2006. P. 27–41.

Lévy 2009 — Lévy C. Philo's Ethics // The Cambridge Companion to Philo / ed. by A. Kamesar. Cambridge: Cambridge University Press, 2009. P. 146–171.

Littman 2008 — Littman R. J. Tobit: The Book of Tobit in Codex Sinaiticus. SCS. Leiden: Brill, 2008.

Loader 2011 — Loader W. The Pseudepigrapha on Sexuality: Attitudes towards Sexuality in Apocalypses, Testaments, Legends, Wisdom, and Related Literature. Grand Rapids, MI: Eerdmans, 2011.

Loos 2012 — Loos T. Besmirched with Blood: An Emotional History of Transnational Romance in Colonial Singapore // Rethinking History. 2012. Vol. 16, N 2. P. 199–220.

Loraux 1990a — Loraux N. Herakles: The Super-Male and the Feminine // Before Sexuality: The Construction of Erotic Experience in the Ancient Greek World / ed. by D. M. Halperin, J. J. Winkler, F. I. Zeitlin. Princeton, NJ: Princeton University Press, 1990. P. 21–52.

Loraux 1990b — Loraux N. Les mères en deuil. Paris: Seuil, 1990.

Lusini 2004 — Lusini G. La citation d'Osée 6:6 dans les Oracles Sibyllins // "Car c'est l'amour qui me plaît, non le sacrifice..." Recherches sur Osée 6:6 et son interprétation juive et chrétienne / ed. par E. Bons // JSJ. Sup. 88. Leiden: Brill, 2004. P. 43–55.

Lutz 1988 — Lutz C. A. Unnatural Emotions: Everyday Sentiments on a Micronesian Atoll and Their Challenge to Western Theory. Chicago: Chicago University Press, 1988.

Lutz, Abu-Lughod 1990 — Language and the Politics of Emotion / ed. by C. A. Lutz, L. Abu-Lughod. Cambridge: Cambridge University Press, 1990.

Macatangay 2011 — Macatangay F. M. The Wisdom Instructions in the Book of Tobit // DCLS. Vol. 12. Berlin: de Gruyter, 2011.

Mader 2000 — Mader G. Josephus and the Politics of Historiography: Apologetic and Impression Management in the Bellum Judaicum // Mnemosyne. Sup. 205. Leiden: Brill, 2000. P. 138–146.

Marcus 2010 — Marcus J. The *Testaments of the Twelve Patriarchs* and the *Didascalia Apostolorum*: A Common Jewish Christian Milieu? // JTS. 2010. Vol. 61, N 2. P. 596–626.

Marincola 1997 — Marincola J. Authority and Tradition in Ancient Historiography. Cambridge: Cambridge University Press, 1997.

Marincola 2003 — Marincola J. Beyond Pity and Fear: The Emotions of History // Ancient Society. 2003. Vol. 33. P. 285–315.

Marincola 2010 — Marincola J. Aristotle's *Poetics* and "Tragic History" // Parachoregema: Studies on Ancient Theatre in Honour of Professor Gregory M. Sifakis / ed. by S. Tsitsiridis. Heraklion: Crete University Press, 2010. P. 445–459.

Marincola 2013 — Marincola J. Polybius, Phylarchus, and "Tragic History": A Reconsideration // Polybius and His World: Essays in Memory of F. W. Walbank / ed. by B. Gilson, Th. Harrison. Oxford: Oxford University Press, 2013. P. 73–90.

Martens 1991 — Martens J. W. Philo and the Higher Law // SBL Seminar Papers. 1991. Vol. 30. P. 309–322.

Martens 2003 — Martens J. W. One God, One Law: Philo of Alexandria on the Mosaic and Greco-Roman Law // Studies in Philo of Alexandria and Mediterranean Antiquity. Vol. 2. Boston: Brill, 2003.

Mason 1991 — Mason S. Flavius Josephus on the Pharisees: A Composition-Critical Study // Studia Post-Biblica. Vol. 39. Boston: Brill, 1991.

Mason 2007 — Mason S. Jews, Judaeans, Judaizing, Judaism: Problems of Categorization in Ancient History // JSJ. 2007. Vol. 38. P. 457–512.

Matt 2011 — Matt S. J. Current Emotion Research in History: Or, Doing History from the Inside Out // Emotion Review. 2011. Vol. 3, N 1. P. 117–124.

Matt, Stearns 2014 — Doing Emotions History / ed. by S. J. Matt, P. N. Stearns. Urbana: University of Illinois Press, 2014.

Mattingly 2011 — Mattingly D J. Imperialism, Power, and Identity: Experiencing the Roman Empire. Princeton, NJ: Princeton University Press, 2011.

McLaren 2005 — McLaren J. S. Josephus on Titus: The Vanquished Writing about the Victor // Josephus and Jewish History in Flavian Rome and Beyond / ed. by J. Sievers, G. Lembi // JSJ. Sup. 104. Leiden: Brill, 2005. P. 279–295.

McNamer 2010 — McNamer S. Affective Meditation and the Invention of Medieval Compassion. Philadelphia: University of Pennsylvania Press, 2010.

Menken 1988 — Menken M. J. J. The Position of ΣΠΛΑΓΧΝΙΖΕΣΘΑΙ and ΣΠΛΑΓΧΝΑ in the Gospel of Luke // Novum Testamentum. Vol. 2. 1988. P. 107–114.

Mermelstein 2013 — Mermelstein A. Love and Hate at Qumran: The Social Construction of Sectarian Emotion // DSD. 2013. Vol. 20, N 2. P. 237–263.

Mermelstein 2015 — Mermelstein A. Constructing Fear and Pride in the Book of Daniel: The Profile of a Second Temple Emotional Community // JSJ. 2015. Vol. 46, N 4–5. P. 449–483.

Mermelstein 2016 — Mermelstein A. Emotional Regimes, Ritual Practice, and the Shaping of Sectarian Identity: The Experience of Ablutions in the Dead Sea Scrolls // BI. 2016. Vol. 24, N 4–5. P. 492–513.

Middleton 1989 — Middleton, DeWight R. Emotional Style: The Cultural Ordering of Emotion // Ethos. 1989. Vol. 17, N 2. P. 187–201.

Minissale 2008 — Minissale A. The Metaphor of "Falling": Hermeneutic Key to the Book of Sirach // Wisdom of Ben Sira: Studies on Tradition, Redaction, and Theology / ed. by A. Passaro, G. Bellia. DCLS. Vol 1. Berlin: de Gruyter, 2008. P. 253–275.

Mirguet 2013 — Mirguet F. Compassion in the Making: Lexicographic Explorations in Judeo-Hellenistic Literature // Center for Hellenic Studies

Research Bulletin. 2013. Vol. 1, N 2. URL: www.chs-fellows.org/2013/07/08/compassion-in-the-making-lexicographic-explorations-in-judeo-hellenistic-literature/.

Mirguet 2014 — Mirguet F. Emotional Responses to the Pain of Others, in Josephus' Rewritten Scriptures and the *Testament of Zebulun*: Between Power and Vulnerability // JBL. 2014. Vol. 133, N 4. P. 838–857.

Mirguet 2016 — Mirguet F. What Is an "Emotion" in the Hebrew Bible? An Experience That Exceeds Most Contemporary Concepts // BI. 2016. Vol. 24, N 4–5. P. 442–465.

Mirguet, Kurek-Chomycz 2016 — Emotions in Ancient Jewish Literature: Definitions and Approaches / ed. by F. Mirguet, D. Kurek-Chomycz // BI. 2016. Vol. 24, N 4–5.

Moore C. 1996 — Moore C. A. Tobit // AB. Vol. 40A. New York: Doubleday, 1996.

Moore, Anderson 1998 — Moore S. D., Capel Anderson J. Taking It Like a Man: Masculinity in 4 Maccabees // JBL. 1998. Vol. 117, N 2. P. 249–273.

Moran 1963 — Moran W. L. The Ancient Near Eastern Background of the Love of God in Deuteronomy // CBQ. 1963. Vol. 25, N 1. P. 77–87.

Morley 2010 — Morley N. The Roman Empire: Roots of Imperialism. London: Pluto Press, 2010.

Morrison 1988 — Morrison K. F. I Am You: The Hermeneutics of Empathy in Western Literature, Theology, and Art. Princeton, NJ: Princeton University Press, 1988.

Most 2003 — Most G. W. Anger and Pity in Homer's *Iliad* // Ancient Anger: Perspectives from Homer to Galen / ed. by S. Braund, G. W. Most. Cambridge: Cambridge University Press, 2003. P. 50–75.

Muffs 1992 — Muffs Y. Love and Joy: Law, Language and Religion in Ancient Israel. New York: Jewish Theological Seminary of America, 1992.

Munteanu 2012 — Munteanu D. L. Tragic Pathos: Pity and Fear in Greek Philosophy and Tragedy. Cambridge: Cambridge University Press, 2012.

Munteanu 2015 — Munteanu D. L. Does Aristotle Overlook Pity for the Kin? // Ancient Philosophy. 2015. Vol. 35, N 1. P. 137–154.

Najman 1999 — Najman H. The Law of Nature and the Authority of Mosaic Law // Studia Philonica Annual. 1999. Vol. 11. P. 55–73.

Najman 2003 — Najman H. A Written Copy of the Law of Nature: An Unthinkable Paradox? // Studia Philonica Annual. 2003. Vol. 15. P. 54–63.

Nicklas 2005 — Nicklas T. Marriage in the Book of Tobit: A Synoptic Approach // The Book of Tobit: Text, Tradition, Theology: Papers of the

First International Conference on the Deuteronomical [sic] Books / ed. by G. G. Xeravits and J. Zsengellér // JSJ. Sup. 98; Pápa, Hungary, May 20–12, 2004. Leiden: Brill, 2005. P. 139–154.

Noreña 2011 — Noreña C. F. Imperial Ideals in the Roman West: Representation, Circulation, Power. Cambridge: Cambridge University Press, 2011.

Nussbaum 1992 — Nussbaum M. C. Tragedy and Self-Sufficiency: Plato and Aristotle on Fear and Pity // Essays on Aristotle's Poetics / ed. by A. O. Rorty. Princeton, NJ: Princeton University Press, 1992. P. 261–290.

Nussbaum 1994 — Nussbaum M. C. The Therapy of Desire: Theory and Practice in Hellenistic Ethics. Princeton, NJ: Princeton University Press, 1994.

Nussbaum 1996 — Nussbaum M. C. Compassion: The Basic Social Emotion // Social Philosophy & Policy. 1996. Vol. 13, N 1. P. 27–58.

Nussbaum 2000 — Nussbaum M. C. Duties of Justice, Duties of Material Aid: Cicero's Problematic Legacy // Journal of Political Philosophy. 2000. Vol. 8, N 2. P. 176–206.

Nussbaum 2001 — Nussbaum M. C. Upheavals of Thought: The Intelligence of Emotions. Cambridge: Cambridge University Press, 2001.

Nussbaum 2002 — Nussbaum M. C. The Worth of Human Dignity: Two Tensions in Stoic Cosmopolitanism // Philosophy and Power in the Graeco-Roman World: Essays in Honour of Miriam Griffin / ed. by G. Clark, T. Rajak. Oxford: Oxford University Press, 2002. P. 31–49.

Nussbaum 2003 — Nussbaum M. C. Compassion and Terror // Daedalus. 2003. Vol. 132, N 1. P. 10–26.

Nussbaum 2016 — Nussbaum M. C. "If You Could See This Heart": Mozart's Mercy // Hope, Joy, and Affection in the Classical World / ed. by R. R. Caston, R. A. Kaster. New York: Oxford University Press, 2016. P. 226–240.

Nutkowicz 2007 — Nutkowicz H. Concerning the Verb śn' in Judaeo-Aramaic Contracts from Elephantine // Journal of Semitic Studies. 2007. Vol. 52, N 2. P. 211–225.

Olyan 2004 — Olyan S. M. Biblical Mourning: Ritual and Social Dimensions. Oxford: Oxford University Press, 2004.

Orelli 1912 — Orelli K. von. Die philosophischen Auffassungen des Mitleids. Bonn: Carl Georgi, 1912.

Orwin 1980 — Orwin C. Compassion // The American Scholar. 1980. Vol. 49, N 3. P. 309–333.

Orwin 2000 — Orwin C. Compassion and the Softening of Mores // Journal of Democracy. 2000. Vol. 11, N 1. P. 142–148.

Otzen 2002 — Otzen B. Tobit and Judith. Guides to Apocrypha and Pseudepigrapha. London: Sheffield Academic Press, 2002.

Pagden 2000 — Pagden A. Stoicism, Cosmopolitanism, and the Legacy of European Imperialism // Constellations: An International Journal of Critical and Democratic Theory. Vol. 7, N 1. 2000. P. 3–22.

Palumbo-Liu 1995 — Palumbo-Liu D. Universalisms and Minority Culture // Differences: A Journal of Feminist Cultural Studies. 1995. Vol. 7, N 1. P. 188–208.

Paul 1993 — Paul G. M. The Presentation of Titus in the *Jewish War* of Josephus: Two Aspects // Phoenix. 1993. Vol. 47, N 1. P. 56–66.

Pearce 2014 — Pearce S. J. Pity and Emotion in Josephus's Reading of Joseph // JBL. 2014. Vol. 133, N 4. P. 858–862.

Pelling 2005 — Pelling Ch. Pity in Plutarch // Pity and Power in Ancient Athens / ed. by R. H. Sternberg. Cambridge: Cambridge University Press, 2005. P. 277–312.

Perdue, Gammie 1990 — Paraenesis: Act and Form / ed. by L. G. Perdue, J. G. Gammie // Semeia. 1990. Vol. 50.

Pham 1999 — Pham X. H. Th. Mourning in the Ancient Near East and the Hebrew Bible // JSOT.SS 302. Sheffield: Sheffield Academic Press, 1999.

Phillips 2004 — Phillips M. S. Introduction: What Is Tradition When It Is Not "Invented"? A Historiographical Introduction // Questions of Tradition / ed. by M. S. Phillips, G. Schochet. Toronto: University of Toronto Press, 2004. P. 3–29.

Pietersma 2002 — Pietersma A. A New Paradigm for Addressing Old Questions: The Relevance of the Interlinear Model for the Study of the Septuagint // Bible and Computer: The Stellenbosch AIBI-6 Conference / ed. by J. Cook. Leiden: Brill, 2002. P. 337–364.

Pistone 2013 — Pistone R. Born or Re-Born? Identity and Family Bonds in 1 Peter and 4 Maccabees // Yearbook 2012/2013: Family and Kinship in the Deuterocanonical and Cognate Literature / ed. by A. Passaro. Berlin: de Gruyter, 2013. P. 481–501.

Portier-Young 2001 — Portier-Young A. Alleviation of Suffering in the Book of Tobit: Comedy, Community, and Happy Endings // CBQ. Vol. 63. 2001. P. 35–54.

Portier-Young 2005 — Portier-Young A. "Eyes to the Blind": A Dialogue between Tobit and Job // Intertextual Studies in Ben Sira and Tobit: Essays in Honor of Alexander A. Di Lella / ed. by J. Corley, V. Skemp. Washington, DC: Catholic Association of America, 2005. P. 14–27.

Portmann 2000 — Portmann J. When Bad Things Happen to Other People. New York: Routledge, 2000.

Prauscello 2010 — Prauscello L. The Language of Pity: *eleos* and *oiktos* in Sophocles' Philoctetes // The Cambridge Classical Journal. 2010. Vol. 56. P. 199–212.

Price 1984 — Price S. R. F. Rituals and Power: The Roman Imperial Cult in Asia Minor. Cambridge: Cambridge University Press, 1984.

Prinz 2004 — Prinz J. J. Gut Reactions: A Perceptual Theory of Emotion. New York: Oxford University Press, 2004.

Pucci 1980 — Pucci P. The Violence of Pity in Euripides' Medea. Ithaca: Cornell University Press, 1980.

Pummer 2010 — Pummer R. Samaritanism — A Jewish Sect or an Independent Form of Yahwism? // Samaritans: Past and Present / ed. by M. Mor, F. V. Reiterer // Current Studies. Studia Judaica. Vol. 53 / Studia Samaritana. Vol. 5. Berlin: de Gruyter, 2010. P. 1–24.

Punter 2014 — Punter D. The Literature of Pity. Edinburgh: Edinburgh University Press, 2014.

Radice 2000 — Radice R. *Oikeiosis*: Ricerche sul fondamento del pensiero stoico e sulla sua genesi. Milano: Vita e Penserio, 2000.

Radice 2009 — Radice R. Philo's Theology and Theory of Creation // Cambridge Companion to Philo / ed. by A. Kamesar. Cambridge: Cambridge University Press, 2009. P. 124–145.

Rajak 1983 — Rajak T. Josephus: The Historian and His Society. London: Duckworth, 1983.

Rajak 2007 — Rajak T. The Angry Tyrant // Jewish Perspectives on Hellenistic Rulers / ed. by T. Rajak, S. Pearce, J. Aitken, and J. Dines. Berkeley: University of California Press, 2007. P. 110–127.

Rajak 2009 — Rajak T. Translation and Survival: The Greek Bible of the Ancient Jewish Diaspora. Oxford: Oxford University Press, 2009.

Ramsby, Severy-Hoven 2007 — Ramsby T. R., Severy-Hoven B. Gender, Sex, and the Domestication of the Empire in Art of the Augustan Age // Arethusa. Vol. 40, N 1. 2007. P. 43–71.

Redditt 2012 — Redditt P. L. Zechariah 9–14 // IECOT. Stuttgart: W. Kohlhammer, 2012.

Reddy 2001 — Reddy W. M. The Navigation of Feeling: A Framework of the History of Emotions. Cambridge: Cambridge University Press, 2001.

Reed 2014 — Reed A. Y. Textuality between Death and Memory: The Prehistory and Formation of the Parabiblical Testament // JQR. 2014. Vol. 104, N 3. P. 381–412.

Reed, Dohrmann 2013 — Reed A. Y., Dohrmann N. B. Introduction: Rethinking Romanness, Provincializing Christendom // Jews, Christians, and the Roman Empire: The Poetics of Power in Late Antiquity / ed. by N. B. Dohrmann, A. Y. Reed. Philadelphia: University of Pennsylvania Press, 2013. P. 1–21.

Reeder 2013 — Reeder C. A. Pity the Women and Children: Punishment by Siege in Josephus' *Jewish War* // JSJ. 2013. Vol. 44. P. 174–194.

Reeder 2015 — Reeder C. A. Gender, War, and Josephus // JSJ. 2015. Vol. 46. P. 65–85.

Reif, Egger-Wenzel 2015 — Ancient Jewish Prayers and Emotions: A Study of the Emotions Associated with Prayer in the Jewish and Related Literature of the Second Temple Period / ed. by S. C. Reif, R. Egger-Wenzel // DCLS. Vol. 26. Berlin: De Gruyter, 2015.

Reydams-Schils 2002 — Reydams-Schils G. Human Bonding and Oikeiōsis in Roman Stoicism // Oxford Studies in Ancient Philosophy. 2002. Vol. 2. P. 221–251.

Reydams-Schils 2005 — Reydams-Schils G. The Roman Stoics: Self, Responsibility, and Affection. Chicago: University of Chicago Press, 2005.

Richter 2011 — Richter D. S. Cosmopolis: Imagining Community in Late Classical Athens and the Early Roman Empire. Oxford: Oxford University Press, 2011.

Ricœur 1983 — Ricœur P. Temps et récit: T. 1. Paris: Seuil, 1983.

Ricœur 1986 — Ricœur P. Du texte à l'action: Essais d'herméneutique, II. Paris: Seuil, 1986.

Ricœur 1991 — Ricœur P. From Text to Action: Essays in Hermeneutics, II / transl. by K. Blamey, J. B. Thompson. London: Athlone Press, 1991.

Rodgers 2003 — Rodgers R. Female Representation in Roman Art: Feminising the Provincial "Other" // Roman Imperialism and Provincial Art / ed. by S. Scott, J. Webster. Cambridge: Cambridge University Press, 2003. P. 69–93.

Rosenthal 1950–1951 — Rosenthal F. Sedaka, Charity // HUCA. 1950–1951. Vol. 23. P. 411–430.

Rosenwein 2002 — Rosenwein B. H. Worrying about Emotions in History // The American Historical Review. 2002. Vol. 107, N 3. P. 821–845.

Rosenwein 2006 — Rosenwein B. H. Emotional Communities in the Early Middle Ages. Ithaca, NY: Cornell University Press, 2006.

Rosenwein 2010 — Rosenwein B. H. Problems and Methods in the History of Emotions // Passions in Context. 2010. Vol. 1, N 1. P. 1–3.

Ross et al. 2013 — Judaism and Emotion: Texts, Performance, Experience / ed. by S. Ross, G. Levy, S. Al-Suadi. New York: Peter Lang, 2013.

Rubel 2014 — Rubel A. Fear and Loathing in Ancient Athens: Religion and Politics during the Peloponnesian War / transl. by M. Vickers, A. Piftor. Durham: Acumen, 2014.

Runesson 2000 — Runesson A. Particularistic Judaism and Universalistic Christianity? Some Critical Remarks on Terminology and Theology // STh. 2000. Vol. 54, N 1. P. 55–75.

Sakenfeld 1978 — Doob Sakenfeld K. The Meaning of Ḥesed in the Hebrew Bible: A New Inquiry // Harvard Semitic Monograph. Vol. 17. Missoula, MT: Scholars Press, 1978.

Sandridge 2008 — Sandridge N. B. Feeling Vulnerable, but Not Too Vulnerable: Pity in Sophocles' *Oedipus Coloneus, Ajax,* and *Philoctetes* // The Classical Journal. 2008. Vol. 103, N 4. P. 433–448.

Satlow 2010 — Satlow M. L. "Fruit and the Fruit of Fruit": Charity and Piety among Jews in Late Antique Palestine // JQR. 2010. Vol. 100, N 2. P. 244–277.

Scarry 1985 — Scarry E. The Body in Pain: The Making and Unmaking of the World. New York: Oxford University Press, 1985.

Schäfer 2003 — Schäfer P. The History of the Jews in the Greco-Roman World. London: Routledge, 2003.

Schaller 1979 — Schaller B. Das Testament Hiobs // JSHRZ. Bd. III, N 3. Gütersloh: Mohn, 1979.

Scheer 2012 — Scheer M. Are Emotions a Kind of Practice (and Is That What Makes Them Have a History)? A Bourdieuian Approach to Understanding Emotion // History and Theory. 2012. Vol. 51. P. 193–220.

Schliesser 2015 — Sympathy: A History. Oxford Philosophical Concepts / ed. by E. Schliesser. Oxford: Oxford University Press, 2015.

Schlimm 2011 — Schlimm M. R. From Fratricide to Forgiveness: The Language and Ethics of Anger in Genesis. Winona Lake, IN: Eisenbrauns, 2011.

Schwartz D. 2014 — Schwartz D. R. Judeans and Jews: Four Faces of Dichotomy in Ancient Jewish History. Toronto: Toronto University Press, 2014.

Schwartz S. 2001 — Schwartz S. Imperialism and Jewish Society: 200 B.C.E. to 640 C.E. Princeton, NJ: Princeton University Press, 2001.

Schwartz S. 2010 — Schwartz S. Were the Jews a Mediterranean Society? Reciprocity and Solidarity in Ancient Judaism. Princeton, NJ: Princeton University Press, 2010.

Schwartz S. 2014 — Schwartz S. The Ancient Jews from Alexander to Muhammad. Cambridge: Cambridge University Press, 2014.

Scott 1990 — Scott J. C. Domination and the Arts of Resistance: Hidden Transcripts. New Haven, CT: Yale University Press, 1990.

Seigworth, Gregg 2010 — Seigworth G. J., Gregg M. An Inventory of Shimmers // The Affect Theory Reader / ed. by G. J. Seigworth, M. Gregg. Durham, NC: Duke University Press, 2010. P. 1–25.

Setaioli 2013 — Setaioli A. Physics III: Theology // Brill's Companion to Seneca: Philosopher and Dramatist / ed. by A. Heil, G. Damschen. Leiden: Brill, 2013. P. 379–401.

Severy 2003 — Severy B. Augustus and the Family at the Birth of the Roman Empire. New York: Routledge, 2003.

Shaw 1996 — Shaw B. D. Body / Power / Identity: Passions of the Martyrs // JECS. 1996. Vol. 4, N 3. P. 269–312.

Sides 2012 — Sides J. Romney's "Empathy Gap" // New York Times. 2012. Apr. 11.

Skehan, Di Lella 1987 — Skehan P. W., Di Lella A. A. The Wisdom of Ben Sira: A New Translation with Notes // AB. Vol. 39. Garden City, NY: Doubleday, 1987.

Skemp 2000 — Skemp V. T. M. The Vulgate of Tobit Compared with Other Ancient Witnesses. Dissertation Series 180. Atlanta: Society of Biblical Literature, 2000.

Slingerland 1986 — Slingerland D. The Nature of *Nomos* (Law) within the *Testaments of the Twelve Patriarchs* // JBL. 1986. Vol. 105. P. 39–48.

Sorabji 2000 — Sorabji R. Emotion and Peace of Mind: From Stoic Agitation to Christian Temptation. Oxford: Oxford University Press, 2000.

Sorabji 2009 — Sorabji R. Did the Stoics Value Emotion and Feeling? // Philosophical Quarterly. 2009. Vol. 59. P. 150–162.

Sorabji 2012 — Sorabji R. Gandhi and the Stoics: Modern Experiments on Ancient Values. Oxford: Oxford University Press, 2012.

Sotomayor 2002 — Sotomayor S. A Latina Judge's Voice // Berkeley La Raza Law Journal. 2002. Vol. 13, N 1. P. 87–93.

Spelman 1997 — Spelman E. V. Fruits of Sorrow: Framing our Attention to Suffering. Boston: Beacon Press, 1997.

Spicq 1994 — Spicq C. Theological Lexicon of the New Testament / transl. by J. D. Ernest. Peabody, MA: Hendrickson, 1994.

Spittler 1983 — Spittler R. P. Testament of Job: A New Translation and Introduction // The Old Testament Pseudepigrapha: 2 vols. / ed. by J. H. Charlesworth. Vol. 2. Peabody, MA: Hendrickson, 1983. P. 829–868.

Stearns 1994 — Stearns P. N. American Cool: Constructing a Twentieth-Century Emotional Style. New York: New York University Press, 1994.

Stearns, Stearns 1985 — Stearns C. Z., Stearns P. N. Emotionology: Clarifying the History of Emotions and Emotional Standards // The American Historical Review. 1985. Vol. 90, N 4. P. 813–836.

Stearns, Stearns 1988 — Emotion and Social Change: Toward a New Psychohistory / ed. by C. Z. Stearns, P. N. Stearns. New York: Holmes and Meier, 1988.

Stephens 1996 — Stephens W. O. Epictetus on How the Stoic Sage Loves // Oxford Studies in Ancient Philosophy. 1996. Vol. 14. P. 193–210.

Stephens 2011 — Stephens W. O. Can a Stoic Love? // Sex, Love, and Friendship: Studies of the Society for the Philosophy of Sex and Love, 1993–2003 / ed. by A. Leigh McEvoy. Amsterdam: Rodopi, 2011. P. 79–88.

Sterling 2003 — Sterling G. E. Universalizing the Particular: Natural Law in Second Temple Jewish Ethics // Studia Philonica Annual. 2003. Vol. 15. P. 64–80.

Sternberg 1998 — Sternberg R. H. Pity and Pragmatism: A Study of Athenian Attitudes toward Compassion in Fifth- and Fourth-Century Historiography and Oratory. PhD diss., Bryn Mawr College, 1998.

Sternberg 2005a — Sternberg R. H. The Nature of Pity // Pity and Power in Ancient Athens / ed. by R. H. Sternberg. Cambridge: Cambridge University Press, 2005. P. 15–47.

Sternberg 2005b — Pity and Power in Ancient Athens / ed. by R. H. Sternberg. Cambridge: Cambridge University Press, 2005.

Sternberg 2006 — Sternberg R. H. Tragedy Offstage: Suffering and Sympathy in Ancient Athens. Austin: University of Texas Press, 2006.

Stiebert 2002 — Stiebert J. The Construction of Shame in the Hebrew Bible: The Prophetic Contribution. London: Sheffield Academic Press, 2002.

Stiebert 2007 — Stiebert J. Shame and the Body in Psalms and Lamentations of the Hebrew Bible and in Thanksgiving Hymns from Qumran // OTE. 2007. Vol. 20, N 3. P. 798–829.

Stone 1992 — Stone M. E. History of the Literature of Adam and Eve. Atlanta: Scholars Press, 1992.

Striker 1996 — Striker G. Emotions in Context: Aristotle's Treatment of the Passions in the Rhetoric and His Moral Psychology // Essays on Aristotle's Rhetoric / ed. by A. Oksenberg Rorty. Berkeley: University of California Press, 1996. P. 286–302.

Striker 1983 — Striker G. The Role of *Oikeiosis* in Stoic Ethics // Oxford Studies in Ancient Philosophy. 1983. Vol. 1. P. 145–167.

Suter 2008 — Lament: Studies in the Ancient Mediterranean and Beyond / ed. by A. Suter. Oxford: Oxford University Press, 2008.

Swift 2001 — Swift L. Giving and Forgiving: Augustine on *Eleemosyna* and *Misericordia* // AugStud. 2001. Vol. 32. P. 25–36.

Thoma 1994 — Thoma C. John Hyrcanus I as Seen by Josephus and Other Early Jewish Sources // Josephus and the History of the Greco-Roman Period: Essays in Memory of Morton Smith / ed. by F. Parente, J. Sievers // Studia Post-Biblica. Vol. 41. Leiden: Brill, 1994. P. 127–140.

Thomas A. 2013 — Thomas A. Fear and Trembling: Body Imagery in the Hebrew Bible and the Septuagint // The Reception of the Hebrew Bible in the Septuagint and the New Testament / ed. by D. J. A. Clines, J. Ch. Exum. Sheffield: Sheffield Phoenix Press Ltd, 2013. P. 115–125.

Thomas A. 2014 — Thomas A. Anatomical Idiom and Emotional Expression: A Comparison of the Hebrew Bible and the Septuagint. Sheffield: Sheffield Phoenix Press, 2014.

Thomas J. 2004 — Thomas J. The Paraenesis of the Testaments of the Twelve Patriarchs: Between Torah and Jewish Wisdom // Early Christian Paraenesis in Context / ed. by J. Starr, T. Engberg-Pedersen. Berlin: de Gruyter, 2004. P. 157–190.

Toloni 2009 — Toloni G. La sofferenza del giusto: Giobbe e Tobia a confronto. Brescia: Paideia, 2009.

Tov 1990 — Tov E. Recensional Differences between the Masoretic Text and the Septuagint of Proverbs // Of Scribes and Scrolls: Studies on the Hebrew Bible, Intertestamental Judaism, and Christian Origins, Presented to John Strugnell / ed. by H. W. Attridge, J. J. Collins, Th. H. Tobin. Lanham, MD: University Press of America, 199. P. 43–56.

Tov 1999 — Tov E. Three Dimensions of Words in the Septuagint // Tov E. The Greek and Hebrew Bible: Collected Essays on the Septuagint // VT. Sup. 72. Leiden: Brill, 1999. P. 85–94.

Trigg 2014 — Trigg S. Introduction: Emotional Histories — Beyond the Personalization of the Past and the Abstraction of Affect Theory // Exemplaria. 2014. Vol. 26, N 1. P. 3–15.

Tromp 2005 — The Life of Adam and Eve in Greek / ed. by J. Tromp // PVTG. Vol. 6. Leiden: Brill, 2005.

Trotter 2015 — Trotter J. R. The Developing Narrative of the Life of Job: The Implications of Some Shared Elements of the Book of Tobit and the *Testament of Job* // CBQ. 2015. Vol. 77, N 3. P. 449–466.

Tushnet 2013 — Tushnet M. In the Balance: Law and Politics on the Roberts Court. New York: Norton, 2013.

Tzanetou 2005 — Tzanetou A. A Generous City: Pity in Athenian Oratory and Tragedy // Pity and Power in Ancient Athens / ed. by R. H. Sternberg. Cambridge: Cambridge University Press, 2005. P. 98–122.

Tzanetou 2012 — Tzanetou A. City of Suppliants: Tragedy and the Athenian Empire. Austin: University of Texas Press, 2012.

Ulmer, Ulmer 2014 — Ulmer R., Ulmer M. Righteous Giving to the Poor: Tzedakah ("Charity") in Classical Rabbinic Judaism: Including a Brief Introduction to Rabbinic Literature. Piscataway, NJ: Gorgias Press, 2014.

Ulrichsen 1991 — Ulrichsen J. H. Die Grundschrift der Testamente der zwölf Patriarchen. Eine Untersuchung zu Umfang, Inhalt und Eigenart der ursprünglichen Schrift // Acta Universitatis Upsaliensis, Historia Religionum. Bd. 10. Stockholm: Almqvist & Wiksell, 1991.

Ure, Frost 2014 — The Politics of Compassion / ed. by M. Ure, M. Frost. London: Routledge, 2014.

Veyne 2003 — Veyne P. Seneca: The Life of a Stoic / transl. by D. Sullivan. New York: Routledge, 2003.

Vicchio 2006 — Vicchio S. J. The Image of the Biblical Job: A History. Vol. 1: Job in the Ancient World. Eugene, OR: Wipf and Stock, 2006.

Vickers 1973 — Vickers B. Towards Greek Tragedy: Drama, Myth, Society. London: Longman, 1973.

Vigo 2012 — Oikeiosis and the Natural Basis of Morality: From Classical Stoicism to Modern Philosophy / ed. by A. G. Vigo. Hildesheim: Georg Olms Verlag, 2012.

Vincent-Buffault 2012 — Vincent-Buffault A. Sensibilité et insensibilité: Des larmes à l'indifférence // L'émotion, puissance de la littérature? / ed. par E. Bouju, A. Gefen // Modernités. T. 34. Pessac: Presses Universitaires de Bordeaux, 2012. P. 51–72.

Visvardi 2007 — Visvardi E. Dancing the Emotions: Pity and Fear in the Tragic Chorus. PhD diss., Stanford University, 2007.

Visvardi 2011 — Visvardi E. Pity and Panhellenic Politics: Choral Emotion in Euripides' *Hecuba* and *Trojan Women* // Why Athens? A Reappraisal of Tragic Politics / ed. by D. M. Carter. Oxford: Oxford University Press, 2011. P. 269–292.

Visvardi 2015 — Visvardi E. Emotion in Action: Thucydides and the Tragic Chorus // Mnemosyne. Sup. 377. Leiden: Brill, 2015.

Vitellone 2011 — Vitellone N. Contesting Compassion // The Sociological Review. 2011. Vol. 59, N 3. P. 579–596.

Waal 2009 — Waal F. B. M. de. The Age of Empathy: Nature's Lessons for a Kinder Society. New York: Harmony Books, 2009.

Wagner 2006 — Wagner A. Emotionen, Gefühle und Sprache im Alten Testament: Vier Studien // KUSATU. Bd. 7. Waltrop: Hartmut Spenner, 2006.

Walkerdine 2010 — Walkerdine V. Communal Beingness and Affect: An Exploration of Trauma in an Ex-industrial Community // Body & Society. 2010. Vol. 16, N 1. P. 91–116.

Walters 1993 — Walters J. "No More than a Boy": The Shifting Construction of Masculinity from Ancient Greece to the Middle Ages // Gender & History. 1993. Vol. 5, N 1. P. 20–33.

Webster 1996 — Webster J. Roman Imperialism and the "Post Imperial Age" // Roman Imperialism: Post-Colonial Perspectives / ed. by J. Webster, N. J. Cooper. Leicester Archaeology Monographs. Vol. 3. Leicester: School of Archaeological Studies, University of Leicester, 1996. P. 1–17.

Weitzman 1995 — Weitzman S. David's Lament and the Poetics of Grief in 2 Samuel // JQR. 1995. Vol. 85. P. 341–360.

Weitzman 2009 — Weitzman S. Warring against Terror: The War Scroll and the Mobilization of Emotion // JSJ. 2009. Vol. 40, N 2. P. 213–241.

Wessel 2016 — Wessel S. Passion and Compassion in Early Christianity. New York: Cambridge University Press, 2016.

Wetherell 2012 — Wetherell M. Affect and Emotion: A New Social Science Understanding. London: Sage, 2012.

Whittaker 1994 — Whittaker C. R. Frontiers of the Roman Empire: A Social and Economic Study. Baltimore, MD: Johns Hopkins University Press, 1994.

Wierzbicka 1999 — Wierzbicka A. Emotions across Languages and Cultures: Diversity and Universals. Cambridge: Cambridge University Press, 1999.

Wilce 2009 — Wilce J. M. Language and Emotion // Studies in the Social and Cultural Foundations of Language. Vol. 25. Cambridge: Cambridge University Press, 2009.

Wilfand 2014 — Wilfand Y. Poverty, Charity, and the Image of the Poor in Rabbinic Texts from the Land of Israel // Social World of Biblical Antiquity. Vol. 2, N 9. Sheffield: Sheffield Phoenix Press, 2014.

Wilson 1994 — Wilson W. T. The Mysteries of Righteousness: The Literary Composition and Genre of the Sentences of Pseudo-Phocylides. Tübingen: J. C. B. Mohr (Paul Siebeck), 1994.

Wilson 2005 — Wilson W. T. The Sentences of Pseudo-Phocylides // CEJL. Berlin: de Gruyter, 2005.

Wilson 2008 — Wilson W. T. The Constitution of Compassion: Political Reflections on Philo's De Humanitate // Scripture and Traditions: Essays on Early Judaism and Christianity in Honor of Carl R. Holladay / ed. by P. Gray, G. R. O'Day. NT. Sup. 129. Leiden: Brill, 2008. P. 33–46.

Wilson 2011 — Wilson W. T. Philo of Alexandria: On Virtues. Leiden: Brill, 2011.

Winston 1984 — Winston D. Philo's Ethical Theory // Principat: Religion (Hellenistisches Judentum in Römischer Zeit: Philon und Josephus) / hg. von W. Haase // Aufstieg und Niedergang der Römischen Welt. Bd. 2. Berlin: de Gruyter, 1984. S. 372–416.

Winston 2008 — Winston D. Philo of Alexandria on the Rational and Irrational Emotions // Passions and Moral Progress in Greco-Roman Thought / ed. by J. T. Fitzgerald. London: Routledge, 2008. P. 201–220.

Wispé 1987 — Wispé L. History of the Concept of Empathy // Empathy and Its Development / ed. by N. Eisenberg, J. Strayer. Cambridge: Cambridge University Press, 1987. P. 17–37.

Wispé 1991 — Wispé L. The Psychology of Sympathy. New York: Plenum Press, 1991.

Wolde 2008 — Wolde E. J. van. Sentiments as Culturally Constructed Emotions: Anger and Love in the Hebrew Bible // BI. 2008. Vol. 16. P. 1–24.

Woodward 2004 — Woodward K. Calculating Compassion // Compassion: The Culture and Politics of an Emotion / ed. by L. Berlant. New York: Routledge, 2004. P. 59–86.

Wright III 1989 — Wright III B. G. No Small Difference: Sirach's Relationship to Its Hebrew Parent Text. Atlanta: Scholars Press, 1989.

Wright III 2003 — Wright III B. G. Access to the Source: Cicero, Ben Sira, the Septuagint and their Audiences // JSJ. Vol. 34. 2003. P. 1–27.

Wright III 2007 — Wright III B. G. Ben Sira on Kings and Kingship // Jewish Perspectives on Hellenistic Rulers / ed. by T. Rajak, S. Pearce, J. Aitken, J. Dines. Berkeley: University of California Press, 2007. P. 76–91.

Wright III, Camp 2001 — Wright III B. G., Camp C. V. "Who Has Been Tested by Gold and Found Perfect?" Ben Sira's Discourse of Riches and Poverty // Henoch. 2001. Vol. 23. P. 153–174.

Wright D. 2009 — Wright D. P. Inventing God's Law: How the Covenant Code of the Bible Used and Revised the Laws of Hammurabi. Oxford: Oxford University Press, 2009.

Yeshurun 1961 — Yeshurun A. Re'em. Tel Aviv: Hotsa'at agudat ha-sofrim ha-'ivrim le-yad devir, 1961 [иврит].

Young 1991 — Young R. D. The "Woman with the Soul of Abraham": Traditions about the Mother of the Maccabean Martyrs // "Women Like This": New Perspectives on Jewish Women in the Greco-Roman World / ed. by A.-J. Levine. Atlanta: Scholars Press, 1991. P. 67–81.

Zahn 2012 — Zahn M. Genre and Rewritten Scripture: A Reassessment // JBL. 2012. Vol. 131. N 2. P. 271–288.

Zanella 2013 — Zanella F. Between "Righteousness" and "Alms": A Semantic Study of the Lexeme צדקה in the Dead Sea Scrolls // Hebrew in the Second Temple Period: The Hebrew of the Dead Sea Scrolls and of Other Contemporary Sources / ed. by S. E. Fassberg, M. Bar-Asher, R. A. Clemens. Leiden: Brill, 2013. P. 269–287.

Zeitlin 1996 — Zeitlin F. I. Playing the Other: Gender and Society in Classical Greek Literature. Chicago: University of Chicago Press, 1996.

Ziegler 1965 — Ziegler J. Sapientia Iesu Filii Sirach. Göttingen: Vandenhoeck & Ruprecht, 1965.

Zion 2013a — Zion N. The Dignity of the Needy from Talmudic Tzedakah to Human Rights: To Each according to One's Social Needs. Cleveland: Zion Holiday Publications, 2013.

Zion 2013b — Zion N. For the Love of God: Comparative Religious Motivations for Giving: Christian Charity, Maimonidean *Tzedakah*, and Lovingkindness (*Hesed*). Cleveland: Zion Holiday Publications, 2013.

Греческие и римские источники

Аппиан 210, 271, 275
   Гражданские войны 275
   Митридатовы войны 210
   Пунические войны 271
Апулей 143, 277, 278
   Золотой осел 143, 277, 278
Аристотель 41, 44–47, 49, 56, 59, 60, 85, 89, 98, 118–120, 122, 131, 132, 143, 153, 154, 158, 193, 200, 205, 270, 283
   Никомахова этика 118, 200
   О душе 118–120
   Проблемы 49
   Риторика 41, 45, 56, 98, 118–120, 131, 158, 205, 234, 271
Аристофан 53
   Лягушки 53
Ахилл Татий 40, 77, 213, 221, 277, 278, 297, 327
   Левкиппа и Клитофонт 77, 213, 277, 278, 297

Вергилий 312
   Энеида 312

Гелиодор 50, 200, 277, 278
   Эфиопика 50, 277, 278
Гиерокл 253, 267, 268, 293–299, 302
   О соответствующих поступках 293
Гомер 39, 142, 327
   Илиада 39, 40, 46, 106, 221

Демосфен 43, 50, 118, 327
Деяния божественного Августа 275
Диоген Лаэртский 49, 299
   О жизни, учениях и изречениях знаменитых философов 299
Диодор Сицилийский 51, 52, 143, 144, 270–274, 310
   Историческая библиотека 52, 144, 270–274, 311
Дион Кассий 275
   Римская история 275
Дионисий Галикарнасский 50–53, 118, 143, 251, 270, 271, 273
   О Демосфене 118
   Римские древности 50, 52, 53, 143, 251, 270, 271, 273

Еврипид 38, 41, 42, 190, 200, 201, 209, 211, 327
   Геракл 190, 201
   Просительницы. Троянки 38
   Электра 41

Зенон 280, 304

Исократ 43
Антидосис 43

Каллимах 136
К острову Делос 136
Квинтиллиан 270
Двенадцать книг риторических наставлений 270
Ксенофонт Эфесский 143, 278
Эфесские повести 143, 278

Лисий 43
Речь о том, что не дают пенсии инвалиду 43
Лонг 143, 200, 278
Дафнис и Хлоя 143, 199, 200, 278
Лукреций 290
О природе вещей 290

Марк Аврелий 290–292, 297, 305, 307, 308
Размышления 290–292
Музоний Руф 286
Лекции 286

Павсаний 43
Описание Эллады 43
Пиндар 53
Немейские оды 53
Платон 43, 44
Апология Сократа 44
Государство 43, 44
Плиний Старший 275
Естественная история 275
Плотин 48, 126, 327
Эннеады 48

Плутарх 18, 50, 53, 143, 199, 201, 270, 271, 275, 276, 289, 290, 297, 310
Деметрий 271
Как осознать свои успехи в добродетели 290
Клеомен 276
Никий 270
Об отдохновении ума 290
О братской любви 201
О любви к потомству 53, 199
О нравственной добродетели 290
Тиберий Гракх 310
Тимолеонт 276
Утешение к Аполлонию 50
Филопемен 271, 276
Цезарь 271, 275
Эмилий Павел 271
Полибий 51, 72, 270, 272, 273, 310
Всеобщая история 51, 270
Порфирий 57, 280
О воздержании от одушевленных 280
Псевдо-Плутарх 143
Малые сравнительные жизнеописания 143

Сенека 18, 122, 274, 284–289, 292, 297, 305–308
Нравственные письма к Луцилию 285–287, 307
О благодеяниях 286
О милосердии 274, 287–289
Соран Эфесский 200
Трактат по гинекологии 200
Софокл 38, 40, 46, 47, 53, 54, 143, 186, 190, 192, 201, 202
Аякс 46, 53, 54, 201

Эдип в Колоне 42, 47
Филоктет 38, 40, 143, 186
Трахинянки 190, 202
Стобей 293
Антология 293

Тацит 270, 271, 275, 276
Анналы 270, 271, 276
История 270, 271, 275
Теренций 281, 286
Самоистязатель 281
Тит Ливий 270, 271, 274, 312
История Рима от основания города 270, 271, 274, 312

Феокрит 53
Идиллии 53
Филарх 51, 272
Фукидид 159, 210
Пелопонесская война 210

Харитон 143, 277, 278
Повесть о любви Херея и Каллирои 143, 277, 278
Хрисипп 49, 54, 279
Фрагменты 49, 54

Цицерон Марк Туллий 234, 253, 274, 280–284, 286, 287, 291, 296–299, 305, 308, 309, 311, 312

В защиту Гнея Планция 311
В защиту Квинта Лигария 274
Об обязанностях 234, 282, 312
О консульских провинциях 311
О пределах блага и зла 280, 282
О предоставлении империя Гнею Помпею 311
Против Катилины 311
Против Верреса 274, 311
Речь о своем доме 311
Об ораторе 311
Тускуланские беседы 283, 284
Филиппики 311

Эпиктет 48, 122, 283, 286, 288
Беседы 48, 288
Энхиридион 283
Эпикур 49
письмо к Геродоту 49
Эсхил 53, 143
Агамемнон 53
Хоэфоры 53, 143

Ювенал 290
Пятнадцатая сатира 290
Юлий Цезарь 271, 273–275, 309, 327
Записки о Галльской войне 271, 275

Еврейские и христианские источники

Книга Бытия 60, 74, 87, 93, 101, 103, 106, 108, 109, 129, 181, 243, 253, 254, 298, 301

Книга Исход 62, 85, 86, 106, 123, 124, 129, 146, 152, 236, 237, 239, 244, 251

Книга Левит 210, 236, 256, 260

Книга Второзаконие 10–13, 86, 99, 106, 129, 210, 236, 244, 253

Книга Руфи 130

Первая Книга Царств (в еврейской традиции 1 Книга Самуила) 65, 99, 106, 107, 148

Вторая Книга Царств (2 Книга Самуила) 99, 102, 106, 108–110, 117, 148, 149

Третья Книга Царств (в еврейской традиции 1 Книга Царей) 94, 101, 103, 148

Четвертая Книга Царств (в еврейской традиции 2 Книга Царей) 200, 210

Первая Книга Паралипомен 108

Вторая Книга Паралипомен 103

Книга пророка Неемии 102, 103, 148

Книга Товита 16, 31, 32, 95, 136–138, 140, 148, 160, 161, 173–177, 179–188, 196, 198, 216–218, 227–232, 238, 239, 249, 251, 265, 333, 334

Книга Юдифи 114

Книга Есфирь 113

Книга Иова 16, 31, 94, 95, 109, 113, 123, 126, 130, 131, 133, 176, 180

Псалтирь 113, 115

Книга притчей Соломоновых 54, 55, 73, 80, 101, 108, 111–113, 128, 129, 131, 134–136, 140, 149, 171, 177, 183, 249, 255

Книга Екклезиаста 99, 113

Книга премудрости Соломона 55, 147, 152

Книга Премудрости Иисуса, сына Сирахова 55, 126, 127, 132, 133, 136, 137, 139–141, 160–162, 164, 166, 168–170, 172, 177, 181, 195, 196, 216, 233, 234, 249, 260

Книга пророка Исайи 113, 124, 139

Книга пророка Иеремии 39, 55, 99, 102–104

Книга Плач Иеремии 110, 210

Книга пророка Иезекииля 135, 210

Книга пророка Даниила 103, 113, 139
Книга пророка Осии 102, 249
Книга пророка Амоса 101
Книга пророка Захарии 102, 104, 111, 134
Книга пророка Малахии 106
Первая Книга Маккавейская 114
Вторая Книга Маккавейская 54, 55
Третья Книга Маккавейская 39, 64, 73
Четвертая Книга Маккавейская 16, 32, 50, 51, 54, 55, 57, 161, 188, 192, 193, 196, 199–201, 206–211, 213, 214, 216–218, 245, 252, 301, 318, 334

Евангелие от Матфея 140, 150, 152, 255, 256, 258, 293
Евангелие от Марка 258
Евангелие от Луки 94, 152, 255, 256, 258, 293, 327

Послание святого апостола Иакова 150, 256
Первое послание святого апостола Петра 53, 256
Послание к Римлянам святого апостола Павла 152, 254
Послание к Ефесянам святого апостола Павла 152, 256
Послание к Колосянам святого апостола Павла 141, 256
Послание к Евреям святого апостола Павла 53
Послание святого апостола Иуды 256

Авраамов завет, ветхозаветный апокриф 35, 36, 54, 198, 260
Апокалипсис Седраха, апокриф 54
Житие Адама и Евы, апокриф 54, 198
Заветы двенадцати патриархов, ветхозаветный апокриф 30, 36, 74, 75, 260, 261
Завет Вениамина 55, 56, 60, 61
Завет Завулона 7, 11, 30, 32, 36, 37, 54, 56, 74–84, 88–91, 133, 150, 151, 155, 156, 227, 255, 258–264, 277, 287, 297, 298, 301, 306, 308, 318, 328, 331, 334
Завет Иссахара 260
Завет Иосифа 82
Завет Симеона 54
Завещание Иова, апокриф 173–188, 196, 198, 216–218, 333, 334
Книги Сивилл, стихотворные сборники 237, 247–250, 315
Оды Соломона, сборник поэтических гимнов 55
Письмо Аристея к Филократу, ветхозаветный апокриф 73, 227, 240, 308, 314, 316, 320
Псалмы Соломона, апокриф 55
Сказание об Иосифе и Асенете, апокриф 54, 82, 182
Юбилеи 104, 198

Григорий Нисский 77
Беседы о блаженствах 77
Иосиф Флавий 11, 16, 18, 30, 32, 36, 50–52, 58–60, 62–72, 74, 78, 83–86, 88–91, 94, 133, 152, 155, 156, 161, 188, 189, 191, 192, 196,

202–206, 209, 211–213, 215–217, 271, 273, 274, 289, 318, 320, 327, 333, 334
Иудейские древности 30, 36, 50, 52, 53, 58, 60, 61, 63–67, 69, 70, 86, 88, 94, 133, 152, 191, 202–204, 274, 327
Иудейская война 16, 32, 51, 52, 58, 64, 66, 69–71, 161, 188, 191, 202–204, 206, 209, 211, 213, 215, 216, 217, 218, 252, 274, 334
Жизнь 71
О древности иудейского народа. Против Апиона 320
Псевдо-Фокилид 227, 232–239, 244, 247, 249, 251, 264, 287, 298, 303, 308, 315, 332
Изречения 232–239, 244, 247–249, 251, 264, 287, 298, 308, 315, 332
Филон Александрийский 11, 16, 18, 30, 32, 37, 50–54, 84–88, 90, 91, 205, 227, 240, 241, 243–245, 247, 249–254, 256–258, 262, 265, 286, 290, 291, 297–301, 303, 308, 317, 328–330, 332–334
Аллегории священных законов 50
Вопросы на Книгу Бытия 253, 254, 298, 301
Об Аврааме 50, 54, 241

О бегстве и обретении 86
Об Иосифе 85, 241, 243, 246, 253
Об опьянении 85, 300
Об особенных законах 50, 51, 53, 84, 85, 87, 205, 241, 244, 251, 253, 254, 257, 291, 298, 300
О десяти заповедях 85, 253, 254
О добродетелях 84, 86, 243, 244, 291, 299, 300
О жертвах Авеля и Каина 85
О смешении языков 85
О посольстве к Гаю 85, 244
О снах 50
О сотворении мира согласно Моисею 50, 245, 300
О том, что всякий добродетельный свободен 253, 291
О Моисее 52, 84, 85, 245, 252, 253, 298, 300
О наградах и наказаниях 253, 298
О перемене имен 246, 301
О потомстве надменного Каина и его изгнании 85, 88, 243, 290, 300
О Провидении 86
О сельском хозяйстве 85
О том, кто наследует божественное 300

Предметно-именной указатель

Август 212, 275, 309, 310, 319, 329
Агриппа 69
Александр Великий 273
Александрия 8, 69, 72, 73, 113,
Антигон 191, 192, 196, 217
Антиох IV Епифан 192, 193, 195
Антипатр 69
Антоний 69
апатия 121
Афины 13, 42, 43, 327
Ахилл 40, 221, 327

безразличие 25, 111, 291, 305
бессилие 24, 26, 78, 79, 81, 83, 158, 161, 182, 334, 336
благоволение 66, 129, 147, 150, 282
благодать 82, 129, 134, 135, 169
Буш Джордж 8, 9, 11–13, 29

Веспасиан 69, 71
воображаемое 21–23, 28, 30, 33, 82, 122, 184, 206, 213, 215, 221, 222, 225, 231, 232, 238, 268, 279, 303, 313, 325–329, 335
воображаемые сообщества 221, 222, 231, 232, 238
выносливость 190, 208

габитус 20, 21, 224, 242
гендер 17, 18, 179, 181, 189, 190, 192, 194, 196–198, 205, 206, 208, 211, 213, 214, 217, 218, 223, 242, 320
Геракл 190, 210
гибрид, гибридный 118, 155, 316, 319–322, 325, 327
гибридизация 27, 29, 114, 117, 118, 127, 141, 156,
гнев 25, 40, 53, 62, 72, 73, 94, 98, 106, 119, 120, 123, 132, 146, 150, 174, 180, 193, 203, 204, 210, 211, 213–215, 252, 259, 290, 292
граждане мира 240, 246, 266, 332
грусть 65, 213, 277

демаскулинизация 17, 187, 196, 214, 218, 334
диаспора 26, 32, 227, 228, 231, 232, 239, 265, 308, 332
добродетель 10–12, 16, 17, 28, 30, 37, 48, 53, 62, 64, 67, 68, 71, 74, 84–86, 88, 91, 122, 152, 153, 155, 175, 179, 187, 191, 198, 214, 240, 243, 253, 270, 274, 275, 278, 282, 284, 286, 289–291, 297, 299, 317, 330, 333

доброта 53, 61, 66, 130, 136, 145, 148, 164, 169, 240, 251, 272, 282, 287, 292, 299, 305

жалость к себе 39, 193–195, 207
женственность 159, 161, 174, 178, 185, 189, 190, 199, 201, 202, 206, 208, 211, 213, 215, 218
животные 11, 56, 57, 86, 170, 199, 200, 260, 262, 279, 286, 300, 301, 328, 335

забота 6, 9, 11, 16, 25, 32, 33, 40, 55, 56, 63, 67, 73, 86, 91, 137, 143, 158, 159, 166, 168, 169, 171, 173, 174, 176–178, 180, 182, 187, 188, 197–201, 216, 218, 229, 233, 243, 246, 250–255, 258, 261, 267–269, 277, 278, 280, 282–284, 286, 291, 292, 296–300, 302–309, 312, 313, 318, 321, 322, 328, 329, 334
Закон Моисеев 32, 244–246, 249, 250, 254, 262, 301, 315, 317, 330
закон природы 218, 245, 246, 265, 317, 329
заповедь любви к ближнему 32, 221, 227, 260–263, 303, 315, 317, 327, 328
заражение 44, 159, 177, 178, 184, 217
злорадство 64, 65, 92, 112, 134, 135, 149, 150, 171
золотое правило 293

иерархия 26, 100, 107, 110, 111, 137, 158, 159, 162–164, 167, 169–173, 194, 212–214, 216, 217, 271, 307, 332, 333

Иисус 94, 116, 150, 255, 256, 258
Иисус, сын Сирахов 31, 55, 126, 132, 133, 136, 137, 151, 160–162, 164–166, 168, 172, 177, 195, 196, 216, 234, 332
империализм 9, 307
импульс 16, 27, 48, 57, 67, 84, 257, 264, 272, 277, 280, 281, 299, 328, 329, 334, 335
инстинкт 56–58, 198, 200, 201, 207, 208, 211, 213–215, 255, 257, 298–301; см. импульс
Ирод 52, 69, 191, 192
история эмоций 6, 18–20

Калигула 84, 244
Катон 280
койне (греческий) 113, 117
контаминация 180

любовь 11, 32, 50, 51, 53, 55, 75, 77, 98–104, 119, 143, 147, 166–168, 170, 199–201, 214, 221, 227, 240–242, 244, 250, 256–258, 260–264, 266, 277, 278, 280–283, 285–287, 290, 291, 296, 299–301, 303, 305, 306, 315–317, 327–329
любовь к себе 280–282, 299

маскулинизация 32, 206, 215, 218, 334
месть 25, 39, 81, 111, 119, 120
миметический опыт 77
милосердие 13, 28, 29, 31, 32, 35, 43, 60–63, 70, 80, 82, 90, 102–104, 128, 132–134, 139, 140, 142, 146–148, 151, 155, 159, 164, 173, 176, 181–185, 215–218, 228,

230, 231, 248, 272–275, 278, 286–289, 292, 328
милость 61, 68, 80, 82, 102–104, 128, 131, 132, 144–152, 155, 166, 170, 176, 192, 195, 233, 248, 255–257, 259, 260, 273, 312
милостыня 128, 134, 136–142, 148, 163–165, 171, 172, 176, 179–181, 183, 184
монеты Iudaea capta 212, 318
мужественность 16, 159, 161, 168, 173, 174, 178, 181, 184, 185, 188–190, 192, 194–197, 202, 204–206, 208, 209, 214, 215, 217–219, 334

награда 136, 137, 142, 148–150, 159, 164–167, 170, 187, 216, 217, 233, 253, 275, 298, 300, 303, 334
негодование 94, 106, 119, 211
немужественность 32, 205, 214
ненависть 21, 40, 52, 59, 64, 98–100, 195, 213, 275

Обама Барак 10–13, 323–326, 329, 336
ошибочность 48, 115, 181, 305
ощущения 8, 12, 15, 18, 20, 26, 32, 83, 96–98, 100, 101, 110, 111, 119, 127, 134, 135, 154, 172, 188, 218, 227, 235, 249, 263, 277, 292, 326, 331, 333, 335

паренезис 74–76, 173, 247, 259, 315, 329
партикуляризм 226, 316
Петроний 69
плач 39, 66, 73, 79, 100, 106–108, 110, 123, 135, 170, 179, 180, 182, 190, 204, 212, 229, 252, 261, 277
подражание божеству 61–63, 82, 151–153, 155, 156, 241, 327, 333
Помпей 26, 310, 311
порок 38, 48, 85, 122, 284, 288
притча о самаритянине 32, 250, 254–257, 260–264, 328
псевдоэпиграфика 30, 74, 76, 83, 237, 238, 315

радость 65, 99, 100, 119, 122, 125, 135, 254, 290
Рим 8, 13, 27, 32, 33, 48, 72, 212, 307–313, 319, 321, 329
родство человечества 253, 299, 308–310

свитки Мертвого моря 104, 140, 141, 175
Септуагинта 12, 54, 113, 115, 116, 128
слезы 39, 51, 83, 101, 110, 190, 229, 277, 278, 288, 331
Сократ 21, 43, 44
сочувствие 11, 14, 15, 24, 27, 28, 35, 37, 40, 49–54, 56–58, 66–70, 78, 90–92, 106, 125, 127, 159–161, 172, 181, 187, 188, 193–195, 199–204, 206–211, 213, 214, 216, 218, 225, 226, 234, 235, 252, 257, 260, 269, 272, 273, 277, 284, 301, 304, 305, 324, 331, 333–335
социальный конструктивизм 223
Сципион 273, 310
сострадательный консерватизм 9
страх 17, 21, 26, 34, 40, 44, 47, 73, 76, 98–100, 119, 123, 159, 186, 202, 203, 211, 218, 249, 287, 334, 336

тело 12, 20, 21, 25, 49, 50, 67, 77, 97, 101, 119, 120, 169, 177, 178, 181, 182, 184–186, 189, 190, 198, 199, 201, 210, 217, 218, 224, 243, 257, 259, 276, 277, 279, 285, 286, 294–296, 299, 301, 330, 331, 334
терпение 175, 179, 182, 194, 208, 209, 214, 274
Тиберий Александр 69
Тит 70, 71, 213
траур 87, 106, 107, 109, 110, 123–125, 135, 162, 179, 229

удовольствие 6, 44, 119, 120, 122
универсализация 13, 265, 316, 317, 324, 336
универсализм 226
унижение 46, 106, 120, 161–163, 170, 176–178, 182, 185, 187, 192, 193, 195, 196, 218
утроба 53, 55, 101

феминизация 31, 32, 179, 182, 188, 190, 192, 202–205, 208, 209, 213, 214, 334

Хасмонеи 26, 191, 308

человеколюбие 61, 66

эволюционная психология 56, 57
эллинистические романы 121, 199, 270, 277, 328
эмоциональные сообщества 21, 222, 223
эмоциональные стили 21, 223–225, 230, 242, 315
эмоциональный капитал 160
эмпатия 10–12, 15, 16, 232, 235, 236, 239, 323–326, 329, 336

Einfühlung 15
oikeiôsis 279, 280, 293, 295, 296, 298–303, 309, 312, 328, 335

Оглавление

Благодарности 5
Введение 7
Глава 1. Между властью и уязвимостью 34
   1.1. «Чувствовать чужую боль» по-гречески 37
   1.2. Иосиф Флавий: жалость и сочувствие как привилегия ... 58
   1.3. «Завет Завулона»: сострадание как уязвимость 74
   1.4. Жалость у Филона: между эмоцией и добродетелью 84
   1.5. Когда уязвимость и власть переплетаются 88
Глава 2. Обретенное в переводе 93
   2.1. Сострадание на библейском иврите? 96
   2.2. Греческий текст Писания: лингвистическое пространство
      для эмоций 111
   2.3. Жалость: перипетии и повороты 128
   2.4. Заключение: «Аура древности» 154
Глава 3. Внутри ткани общества 158
   3.1. Иисус, сын Сирахов: жалость как повышение статуса ... 161
   3.2. Два основополагающих мифа о жалости 173
   3.3. Удостоиться жалости: опыт унижения
      и демаскулинизации 187
   3.4. Чувствовать жалость: женское и феминизирующее
      чувство 197
   3.5. Вернуть мужественность, сдерживая сочувствие 206
   3.6. Заключение: что жалость дает и чего она стоит 215
Глава 4. Узы в движении 220
   4.1. Товит: изобретение сообщества диаспоры 227
   4.2. Жалость как включение в человечество 232

4.3. Жалость как двойной маркер идентичности 239
4.4. Нежная эмоция, побуждающая к действию 250
4.5. Заключение: почему заповедь о любви к ближнему трансформируется в сострадание? 263

Глава 5. В диалоге с империей 267
5.1. Жалость в позднеэллинистической и раннеимперской повествовательной литературе 269
5.2. Забота обо всех и каждом в философской литературе ... 278
5.3. Пересечения: страдания другого в этике, ориентированной на себя 296
5.4. Отголоски имперской пропаганды 307
5.5. Взаимодействие культуры меньшинства с доминирующей идеологией 313

Заключение. Дискурс «другого» 323

Библиография 337
Греческие и римские источники 377
Еврейские и христианские источники 380
Предметно-именной указатель 383

Научное издание

**Франсуаза Мирге
ЗАРОЖДЕНИЕ СОСТРАДАНИЯ
В ИУДАИЗМЕ ЭЛЛИНИСТИЧЕСКОЙ ЭПОХИ**

Директор издательства *И. В. Немировский*
Ответственный редактор *И. Белецкий*
Куратор серии *Е. Яндуганова*
Заведующая редакцией *Н. Ломтева*

Дизайн *И. Граве*
Редактор *Р. Рудницкий*
Корректоры *Е. Гайдель, А. Филимонова*
Вёрстка *Е. Падалки*

Подписано в печать 29.11.2024.
Формат издания 60 × 90 $^1/_{16}$. Усл. печ. л. 24,4.
Тираж 200 экз.

Academic Studies Press
1577 Beacon Street, Brookline, MA 02446 USA
https://www.academicstudiespress.com

ООО «Библиороссика».
198207, г. Санкт-Петербург, а/я № 8

Эксклюзивные дистрибьюторы:
ООО «Караван»
ООО «КНИЖНЫЙ КЛУБ 36.6»
http://www.club366.ru
Тел./факс: 8(495)9264544
e-mail: club366@club366.ru

Книги издательства можно купить
в интернет-магазине: www.bibliorossicapress.com
e-mail: sales@bibliorossicapress.ru

Знак информационной продукции согласно
Федеральному закону от 29.12.2010 № 436-ФЗ

www.ingramcontent.com/pod-product-compliance
Lightning Source LLC
Chambersburg PA
CBHW070404100426
42812CB00005B/1628